KARL RAHNER

PRAXIS DES GLAUBENS

KARL RAHNER

PRAXIS DES GLAUBENS

Geistliches Lesebuch

Herausgegeben
von
Karl Lehmann und Albert Raffelt

BENZIGER
Zürich · Köln

HERDER
Freiburg · Basel · Wien

Imprimatur. — Freiburg im Breisgau, den 14. 9. 1982
Der Generalvikar: Dr. Schlund
Satz: F. X. Stückle, Ettenheim
Druck und Einband: Freiburger Graphische Betriebe 1982
ISBN 3 – 451 – 19396 – 5 (Verlag Herder)
ISBN 3 – 545 – 20077 – 9 (Benziger Verlag)

Inhalt

Hoffnung

Einführung

Karl Rahner ist nicht nur ein Baumeister der modernen katholischen Theologie, sondern zugleich ein Meister in der Einübung des christlichen Lebens. Die Zahl seiner wissenschaftlichen und seiner spirituell-praktischen Veröffentlichungen dürfte sich fast ausgleichen. Der Jesuit Karl Rahner hat nicht nur für andere den priesterlichen Dienst erfüllt, vor allem durch Exerzitien und Predigt, sondern von früh an Theologie und Spiritualität einander näherzubringen versucht. Der ältere Bruder Hugo Rahner mag hier anregend gewirkt haben. So richten sich viele geschichtliche Untersuchungen schon des jungen Theologen auf Fragen und Probleme aus der Geschichte der christlichen Spiritualität (vgl. einige Nachdrucke in „Schriften zur Theologie" Bd. XII, Zürich 1975), später vor allem auf die Frühgeschichte von Buße und Beichte (vgl. dss. Bd. XI, 1973: Frühe Bußgeschichte in Einzeldarstellungen). Ähnlich ist auch die deutsche Bearbeitung und Herausgabe eines französischen Standardwerkes zu verstehen: M. Viller und K. Rahner, Askese und Mystik in der Väterzeit, Freiburg i.Br. 1939. Selbstverständlich bekundet sich bei K. Rahner in diesen Studien nicht nur ein historisches Interesse. Gerade neuere Arbeiten[1] konnten überzeugend aufweisen, wie sehr sich bei K. Rahner spirituelle Antriebe – vor allem auch des Ordensgründers Ignatius von Loyola – und theologische Reflexion zu einem lebendigen Ganzen durchdringen.

1. Zum Werk Karl Rahners

Eine ausführliche Beschreibung dieser Einheit von geistlichen Wurzeln und wissenschaftlicher Theologie ist hier nicht notwendig, zumal sie an anderer Stelle versucht worden ist[2]. Bei aller gebotenen Kürze sollen jedoch einige Perspektiven[3] hervorgehoben werden, die auch für das Verständnis der in diesem Buch gesammelten Texte hilfreich sein können.

1. Karl Rahners Theologie hat nicht zuletzt darum so viel Aufnahme und Anerkennung gefunden, weil sie radikal und unbestechlich aus einer großen Glaubenserfahrung lebt. Am Ursprung dieses theologischen Denkens steht bei aller – manchmal ironisch apostrophierten – „Gelehrsamkeit" und einer außerordentlichen philosophischen Begabung eine tiefe Gläubigkeit, die mit einer seltenen Leidenschaft für den unbegreiflichen Gott und einer zwar verhaltenen, aber dafür um so treueren menschlichen Nähe und Güte einhergeht. Aus diesem lebendigen Quellgrund der Erfahrung des immer größeren Gottes schöpft Rahners Theologie stets wieder ihre ganze Dynamik, zerbricht sie immer neu die Käfige unserer Begriffe und findet wieder zurück in eine sie verjüngende Unerschöpflichkeit des Denkens, der Meditation und auch der Sprache. Fruchtbar ergänzt sich die philosophische Erfahrung des in den Fernen schweigenden und unnahbaren Gottes mit der christlichen Erfahrung der unsagbaren Nähe seines Geheimnisses in der vergebenden und bergenden Gnade Jesu Christi. Obgleich diese Theologie zutiefst vom Schicksal menschlicher Endlichkeit, vom Scheitern in dieser Welt und von der Not des Kreuzes weiß, ist sie niemals weltflüchtig geworden. Überall, in allen Situationen des Lebens und auch noch in der Stunde des Todes, ist ein Ort, wo man der unverbrüchlichen Heilszusage Gottes begegnen und sie annehmen kann. Am Grunde dieser Theologie steht die fast unbesiegliche Hoffnung der Gnade, der Mensch werde und könne sich der Heilseinladung Gottes kaum versagen; der bittere Ernst ewigen Heilsverlusts braucht deshalb nicht geleug-

net zu werden, sondern unterstreicht nur die Dringlichkeit und Kraft dieser Heilshoffnung. Aus diesem Grunde hat Karl Rahner, ohne die radikale Mitte entschiedenen Christentums zu verkennen, ein neues Verhältnis zu den Menschen außerhalb der katholischen Kirche und der christlichen Kirchen gewonnen, ja auch zu denen, die man „Atheisten" nennt. Gerade durch seine Offenheit und Aufrichtigkeit im Glauben ist Rahner ein so zuverlässiger und brüderlicher Zeuge und für viele ein unaufdringlicher Führer zur Erfüllung ihres Lebenssinnes in Gott geworden. Für unzählige Menschen spricht in seinen Gebeten und Meditationen einer, dem man deshalb Glauben schenken darf, weil er das, wovon er spricht, wirklich erfahren hat und in seiner eigenen Existenz verbürgt. Unverkrampft und ohne irgendeinen Anflug von Ideologie wird überzeugend dargetan, daß man Gott in allen Dingen finden kann. Dieser Glaube erweist sich darum als im besten Sinne brüderlich, weil er alle Fragen des Menschen mutig aufzugreifen bereit ist, sie aufrichtig teilt, geduldig durchträgt und keiner wirklichen Not durch Ausflüchte aus dem Weg geht.

2. Diese Brüderlichkeit des Glaubens beschränkt sich nicht auf die Nestwärme derer, die sich immer schon kennen. Sie ist das Gegenteil irgendeiner introvertierten oder exklusiven Frömmigkeit, weil zu ihr im selben Ausmaß das leidenschaftliche Fragen als ein Grundakt dieser Theologie gehört. Weil die Antwort Gottes unser Fragenkönnen stets übersteigt und das harte, nüchterne Bohren dem geistig wachen Christen und dem Menschen als solchem eigen sein muß, darum gibt es auch keine Frageverbote und keinen falschen Stolz auf irgendeinen unantatsbaren und endgültigen „Besitz" an Erkenntnissen. Dabei geht es freilich nie um ein Denken, das sich selber sucht oder in sich kreist, um die Attitüde leeren „Hinterfragens" oder um eitle Besserwisserei. Keine Frage ist zu „dumm". Alles wird nach möglichen freien Ausblicken abgetastet. Keine Abhandlung entläßt zwar den Leser bei beruhigten Antworten, aber es gibt wohl auch keine, die sich am Ende nur in hohlen Fragen erschöpfte. Auch wenn in manchen Anläu-

fen viel Geröll im Bergwerk der Theologie und ihrer Geschichte in Bewegung gebracht werden muß, immer sind – oft in wenigen kraftvollen Sätzen formuliert – einige Goldkörner an bleibender Einsicht und spiritueller Kraft zu finden. Manchmal muß eine Erkenntnis mühsam erst noch den harten Boden durchstoßen und sich eine Bahn brechen, was sich in langen, verzwickten und immer wieder differenzierenden Sätzen niederschlägt. Nur durch die Leidenschaft dieses substantiellen Fragens läßt sich bei einem Denken von dieser inneren Kraft die Gefahr einer vorschnellen Systematisierung verhüten. „Er ist kühn, indem er stets gemessen und vorsichtig bleibt. Jede Aussage wird geschützt, abgeschirmt, eingegrenzt: um zu zeigen, daß er den Einwand schon kennt, alles vorgesehen hat, und um in diesen Eingrenzungen zu zeigen, wie vieles andere außerdem noch zu bedenken wäre, wo das jetzt zu Bedenkende dem Leser schon so viel Mühe macht . . . keinen Augenblick wird seine Haltung überheblich; sie ist vielmehr von der Unerheblichkeit des Gebotenen überzeugt" (H.U. von Balthasar).

3. Eine solche Kühnheit grenzenlosen Fragens kann sich nur leisten, wer zugleich weiß, daß er nicht die Wahrheit hervorbringt, sondern daß ihm diese bei allem schöpferischen Suchen geschenkt wird. Theologie kann nur das immer neu fragende Bedenken des Wortes sein, das als Bekenntnis und Entscheidung in der Kirche gegeben ist. „Das, was die Theologie immer neu sucht, sucht sie als das immer auch schon Gefundene, weil die Wahrheit des Menschen als ganze im Unterschied zu Teilfragen und partikulären Antworten immer schon gegeben sein muß, soll sie immer neu in Fraglichkeit gestellt und gefunden werden" (K. Rahner). Gerade wo die Wahrheit ganz und umfassend ist, kann sie am allerwenigsten bloß subjektiv sein. Solche Wahrheit des Glaubens ist damit bei aller personalen Grundstruktur im letzten der Sphäre des rein Privaten und Beliebigen entzogen und besteht nur voll in der Interkommunikation. Sie braucht darum lebensnotwendig den Dialog. Aber sie bleibt gerade als so verstandene Wahrheit an

so etwas wie Institution gebunden. Karl Rahner fürchtet nicht diese enge Zusammengehörigkeit von Wahrheit und Institution, weil er einerseits nicht die wahre Freiheit des einzelnen scheut, wohl aber der Beliebigkeit der Subjektivität wehrt, anderseits um das Wohltuende der Andersheit und das Rettende der Fremdheit der Wahrheit weiß, welche jedoch nicht bare Unverständlichkeit und reine Faktizität werden dürfen. Dieser unaufhebbare Streit zwischen Wahrheit und Institution hat es Karl Rahner angetan, und dieses Ringen macht zutiefst die neue Kirchlichkeit des Theologen Karl Rahner aus. Die Kirchenkritik K. Rahners ist von einem immer größeren Ja zur Kirche umgriffen. Es ist eine verwundete Liebe, die für mehr Weite und Beweglichkeit dieser Kirche streitet. Dies darf nicht vergessen werden, wenn man manches harte Wort des späteren Rahner im Blick auf die Institution Kirche und manche Kirchenmänner liest.

4. Rahner scheint manchen ein freischwebender Denker zu sein, der sich leicht in unnachvollziehbare Spekulationen versteigt. So aber kann nur urteilen, wer nicht den biblischen Wurzelboden, die bleibende Nähe der Menschenwelt und die geschichtsgesättigte Erfahrung Karl Rahners kennt. Er weiß von den Quellen des christlichen Glaubens unendlich viel, aber er strunzt nicht in eitler Wissensprahlerei mit einem stets prallen Sack von Gelehrsamkeit. Über zwanzig Jahre – was oft vergessen wird – hat er unermüdlich über den großen Meistern der christlichen Überlieferung gesessen und gearbeitet. Vieles ist ihm zu einem festen Fundus und zu einer beinahe „selbstverständlichen" theologischen Erfahrungssumme geworden. Aber diese werden nie zur Demonstration hervorgezogen. Dennoch bleibt ihm stets lichthell gegenwärtig, was an unübertroffenen Gedanken die Theologie der Vorzeit gefunden hat. Manches ist auf dem ruhigeren Meeresgrund dieses Wissens abgelagert und wartet dort, aber blitzschnell ist es bereit, wenn es von irgendwelchen Fragen aufgeweckt, abgerufen und zur Bewährung gestellt wird. Dann tauchen sie auf: Irenäus, Origenes, die Kappadozier, Augustinus, Thomas von Aquin, Bonaventura, Suarez und nicht zuletzt die

großen Mystiker. „Einer der sehr viel historisch und systematisch weiß, aber dem das Wissen höchstens als Wünschelrute dient, um nach den Quellen zu spüren. Oft ist es ein langer, langsam umkreisender Gang, scheinbar unfruchtbar; aber plötzlich zuckt sie, die Rute, und sie zuckt unfehlbar. Rahner redet nur, wenn er etwas entdeckt hat" (H. U. v. Balthasar).

5. Wer die Theologie auf unbegrenzte Brüderlichkeit im Glauben und konkrete Universalität des Denkens baut, mag eine wahre Einsicht auch nicht für sich und einen elitären Kreis von „Gelehrten" behalten. Das „pastorale" und praktische Element gehört nicht zu den Konsequenzen oder zur nachfolgenden „Anwendung" dieser Theologie, sondern zu ihren ersten Triebkräften. Sie will auch noch der schlichtesten Gemeinde am Rand des Dschungels und dem einsamen Missionar helfen. Wohl nicht zuletzt darum hat Karl Rahner auf seine Pläne und Möglichkeiten verzichtet, bei seiner enormen Schaffenskraft eine große systematische theologische Summe – vielleicht vergleichbar Karl Barths „Kirchlicher Dogmatik" – zu schreiben, sondern sich der „schrecklichen Kärrnerarbeit" gestellt, das theologische Wissen der Zeit für eine größere Öffentlichkeit aufzubereiten. So ist er zum (Mit-)Herausgeber großer internationaler Standardwerke geworden: Lexikon für Theologie und Kirche, Sacramentum mundi, Handbuch der Pastoraltheologie, Quaestiones disputatae, Wörterbuch der Pastoraltheologie, Christlicher Glaube in moderner Gesellschaft, Concilium u.a.m.

In diesem Zusammenhang darf man wohl auch Karl Rahners Schrifttum zur Spiritualität sehen. Nicht ohne einen ironischen Seitenblick auf reine Gelehrsamkeit – er kann sich durchaus mit ihr messen – vermerkt er manchmal, seine „frommen" Bücher lägen ihm nicht weniger am Herzen als die wissenschaftlichen Veröffentlichungen. Die Fülle der Äußerungen über geistliche Lebensvollzüge ist jedoch nur für wenige Kenner des ganzen Werkes von Karl Rahner überschaubar. Auch aus diesem Grund, um die Tore zu heute entlegenen und weniger bekannten oder schon wieder vergessenen Schätzen zu öffnen, ist – ähnlich wie bei dem von uns herausgegebenen Karl-Rahner-Lesebuch „Rechenschaft des Glaubens" – die vorliegende Sammlung entstanden.

2. *Zu diesem Buch*

Die Schwierigkeit, heute Texte zum geistlichen Leben in einer Weise darzubieten, die den Erwartungen der Leser entgegenkommt und die Konzentration auf das Wesentliche des christlichen Lebens nicht verläßt, ist nicht gering. Christliche Praxis – das meint für die einen zunächst explizit religiöses Tun, meint Sakramente, Liturgie, aber auch Brauchtum und religiöse Konvention; für andere bedeutet es zuallererst soziales Engagement, Einsatz für Übervorteilte, Teilhabe an den gesellschaftlichen Kämpfen der Zeit. Setzt man die nötigen Distinktionen, ist beides nicht falsch: das Werk Karl Rahners stellt sich dieser Spannung.

Zieht man „klassische" Handbücher des geistlichen Lebens bzw. der Aszetik heran, so sieht man gleich, daß ihre schultheologische Konzeption die angegebene Spannung – zumindest ohne weitere „Übersetzung" – nicht zu erfassen vermag. Die vorliegende Auswahl suchte zunächst am Leitfaden der Sakramente als Grundsituationen christlichen Lebens den Stoff zu ordnen. Ohne Künstlichkeit wäre das jedoch nicht ganz durchzuführen gewesen, obwohl das Grundgerüst des Bandes dadurch geprägt geblieben ist. So ergab sich am Schluß der Ternar der theologischen Tugenden – Glaube, Liebe, Hoffnung – als konzentrierende Mitte und gleichzeitig als umfassender Rahmen der Anordnung. Der Leser der Einzeltexte wird bemerken, wie oft diese auch explizit auf diese Grundstruktur des christlichen Lebens zurückkommen. Anderseits zeigt sich die gegenseitige Durchdringung der theologischen Tugenden auch daran, daß manches Stück ohne Gewalt anders einzuordnen gewesen wäre; aber eine einlinige „Ableitung" sollte mit dieser Anordnung auch nicht suggeriert werden.

Der vorliegende Band zielt eine spezifische, wenn auch nicht unbedingt homogene Leserschaft an: Er will weniger den theoretisch-theologisch Interessierten ansprechen als den um die praktische Gestaltung seines Glaubens – auch mit den Mitteln des Nachdenkens und der Betrachtung – Bemühten. Das kann ebensosehr eine Ordensschwester sein wie ein Laie in einem „profanen" Beruf oder eine Hausfrau, die über ihr eigenes religiöses Tun oder das ihrer Familie nachdenkt. Ihnen sollen lesbare, aber doch anspruchsvolle Texte an die Hand gegeben werden.

Die in diesem Band enthaltenen Texte sollen dabei die nötige thematische Breite umfassen. Inhaltlich sollen sie Orientierung ermöglichen, ohne aber ein „systematisches" Handbuch zu ersetzen, wenngleich ein solches durchaus ein Desiderat darstellt. Zu einigen zentralen Themen wurden zwar etwas kompliziertere und theoretischere Texte aufgenommen (vgl. etwa 14); im allgemeinen war die „Lesbarkeit" aber ein wichtiges Kriterium für die Aufnahme. Dabei wurde zunächst aus den vorliegenden Veröffentlichungen Karl Rahners eine Auswahl getroffen, die dann durch eigens geschriebene, unveröffentlichte Texte ergänzt wurde.

Es zeigte sich bei der Arbeit an diesem Band sehr deutlich, daß gerade im Bereich des geistlichen Schrifttums der Umbruch der letzten beiden Jahrzehnte spürbarer ist als in „abstrakteren" Räumen der Theologie. Das gilt für Stil wie Themen. So ist es wohl nicht verwunderlich, daß verhältnismäßig wenig ältere Texte aus dem Rahmen des Oeuvre aufgenommen wurden. Ferner wurde darauf geachtet, thematisch zusammenhängende, noch lieferbare (und oft auch sehr weit verbreitete!) Werke Karl Rahners aus diesem Themenbereich nicht mitzuverwenden. Das bringt zwar mit sich, daß einige Themen in diesem Sammelband unterrepräsentiert oder sogar ausgespart sind. Anderseits konnte dadurch der Umfang dieses Bandes in erträglichem Rahmen gehalten werden. Schließlich kann der Interessierte leicht die entsprechenden, meist auch als Taschenbuch vorliegenden Publikationen Rahners hinzuziehen, – wenn er sie nicht schon besitzt und kennt. Wir denken dabei vor allem an die frühen Gebete „Worte ins Schweigen" (1938; jetzt zusammen mit „Gebete der Einkehr" als Herder-Taschenbuch 437, [5]1981), an die Nachkriegspredigen „Von der Not und dem Segen des Gebetes" (1949; jetzt als Herder-Tb. 647, [10]1980), an das „Kleine Kirchenjahr" (1949, jetzt auch als Herder-Tb. 901, 1981) und an das Bändchen über die Sakramente „Die siebenfältige Gabe" (1974).

Der umfassender an der Theologie Karl Rahners Interessierte hat zudem die Möglichkeit, als systematischen Leitfaden den „Grundkurs des Glaubens" (1976, [12]1982) und als lockeren Überblick über Themen und Stilformen des Rahnerschen Werkes das Lesebuch „Rechenschaft des Glaubens" (1979, [2]1982) heranzuziehen. Der vorliegende Auswahlband versucht, auch zu diesen Werken Dubletten zu vermeiden. In einem Fall schien den Herausgebern die Aufnahme eines auch in der „Rechenschaft" abgedruckten Textes – wenn auch in gekürzter Form – sachlich berechtigt; eine Parallelstelle zum „Grundkurs" beruht auf einem identischen Grundtext.

Die Redaktion der Texte beschränkt sich in Absprache mit Karl Rahner auf stilistische Glättungen, Vereinheitlichungen von Schreibweisen, weitere Untergliederungen durch Absätze, gelegentliches Umformulieren von Anschlüssen oder Zurücknahme von aktuellen Anlässen, umgekehrt auch Einfügung von Querverweisen und Bezügen. Kürzungen sind nicht eigens angegeben. Der wissenschaftlich Interessierte kann anhand des Quellenverzeichnisses leicht die Originalveröffentlichungen ausmachen und zum Vergleich heranziehen. Für ihn kann solch ein Band höchstens eine Einstiegshilfe bedeuten.

Die Gestaltung eines Bandes mit Texten Karl Rahners zum geistlichen Leben ist im übrigen ein lang geplantes Ziel gewesen. Der Verleger O. Bettschart (Benziger-Verlag) hatte bereits im Zusammenhang mit der Herausgabe der „Schriften zur Theologie" Bd. III (1956) solches angeregt. Der lange Weg, auf dem dies nun erreicht wurde, hat sicher ein ganz anderes Buch zustandekommen lassen, als es damals möglich gewesen wäre. Die thematisch parallelen Publikationen haben – wie oben gesagt – weitere Beschränkungen wie Konzentrationen aufgenötigt. Die Herausgaber hoffen, daß das Ergebnis nicht zu weit hinter den ursprünglichen Erwartungen zurückbleibt und daß sie einem weiten Publikum etwas von den Anregungen durch die Schriften Rahners vermitteln können, die sie von diesen für sich selbst empfangen haben.

Für sorgfältige Mithilfe bei der Vorbereitung des Manuskripts und beim Korrekturlesen danken die Herausgeber den Herren Dr. theol. habil. Wilhelm Maas, Frank N. Meesen und Rainer Vogler.

Karl Lehmann – Albert Raffelt

1 Vgl. *K. Lehmann*, Karl Rahner, in: *H. Vorgrimler/R. Vander Gucht* (Hg.), Bilanz der Theologie im 20. Jahrhundert. [IV.] Bahnbrechende Theologen, Freiburg i. Br. 1970, 143–181 (eine überarbeitete Fassung stellt der in Anm. 2 genannte Text dar); *K. P. Fischer*, Der Mensch als Geheimnis, Freiburg i. Br. ²1975; *N. Schwerdtfeger*, Gnade und Welt, Freiburg i. Br. 1982 (Freiburger Theologische Studien 124).

2 Vgl. *K. Lehmann/A. Raffelt* (Hg.), Rechenschaft des Glaubens. Karl Rahner-Lesebuch, Freiburg i. Br. ²1982, Einführung und Literatur: 13–53; zur Vertiefung bes. die Anm. 1 genannten beiden Monographien.

3 Dabei wurde eine bisher nur als Privatdruck zugängliche Ansprache verwendet, die K. Lehmann am 7. März 1974 bei einem Empfang des Verlags Herder anläßlich des 70. Geburtstages K. Rahners gehalten hat (Karl Rahner 70 Jahre. Vier Ansprachen. Als Manuskript gedruckt, Freiburg o.J. 1974, 32 Seiten, hier 11–19). Dieser Text ist im 1. Teil dieser Einführung in veränderter Form aufgenommen, z.T. gestrafft und auf den neuesten Stand gebracht.

1

Warum bin ich heute ein Christ?

Ich will berichten, was ich zu meinen und zu leben versuche, wenn ich sage: ich möchte ein Christ sein. Man muß dabei sagen: ich möchte. Denn für ein christliches Selbstverständnis muß man es ja im allerletzten Gott überlassen, ob man das – theoretisch und vor allem praktisch — wirklich ist, was man zu sein meint und gesellschaftlich und kirchlich auf der Oberfläche des Alltags auch ist.

Ich möchte ein Mensch sein, der *frei* ist und *hoffen* kann, der begreift und lebt, daß er selbst seiner Freiheit anvertraut ist, die durch ein Leben hindurch sich selbst vollzieht und endgültig das aus ihm macht, was als der Entwurf eines Menschen ihm vorgegeben ist: ein Mensch der *Treue*, der *Liebe*, der *Verantwortung*.

Ich weiß nicht nur, daß solche Worte sehr rasch sehr hochtrabend und theoretisch klingen, daß sie das Empfinden hervorrufen, das wirkliche Leben in einem Dunst schöner Worte einzunebeln, sondern auch, daß sie in ihrem Sinn gar nicht „klar" sind. Lassen wir die erste Schwierigkeit auf sich beruhen, weil kein Mensch – auch nicht der primitivste Materialist – darauf verzichten kann, sich „Ideale" vorzusetzen, die als noch nicht erreichte ihn anziehen und sein Leben in Bewegung halten. Was die zweite Schwierigkeit angeht, daß nämlich die eben angedeuteten „Ideale" sehr unbestimmt seien, so sei dies zugegeben: Alle Worte, die das Ganze der menschlichen Existenz aussagen oder anrufen, sind „unklar", d.h. nicht festlegbar durch die Anweisung eines eindeutigen Platzes in einem von ihnen unterschiedenen und in sich selber klaren Koordinatensystem; sie sind „unklar", denn sie verweisen auf das eine, realste, absolut eine Ganze, das wir „Gott" nennen. Diese „Unklarheit" hat für uns eine absolut positive und unersetzliche Funktion, und der Mensch, der diese Unklarheit nicht als Positivum und Verheißung annimmt, verfällt in die Banalität bloßen Stumpfsinns.

Ich bin davon überzeugt, daß eine solche *Freiheitsgeschichte der wirklichen Selbstbestimmung* sich mitten durch alle die undurchsichtigen Einzelheiten, Fragwürdigkeiten, Ratlosigkeiten, Unsachgemäßheiten, Anläufe, die ohne greifbares Ziel bleiben, die inneren und äußeren Determinismen hindurch ereignet, die unser Leben anfüllen und es für uns selber zum fast sinnleeren Zufall machen. Ich bin davon überzeugt, daß das geschichtliche Leben des Menschen in Freiheit auf einen Entscheidungspunkt hinsteuert, eine solche Entscheidung in sich birgt, daß das Leben als eines und ganzes verantwortet werden muß und nicht einfach durch diese Einzelheiten hindurch ins Leere zerrinnt. Natürlich ist eine solche Grundkonzeption meines Lebens, die mir vorgegeben und gleichzeitig abverlangt wird, von atemberaubendem Optimismus, von einer Schrecklichkeit, die das Letzte in mir erzittern macht, von Kühnheit erfüllt. Aber ich kann diese Konzeption nicht aufgeben, sie nicht in der Banalität des Alltags oder in der Feigheit des Skeptizismus verkommen lassen.

Philosophen und andere Theoretiker des menschlichen Lebens können über solche Begriffe wie Freiheit, Verantwortung, Liebe, Selbstlosigkeit und so fort endlos nachdenken. Und auch mir sind solche Begriffe nicht einfach klar und durchschaubar. Aber sie haben einen Sinn, geben eine Richtung der Entscheidung in den tausend Lappalien des Lebens an. Es kann den Anschein haben, als könne man solche Worte psychoanalytisch, biologisch, soziologisch auflösen und als vermeidbaren oder unvermeidbaren Überbau über viel primitiveren Dingen entlarven, die dann allein als die wahre Wirklichkeit zu gelten haben. Ich entdekke auch immer wieder Fälle, in denen im einzelnen zu meiner Beruhigung oder zu meinem Schrecken solche Auflösungen wirklich richtig sind. Aber da sonst und sogar in solchen Auflösungsversuchen nochmals dasselbe Subjekt mit seiner Verantwortung am Werke ist, und es auch für diese Destruktionen der eigenen Subjektivität – weil von dieser selbst vollzogen – die Verantwortung trägt, sind für mich letztlich solche Destruktionsversuche falsch.

Ich entrinne mir nicht und will nicht dieser meiner verantwortlichen Freiheit eines wahren Subjekts entrinnen. Soll diese Überantwortetheit an sich selbst bei mir in einem letzten Protest geschehen oder in einem letzten *Ja*? Da ich bin und mir und meiner Freiheit so schon ein Ja vorgegeben ist, scheint mir einerseits mein Ja so selbstverständlich vom Grund der Wirklichkeit her zu sein, daß alle Proteste gegen die eigene Existenz in ihrer ganzen Konkretheit doch nur vorläufige Begleitphänomene eines im Grunde universalen Ja zu sich und dem Ganzen der eigenen Existenz sind. Anderseits kann ich der Einsicht nicht entrinnen, daß die Freiheit eines Subjekts nicht nur auf diese oder jene Partikularität als einzelne gehen kann, sondern auf die eine und ganze Existenz als solche, daß also die Versuchung zum schlechthinnigen Nein, zum umfassenden Protest (die das Wesen der eigentlichen Schuld ist), doch auch immer gegeben ist und sich durch die Banalität eines spießbürgerlichen Alltags hindurch vollziehen kann.

Ich nehme mich an. Ich nehme mich an ohne Protest mit all den Bedingtheiten und Zufälligkeiten meiner biologischen und geschichtlichen Existenz, auch wenn ich das Recht und die Pflicht habe, daran zu ändern und zu verbessern, was mir daran belastend zu sein scheint. Gerade dieser kritische Wille zur Veränderung meiner Existenz in all ihren Dimensionen ist die Weise und der Beweis dafür, daß ich im letzten dieses Dasein wirklich annehme. Aber bei aller Erwartung, es lasse sich wirklich etwas ändern, bleibt dieses Dasein (meines und das der andern, für das ich mich ebenso verantwortlich weiß) undurchsichtig, lastend, nicht auflösbar in eine herrschaftgebende Durchsichtigkeit, kurz und voller Schmerzen und Ratlosigkeiten, untertan dem Tod, dem die Väter und die Enkel ausgeliefert bleiben. Dieses Dasein nehme ich an, nehme ich an in *Hoff-*

nung. In der einen Hoffnung, die alles umfaßt und trägt, von der man nie weiß, ob man sie wirklich hat (oder nur zu haben sich vormacht, weil es einem im Augenblick leidlich gut zu gehen scheint), in der Hoffnung, deren inneres Licht ihre einzige Legitimation ist, in der Hoffnung, daß die Unbegreiflichkeit des Daseins (bei allem nahen Schönen, das darin auch steckt) sich einmal enthüllen wird in ihrem letzten Sinn und dieser endgültig und selig sein wird. Es ist eine totale Hoffnung, die ich nicht ersetzen kann durch ein unentschiedenes Gemisch aus ein wenig Hoffnung und uneingestandener Verzweiflung, die aber in der innersten Mitte der Existenz immer auch dann noch vorhanden sein kann, wenn auf der vorderen Bühne meines Lebens nichts als Sinnlosigkeit und Verzweiflung zu agieren scheinen.

Diese umfassende und bedingungslose Hoffnung will ich haben; ich bekenne mich zu ihr; sie ist meine höchste Möglichkeit und das, was ich als meine eigentliche Lebensaufgabe verantworten muß. Wer will mich davon überzeugen, daß solches Utopie ist; daß solche Hoffnung falsch und feige ist; daß sie schlechter ist, als wenn ich mich in einen radikalen Skeptizismus fallen ließe, der theoretisch möglich ist, aber in der Wirklichkeit des Lebens – wo Verantwortung getragen und wo geliebt wird – gar nicht durchgehalten wird? Dieses letzte Urvertrauen in den ganzen und umfassenden Sinn des Daseins ist nicht eine frei schwebende Ideologie, sie trägt nicht nur alles andere, sondern wird auch mitgetragen durch alles, was sonst im Leben begegnet. Denn darin ist auch (wenigstens partielle) Sinnerfahrung, Licht, Freude, erfahrene Liebe und Treue, die einen absoluten Anspruch erheben. Über diese konkreten Erfahrungen, die die letzte Hoffnung auch tragen, wie sie von ihr getragen sind, muß später noch gesprochen werden. Wir setzen freilich schon hier voraus, daß man erhaben ist über die stumpfe Naivität, zu meinen (wie es unter Umständen auch hochgescheite Wissenschaftler tun), das Materielle sei realer als das Geistige und dieses schwebe nur als eine Art Ausdünstung oder Nebeneffekt physikalischer Konstruktionen über diesem Materiellen. Solche „Materialisten" übersehen, daß ihnen dieses Materielle nur durch den Geist gegeben ist, oder sie können gar nicht sagen, was das Materielle als solches eigentlich und ursprünglich sei.

Dieser freie Grundakt des Daseins, der eben nur in stammelnden Worten angedeutet wurde und natürlich nicht nur dort gegeben ist, wo nochmals reflex über ihn geredet wird, geht aber auf das oder besser den, den wir *Gott* nennen. Ich weiß, daß dieses Wort ein dunkles Wort ist, per definitionem das dunkelste Wort, das es überhaupt geben kann, das Wort, das eigentlich gar nicht in die übrigen Wörter der menschlichen Sprache als eines unter anderen eingeordnet werden kann. Ich weiß, daß das, was damit gemeint ist, im Leben eines Menschen auch vorkommen kann, wenn die Vokabel selbst bei ihm nicht vorkommt. (Es gibt schließlich auch anonyme Theisten, weil Gott nun einmal im Gesamten der Wirklichkeit nicht eine Partikularität wie Australien oder eine Amsel ist, von denen man wirklich schlechterdings nichts zu wissen braucht, sondern alles trägt, allem Ursprung gibt, alles durchdringt und darum namenlos, aber wirklich als die unreflektierte Bedingung der Möglichkeit allen Erkennens und aller Freiheit west und waltet, wo immer Geist am Werk ist.) Ich weiß, daß das mit Gott Gemeinte heute nur schwer realisiert werden kann unter der Vorstellung eines großen Weltbaumeisters (wie noch in der Zeit der Aufklärung). Ich weiß, daß mit dem Wort „Gott" Gräßliches und Törichtes genug getrieben wurde. Ich weiß, daß es sehr leicht ist, bei andern und bei sich selbst immer wieder törichte Mißverständnisse zu entdecken, die unter dem Wort „Gott" ihr Unwesen treiben. Und doch sage ich: der letzte Grund meiner Hoffnung im Akt der bedingungslosen Annahme meiner Existenz als sinnvoll wird mir von Gott zugesagt. Er wird damit nicht die Projektion meiner Hoffnung ins Leere hinein. Denn einerseits wird im selben Augenblick, da ich Gott als *meine* Projektion denke, „Gott" für mich sinnlos und unwirksam; und anderseits kann ich den Grund meiner Hoffnung ebensowenig wie diese selbst aufgeben oder mit mir, dem Ohnmächtigen, Endlichen und Hoffenmüssenden identifizieren, mich selbst zu Gott machen, so wenig ich diesen Gott einfach außer mir als eine Sache neben einer anderen Sache denken darf. Gott muß der Wirklichste und alles tragend Umfassende sein, damit er Grund und Ziel in einem für die grenzenlose und bedingungslose Hoffnung sein kann, die in der vertrauenden Grundannahme des Daseins gesetzt wird.

Dieser Gott ist aber das unbegreifliche *Geheimnis*. Denn diese Hoffnung (in der Vernunft und Freiheit noch eines sind) geht über alles Angebbare hinaus, weil alles einzelne, das begriffen und als Einzelposten in das Kalkül des Lebens eingesetzt werden kann, immer durch anderes, das unberechnet ist, mitbestimmt und bedroht ist und bleibt. So erfährt man schon im Alltag die Unbegrenztheit seiner Transzendenz auf das, was ihr gleichzeitig nicht untertan ist. Darüber hinaus zeigt die Transzendentalität des Menschen in Erkenntnis und Freiheit, der weder ein bestimmter Halt geboten werden kann und die auch nicht von einem „Nichts" ermächtigt sein kann (weil „Nichts" nichts vermag), daß sie insofern auf das Geheimnis als solches hin sich bewegt, als sie von sich her den unendlichen Raum des Bewußtseins gar nicht auszufüllen vermag. Das Wunder des Daseins besteht nun aber nicht so sehr darin, daß es dieses Geheimnis gibt (wer kann dies eigentlich anders leugnen als dadurch, daß er sich hartnäckig weigert, sich damit zu beschäftigen?), sondern darin, daß man sich mit ihm einlassen kann und darf, ohne im selben Augenblick in seine eigene Nichtigkeit zurückgeschleudert zu werden (bis zu dem Grad, daß der Atheismus die Gott allein würdige Form seiner Anerkennung wird). Der Akt der Annahme des Daseins in Vertrauen und Hoffnung ist darum, wenn er sich selbst nicht mißverstehen soll, der Akt eines vertrauenden Sichloslassens in das unbegreifliche Geheimnis hinein. Mein Christentum ist darum, wenn es sich selbst nicht mißverstehen soll, der Akt eines sich Loslassens in das unbegreifliche Geheimnis hinein, ist darum alles andere als eine „Erklärung" der Welt und meiner Existenz, ist vielmehr das Verbot, irgendeine Erfahrung, irgendein Verstehen (so gut und aufklärend sie sein mögen) als endgültig, als in sich selbst ganz verständlich zu betrachten. Der Christ hat weniger als jeder andere „letzte" Antworten, die er mit meinem „jetzt ist die Sache klar" quittieren dürfte. Seinen Gott kann er nicht als einen einzelnen und durchschauten Posten in die Rechnung seines Lebens einsetzen, sondern nur *als* das unbegreifliche Geheimnis annehmen, schweigend und anbetend, und dieses als Anfang und Ende seiner Hoffnung und so als sein einziges endgültiges und alles umfassendes Heil.

Die Bewegung des endlichen Geistes auf Gott hin so, daß Gott selber Inhalt und Ziel dieser Bewegung wird und nicht bloß der Beweger einer Bewegung, die letztlich doch ferne von ihm selbst im Endlichen steckenbleibt, muß von Gott selbst getragen sein. Insofern der Christ dieses sein Urvertrauen, weil es faktisch unbedingt ist und Gott selbst will, getragen weiß durch Gott selbst, nennt er diese ihm innerlichste Bewegung seiner Existenz auf Gott hin durch Gott *„Gnade"*, *„Heiliger Geist"* und artikuliert diese eine Bewegung auf die Unmittelbarkeit Gottes hin als *Glaube, Hoffnung* und *Liebe.* Der Christ billigt jedem Menschen, der dem Spruch seines Gewissens treu ist, diese innerste Bewegung in Gott auf Gott hin zu, auch wenn er sie noch nicht als solche reflektiert und ihre geschichtliche Erscheinung in Jesus Christus als solche selbst in der Reflexion eines ausdrücklich christlichen Glaubens noch nicht zu ergreifen vermochte. Der Christ fürchtet für sich (und *darum* auch für die andern), daß er in ausdrücklichem oder verhohlenem Unglauben und in Hoffnungslosigkeit durch sein Leben hindurch sich in Freiheit dieser innersten Bewegung seiner Existenz durch die Gnade versagen könnte; er hofft aber für alle anderen und *darum* auch für sich, daß diese Bewegung durch alle Finsternisse und Oberflächlichkeiten des Lebens hindurch ihr endgültiges, „ewiges" Ziel findet. Der Christ nimmt die letzte Bedrohtheit seiner selbst durch sich selbst (der Freiheit durch die Freiheit, die sich Gott versagen kann) an und überwindet sie immer aufs neue in der Hoffnung, daß die Freiheitsgeschichte der Menschheit, die auch nochmals von der Freiheit des unbegreiflichen Geheimnisses und durch die Macht seiner Liebe umfaßt ist, durch Gott im ganzen einen seligen Ausgang haben wird, wenn dadurch auch keine theoretische Aussage über das Heil des einzelnen gemacht werden kann, also die bedingungslose Hoffnung jetzt das Letzte bleibt.

Alles bisher Gesagte hat nun aber für mich, den Christen, eine geheimnisvolle Synthese gefunden in der Begegnung mit *Jesus von Nazaret;* eine Synthese, in der die Urhoffnung und die Erfahrung Jesu in einem letztlich nicht auflösbaren Zirkel sich gegenseitig tragen und rechtfertigen vor dem intellektuellen Gewissen eines Menschen, das redlich sein will – aber in einer intellektuellen Redlichkeit, die auch das realisiert, was wir Christen „Demut" nennen. Vermittelt durch die Botschaft des Christentums und der Kirche im Evangelium von Jesus *und* getragen durch jene letzte Hoffnung in der Gnade begegnet der Christ Jesus. Die Erfahrung dieser Synthese zwischen letztem Urvertrauen in der Gnade und der Begegnung mit Jesus ist natürlich im Leben der einzelnen Menschen in etwa verschieden, vor allem durch den Unterschied zwischen den Menschen, die immer in ihrem bewußten Leben Christen waren, und solchen, die erst in einem späteren Lebensabschnitt diesem Jesus ausdrücklich zu ihrem Heil begegneten. Aber da die Gnade, die alle Menschen bewegt, Gnade Jesu Christi ist, auch wenn der Begnadete dies nicht reflex weiß, und da alle Liebe, die den Nächsten getan wird, nach Jesu Wort ihm selber getan wird, auch wenn man es nicht reflex weiß, ist diese Synthese (mindestens als Angebot an die Freiheit) in jedem Menschen gegeben, und der Unterschied zwischen Christen und Nichtchristen (ein Unterschied, dessen Bedeutung weder unterschätzt noch überschätzt werden darf) bezüglich dieser Synthese bezieht sich nicht auf ihr Vorhandensein, sondern auf ihre reflexe Thematisierung im Glaubensbewußtsein. Als wen erkennt nun in dieser Synthese der Christ Jesus?

Immer ist diese Erfahrung, in der Jesus für einen bestimmten Menschen das Ereignis der einmaligen und qualitativ unüberbietbaren und irreversiblen Zuwendung Gottes wird, durch das Ganze ihrer Momente als eines bedingt, ohne daß im reflexen Bewußtsein jedes der Momente gleich ausdrücklich und deutlich gegeben sein müßte. Da ist Jesus, ein Mensch, der liebt, der getreu ist bis in den Tod, bei dem das ganze Menschsein, das Leben, das Reden, das Handeln offen ist auf das Geheimnis hin, das er seinen Vater nennt, dem er sich auch dann noch vertrauend übergibt, wenn alles scheitert. Für ihn ist der unauslotbare finstere Abgrund seines Lebens die bergende Hand des Vaters. Und so hält er an der Liebe zu den Menschen und auch an der einen Hoffnung schlechthin auch dann noch fest, wenn alles im Tod unterzugehen scheint, wo man nicht mehr Gott und die Menschen scheint lieben zu können. Aber dies alles war bei Jesus getragen und überhöht durch die Überzeugung, daß mit ihm, seinem Wort und seiner Person endgültig und unüberholbar die Nähe des „Reiches Gottes" gegeben sei; d.h., daß Gott sich selber unmittelbar in Liebe und Vergebung siegreich dem Menschen zusage, Gott in Jesus von sich selber her seinen Sieg in der Freiheitsgeschichte der Menschen durchsetze und auch proklamiere und dadurch freilich auch eine neue und unüberholbar radikale Entscheidungssituation für den Menschen gegeben sei, der diese Botschaft hört.

Diese Erfahrung mit Jesus schließt bei der Christenheit in sich, daß hier der Mensch ist, in dem die Wirklichkeit nicht hinter dem Anspruch des Menschseins zurückbleibt; daß wir gegen unsere sonstige skeptisch machende Erfahrung mit den Menschen uns da wirklich auf einen Menschen verlassen können. Wir brauchen dabei Jesus nicht zu einem Übermenschen hochzustilisieren. Er hatte seine Endlichkeiten, auch in seiner Lehre und deren Eigentümlichkeit, weil solches notwendig zu einem wahren Menschen gehört. Aber er war der Mensch, der er schlechthin sein sollte, im Leben und im Tod. Seine Jünger, die seine Katastrophe am Karfreitag miterlebten ohne Illusionen, fanden in sich die Erfahrung als von ihm selbst her geschenkte, daß dieses Leben nicht untergegangen ist, daß der Tod in Wahrheit sein *Sieg* ist, daß er der vom Geheimnis Gottes bergend angenommene ist, daß er „auferstanden" ist, wobei natürlich Auferstehung nicht eine Rückkehr in diese unsere raumzeitlich und biologisch verfaßte Wirklichkeit, sondern das endgültige Gerettetsein des ganzen Menschen („mit Leib und Seele") in Gott ist. Weil diese Auferstehung das Aufgenommensein durch jenes Geheimnis ist, das unbegreiflich Gott genannt wird, darum ist sie in ihrem „Wie" nicht mehr vorstellbar. Aber wo sich unsere absolute Hoffnung und die Erfahrung dieses Lebens und Sterbens begegnen, können wir nicht mehr mit Jesu Untergang rechnen, ohne auch unsere eigene absolute Hoffnung zu verleugnen, ohne uns, eingestandenermaßen oder nicht, verzweifelt fallen zu lassen in den Abgrund der Leere und der letzten Nichtigkeit. Wenn wir in unserer eigenen Hoffnung für uns suchen, *wo* uns in der Geschichte der Menschen einer begegnet, bei dem wir darauf zu vertrauen wagen, daß hier unsere, uns in allen Dimensionen unserer Existenz umfassende Hoffnung erfüllt sei und diese Erfüllung sich bei uns selber melde, also auch geschichtlich erscheine, dann kann dieses Suchen keinen Benennbaren finden ohne das apostolische Zeugnis von Jesus. Mindestens ist zunächst, so erstaunlich das sein mag, faktisch keiner zu finden, der im Zeugnis seiner Jünger diesen Anspruch erhebt. (Nimmt man dann diesen Anspruch als die Garantie des eigenen Heiles an, wird er auch als grundsätzlich einmaliger erfahren.) Haben wir aber durch das apostolische Zeugnis die Erfahrung des Auferstandenen gemacht, dann gibt sie uns auch die Kraft und den Mut, auch von der Mitte unserer eigenen Existenz her zu sagen: Er ist auferstanden.

Die wesentliche Hoffnungsstruktur des Menschen und seine geschichtliche Erfahrung schließen sich beim Christen zu einer Einheit zusammen: ER ist der von Gott angenommene; die Frage, die der Mensch in die Grenzenlosigkeit der Unbegreiflichkeit hinein ist, ist von Gott her in Jesus beantwortet; hier ist das Menschsein endgültig selig geglückt, in dem von beiden Seiten her erreichten Sieg, dem Sieg der Gnade und der Freiheit; hier ist die skeptische Frage nach dem Menschen in seiner Vergeblichkeit und seinem Schuldigsein überholt. Wenn Jesus sich im Leben und Wort verstand als die Unwiderruflichkeit des Gekommenseins des Reiches Gottes, des Sieges Gottes in der Freiheit des Menschen von Gott her, dann ist dieses Selbstverständnis, das aus der unlöslichen Einheit seiner bedingungslosen Solidarität mit Gott *und* der Welt entsprang, durch das besiegelt, was wir seine Auferstehung nennen. ER ist jetzt *die* Frage und Antwort in einem, die im Leben des Menschen gegeben ist. ER ist die letzte unüberholbare Antwort, weil jede sonstige denkbare Frage im Menschen durch den Tod überholt wird und auf diese alles verzehrende Frage in ihm die Antwort gegeben ist, wenn er der Auferstandene ist und als solcher uns unwiderruflich die unbegreifliche Grenzenlosigkeit Gottes selber zusagt, neben der es nichts mehr gibt, was Frage oder Antwort sein könnte. ER ist *das* Wort Gottes an uns, *die* Antwort auf die eine Frage, die wir selber sind, die nicht nach dem oder jenem mehr fragt, sondern nach allem in einem, nach Gott.

Von da aus lassen sich die Aussagen der traditionellen Kirchenlehre und Theologie über Jesus Christus einholen und gleichzeitig gegenüber Mißverständnissen absichern; es läßt sich sagen, was mit seiner „metaphysischen Gottessohnschaft", mit der hypostatischen Union des ewigen Wortes Gottes, mit der vollen unangetasteten menschlichen Wirklichkeit in Jesus, mit der Idiomenkommunikation gemeint ist. Diese mehr als anderthalb tausend Jahre alte, allen christlichen Großkirchen mehr oder weniger gemeinsame Christologie ist auch heute gültig und soll es bleiben, weil in ihr doch unerbittlich und richtig das ausgesagt wird, was der christliche Glaube an Jesus erfährt, die unwiderrufliche und in ihrer Unwiderruflichkeit geschichtlich greifbare Selbstzusage Gottes an die Welt. Aber es ist auch nicht so, als ob diese kirchenamtlichen christologischen Formeln nicht mißverstanden und dann mit

Recht abgelehnt werden könnten, als ob man sie nur wiederholen müsse und sie dann ohne weiteres verstehe, als ob nicht der Orthodoxe, der sie ja auch erklärt, dadurch nicht eingestände, daß das in ihnen Gemeinte auch anders gesagt werden könne. Wer rechtgläubig sagt: Jesus ist Gott, der hat die christliche Wahrheit gesagt, *vorausgesetzt*, daß er diesen Satz richtig versteht, was nicht einfach selbstverständlich ist. Damit ist auch umgekehrt gesagt, daß, wer Jesus als das unüberholbare Wort Gottes an sich selbst, als die letzte Besiegelung seiner eigenen Hoffnung annimmt, auch dann noch ein Christ ist, wenn er diese traditionellen Formulierungen der Christologie, die einem bestimmten, für uns nicht leicht einholbaren Denkhorizont entstammen, nicht oder nur schwer nachzuvollziehen vermag.

Kreuz und Auferstehung gehören in jedem authentischen Glauben an Jesus zusammen. Kreuz besagt die nicht mehr verschleierte Forderung nach der unbedingten Kapitulation des Menschen vor dem Geheimnis des Daseins, das der Mensch nicht mehr in seine Gewalt zu bringen vermag, weil er endlich und schuldbeladen ist. Auferstehung bedeutet den Inhalt der unbedingten Hoffnung, daß in dieser Kapitulation die vergebende und selige und endgültige Annahme des Menschen durch dieses Geheimnis erfolgt, daß wo man ganz losläßt, kein Absturz mehr ist. Kreuz und Auferstehung Jesu bedeutet, daß eben dieses Loslassen und Nichtfallen durch Gottes Tat an Jesus exemplarisch geschehen ist und auch uns diese Möglichkeit (auch die des Loslassenkönnens, das die schwerste Aufgabe unseres Lebens ist) in Jesus unwiderruflich zugesagt ist.

Hier bei Jesus hat man das „absolutum concretum". Man braucht sich nur auf diesen konkreten Menschen liebend und unbedingt einlassen. Letztlich hindert daran der Zwischenraum einer Zeit sowenig wie der eines Leibes. Man muß es nur wagen. Dann hat man alles. Freilich muß man mit ihm zusammen sterben. Aber diesem Schicksal entrinnt keiner; man sollte sich nicht am Tod vorbeizumogeln versuchen, bis die andern – eben nicht man selbst — nicht mehr merken können, ob man sich auf seinen eigenen *Tod* einläßt. Warum also nicht mit Jesus sterben, indem man in einem mit ihm sagt: „Mein Gott, warum hast du mich verlassen?“, und: „In deine Hände befehle ich meinen Geist“? Hier erst wird alle Metaphysik vom Menschen konkret. Und es ist nicht mehr so ganz wichtig, wie sie „an sich“ ist oder wäre. Sie enthält, wenn sie bei Jesus angekommen ist, sehr wenig. Und so alles. Weil sie im Tod als dem Leben angekommen ist, und da die Frage beantwortet wird: Alles oder nichts! Nicht beim Reden über den Tod, sondern beim Tod, seinem und dem eigenen. Erst in diesem Augenblick, der für einen selbst noch aussteht, hat man das Christentum endgültig ergriffen. Aber man kann sich jetzt schon darauf vorbereiten, für dieses Ereignis offen zu sein. Die Herrlichkeit des Lebens, das wir jetzt führen, verschwindet durch diese *ars moriendi* nicht. Es genieße dieses herrliche Leben, wer es kann und mag. Vorausgesetzt, daß er auf den Tod hin genießt. Darin erhält erst alles sein letztes Gewicht und wird doch die „leichte Bürde“.

Das Christentum ist darum für mich das Einfachste, weil es das eine Ganze des Daseins meint, dieses Ganze mit dem sterbenden Jesus gelassen und hoffend in die Unbegreiflichkeit Gottes versenkt und alle Einzelheiten im Leben als solche uns überläßt, ohne auch dafür schon ein Rezept zu geben. Aber das Einfachste ist auch das Schwerste. Es ist Gnade, aber die allen angebotene Gnade, die auch dort noch angenommen werden kann und (so ist es christliche Hoffnung) auch dort noch angenommen wird, wo die unbedingte Hoffnung noch nicht ausdrücklich den als ihre Verwirklichung gefunden hat, den sie sucht: Jesus von Nazaret. Vielleicht ist es so verfügt, daß viele ihn besser „finden“, wenn sie ihn nur in der namenlosen Hoffnung suchen, ohne ihn schon nennen zu können mit seinem geschichtlichen Namen. Wenn es eine Einheit der geistigpersonalen Geschichte der Menschheit gibt, ist jedes darin für alle bedeutsam, und darum ist das Ursakrament Jesus Christus schon immer aufgerichtet über alle Zeiten und Räume dieser einen Geschichte, aber eben als Geschichte, in der von vornherein gar nicht alles zu jedem den gleichen geschichtlichen Abstand und die gleiche ausdrückliche Nähe haben kann. Wer aber diesem Jesus genügend deutlich begegnet ist, der muß ihn bekennen, weil er sonst seine eigene Hoffnung verleugnen würde.

Wenn die Auferstehung Jesu die von Gott her siegreiche Selbstzusage des Geheimnisses als unseres endgültigen Lebens ist, dann ist damit gegeben und verständlich, daß seine Auferstehung nicht wäre, würde Jesus nicht *auch* in den Glauben an seine ewige Gültigkeit auferstehen. Darum gibt es die *Gemeinde* von Menschen, die an ihn als den Gekreuzigten und Auferstandenen glauben. Man nennt diese Gemeinde *Kirche*, zumal die an Jesus Christus Glaubenden schon wegen der gemeinsamen Bezogenheit auf den einen Jesus gar nicht einfach religiöse Individualisten sein können. Dazu kommt, daß dieser Glaube an Jesus nur durch aktive Bezeugung weitergegeben werden kann, was wiederum letztlich eine gesellschaftliche Verfaßtheit der Glaubensgemeinde erfordert, die sich um Jesus schart. Christentum bedeutet darum und aus vielen anderen Gründen Kirche. Zumal der Mensch das gesellschaftliche Wesen ist, das auch die Geschichte seiner letzten Freiheit immer von einer gesellschaftlich verfaßten Gemeinschaft und auf sie hin treibt. Auch der radikalste Glaubensindividualist ist durch Sprache, Heilige Schrift, Überlieferung usw. immer noch in Bezogenheit auf die Kirche, selbst wenn er sich von ihr ganz unabhängig machen will.

Auch die *Wahrheit* hat etwas mit einem offenen und zugleich kritischen Verhältnis zu Gesellschaft und somit auch zu Institutionen zu tun, ohne daß die „eigene" Wahrheit zu Beliebigkeit verdirbt. Die Wahrheit, die sich nicht dauernd in Einheit und Liebe andern mitteilen will und die einem nicht dauernd von einer Gemeinschaft geschenkt wird, ist keine Wahrheit, weil im religiösen Bereich die Wahrheit das Beisichsein des liebend sich wegschenkenden Menschen ist. Diese Wahrheit in Gemeinschaft kann auch der Härte nicht entraten, die mit der Gesellschaftlichkeit einer Gemeinschaft gegeben ist.

Den genauen *Stellenwert von Kirche* mögen die einzelnen christlichen Kirchen und Konfessionen nicht einheitlich interpretieren; es gibt aber überall im Christentum Institution und somit grundsätzlich einen Willen zur Kirche. Wo individuelle Freiheit und Eigenart (die wesentlich zum Christen gehören) als je einzelne Unmittelbarkeit zu Gott gegeben sind und dennoch noch einmal von daher religiöse Gesellschaft und Kirche notwendig sind, wird es immer die bleibende, immer wieder anders sich präsentierende und immer neu zu bewältigende Spannung geben zwischen christlicher Freiheit und christlicher Kirchlichkeit, eine Spannung, die weder durch einen kirchlichen Totalitarismus (eine echte Gefahr, die von den Kirchenmännern leicht unterschätzt wird) noch durch einen christlichen Anarchismus bewältigt werden kann, eine Spannung, für deren Bewältigung im Einzelfall es nicht einmal so konkrete Regeln geben kann, daß diese Regelung nur noch eine administrative Fallanwendung wäre. Letztlich ist es dem Einzelchristen nur in der Hoffnung möglich, diese Spannung in Geduld zu ertragen, in der Hoffnung, daß es einmal das ewige Reich der Liebe und keine Kirche mehr gibt. Insofern die *Taufe* als Initiationsritus in die christliche Gemeinde hinein im Bekenntnis zum dreifaltigen Gott so gut wie überall in der Christenheit anerkannt ist, ist ein grundsätzliches Bekenntnis zu Kirchlichkeit als Wesensmerkmal des Christlichen doch überall gegeben.

Ich möchte hier nicht viel sagen zu der in der Christenheit bitteren Frage nach ihrer eigenen *kirchlichen Gespaltenheit*.

Überall regt sich heute das Verständnis für die ökumenische Aufgabe. In einer solchen Situation ist es gewiß nicht mehr so leicht, eine der christlichen Konfessionen und Kirchen unter Ausschluß aller andern für die einzig legitime und alleinseligmachende zu halten. Natürlich ist man in dieser schwierigen Situation auch dort schon weitergekommen, wo man (wie in der römisch-katholischen Kirche) auch jetzt noch nicht bereit ist, von vornherein alle Kirchen mit ihren verschiedenen Bekenntnissen und Institutionen als gleichberechtigt anzuerkennen: man gesteht sich gegenseitig den Namen Kirche zu, betont die Gültigkeit der Taufe überall, anerkennt die positive Heilsbedeutung vieler Lehren, Institutionen, Spiritualitäten in den verschiedenen Kirchen, freut sich an der Selbigkeit der Heiligen Schrift in der ganzen Christenheit und so fort. Aber gerade durch alle diese ökumenischen Annäherungen ist es mindestens dem katholischen Christen konkret viel schwerer, seiner Kirche noch jene Einzigartigkeit und Einmaligkeit zuzuerkennen, die sie auch im II. Vatikanischen Konzil für sich im Unterschied zu allen anderen christlichen Kirchen in Anspruch nimmt. Dazu kommen heute alle die Schwierigkeiten der historischen Erkenntnis bezüglich des *genaueren* Zusammenhangs schon der frühesten Kirche mit dem historischen Jesus und weiter die Unmöglichkeit (mindestens für den Normalchristen), die weitere Kirchengeschichte rational genau auf legitime und illegitime (oder wenigstens glaubensmäßig nicht verpflichtende) Entwicklungen zu befragen (beide gab es ja sicher).

In dieser Situation wird auch der katholische Christ unterscheiden müssen zwischen Inhalt und Absolutheit seiner *Glaubenszustimmung* seiner Kirche gegenüber (wenn er eine solche Zustimmung leisten kann, was grundsätzlich möglich und geboten ist), und den diesem Assens an sich äußeren fundamentaltheologischen Begründungen. Beides ist, wie jede traditionelle Fundamentaltheologie weiß, nicht dasselbe. Der eigentliche Glaubensassens bejaht die konkrete Kirche, so wie sie sich selber versteht. Was aber die fundamentaltheologische und äußere Legitimation dieses Assenses angeht, wird der normale Katholik auf eine doppelte Frage mit Ja antworten und dadurch sein glaubendes Verhältnis zur römisch-katholischen Kirche legitimieren: Er wird sich fragen, ob er in dieser Kirche, ohne darin von ihr selbst durch ihre Lehre oder durch eine absolut verbindliche Praxis gehindert zu werden, den befreienden Geist Jesu, seine Wahrheit finde und ob er in ihr eine möglichst deutliche und feste Rückverbindung in geschichtlicher Kontinuität mit den Anfängen der Kirche und damit mit Jesus trotz und in allem geschichtlichen und gar nicht vermeidbaren Wandel entdecken könne. Die bejahende Antwort auf diese doppelte Frage scheint mir für mich Recht und Pflicht eines unbedingten Verhältnisses zu meiner Kirche zu geben, in das natürlich von ihrem Wesen her auch ein kritisches Verhältnis zu ihr als dem Ort der evangelischen Freiheit einbeschlossen ist.

Selbstverständlich leidet jeder wahre Christ an der gesellschaftlichen und geschichtlichen Gestalt der Kirche. Sie bleibt immer in ihrer greifbaren Realität hinter ihrem Wesen zurück. Sie verkündigt eine Botschaft, durch die ihre empirische Wirklichkeit immer selbst in Frage gestellt wird. Sie ist immer auch die *Kirche der Sünder*, deren Glieder in ihren Taten auch verleugnen, was sie bekennen. Eigentlich kann sie dabei sich nicht einmal ganz darauf berufen, daß sie aus Menschen gebildet werde und darum wie jede andere geschichtliche Gemeinschaft und Gesellschaft offenbare, was im Menschen steckt. Denn sie soll ja gerade der Ort sein, an dem die Macht der Gnade ihren Sieg über die Abgründe an Bosheit und Enge im Menschen offenbart. Sie kann zwar Menschen vorweisen, in denen diese Macht der Gnade wirklich offenbar wird. Aber gibt es solche in ihr eindeutig greifbar mehr als außerhalb ihrer? Wie sollte man das nachweisen, ohne pharisäisch überheblich zu werden, wenn man „außerhalb" der Kirche wirklich ehrlich nach solchen Menschen sucht? Dunkle Frage. Jedenfalls aber ist Schreckliches und Erbärmliches in ihrer Geschichte geschehen. Solches Schreckliche und Erbärmliche ist so viel, daß darüber nur eines hinweghilft: Wohin sollten wir sonst gehen, wenn wir aus der Kirche auszögen? Wären wir dann dem befreienden Geist Jesu treuer, wenn wir, die wir selbst egoistische Sünder sind, als die „Reinen" uns von dieser armen Kirche distanzieren würden? Man kann ihrer Erbärmlichkeit für seinen Teil nur abhelfen, wenn man die Last dieser Armseligkeit mitträgt, an der ja jeder auch selbst schuldig ist; wenn man in ihr als Christ zu leben versucht, wenn man die Verantwortung mitträgt, sie von innen immer wieder zu ändern, sie, die in allen Konfessionen immer die Kirche der „Reformation" sein muß. Wenn wir in uns selbst etwas Christliches im wahren Sinn zu entdekken meinen und verstehen, was es wirklich bedeutet, wie könnten wir uns dann weigern, es selbstlos einzustiften in diese Gemeinde der Sünder, die durch die Macht des Geistes Jesu sich durch alle armselige Geschichte hindurch eben doch hinbewegen auf jene Vollendung hin, die der Tod und die Auferstehung Jesu verheißen, – uns allen und nicht nur einer kleinen Elite der Menschheit?

Die Christen haben immer – grundsätzlich wenigstens – gewußt, daß sie ihr hoffendes und liebendes Verhältnis zum unbegreiflichen Mysterium ihres Lebens, das sie Gott nennen, nur wissen, nur realisieren und als glaubwürdig erweisen können in der unbedingten *Liebe zum Nächsten*, durch die allein man die Hölle seines Egoismus wirklich aufbrechen kann. Diese Liebe zum anderen in den verschiedensten Gestalten, die sie haben kann, ist gar nicht so selbstverständlich, wo sie nicht nochmals depraviert ist zu einer Methode eines verhohlenen Egoismus; sie ist die befreiende Gnade Gottes. Wo diese Liebe wirklich ist, ist der Geist Jesu am Werk, auch wenn er dabei nicht genannt wird, wie uns Mt 25 deutlich belehrt. Man kann nur zitternd sagen: Hoffentlich wirkt in einem selbst irgendwo die Gnade Gottes dieses Wunder. Es hängt davon alles ab. Wirklich alles.

Nun muß aber in einer Epoche wie der unseren gesehen werden, daß solche Nächstenliebe gar nicht mehr sie selber sein kann, wenn sie nur den privaten Beziehungen des einzelnen zum einzelnen Gestalt und Würde verleihen würde. Sie muß heute auch vor allem (wenn auch nicht allein) realisiert werden in der Verantwortung jedes Menschen und Christen für die gesellschaftlichen Bereiche als solche, muß sich als *Gerechtigkeit* und *Friede* zeigen, weil Gerechtigkeit letztlich doch nicht durch ein ausgleichendes Kalkül bloßer Vernunft erzielt werden kann, sondern nur dadurch, daß in der Gesellschaft und Geschichte sich oft genug das absurde Wunder selbstloser Liebe ereignet. Und umgekehrt: dieses Wunder versteckt sich in dem nüchternen Kalkül der Gerechtigkeit. Die *gesellschaftspolitische Aufgabe* kommt je in eigener Weise dem einzelnen Christen, den einzelnen christlichen Gruppen und der Kirche als solcher zu. Die Kirche muß ihre Nächstenliebe glaubwürdig machen durch ihr gesellschaftspolitisches und -kritisches Engagement. Die Kirche muß dabei ihr gesellschaftskritisches Engagement aus ihrem ihr eigenen Geist heraus tun, vom Geiste Jesu aus und in der Hoffnung des ewigen Lebens. Vom Gedächtnis des Todes und der Auferstehung Jesu her gewinnt sie eine kritische Distanz zur Gesellschaft, die ihr gestattet, weder die erreichte Gegenwart noch eine nächste planbare Zukunft (ausdrücklich oder insgeheim) absolut zu setzen. Würde die Kirche bloß in einem „humanitären Betrieb" aufgehen, würde sie ihre Aufgabe verraten, weil sie ja gerade den Menschen den letzten Ernst und die unbegreifliche Würde dieser Liebe zum Menschen bezeugen muß. Aber die Gefahr scheint auch heute noch größer zu sein, daß die Liebe zum Nächsten, der heute vor allem die „profane Gesellschaft" ist, von den Christen nicht ernst genug genommen wird. Und doch kann darin allein der Gott gefunden werden, den die Christen suchen, mit Jesus, der das unbegreifliche Geheimnis auch nicht auflöste, sondern glaubend und hoffend annahm, indem er sich weigerte, zwischen der Liebe zu Gott und der zum Menschen zu wählen.

Das Christentum und die Kirchen gewinnen langsam ein neues und erheblich differenzierteres Verhältnis zu den nichtchristlichen *Weltreligionen* als sie es früher hatten, als diese Religionen außerhalb des christlichen Kulturkreises lagen. Das Christentum kann zwar den Anspruch nicht aufheben, das umfassende und nicht überholbare Wort der Gnade in Jesus, dem Gekreuzigten und Auferstandenen, gehört zu haben und zu verkündigen. Aber das Christentum leugnet darum nicht, daß der Geist Gottes inmitten der menschlichen Endlichkeit und schuldigen Verirrung überall in der Geschichte befreiend am Werke ist, der Geist, in dem Jesus sich im Tod an Gott übergab. Von diesem Geist und nicht nur von der menschlichen Begrenztheit geben auch je in ihrer Weise und Art die nichtchristlichen Weltreligionen Zeugnis. Viele von ihren vorläufigen und großen Erfahrungen können auch als Teilantwort in die umfassende Antwort, die Jesus ist, eingetragen werden, weil die Geschichte der christlichen Botschaft ja noch gar nicht zu Ende ist. Der *Atheismus* aber, der heute zu einem weltweiten Massenphänomen geworden ist, kann vom Christentum nicht allein als Offenbarung des Neins des Menschen verstanden werden, indem er sich weigert, sich auf das unbegreifliche Geheimnis Gottes einzulassen, sondern auch als ein Moment in der Geschichte der Erfahrung Gottes, in der Gott immer radikaler als das anzubetende Geheimnis erscheint, dem wir uns in Hoffnung überlassen.

Immer komme ich im Leben und Denken in Ratlosigkeiten hinein, mit denen man nicht „fertig werden" kann. Zunächst mag es auch mir scheinen, als ob man eben einfach weiterzumachen habe, auch wenn man nicht weiß, wohin alles schließlich zielt, als ob man bloß schweigen müsse, wenn man nicht klar sprechen könne, als ob das Weitermachen in der Redlichkeit des Alltags das einzige sei, was dem Menschen gezieme und zugemutet werden dürfe. Aber ich kann mir dann doch die Frage nicht versagen und mich der Frage nicht verweigern, was denn auf dem Grund dieses Weitermachens verborgen sei. Und dann finde ich eben doch die *Hoffnung*, die sich keine Grenzen endgültig befehlen läßt. Diese Hoffnung verdichtet die Lebenserfahrung in zwei Worte: *Geheimnis* und *Tod*. „Geheimnis" sagt Ratlosigkeit in Hoffnung. „Tod" aber gebietet, sich diese Ratlosigkeit nicht zu verschleiern, sondern auszuhalten. Ich schaue auf Jesus, den Gekreuzigten, und weiß, es wird mir nichts erspart. Ich gebe mich (ich hoffe es) in seinen Tod und hoffe so, daß der gemeinsame Tod der Aufgang des seligen Geheimnisses ist, weil ich den Tod interpretieren muß und er als endgültige Leere und Finsternis sich nicht besser legitimiert. In dieser Hoffnung aber tritt auch in aller Finsternis und Enttäuschung das Leben schon jetzt in seiner Schönheit hervor, und alles wird Verheißung. Ich finde, Christ sein ist die einfachste Aufgabe, die ganz einfache und darum so schwere leichte Last, wie im Evangelium steht. Wenn man sie trägt, trägt sie einen. Je länger man lebt, um so schwerer und leichter wird sie. Am Ende bleibt das Geheimnis. Es ist aber das Geheimnis Jesu. Man kann verzweifelt, ungeduldig, müde, skeptisch oder bitter werden, weil das Geheimnis so lange nicht als Seligkeit aufgeht. Aber es ist besser, in Geduld zu warten auf den Tag, der keinen Abend mehr kennt.

2

Künftige Spiritualität

Die künftige Spiritualität muß trotz allen Wandels, der kommt und kommen muß, in einer wenn auch geheimnisvollen *Identität* die alte Spiritualität der bisherigen Geschichte der Kirche sein und bleiben. Die Spiritualität der Zukunft wird darum eine Spiritualität sein, die sich auf den lebendigen *Gott* bezieht, der sich in der Geschichte der Menschheit geoffenbart hat, der sich selbst mit seiner eigensten Wirklichkeit — selbst als tragenden Grund, als innerste Dynamik und als letztes Ziel in die innerste Mitte seiner von ihm geschaffenen Welt und Menschheit eingestiftet hat. Auch die christliche Spiritualität der Zukunft wird es mit dem Gott Abrahams, Isaaks und Jakobs, mit dem Gott und Vater Jesu Christi zu tun haben. Diese Spiritualität kann und darf nie in einen bloßen Humanismus horizontalistischer Art degenerieren. Sie wird immer eine Spiritualität der Anbetung des unbegreiflichen Gottes in Geist und Wahrheit sein.

Diese Spiritualität wird sich immer auf *Jesus Christus*, den Gekreuzigten und Auferstandenen als letzte siegreiche und irreversible Selbstzusage Gottes in geschichtlicher Greifbarkeit an die Welt beziehen, wird Nachfolge Jesu sein und von ihm und von der Konkretheit seines Lebens her eine Norm, ein inneres Strukturprinzip empfangen, das sich nicht mehr in eine theoretische Moral auflösen läßt; sie wird immer Annahme des Todesschicksals Jesu sein, der sich in seinem Tod ohne Rückversicherung und doch bedingungslos offen in den Abgrund der Unbegreiflichkeit Gottes und seiner unberechenbaren Verfügungen fallen ließ in dem Glauben, der Hoffnung und der Liebe, daß man so und nicht anders zur unendlichen Wahrheit, Freiheit und Seligkeit Gottes selber gelangt.

Die Spiritualität der Zukunft wird immer auch eine solche sein, die in der *Kirche* lebt, von ihr empfängt, sich selber gebend in sie einstiftet und sie mitträgt, auch wenn vielleicht jetzt sehr dunkel bleibt, was dies genau und konkret in der Zukunft bedeuten mag. Solche Spiritualität der Zukunft wird sich immer auch in den *Sakramenten* der Kirche geschichtlich und gesellschaftlich konkretisieren und zur kirchlichen Erscheinung bringen, wenn auch die Konkretheit des Verhältnisses zwischen Existentialität und Sakramentalität des Selbstvollzugs des Christen als solchen grundsätzlich schon eine große Variabilität hat und darum in der Geschichte sich erheblich wandeln kann.

Die Spiritualität der Kirche der Zukunft wird — weil sie dies immer haben muß – auch eine gesellschaftliche, politische, der *Welt* zugewandte, für diese nur scheinbar profane Welt eine Verantwortung tragende Dimension haben, und es sei gleich hier gesagt, daß in der Zukunft gerade diese Dimension, die auch der Spiritualität als solcher zukommt, voraussichtlich deutlicher von ihr erfaßt und ausgefüllt werden wird. Die Spiritualität der Zukunft wird eine Spiritualität der *Bergpredigt* und der *Evangelischen Räte* sein und bleiben in einem immer neu zu leistenden Protest *gegen* die Götzen des Reichtums, des Genusses und der Macht.

Die Spiritualität der Zukunft wird eine Spiritualität der hoffenden Erwartung einer *absoluten Zukunft* sein, in welcher der Mensch in hartem Realismus immer wieder die Illusion durchbricht, er könne in dieser Welt und ihrer laufenden Geschichte selber das ewige Reich der Wahrheit und der Freiheit aus eigener Macht und Schlauheit herstellen. Die Spiritualität der Zukunft wird immer das *Gedächtnis* an die vergangene Frömmigkeitsgeschichte bewahren, wird die Meinung als töricht, unmenschlich und unchristlich erachten, nach welcher auch die Frömmigkeit des Menschen immer aufs neue geschichtslos an einem Nullpunkt beginne und aus lauter wilden Revolutionen bestehe.

Diese künftige Spiritualität wird darum positiv und negativ aus der *Vergangenheit* der Kirche immer neu lernen. Sie wird darum einerseits immer, wie in der Vergangenheit, offen sein für pfingstliche Neuanfänge von der Basis her, die nicht von vornherein angeordnet und reglementiert sind durch das Amt von oben, sondern charismatisch dort aufbrechen, wo der Geist so weht wie er will, auch wenn solche charismatischen Neuaufbrüche in der Unterscheidung der Geister sich dadurch als wirklich geistgewirkt ausweisen, daß sie sich – scheinbar abenteuerlich hoffend und fast sich selbst zerstörend – demütig in die institutionelle Kirche einstiften, ohne im voraus schon Prinzipien dafür legalistisch ausgehandelt zu haben, daß sie in dieser Kirche der Institutionen nicht untergehen. Die Spiritualität der Zukunft wird sich darum liebend und artverwandt in die Dokumente der Geschichte der Frömmigkeit vergangener Zeiten vertiefen, weil diese Geschichte ihre eigene ist. Sie wird darum nie die Geschichte der Heiligen, der Liturgie, der Mystik als für sich selbst uninteressant auf sich beruhen lassen, sie wird vielleicht in der Zukunft ganz neue Formen evangelischer Gemeinschaftlichkeit entwickeln und doch für Geist und geschichtliche Konkretheit alter Orden, die lebendig bleiben können, ein liebendes Verständnis haben. Die Spiritualität der Zukunft wird die Geschichte der Frömmigkeit der Kirche bewahren und wird immer wieder aufs neue entdecken, daß das scheinbar Alte und Vergangene die wahre Zukunft unserer Gegenwart anzubieten vermag. Das war das Erste, was über die Spiritualität der Zukunft zu sagen war. Dieser erste Satz schließt natürlich nicht aus, sondern ein, daß es viele einzelne Formen und Gestalten der Frömmigkeit der Vergangenheit geben mag, die in ihrer Konkretheit wirklich in eine bloße Gewesenheit zurücktreten, von denen die Kirche in nüchternem Mut schlicht Abschied nehmen muß.

Ein *Zweites* kann wohl von der Spiritualität der Zukunft prognostiziert werden: Im Vergleich zur Spiritualität vergangener Zeiten wird sie sich wohl sehr deutlich auf das *Wesentlichste* christlicher Frömmigkeit konzentrieren müssen. Weil das Wesentliche und Entscheidende des christlichen Glaubens in den letzten anderthalb Jahrtausenden in unserem Kulturkreis der abendländischen Kirche in der öffentlichen Meinung und der Gesellschaft auch in ihren profanen Bezirken mehr oder weniger selbstverständlich und unbestritten war, wurde es zwar natürlich gelebt und war in der Spiritualität präsent, aber es wurde doch in etwa erst dadurch interessant und attraktiv, abgehoben vom bloß Selbstverständlichen, daß es sich in die verschiedensten Einzelgestalten der Frömmigkeit hinein konkretisierte, die in einer gewissen Konkurrenz miteinander lebten. So gab es unter intensiver Interessenahme der Frommen die verschiedensten Andachtsformen, religiösen Einzelpraxen, die verschiedensten, deutlich voneinander abgesetzten Stile des religiösen Lebens. So gab es z. B. (nur als Beispiel ist das Folgende gemeint!) hintereinander und nebeneinander die Andacht zum Kostbaren Blut, zum Jesuskind, zu den Sieben Schmerzen Marias, die intensiv organisierte Fürbitte für die Armen Seelen, eine intensiv gepflegte Ablaßpraxis usw.; es gab, deutlich voneinander abgehoben, die verschiedensten Spiritualitäten der einzelnen Orden, die verschiedensten Richtungen und Tendenzen in der Mystik und deren theologischer Interpretation, eine ausgedehnte Wallfahrtspraxis, die Pflege der Verehrung von bestimmten Heiligtümern und Gnadenbildern, ein heute manchmal gar nicht mehr ganz verständliches Interesse an bestimmten Einzeldogmen oder theologischen Meinungen mit deren Reflex in der Frömmigkeit usw. Das alles wird gewiß nicht einfach aus dem Bewußtsein und dem Leben der Kirche schlechthin verschwinden. Wir beobachten ja, daß Rom auch heute noch solche konkrete Einzelgestalten des Frömmigkeitslebens lebendig zu erhalten sucht. Es wäre auch bedauerlich, wenn alles in einer grauen Gleichförmigkeit der Spiritualität verschwinden würde, und niemand kann sagen, ob nicht in der Zukunft neue und überraschende konkrete Gestalten und Praxen der Spiritualität sich bilden werden. Aber es ist doch zu vermuten, daß in einer winterlichen Zeit eines weltweiten Säkularismus und Atheismus gar nicht so viele Einzelblumen christlicher Spiritualität werden blühen können.

In einer solchen Situation ist die Konzentration auf die letzten christlichen Überzeugungen auch im Bereich der Spiritualität unvermeidlich und unerläßlich. Es wird in Zukunft gewiß eine Marianische Frömmigkeit und eine Heiligenverehrung geben. Und man kann gewiß nur wünschen – und zwar auch von den letzten Glaubensgründen her —, daß es so etwas gibt und es sogar wieder lebendiger wird. Aber man wird doch Jesus sagen und nicht Prager Jesuskind. Man wird Maria sagen und weniger von Lourdes und Fatima künden. Es wird auch in Zukunft eine eucharistische Frömmigkeit geben, bis (hoffentlich) zur anbetenden Verehrung des Herrn unter den sakramentalen Gestalten. Aber damit ist doch auch noch nicht gesagt, daß in einer lebendigen Spiritualität der Zukunft der eucharistische Kult mit all seinen Entfaltungen dieselbe Stelle behalten wird wie in der Vergangenheit.

Ich glaube nicht, daß die Frömmigkeit der Zukunft dasselbe Interesse an neuen Dogmatisierungen haben wird, wie dies z. B. auf dem Gebiet der Mariologie bis in unsere Tage hinein der Fall war. Die Spiritualität der Zukunft wird sich auf die letzten Gegebenheiten der christlichen Offenbarung konzentrieren: Daß Gott ist, daß man ihn anreden kann, daß seine unsagbare Unbegreiflichkeit gerade als solche die Mitte unserer Existenz und so unserer Spiritualität ist, daß man mit Jesus und eigentlich mit ihm allein in einer letzten Freiheit von allen Mächten und Gewalten leben und sterben kann, daß sein unbegreifliches Kreuz über unserem Leben aufgerichtet ist und dieser Skandal den wahren, befreienden und seligmachenden Sinn unseres Lebens hergibt – dies und solches fehlte natürlich letztlich auch in der Spiritualität vergangener Zeiten nicht, aber es wird deutlicher und härter und mit einer gewissen Exklusivität in dieser winterlichen Zeit die künftige Spiritualität prägen. Warum sollte dies nicht so sein, wenn der Mensch und die Kirche lebendig realisieren, daß sie nicht Herren ihrer Geschichte sind, sondern ihre Spiritualität so zu gestalten haben, daß sie in die uns verfügte und nicht von uns gemachte geschichtliche Situation hineinpaßt und darin auch für die Nichtchristen glaubwürdig sein soll? Auch diese Aussage ist natürlich belastet mit all den Vorbehalten, die mit der Unvorhersehbarkeit der Zukunft gegeben sind.

Ein *Drittes* ist zu sagen: Die Spiritualität der Zukunft wird, weil nicht mehr oder viel weniger abgestützt durch eine gesellschaftlich christliche Homogenität ihrer Situation, viel deutlicher als bisher aus einer einsamen, unmittelbaren Erfahrung Gottes und seines Geistes im einzelnen leben müssen.

Natürlich war an sich und grundsätzlich die *fides qua*, der Glaubensakt, der alle Spiritualität prägt, immer das Ereignis personaler Verantwortung, der Entscheidung und der Freiheit des einzelnen, der gerade seine Glaubensentscheidung weniger als alles andere in seiner Existenz auf andere, auf andere Instanzen und andere Gründe, die seiner Entscheidung vorauslagen, abwälzen konnte. Aber früher ereignete sich dieser Glaube des einzelnen doch in einem homogenen christlichen Milieu auch der profanen und bürgerlichen Gesellschaft; man konnte das glauben, was mindestens in der Dimension der Öffentlichkeit und der verbalen Kommunikation von mehr oder weniger allen geglaubt wurde, so daß es beinahe so aussah, als werde einem gerade in der Dimension des Glaubens doch die unabwälzbare Last der Verantwortung, der Entscheidung des Glaubens gegen Unglauben, der Hoffnung wider alle Hoffnung, der unbelohnten Liebe abgenommen und es handle sich im Gebiet der Spiritualität doch nur um die Frage, mit welcher persönlichen Intensität man je selber das für alle Selbstverständliche realisieren wolle. Heute ist das anders.

Heute muß der christliche Glaube (und so die Spiritualität) immer neu vollzogen werden: in der Dimension einer säkularisierten Welt, in der Dimension des Atheismus, in der Sphäre einer technischen Rationalität, die von vornherein erklärt, alle Sätze, die sich vor dieser Rationalität nicht verantworten lassen, seien sinnlos oder gehörten (um mit Wittgenstein zu sprechen) zu einer „Mystik", über die man nur schweigen könne, wenn man ein redlicher und nüchterner Mensch bleiben wolle.

In einer solchen Situation ist die einsame Verantwortung des einzelnen in seiner Glaubensentscheidung in viel radikalerer Weise notwendig und gefordert, als dies früher der Fall war. Darum gehört zur heutigen Spiritualität des Christen der Mut zur einsamen Entscheidung gegen die öffentliche Meinung, der einsame Mut, der dem der Märtyrer des ersten Jahrhunderts des Christentums analog ist, der Mut zu einer spirituellen Glaubensentscheidung, die ihre Kraft aus sich selber bezieht und nicht gestützt zu werden braucht durch die Zustimmung der Öffentlichkeit, zumal auch die Öffentlichkeit der Kirche selbst heute nicht so sehr für den einzelnen in seiner Glaubensentscheidung als solcher tragend, als vielmehr durch diese selbst getragen ist.

Ein solcher einsamer Mut kann aber nur bestehen, wenn er aus einer ganz personalen Erfahrung Gottes und seines Geistes lebt. Man hat schon gesagt, daß der Christ der Zukunft ein Mystiker sei oder nicht mehr sei. Wenn man unter Mystik nicht seltsame parapsychologische Phänomene versteht, sondern eine echte, aus der Mitte der Existenz kommende Erfahrung Gottes, dann ist dieser Satz sehr richtig und wird in seiner Wahrheit und seinem Gewicht in der Spiritualität der Zukunft deutlicher werden. Nach der Schrift und richtig erfaßter kirchlicher Lehre kommt nämlich die letzte Glaubensüberzeugung und -entscheidung letztlich nicht bloß aus einer von außen kommenden lehrhaften Indoktrination, die von einer profanen oder kirchlichen Öffentlichkeit abgestützt wird, noch aus einer bloßen fundamenaltheologischen, rationalen Argumentation, sondern aus der Erfahrung Gottes, seines Geistes, seiner Freiheit, die aus dem Innersten der menschlichen Existenz aufbricht und da wirklich erfahren werden kann, auch wenn diese Erfahrung nicht adäquat reflektiert und verbal objektiviert werden kann. Geistbesitz ist nicht eine Sache, deren Gegebenheit uns nur von außen lehrhaft indoktriniert wird als eine Wirklichkeit jenseits unseres existentiellen Bewußtseins (wie große theologische Schulen vor allem der nachtridentinischen Theologie behaupteten), sondern wird von innen her erfahren. Das kann hier jetzt nicht im einzelnen und ausführlich dargelegt werden. Aber es ist so: der einsame Christ im schweigenden Gebet, in der letzten, von niemandem mehr belohnten Gewissensentscheidung, in der unbegrenzten Hoffnung, die sich an keine einzelne kalkulierbare Versicherung mehr halten kann, in der radikalen Enttäuschung des Lebens und in der Ohnmacht des Todes, so diese nur willig vorgelassen und hoffend angenommen wird, in der Nacht der Sinne und des Geistes (wie die Mystiker sagen, ohne dafür ein Sonderprivileg in Anspruch nehmen zu können) usw. macht die Erfahrung Gottes und seiner befreienden Gnade, vorausgesetzt nur, daß er diese eben nur angedeuteten Erfahrungen annimmt und ihnen nicht in einer letztlich schuldhaften Angst davonläuft, er macht diese Erfahrung, selbst wenn er sie nicht noch einmal interpretieren und theologisch etikettieren könnte. Nur von dieser Gotteserfahrung her, die das eigentliche Grundphänomen der Spiritualität ist, erhält die theologische Indoktrination von Schrift und Kirchenlehre ihre letzte Glaubwürdigkeit und Vollziehbarkeit.

Ein *viertes* Charakteristikum der Spiritualität der Zukunft sei zu nennen versucht, das in einer seltsamen dialektischen Einheit mit dem eben genannten dritten Charakteristikum steht: mit der einsamen Gotteserfahrung des einzelnen. Wir meinen die *brüderliche Gemeinschaft*, in der dieselbe, alles tragende Geisterfahrung gemacht werden kann, die brüderliche Gemeinschaft im Geist als ein eigentliches und wesentliches Element der Spiritualität von morgen.

Damit ist ein Phänomen gemeint, das vielleicht erst langsam deutlicher wird, von dem wir Älteren nur zögernd und behutsam und seine Zukunft noch erwartend sprechen können. Wie ich meine, haben wir Älteren das, was mit diesem Phänomen gemeint ist, früher nicht oder höchstens wie in Spurenelementen erfahren, auch wenn man nachträglich auf die ganze Geschichte der Spiritualität zurückblickend, ein solches Phänomen nicht selten in dieser Geschichte entdecken mag. Wir Älteren waren doch von unserer Herkunft und Erziehung her auch spirituell Individualisten, auch wenn wir die gemeinsame Liturgie gern als unsere selbstverständliche, objektive Aufgabe und Pflicht vollzogen haben. Auch wenn das gemeinte Phänomen heute, wo es wieder lebendig zu werden scheint, auch in früheren Zeiten zu entdecken sein mag, so ist es doch im großen und ganzen so, daß die eigentliche Geisterfahrung, die eigentliche Spiritualität, die „Mystik" wie selbstverständlich als rein individuelles Vorkommnis des einzelnen für je sich allein in der einsamen Meditation, im individuellen Bekehrungserlebnis, in individuellen Einzelexerzitien, in der klösterlichen Zelle usw. verstanden und gelebt wurde. Wo wurde deutlich und in einer gewissen Allgemeinheit an eine gemeinsame Geisterfahrung gedacht, sie ersehnt und erfahren, wie sie doch offenbar am ersten Pfingstfest der Kirche auftrat, das doch vermutlich nicht das zufällige lokale Beisammensein einer Summe von individualistischen Mystikern war, sondern Geisterfahrung einer Gemeinschaft als solcher?

Eine solche „kollektive Erfahrung" kann und will natürlich dem einzelnen Christen die radikale Glaubensentscheidung in Einsamkeit aus der Erfahrung Gottes nicht abnehmen und ersparen, weil menschliche Individualität und Gemeinschaftlichkeit keine miteinander verrechenbare oder sich gegenseitig ersetzen-könnende Größen sind. Aber es kann doch damit auch nicht gesagt sein, daß eine Erfahrung des Geistes in einer kleinen Gemeinschaft als solcher von vornherein nicht denkbar wäre, auch wenn mindestens wir Älteren im Klerus so etwas kaum oder gar nicht erfahren und noch weniger einzuüben versucht haben. Warum sollte es so etwas nicht geben? Warum sollten nicht Jüngere unter den Christen und im Klerus jetzt und vor allem in Zukunft leichter einen Zugang zu solcher gemeinsamen Geisterfahrung haben können? Warum sollte es nicht zur Spiritualität der Zukunft gehören, daß unter Christen Phänomene wie gemeinsame Beratung, echt menschliche Kommunikation in eigentlich menschlichen und nicht nur äußerlich technischen Dimensionen, gruppendynamische Vorgänge usw. noch einmal umgriffen, erhöht und geheiligt werden durch eine gemeinsame Erfahrung des Geistes Gottes und so wirklich brüderliche Gemeinschaft im Heiligen Geist werden? So etwas ist doch letztlich nicht davon abhängig, daß es unter extravaganten, beinahe parapsychologisch anmutenden Begleitumständen geschieht, wie wir sie vielleicht in amerikanischen enthusiastischen Kreisen der Pfingstbewegungen kennen. Es braucht nicht mit Zungen geredet, man braucht keine Heilungsphänomene durch Handauflegung erzeugen wollen. Auch in der Spiritualität von morgen soll nüchterne Psychologie mit all deren kritischen Erkenntnissen gültig bleiben. Aber auch wenn man diese nicht naiv überspringen wird, auch wenn man nicht jedwede seltsame Eruption des Bewußtseins oder Unterbewußtseins, nicht jede Übertragung von Einfällen und Stimmungen vom einen zum andern schon als Eingebung des Heiligen Geistes interpretieren wird, dann ist damit noch lange nicht gesagt, daß es so etwas wie eine kommunitäre Geisterfahrung überhaupt nicht geben könne. Warum sollte es eine eigentlich geistliche Unterscheidung der Geister nicht auch gemeinschaftlich geben können? Ist das Gebet zum Heiligen Geist am Anfang einer Beratung unter Christen konkret und praktisch nur eine fromme Zeremonie am Anfang, nach der es dann nur noch weitergeht wie sonst in einer profanen Sitzung mit bloß rationalen Argumentationen im Stil irgendeines Managements? Kann es nicht in der Spiritualität der Zukunft doch so etwas wie einen Guru, einen geistlichen Vater geben, der dem andern eine vom Geist erfüllte Weisung gibt, die sich nicht adäquat in Psychologie, theoretische Dogmatik und Moraltheologie auflösen läßt?

Ich vermute jedenfalls, daß in der Spiritualität der Zukunft als solcher das Element einer brüderlich-spirituellen Gemeinschaft, einer gemeinsam gelebten Spiritualität eine größere Rolle spielen kann und langsam, aber mutig, zu gewinnen und zu entwickeln sei. Wie dies genauerhin geschehen könnte, dafür wage ich keine Rezepte anzubieten. Das bedeutet aber gewiß nicht, daß es keine Ansatzpunkte und Zugangswege für eine solche Spiritualität in Gemeinschaft als solche gäbe, auch wenn sie erst mit Geduld gesucht und erprobt werden müssen, auch wenn eine kritische Transposition gruppendynamischer und ähnlicher Vorgänge in ein eigentlich spirituelles Geschehen hinein erst noch gesucht werden muß, auch wenn gemeinsames Gebet als äußerer Ritus und gemeinsame Schriftlesung als exegetisches Studium mehrerer zusammen und die belehrende Predigt im herkömmlichen Sinn noch nicht jener gemeinschaftlich spirituelle Vorgang sind, der hier als wichtiges Element künftiger Spiritualität anvisiert wird.

Ein *fünftes* Element der Spiritualität der Zukunft sei hier zum Schluß noch genannt: eine neue *Kirchlichkeit* dieser Spiritualität. Solche Kirchlichkeit ist an sich, abstrakt und grundsätzlich gesehen, für eine katholische Spiritualität in allen Zeiten selbstverständlich, weil sie eine Spiritualität des gemeinsamen Glaubens und eine immer auch sakramental sich vollziehende Spiritualität ist. Aber es braucht nicht geleugnet oder vertuscht zu werden, daß diese Kirchlichkeit einer katholischen Spiritualität in Zukunft eine andere Gestalt haben wird, als wir sie – besonders in den letzten anderthalb Jahrhunderten der Pianischen Epoche der Kirche – gewohnt waren. In dieser Zeit war die Kirche das beinahe enthusiastisch geliebte Haus, die selbstverständliche, uns tragende und bergende Heimat unserer Spiritualität, in der alles, was man dazu brauchte, wie selbstverständlich vorgegeben war und nur willig und freudig angeeignet werden mußte. Die Kirche trug uns, sie brauchte nicht von uns getragen zu werden.

Heute ist dies, und zwar auch für unsere Spiritualität, anders. Wir erleben die Kirche nicht so sehr als das *signum elevatum in nationes*, das unter den Völkern aufgerichtete Heilszeichen, als das das Erste Vaticanum die Kirche pries. Wir erleben die Kirche als die arme Kirche der Sünder, als das von allen Stürmen der Geschichte gerüttelte Wüstenzelt des pilgernden Volkes Gottes, als die Kirche, die auch in sich selber nur mühsam, tastend und unter vielen inneren Bedrängnissen ihren Weg in die Zukunft sucht, sich ihres Glaubens immer neu zu vergewissern strebt; wir erfahren eine Kirche innerer Spannungen und Zerwürfnisse, wir fühlen uns in der Kirche belastet sowohl duch reaktionäre Verhärtungen des Institutionellen als auch durch leichtfertige Modernismen, die das heilige Erbe des Glaubens und das Gedächtnis an ihre geschichtliche Erfahrung zu verschleudern drohen. Die Kirche kann auch für die Spiritualität des einzelnen eine bedrückende Last sein, durch Doktrinalismus, Legalismus und Ritualismus, zu denen die eigentliche Spiritualität, so sie ursprünglich und echt ist, kein positives Verhältnis haben kann. Durch all das aber kann die Spiritualität des einzelnen nicht davon dispensiert werden, kirchlich zu sein, am allerwenigsten in einer Zeit, in der doch offenbar für die Zukunft Gemeinschaftlichkeit und Gesellschaftlichkeit auf profanem Gebiet wachsen müssen und nicht abnehmen können.

Warum denn könnte nicht die Spiritualität der Zukunft die einer höheren zweiten Naivität in weiser Geduld sein, die dadurch und darin kirchlich ist, daß sie die Armseligkeit und Unzulänglichkeit der Kirche selbstverständlich mitträgt, mitausleidet und so kirchlich ist? Schon ein Origenes wußte, daß die Pneumatiker nicht aus der Kirche auswandern dürfen, sondern in Geduld, Demut und den Abstieg Gottes ins Fleisch der Welt und der Kirche mitvollziehend und in Liebe ihren Geistbesitz in die konkrete Kirche, so wie sie nun einmal ist und trotz aller notwendigen und immer fälligen Reformen bleiben wird, einstiften müssen. Solche Kirchlichkeit gehört auch zur Spiritualität der Zukunft. Sonst ist sie elitärer Hochmut und ein Unglaube, der nicht begreift, daß das heilige Wort Gottes ins Fleisch der Welt gekommen ist und diese Welt heiligt, in dem es die Sünde der Welt und auch der Kirche auf sich nimmt. Die Kirchlichkeit der Spiritualität der Zukunft wird weniger triumphalistisch sein als früher. Aber die Kirchlichkeit wird auch in der Zukunft ein unerläßlich notwendiges Kriterium für echte Spiritualität sein; die Geduld mit der Knechtsgestalt der Kirche ist auch in Zukunft ein unerläßlicher Weg in die Freiheit Gottes, weil, wo dieser Weg nicht begangen wird, man schließlich doch nur bei der Beliebigkeit seiner eigenen Meinung und seines eigenen, in sich selbst egoistisch verfangenen Lebens ankäme.

Habe ich bei allem Vorbehalt der Unvorhersehbarkeit der konkreten Gestalt künftiger katholischer Spiritualität doch einige wenige, vielleicht willkürlich ausgewählte Eigentümlichkeiten dieser Spiritualität genannt? Ich weiß es nicht sicher, aber darf ich es hoffen?

Glaube

3

Glaubenssituation heute

Wir leben in einer Welt, in der die früher mehr oder weniger kulturell, gesellschaftlich und politisch getrennten Geschichtsräume zu einer Einheit zusammengewachsen sind oder zusammenwachsen, so daß – wenn auch noch in verschiedenem Maße verwirklicht – jeder der Nachbar aller geworden ist und darum auch die „Außenpolitik" einer „Regionalkirche" und ihre „Innenpolitik" so sehr sich gegenseitig – auch pflichtgemäß – bedingen, daß sie kaum noch voneinander unterschieden werden können.

Wir leben in einer Welt, in der das allgemeine Bewußtsein der Gesellschaft und jedes einzelnen grundlegend durch die Wissenschaften, also durch die alle geschichtlichen Wirklichkeiten trotz aller ihrer idiographischen Aufgabe relativierenden Geschichtswissenschaften, durch die autonomen, exakten und funktionalen Naturwissenschaften und durch die ebenso fast naturwissenschaftlich denkenden, empirischen Gesellschaftswissenschaften, tiefgreifend geprägt ist. Das „metaphysische" und religiöse Bewußtsein des Menschen kann nur dann unbefangen existieren und eine Chance der Zukunft haben, wenn es eine unbefangene Symbiose mit diesem wissenschaftlichen Bewußtsein mit seiner skeptischen Rationalität eingeht und Gott nicht dort ansiedelt, wo ihn der Wissenschaftler mit seinen Methoden finden müßte und nicht finden kann.

Wir leben in einer Zeit der Massengesellschaft, deren Autoritäten nur funktional verstanden werden, in der in einer merkwürdigen Gleichzeitigkeit Freiheit und Sozialität

Schlüsselbegriffe geworden sind und sich gegenseitig zugleich bedrohen und begründen.

Wir leben in einer Welt, in der der Mensch in den verschiedensten Dimensionen das Objekt seiner eigenen Machbarkeit und Veränderung geworden ist, so daß er sich kaum noch als ein fertiges Ebenbild Gottes verstehen mag, sondern eher als *den* Punkt des Kosmos, an dem dessen Fahrt in utopischen Entwürfen ins gänzlich Unbestimmte zu gehen anfängt.

Wir leben in einer Welt, in der die Tiefenpsychologie Abgründe im Menschen entdeckt, die sie einerseits nicht durch einen Appell an eine rationale Freiheit des Subjekts, sondern durch eine naturwissenschaftliche Psychotechnik zu beherrschen sucht und die doch anderseits den Menschen in die anonymen Mächte seiner biologischen und gesellschaftlichen Herkunft aufzulösen unternimmt.

Wir leben in einer Welt, die eine Gesellschaft der steuernden Massenmedien ist, von denen niemand mehr genau wissen kann, wer sie selber steuert.

Wir leben in einer Welt, in der die Vorstellungsmodelle, unter denen der Mensch sein eigenes Wesen versteht, mobil und plural geworden sind, so daß in keinem einzelnen Kulturraum mehr ein von allen und öffentlich angenommenes Idealbild gegeben ist, auf das hin der einzelne Mensch sich wie selbstverständlich entwickeln kann.

Wir leben schließlich in einer Welt, deren Gesellschaft pluralistisch ist, d.h., in der auch in den einzelnen geschichtlichen Räumen keine Gesellschaft mehr existiert, die gemeinsame und konkrete Leitbilder für alle Gruppen der Gesellschaft bereithält.

Wenn wir von daher die religionssoziologische Situation der Kirche nach der bisherigen summarischen Kennzeichnung unserer Situation beschreiben wollen, so ist wohl folgendes zu sagen: Es gibt noch beträchtliche Restbestände eines auch gesellschaftlich verfaßten und teilweise auch öffentliche Geltung in der Gesellschaft besitzenden traditionellen Christentums, das früher als gesellschaftliche Selbstverständlichkeit vorgegeben war und darum vom einzelnen nur in einem privat bleibenden Unglauben oder durch den gefährlichen Protest gegen die homogene öffentliche Meinung der Gesellschaft abgelehnt werden konnte. Solche Restbestände eines in diesem Sinne traditionellen und gesellschaftlich verfaßten Christentums gibt es gewiß noch, und wir brauchen uns derer nicht zu schämen und haben auch nicht von vornherein und grundsätzlich aus irgendwelchen formaldemokratischen Prinzipien heraus die Pflicht, sie selber abzubauen. Aber es sind *Rest*bestände, und diese Restbestände sind getragen von jenen Restbeständen einer profanen geschichtlichen Periode, die noch in unsere Gegenwart hineinragen und auch darin noch teilweise wirksam sind. Diese frühere Gesellschaft war nämlich auch in ihrer profanen Kultur homogen, hierarchisch strukturiert, hatte eine gemeinsame öffentliche Meinung, die der individuellen Lebensentscheidung und -gestaltung in einer viel eindeutigeren Weise vorgegeben war, als dies heute der Fall ist.

Wichtig ist es darum, deutlich zu sehen, daß die frühere homogene Christlichkeit der Gesellschaft als solcher das Ergebnis und ein Moment an der Einheit und Homogenität der *profanen* Gesellschaft war, wobei es hier für uns nicht notwendig ist zu untersuchen, welches die Gründe und die Momente dieser profanen gesellschaftlichen Homogenität waren. Die homogene Christlichkeit unseres Abendlandes durch ein Jahrtausend hindurch war nicht die Wirkung eines Gnadenwunders Gottes, das gegenüber den innerweltlichen Ursachen und Momenten einer profan-homogenen Kultur und Gesellschaft äußerlich und zusätzlich war, war auch nicht eigentlich konstituiert durch die freie Glaubensentscheidung aller einzelnen, die in dieselbe Richtung ging, dann aber nur noch als mirakulös verstanden werden könnte; die homogene Christlichkeit der früheren Kultur und Gesellschaft war einfach ein Stück der Homogenität der Kultur und Gesellschaft profaner Art. Diese kann für die Menschen jener vergehenden und großenteils schon vergangenen Zeit theologisch durchaus als Gnade interpretiert werden, durch die Gott den Menschen die auch für sie notwendige Glaubensentscheidung in einer bestimmten Weise situierte, aber nicht abnahm. Aber diese Gnade haben wir, insofern wir aus der Eigentümlichkeit unserer eigenen Zeit heraus leben und unsere Glaubensentscheidung treffen und nicht bloß aus den noch wirksamen Restbeständen einer vergangenen Zeit in unserer Gegenwart leben und handeln, ganz gewiß nicht mehr. *Wir* können mit dieser „Gnade" für heute und für jede absehbare Zukunft nicht rechnen und brauchen es auch nicht zu tun. Die „Gnade" einer homogenen christlichen Gesellschaft, die schon von sich aus für alle eindringlich christliche Verhaltensmuster bereitstellt und in dieser Hinsicht die christliche Glaubensentscheidung vorspurt und in einer gewissen Weise erleichtert, ist uns versagt. Wir brauchen dieser äußeren, (theologisch gesprochen) „medizinellen" Glaubensgnade nicht nachzutrauern, weil sie uns immer mehr mit dem Schwinden einer profan-homogenen Kultur und Gesellschaft entzogen wird. Denn sie stand auch mindestens in einem gewissen Sinne in einem Gegensatz zum letzten Wesen des Glaubens, weil dieser nun einmal eine Entscheidung für Gott und seinen Anruf bedeutet, die letztlich doch immer auch in einem kritischen Abstand von der „Welt", also auch von einem durchschnittlichen Meinen und Sichverhalten der gesellschaftlichen Umgebung des Menschen getroffen werden muß.

Die Situation der Christen von heute und somit die Kirche ist darum die *Situation eines Übergangs* von einer der früheren homogenen profanen Gesellschaft und Kultur korrespondierenden Volkskirche zu einer Kirche als derjenigen Gemeinschaft der Glaubenden, die sich in einem je persönlichen, freien Glaubensentschluß auch kritisch absetzen von dem durchschnittlichen Meinen und Empfinden ihrer gesellschaftlichen Umwelt und die auch den eigentlich theologischen Glauben vielleicht gerade in und durch ein kritisches Verhältnis zu ihrer Gesellschaft und zu deren beherrschenden Mächten finden und eigentümlich prägen. Dagegen hilft kein ängstliches Festhalten an den genannten Restbeständen einer homogenen, profanen und christlichen Gesellschaft von früher, hilft kein Rückgang des missionarischen Tuns der Kirche auf die sogenannte „kleine Herde", die von diesen Restbeständen her noch gegeben ist und somit immer noch für die Kirche eine, wenn auch immer weiter schrumpfende, Möglichkeit bietet, im alten Stil weiterzumachen, bis auch die letzten kleinbürgerlichen und bäuerlichen Oasen aus diesen Restbeständen einer zu Ende gehenden geschichtlichen Epoche mehr oder weniger ganz verschwunden sein werden. Es ist natürlich damit nicht verboten, sondern sogar geboten, mit aller Anstrengung dasjenige an solchen Restbeständen, was noch da ist und noch erhalten werden kann, vor einem zu schnellen Verfall zu bewahren; es bleibt natürlich immer eine Aufgabe der Kirche, das ewig Bleibende, das sich bisher in diesen untergehenden Wirklichkeiten einer profanen und religiösen Kultur und Gesellschaft echt dargestellt hat, in eine neue Gestalt hinüberzuführen, die der Gegenwart und Zukunft angemessener ist als die nun langsam, aber unausweichlich zerbröckelnde, und so dieses Bleibende der kommenden Zeit echt und wirksam zu überliefern.

All das aber ändert nichts an der Tatsache, daß unsere heutige Situation die eines Übergangs von einer Kirche, die durch eine homogen christliche Gesellschaft getragen und mit ihr fast identisch war, von einer Volkskirche, zu einer Kirche ist, die gebildet wird durch solche, die im Widerspruch zu ihrer Umgebung zu einer persönlich deutlich und reflex verantworteten Glaubensentscheidung sich durchgerungen haben.

Eine solche Kirche wird die Kirche der Zukunft sein, oder sie würde nicht mehr sein. Da wir aber an die Bleibendheit der Kirche in der Welt und Geschichte glauben und diese Bleibendheit auch für die Geschichte *unseres* Volkes erhoffen und doch eine möglichst große Zahl von Gliedern der Kirche anzustreben haben, also nicht unsere Hoffnung bequem auf ein kleines Häuflein – Kirche genannt – im Windschatten der Geschichte und Gesellschaft unser Vertrauen setzen dürfen, darum ist die klare, unverblümte und mutige Annahme dieser Situation eine

Grundfrage an die heutige Kirche. Der oft beklagte Schwund an Christlichkeit und Glaube ist keine Tat und Wirkung von finsteren Mächten, er ist zunächst kein Schwund an wirklich absolut notwendigem und heilschaffendem Glauben (ob und wieweit ein solcher gegeben ist, können wir gar nicht wissen), sondern ein Schwund der Voraussetzungen jener ganz bestimmten, mit dem Wesen des Glaubens und Christentums gar nicht identischen Art von Glaube und Christentum, die mit jenen gesellschaftlichen Verhältnissen gegeben war, die heute nun einmal untergehen und vom christlichen Glauben gar nicht als bleibend postuliert werden können, weil sie gar nicht die notwendige Voraussetzung eines wahren und kirchlichen Christentums sind.

4

Brüderlicher Glaube

„Brüderlich" setzt eine Beziehung; das Wort verweist den Einen auf den Anderen, eben auf den, den er als Bruder sehen soll. Brüderlicher Glaube des Christen nun soll besagen, daß der Christ, insbesondere der Priester, im Vollzug seines eigenen Glaubens dem anderen als Bruder begegnen soll, daß diese Beziehung, existentiell und ausdrücklich ergriffen, zur Gestalt seines Glaubens heute gehört. Dabei ist aber der gemeinte Bruder zunächst der Mitchrist, dann jeder Mensch von heute, sogar der, der meint nicht zu glauben, ja auch der, der nicht glaubt.

Diese Bezogenheit gehört zunächst einmal – ob sehr ausdrücklich vollzogen oder nicht – zum Wesen des Glaubens selbst und vor allem auch zum Wesen des Glaubens des Priesters. Christlicher Glaube hat nämlich, ob man es weiß oder nicht, eine wesentliche Beziehung zur Kirche, zur „Menge der Gläubigen", weil er wesentlich das Hören der Botschaft Gottes ist, in der Gott selbst, unbeschadet des je einmaligen Rufes an den einzelnen, sich der Gesamtheit der geistigen Kreatur zusagt, dabei Reich und Einheit der Gesamtmenschheit voraussetzt und schafft, sich sodann dem einzelnen bezeugt, indem er seine Botschaft anderen und durch andere mitteilt. Glaube setzt Gemeinschaft voraus und schafft sie: der Mut des Glaubens geschieht immer in einem pfingstlichen Ereignis, in dem viele einträchtig beisammen sind; er ist immer auch ein Vertrauen auf die letzte Erfahrung der anderen, ein Überführtwerden durch den Geist, der in anderen wirkt, und ein Erfahren des Geistes in sich, der einem für andere gegeben wird.

Dieser eben nur angedeutete Wesenszug des Glaubens muß heute aber ein ausdrücklicher Zug an der Gestalt des Glaubens sein. Dabei darf der Blick nicht auf den allgemein abstrakten Begriff „Mensch" gerichtet sein, sondern auf den konkreten Bruder hier und jetzt, so wie er heute ist, auf den „Nächsten" als solchen.

Sind nicht besonders wir Priester zunächst immer in Gefahr, stillschweigend, unausdrücklich, aber dadurch um so wirksamer, unausrottbarer und verhängnisvoller zu meinen, wir hätten einen anderen Glauben als die Laien in der Kirche? Wir werden das nie zu einer reflexen Theorie erheben. Gewiß nicht. Aber wir sind dauernd in Gefahr, so zu *leben*. Das aber ist heute für den wirklichen Glauben in uns und in den Menschen der Kirche gefährlicher und unerträglicher als je. Wir sind Gottes Boten, Künder seiner Mysterien. Gewiß. Aber darüber vergessen wir sehr leicht, daß wir selber zunächst einmal Glaubende sind wie alle anderen, Glaubende mit all der Schwere, dem Wagnis, der Finsternis, der Anfechtung und dem stets neuen Erwerbenmüssen. All dies umschließt nämlich das Wort Glaube. Wir betrachten oder benehmen uns unwillkürlich als die Landräte oder Verwaltungsorgane des lieben Gottes in seiner Weltregierung. Wir halten uns für die Experten Gottes, wir verteidigen unwillkürlich *uns*, indem wir die Kirche und Gottes Heilswerk zu verteidigen und auszubreiten meinen. Wir tun oft, als hätten wir die Pläne Gottes durchschaut, und alles sei uns klar, während die anderen gut daran täten, sich an die unterrichtetere Kenntnis von uns

Fachleuten in himmlischen Dingen zu halten. Darum sind wir oft Menschen, die sich nicht wirklich in ein Gespräch mit den anderen Christen einlassen, die nicht ernsthaft davon überzeugt sind, von ihnen, ihrem Glauben und ihrer Glaubensnot lernen zu können.

Wir müssen aber heute einen brüderlichen Glauben haben. Das will sagen: unser Glaube muß demütig sein; er wird erst echt, wenn er *nicht* der Glaube der *beati possidentes*, der selig Besitzenden ist, sondern wenn er mit den anderen glaubt, wenn wir uns in die Reihe derer stellen, die mühsam und angefochten glauben; derer, die fragen, was sie eigentlich meinen mit dem, was die Formeln des Glaubens sagen; derer, die fragen, was diese Formeln im realen Vollzug des Daseins bedeuten; die oft geängstigt sind von dem quälenden Verdacht, das Gebäude des Glaubens sei nur noch so ein traditioneller Überbau, der eine andere Mentalität, die den Daseinsvollzug wirklich beherrscht, verdeckt, weil „man" doch nicht gern in der Öffentlichkeit zugibt, woraus man in Wahrheit lebt.

Brüderlich glauben heißt: den anderen nichts vormachen; nichts bezeugen als das, was man selbst unter Schmerzen und Gebet lebt oder wenigstens zu leben versucht; heißt täglich kämpfen gegen die Routine der vielen theologischen Wörter, der Unzahl moralischer Rezepte, die wir gelernt haben und weitergeben, ohne sie oft wirklich verstanden zu haben. Theologie ist gut, ist notwendig für uns, und wir können eigentlich nie genug davon gelernt haben. Aber wie zweitrangig ist aller theologische Scharfsinn vor jenen Fragen und im Vergleich mit jenen Kräften des Geistes und Herzens, denen gegenüber und mit denen die letzten Glaubensfragen entschieden werden und hinsichtlich derer wir Priester keinen Vorzug vor den „Laien" haben. Seien wir doch vor uns selbst und vor den „Laien", was wir sind: Suchende, Fragende, Angefochtene, mit Bitterkeit Erfüllte wie sie, Betende: „Herr ich glaube, hilf meinem Unglauben!" Mimen wir keine Festigkeit und Serenität des Glaubens, wenn wir sie nicht haben! Tun wir nicht so, als ob uns an den Wirklichkeiten der Glaubenswelt alles gleich wichtig, gleich intensiv realisierbar wäre, weil alles von Gott geoffenbart ist! Das können unsere Brüder, die Laien, nicht, und *wir* sollen *nicht* so tun, als ob *wir* es könnten. Wir können in der formalen, unter Umständen aber nur impliziten Zustimmung zu dem von Gott Geoffenbarten und von der Kirche mit absoluter Autorität Gelehrten keine Auswahl treffen. Wir können und *müssen* aber in dem, was wir existentiell im Glauben explizit leben und was wir bezeugen, Unterschiede der Anteilnahme, des Vollzugs, der Intensität der Bezeugung machen. Glauben wir wie die Brüder der Kirche! Vertrauen wir darauf, daß auch wir Priester heute nicht *anders* zu glauben brauchen, als es die anderen, die Laien, müssen, weil sie gar nicht anders können! Glauben wir brüderlich, mittragend mit der Glaubensnot heute, lassen wir uns ein auf das Glaubensgeschick, das Gott dem Menschen von heute zuschickt! Dann wird unsere Botschaft glaubwürdig und kann ein stärkendes Vorbild für andere sein.

Was vom brüderlichen Glauben stammelnd nur eben angedeutet wurde, gilt auch denen gegenüber, die meinen, nicht zu glauben, und denen gegenüber, die — beide Gruppen lassen sich nicht eindeutig unterscheiden — wirklich nicht glauben. Wenn der Herr uns erlöst hat, indem er die Gottverlassenheit der Welt auslitt, dann muß der brüderliche Glaube des Priesters heute ein Mitausleiden der Glaubensnot der Welt von heute sein. Wir haben nur in der rechten, in der letztlich allein sicheren und uns abverlangten Gestalt des Glaubens gelebt, wirklich *geglaubt*, wenn wir aus unserer Zeit heraus, im geistigen Klima unserer Zeit glauben. Es wäre aber lächerlich und töricht zu meinen, der scheinbare oder wirkliche Glaubensverlust von heute, die Glaubensnot der Gegenwart sei einfach das Ergebnis der Böswilligkeit der Menschen.

All das hat seine objektiven Gründe: der unvermeidliche und an sich positiv zu wertende Pluralismus des geistigen Lebens, das gerade nach katholischer, antifideistischer Lehre aus *vielen* Quellen, also nicht nur von der eigentlichen Offenbarung her lebt und darum heute eine vom einzelnen objektiv fast nicht mehr zu bewältigende und subjektiv sicher sehr oft unschuldig unbewältigt bleibende Pluralität geistiger Erkenntnisse und Antriebe mit sich bringt; dann die weitgehende Befreiung des Menschen von soziologischen Bindungen hinsichtlich der letzten Wahrheitsfragen, was ebenfalls für den Glauben des Christentums letztlich ein Positivum ist, da es keinen Glauben ohne je einmalige *personale* Freiheit und Entscheidung gibt, die durch solche geistessoziologischen Bindungen wohl öfter eher gefährdet als gefördert werden, was immer die Anhänger kirchenstaatlicher Tendenzen und des mehr oder weniger sanften *Compelle intrare* (zwinge sie einzutreten, d.h. zu glauben) sagen mögen; schließlich die oft unbewältigte, aber an sich richtige und positiv zu wertende Steigerung der Unweltlichkeit Gottes, die mit den tiefgreifenden Wandlungen des heutigen Weltbildes gegeben ist. Dies und vieles andere, was in die gleiche Richtung treibt, bedeutet ein Klima für die Glaubensmöglichkeit, das, obzwar es den scheinbaren Glaubensschwund von heute nicht rechtfertigt, ihn doch verständlich macht und ihn wirklich sehr oft zu einer nur scheinbaren Ungläubigkeit werden läßt, die — epochal gesehen — einfach eine Wachstumskrise dieses Glaubens der Menschheit, nicht aber deren Untergang bedeuten kann.

Das aber bedeutet für uns: wir brauchen als Christen und Priester von heute einen brüderlichen Glauben auch im Blick auf diese scheinbar nicht glaubenden Brüder. Wie könnten wir für sie Boten des Evangeliums sein, wie das produktive Vorbild des Glaubens, wie könnten wir ihre Glaubensnot mitausleiden und *so* in Christus die Gnade des Glaubens für sie erbeten – wie könnten wir dies alles, wenn wir so täten – vor ihnen oder auch nur vor uns selbst – als seien wir doch andere als sie selbst: wir haben die Pflicht, das Recht und die Gnade, zum Glauben Christi von dorther zu kommen, wo auch sie sind, von woher auch sie kommen: von einer unsagbar großen Welt der Naturwissenschaften, die sich entwickelt; von einer Welt, in der der Mensch sich selbst noch sucht; von einer Welt der rationalen Planung und der Technik; von einer Welt der Nüchternheit, in der es nicht jeden Tag Wunder gibt, der harten Gesetze, der Exaktheiten; von einer entgötterten Welt, in der das bleibende Numinose an ihr ganz neu gesucht und erfahren werden muß; aus einer Welt, in der das Walten Gottes fast immer hinter dem Wirken der Welt selbst versteckt zu sein scheint; aus einer Welt, in der auch die Religion tausendfältig irdischen Gesetzlichkeiten untertan ist; aus einer Welt, in der die Vergeblichkeit und die Last des Todes unmittelbarer verkostet wird als die Seligkeit des ewigen Lebens.

Von daher muß auch unser Glaube kommen. Wenn wir in der Tat Menschen von heute sind, wenn wir in unserem Glauben nicht aus einer falschen unangebrachten Angst vor uns selbst davonlaufen, dann darf dieser Glaube diese unsere irdische Situation von heute nicht verleugnen. Diese muß in seine Gestalt eingehen, sie muß ihn nüchtern, erlitten, demütig und bescheiden machen, bereit, sich immer aufs neue dieser unserer Situation zu stellen. Dieser Glaube muß so sein, daß auch der sogenannte Ungläubige nicht leugnen kann, daß hier ein Mensch glaubt, der so ist wie er selbst, ein Mensch von heute, dem das Wort „Gott" nicht leicht und erst recht nicht leichten Sinnes über die Lippen kommt, der sich nicht anmaßt, dieses Geheimnis umgriffen zu haben, ein bescheidener, kühl skeptischer Mensch, ein Mensch von heute wie er selbst, der dennoch – nein: nicht dennoch, sondern *gerade darum* glaubt. Unser Glaube muß vor den sogenannten Ungläubigen als brüderlicher Glaube erscheinen.

Aber wenn er immer und überall so wäre, wie vieles müßte dann bei uns an seiner Gestalt *anders* sein. Anders sein nicht aus schlauer apologetischer Taktik, sondern darum, weil wir selbst erst zum vollen und reinen christlichen Glauben gelangen, wenn wir diese Züge eines unbrüderlichen Glaubens überwinden und aus unserer Glaubensgestalt ausschalten: einen falschen Ton billigen Überzeugtseins; ein Reden, das die Botschaft des Christentums zum harmlosen Rezept für alle Nöte der Zeit macht; ein

Denken und Reden, als ob nicht auch wir selbst durch die Gottverlassenheit dieser Zeit und unseres Daseins hindurch müßten, als ob wir alles wüßten und alles durchschaut hätten, als ob das Christentum die Formel für eine durchschaute Welt und nicht der gnadetragende Imperativ der radikalen Anheimgabe an das unbegreifliche Geheimnis und die darin geborgene unsagbare Liebe wäre.

Es ist gut, z.B. vor Gefahren und Mißverständnissen in der Lehre Teilhard de Chardins zu warnen. Aber es wäre noch besser, wenn die Theologen sich mehr daranmachten, einen unversehrten Glauben auf dem Boden der Welterfahrung von heute aufzubauen. Das bedeutet keine bedingungslose Annahme des Daseinsverständnisses der unchristlichen Welt von heute. Das ist durchaus vereinbar mit einer sehr tiefgreifenden Verwandlung dieses modernen Daseinsverständnisses. Aber wo die Warnung vor der Verkürzung der christlichen Botschaft einen klerikalen Ton der Überlegenheit an sich hat, den Ton, man wisse ja eigentlich alles, und alles neue Fragen sei im Grund entweder Störung längst erworbener bleibender Klarheit oder gehöre bloß in das Gebiet der religiös uninteressanten Wissenschaften, da verliert eine solche Warnung ihre wirkliche Überzeugungskraft.

Wenn wir einen brüderlichen Glauben hätten, immer und überall, hätten die sogenannten Ungläubigen nicht so leicht den Verdacht, wir verteidigten im Grunde doch nur uns, die Kirche, die spießbürgerliche Ordnung, anstatt – sie selber mit uns, ihren Brüdern, zusammen, vor dem Sturz in die Abgründe der Verzweiflung oder der müden Resignation. Gott gebe uns einen brüderlichen Glauben, damit er vor Gott selbst echt sei!

5

Einfachheit des Glaubens

Ein Charakteristikum der heutigen Gestalt des Glaubens ist seine radikale Einfachheit. Es wird hier kein Fundamentalismus, keine Aufklärungstheologie und keine modernistische Reduktion der Glaubenssätze auf ein naturalistisch interpretiertes religiöses Grundgefühl vertreten. Es ist immer der ganze, bleibende, entfaltete, in Offenbarungs- und Dogmengeschichte irreversibel gewordene christliche, katholische Glaube gemeint. Dieser und sonst nichts. Aber auch dann, gerade dann bleibt die Frage und Aufgabe einer radikalen Einfachheit und Einheit unseres Glaubens und unserer Glaubenserfahrung. Warum?

Sehen wir ruhig von der gutkatholischen Lehre über die *fides implicita* (das Mitgeglaubte, wenn auch nicht ausdrücklich Erfaßte) ab. Lassen wir also zu unserem Nachteil die damit ausgesprochene Überzeugung auf sich beruhen, daß wahrhaftig nicht jeder alles vom Inhalt des von der Kirche verkündigten Glaubens explizit wissen muß; daß es sogar besser sein kann, es wisse einer explizit davon weniger, weil an diesem wenigeren, das aber vielleicht wichtiger ist, bei der Enge an Geist und Herz eines endlichen, geschichtlichen Menschen der eine Glaube in seinem wahren Wesen oft besser realisiert zu werden vermag, als wenn die Menge des begrifflich Gelernten viel größer wäre. Lassen wir diesen Zugang zu unserer Frage ruhig beiseite. Wir setzen den entfalteten, detaillierten Glaubensinhalt als in jedem von uns durch Religionsunterricht und Theologie gegeben voraus und zwar als bleibende Größe, deren Bestand und Berechtigung nicht in Zweifel gezogen werden soll. Dann bleibt immer noch das gemeinte Problem. Warum?

Der Glaubensmut und die Fähigkeit, die Glaubenswirklichkeit existentiell zu realisieren, werden heute mehr als je davon abhängen, daß der Glaubensinhalt nicht als eine riesige, fast unübersehbare Summe von Sätzen gesehen wird, die – alle zusammen und jeder für sich – gewissermaßen nur von außen durch die formale Autorität des offenbarenden Gottes gedeckt werden und somit getragen und bedroht sind von der ebenso abstrakt, formal und in Abstraktion von einer Inhaltlichkeit gestellten Frage nach der Tatsache einer göttlichen Offenbarung. Eine solche formal-abstrakte, extrinsezistische Auffassung der Offenbarung und ein solcher dogmatischer Positivismus in der Sache des Glaubens werden heute der Gefährdung des Glaubens faktisch nicht siegreich begegnen können. Der Mensch von heute denkt einen zu transzendenten, zu absoluten, zu unbegreiflichen Gott, als daß es ihm einginge, daß dieser Gott gewissermaßen eine willkürliche Menge einzelner Sätze aus dem unübersehbaren Schatz seiner Kenntnisse bloß lehrhaft mitgeteilt habe, Sätze, neben denen ebensogut und ebensoviele andere denkbar sind, die mitzuteilen ihm eben nicht gefallen hat, Sätze, die scheinbar nur als solche Lehraxiome akzeptiert werden müssen, ohne daß man recht einsieht, welche Bedeutung ihr Wissen und ihre Annahme für den Vollzug des menschlichen Daseins haben könnten. Es wird dem Menschen von heute bei seiner Gottesvorstellung und seiner religionsgeschichtlichen Erfahrung faktisch nicht eingehen, daß außerhalb einer bestimmten Geschichte, etwa Israels oder des kirchlichen Christentums, neben den doch ohnehin meist mißglückten Versuchen „natürlicher" Philosophie auf dem Gebiet der Religion nur unbeantwortete Fragen und Irrtümer geherrscht haben bei der Suche nach dem absoluten Sinn des Daseins.

Das alles aber bedeutet: der christliche Glaube wird heute nur dann echt, unbefangen und ohne gewaltsames Verdrängen von echten Fragen und legitimen Vorentscheidungen annehmbar sein, wenn er – ohne jede Verkürzung seines Charakters als echter übernatürlicher Offenbarung des freien, geschichtlich handelnden Gottes – als die eine, radikal einfache und totale Antwort Gottes auf die eine, totale Frage erscheint, die der Mensch als Dasein selbst stellt und ist, so daß die Inhaltlichkeiten der Offenbarung *und* die Phasen des Offenbarungsvorganges in der Geschichte in einer wahren, echten und ganz einfachen Einheit erscheinen. Welch ungeheure Aufgabe hat die Theologie in dieser Hinsicht noch zu erfüllen! Man redet zwar gerne davon, daß die Theologie noch Aufgaben habe. Nennt man aber solche, sagt man wirklich und im Ernst, diese oder jene seien noch unerledigt und doch sehr dringend, dann fühlen sich die konkreten Träger des Lehramtes und der Theologie meist nur gekränkt. Bei solchen an der beruhigteren Atmosphäre einer früheren Situation sich Festklammernden muß eben alles Wichtige eigentlich gelöst sein. Wer das Gegenteil behauptet, ist für solche ein Meckerer, der nur schon längst geklärte Sachverhalte mutwillig wieder trübt.

Eine solche, weithin noch ausstehende Vereinheitlichung und Vereinfachung der theologischen Aussagen müßte ja nicht nur eine Einheit der gegenständlichen Aussage deutlicher und radikaler als bisher vorstellen, sie müßte gleichzeitig eine Art Maieutik großen Stils und klarer Art bieten, wie in der religiösen Erfahrung des begnadeten Daseins diese von der geschichtlichen und amtlichen Offenbarungsverkündigung eröffnete Wirklichkeit existentiell, „von innen her" gegeben und erfahren werden kann; dies ganz einfach darum, weil jeder Mensch ein begnadeter ist, diese Gnade als die des Dreifaltigen Gottes absoluter Selbstmitteilung aber nicht einfach jenseits des faktischen, bewußten und freien Daseinsvollzuges liegt, so wenig sie immer oder an sich reflex gegenständlich erfaßt werden mag, und so wenig die einfache Reflexion des einzelnen auf sie allein diese auf die deutliche und explizite Entfaltung des christlichen Dogmas in der amtlichen Wortverkündigung hin objektivieren kann. Eine solche weithin noch fehlende Vereinheitlichung der bloß pluralistisch ausgefalteten christlichen Botschaft müßte auch gleichzeitig eine unbefangene Synthese bedeuten mit dem heutigen Weltbild und der geschichtlichen Grundbefindlichkeit des heutigen Menschen in seiner Vorsicht, Nüchternheit, Sachlichkeit, seiner Angst vor großen Worten, in seinem Gefühl für die Entwicklung und Einheit der Welt und für das inadäquate Fassungsvermögen auch der sublimsten Aussagen im Vergleich mit der Sache selbst.

Es ist selbstverständlich, daß hier der Versuch auch nur einer Andeutung der Erfüllung einer solchen Aufgabe nicht unternommen werden kann. Nur dies darf vielleicht zaghaft und vorsichtig gesagt werden: Wenn verstanden wird, daß es im Grunde nur drei absolute Geheimnisse im Christentum gibt: Trinität, Inkarnation und vergöttlichende Gnade; wenn der innere Zusammenhang dieser drei Mysterien deutlich erfaßt würde; wenn die wesentliche Einheit besonders von Inkarnation und Gnade gesehen und deutlich würde, daß in der ökonomischen, heilsgeschichtlich erfahrenen Trinität die immanente schon eo ipso gegeben ist, weil es sich in Christus und seiner Gnade eben um die absolute *Selbst*mitteilung Gottes *an sich* handelt; wenn verstanden würde, daß der Mensch die absolute Offenheit radikaler Verfügbarkeit auf das absolute Geheimnis Gottes hin ist; wenn dabei in der Einheit der Botschaft von außen *und* der letzten Gnadenerfahrung von innen begriffen würde, daß dieses absolute Geheimnis sich als absolut vergebende und liebende Nähe in radikaler Selbstmitteilung dem Menschen gibt und nicht der Gott abweisend schweigender Ferne bleibt, obzwar er immer das Geheimnis ist und in solcher Selbstmitteilung sogar für uns erst eigentlich wird; wenn endlich der aposteriorischen Christologie über Jesus von Nazaret eine existentialmetaphysisch apriorische Christologie des Gottmenschentums *entgegen*käme, die aus der metaphysischen Anthropologie erwüchse und auch verständlich machte, daß die absolute und endgültige Selbstzusage Gottes den Gottmenschen in einer vergöttlichten Menschheit schon impliziert, der absolute Heilbringer und die eschatologisch definitive Annahme solcher Selbstmitteilung Gottes durch die Menschheit notwendig den Gottmenschen des chalkedonischen Dogmas bedeutet – *dann* wäre, so glaube ich, viel für diese Einfachheit der dogmatischen Grundkonzeption des Ganzen des Offenbarungsinhaltes getan, auch wenn, wie ich mir natürlich bewußt bin, die eben angedeuteten Gesichtspunkte der Einheit und Reduktion des vielfältigen Dogmas in seinem Wesensursprung hier sehr abstrakt und scheinbar (aber nur scheinbar), noch schwerer verständlich formuliert sind als die gewohnten dogmatischen Aussagen.

Denn was dann das christliche Dogma sonst noch lehrt, liegt in der Ebene des Gesellschaftlichen, des geschichtlich rein Faktischen, des Liturgisch-Kultischen. Daß aber auch und gerade die absolute Religion und die geschichtlich entfaltetste Religion in *diesen* Dimensionen reich und komplex ist, Erbe und Last einer unübersehbaren Vergangenheit hat, das wird den Menschen von heute bei seiner gelassenen Hinnahme des geschichtlich Faktischen nicht mehr wesentlich stören oder beunruhigen. Wenn nur das Eigentlichste des Christentums bei all seiner freien Verfügtheit und Geoffenbartheit dennoch als das göttliche Einfache und als das Selbstverständlichste erscheint und erscheinen darf, weil bei einem richtigen Verständnis des Menschen das letztlich einzig Selbstverständliche das absolute Geheimnis Gottes im Grunde des eigenen Daseins ist und die zumal leichteste und schwerste Tat des Daseins die ist, dieses selbstverständliche Geheimnis als die unsagbar liebende und vergebende Nähe anzunehmen! Darin aber ist das ganze Wesen des Christentums beschlossen, weil auch seine ganze Offenbarungsgeschichte nichts ist als die von Gott verfügte Geschichte des Zu-sich-selbst-Kommens dieses Empfangs der göttlichen Selbstmitteilung, die in Jesus Christus ihren objektiven und subjektiven unüberbietbaren Höhepunkt hat. Unter diesen Voraussetzungen könnte auch dem Menschen von heute deutlicher werden, daß das Christentum nicht nur eine der vielen, gegenseitig konkurrierenden Weltreligionen ist, sondern deren Erfüllung. Nur wenn, gewissermaßen im einen und selben fundamentaltheologischen Gang, dem Menschen von heute auch *dies* deutlich wird, wird er psychologisch und existentiell in der konkreten Wirklichkeit seines Denkens imstande sein, die „Beweise" anzunehmen, daß sich Gott gerade in Jesus Christus absolut geoffenbart hat und nicht in anderen religiösen Erscheinungen der Menschheit, selbst wenn diese von höchstem Range sind.

An diesem hier versuchsweise bedachten Wesenszug der

heutigen Glaubensgestalt sei noch etwas ein wenig deutlicher gemacht oder noch mehr und anders formuliert, als es schon bisher geschehen ist. In unserem eigenen Glaubensleben, in unserem Gebet, in unserer Meditation und in unserer Verkündigung sehen wir oft – was den Glaubensinhalt angeht – vor lauter Bäumen den Wald nicht, und wir lernen darum die eigentlich entscheidenden Grundvollzüge des glaubenden Daseins nicht genau und nicht existentiell tief genug. Eine existentiell tiefere Verwurzelung des Glaubens im Grunde des Daseins bedeutet aber notwendig auch eine vereinfachende Konzentration der Glaubensinhalte, nicht im Sinne einer Verwerfung, Ausschaltung dieser oder jener Sätze, wohl aber im Sinne einer Perspektivierung und existentiell wertenden Gewichtsverteilung.

Es ist z. B. gar nicht leicht für den Menschen zu wissen, was Gebet ist und wie dieses sich ereignet. Bis er das existentielle Schwindelgefühl überwunden hat, das ihm das Gebet als Autosuggestion erscheinen läßt, bis er an die Sinnhaftigkeit des Redens der lächerlichen Kreatur in die unendliche Wüste des schweigenden Gottes glaubt, bis er begreift, daß das Wort „Vater" keine riesige Projektion kindlicher, subjektiver Vorstellungen zur vorrationalen Bewältigung des Daseins aussagt, sondern ermächtigt ist durch Gott, der, alles wirkend, die Kreatur in ihre eigene Freiheit und Liebe freigibt; bis dieses und vieles andere nicht nur theoretisch begriffen, sondern *zuvor* und *danach* existentiell realisiert werden kann samt all dem, was dabei an naturaler Vorbedingung des Meditativen, der Evokation der Tiefenschichten des Menschen neu lebendig gemacht werden muß – welche Mühe, Erfahrung, welch immer neuer Anlauf ist da erforderlich!

Gerade darauf kommt es hier an: anstatt uns bei uns und bei den anderen um solche letzten, einfachsten Grundvollzüge des christlichen Daseins zu mühen und somit um jene einfachen und letzten Sachverhalte der Glaubenswelt, die diesen Grundvollzügen wesentlich zugeordnet sind, laufen wir oft dieser einfachen und unbewältigten Grundaufgabe davon, hinein in eine bestimmte *explizite* Form dogmatischer Raisonnements, an deren Gegenständlichkeiten der heutige Mensch gewiß nicht seinen Glauben existentiell einüben kann.

Man muß, um Empfindlichkeiten zu schonen, darauf verzichten, die Kompliziertheit der heutigen Theologie und die Einfachheit des damit eigentlich gemeinten Christentums zu konfrontieren. Es sei aber erlaubt, das Gemeinte noch an einem Beispiel zu verdeutlichen.

Es werde einem Geistlichen die Aufgabe gestellt, einem Laien (nicht einer Klosterfrau oder einem alten frommen Mütterchen, sondern etwa einem realistischen Ingenieur oder einem positivistischen Professor der exakten Naturwissenschaften) zu verdeutlichen, daß er – dieser Ingenieur oder Professor – schon ganz bestimmt Erfahrungen der übernatürlichen vergöttlichenden Gnade gehabt hat, daß er dies wirklich erfahren hat, immer wieder und notwendig erfährt und daß diese „Mystik" zu den Selbstverständlichkeiten des christlichen Daseins gehört, denen kein Mensch einfach ausweichen kann, wenn er dies auch übersieht oder nicht zu deuten versteht oder unbewältigt auf sich beruhen läßt. Ich möchte wetten, daß ein Großteil des Klerus vor einer solchen Aufgabe von vornherein kapituliert, und zwar im voraus zur durchaus offenzulassenden Frage, wieweit ein solcher Versuch beim genannten Ingenieur oder Professor faktisch ankommen mag. Ich möchte sogar fest wetten, daß ein Großteil des Klerus, wenn er ehrlich Farbe bekennt, sagen wird, daß er selbst solche Erfahrungen *nicht* gemacht habe, die Welt des Glaubens also nur die lehramtlich von außen an ihn herangebrachte, nur begrifflich gedachte, aber unrealisierbare Wirklichkeit sei, daß also dieser Teil des Klerus mit solchem Eingeständnis beweisen würde, nicht zwar, daß er faktisch solche Erfahrung nicht gemacht habe (Gott bewahre!), sondern daß er dem eigentlich gnadenhaft Religiösen im Grunde des Daseins ebenso hilflos gegenübersteht wie die Mehrzahl der Laien.

Wie aber sollte ein so extrinsezistisches, begrifflich pluralistisches, in der Tiefe des begnadeten Daseinsvollzuges zwar gegenwärtiges, aber nicht zu sich selbst gekommenes Christentum dann bei den Laien etwas anderes sein können als ein angelerntes System, dessen blasse Ideologie in der nüchtern-brutalen Wirklichkeit des Alltags verdunstet, wo es nicht mehr durch Tradition und soziologische Stützen von außen gehalten, äußerlich bestehen bleibt, oder – man verzeihe das brutale Wort – weiterlebt wie dann auch bei uns, aus den psychologischen und soziologischen Voraussetzungen unseres klerikalen Berufes heraus, also aus all den Gründen, die auch in nicht-christlichen Priesterschaften in ähnlicher Weise konservierend wirken?

Sagt einer: Nein, hinter all dem Bleibenden, hinter dem noch immer wider alles Erwarten sich Durchhaltenden des institutionellen Christentums und seines begrifflichen Lehrsystems stehe eben die unbesiegbare Gnade Gottes bei den Gläubigen und bei den Priestern, nun – *dann* soll ein solcher diese gewiß richtige Antwort konsequent weiterdenken. Dann wird diese Gnade eben als die unreflex, aber wahrhaft erfahrene Gnade, als die durch Gottes allgemeinen Heilswillen immer und überall am Werk seiende Gnade namenloser, schweigender Offenheit auf das sich selbst liebend und vergebend mitteilende Geheimnis Gottes hin erscheinen. Dann wird sich zeigen, daß solche Erfahrung der Gnade, solche ungenannte, unsagbare „Mystik" des Alltags, zum Wesen des Christentums (und auch zu den wesentlichen Sachverhalten der Fundamentaltheologie gehört) und, wo sie angerufen und vor sich selbst gebracht wird, auch dieses begriffliche und institutionelle Christentum, das sicher wesentlich ist und bleibt, erst in seine Einfachheit und Einheit bringt.

6

Glaubensgewißheit

Wir wollen uns hier nicht in die schwierige erkenntnistheoretische Frage verstricken, wie Wahrheit und Gewißheit einer Überzeugung unterschieden werden müssen und doch aufs engste zusammenhängen. Worauf es uns allein ankommt, ist die Einsicht, daß es unzweifelbare Gewißheiten gibt und ein Mensch ohne solche gar nicht leben kann, *und* daß solche Gewißheiten immer auch durch eine personale Entscheidung für sie mitgetragen werden, daß dies aber kein Argument gegen die sachbegründete Gewißheit und Wahrheit der betreffenden Überzeugungen ist.

Daß z. B. selbstlose Liebe sinnvoll sei, läßt sich nur in der Entscheidung für sie erfahren. Das bedeutet aber nicht, daß die Sinnhaftigkeit solcher Liebe eine subjektive Einbildung sei, die man genauso gut unterlassen könne. Es gibt nun einmal im Bereich der Existenz Wirklichkeiten, die nur in der Entscheidung für sie als wirklich und als „wahr" und als „gewiß" erreicht werden können. Solange jemand diese freie Zustimmung zu dieser Wirklichkeit verweigert und nur über sie theoretisiert, ist er für sie blind. Man kann aber nachweisen, daß es Wirklichkeiten geben muß, die sich nur in ihrer eigenen Wirklichkeit zeigen können, wenn man sich ihnen im freien Entschluß anvertraut. Man kann also nicht sagen, dies und das sei nicht existent oder in seiner Existenz zweifelhaft, weil es seine Existenz jemandem nicht auch gegen eine freie Verschlossenheit aufdränge. Der Glaubende und der Ungläubige dürfen von vornherein nicht eine Glaubensgewißheit verlangen, die von einem solchen freien Sicheinlassenwollen auf die Wirklichkeit des Glaubens unabhängig wäre. Einen solchen Glauben gibt es natürlich nicht. Es kann ihn nicht geben, weil die Wirklichkeit, die er anbietet, nicht eigentlich eine partikuläre Einzelheit der Wirklichkeit meint, sondern das eine Ganze der Wirklichkeit überhaupt und der menschlichen Existenz, und dieses eine Ganze natürlich nicht noch einmal von einem Punkt anvisiert und bestimmt werden kann, der außerhalb seiner selbst liegt.

Durch diese „Subjektivierung" der Glaubensgewißheit, die vom Wesen des Glaubens als des vertrauensvollen und offenen Verhältnisses zum Ganzen der Wirklichkeit herkommt, werden Glaube und Unglaube nicht zu gleichberechtigten Größen, unter denen man einfach wählen könnte. Denn im freien Nein zu einer positiv vertrauenden Haltung zur Wirklichkeit überhaupt ist noch ein geheimes, der Freiheit vorausliegendes Ja am Werke, und so ist der Ungläubige (in diesem ganz allgemeinen Sinn einer letzten Grundhaltung) in einen unauflösbaren Widerspruch mit sich selbst verstrickt.

Worauf es im Augenblick ankommt, ist die Einsicht, daß Freiheit und Gewißheit in Sachen des Glaubens sich nicht widersprechen, vorausgesetzt nur, daß der Glaubende begreift, daß von vornherein gar keine Gewißheit erwartet werden darf, die von einer solchen Entscheidung der Freiheit unabhängig wäre. Diese Freiheit hat dort, wo sie mutig die ganze Wirklichkeit – auch in ihrer Unbegreiflichkeit – vorläßt, das Licht ihrer Gewißheit in sich selber, auch wenn sie es nicht dorthin weiterleiten kann, wo man sich weigert, diesen Vorschuß an Vertrauen einer letzten und umfassenden Sinnhaftigkeit der Wirklichkeit gegenüber zu erbringen.

Die Frage wäre also höchstens die, wie man einen, der meint, hoffnungslos in einem solchen skeptischen Vorbehalt zu leben, zu einem solchen Ja des letzten Vertrauens bringen könne. Andoziert kann natürlich eine solche freie Gewißheit nicht werden. Man kann einen andern nur darauf aufmerksam machen, daß seine skeptische Enthaltung, weil alles einer letzten Gewißheit zu entbehren scheint, im geheimen Grunde immer noch von einem unausdrücklichen Ja lebt, das man sich eben in Freiheit zu eigen machen muß. Denn auch eine solche skeptische Enthaltung lebt immer noch von einem stillschweigend vorausgesetzten Unterschied zwischen Wahrheit und Irrtum, zwischen Güte und Gemeinheit, zwischen Oben und Unten. Wäre dem nicht so, wäre auch eine Erklärung einer skeptischen Neutralität gar nicht möglich. Die Erklärung, man könne nicht sicher unterscheiden, ist nochmals die Erklärung, daß grundsätzlich nicht alles von vornherein gleichgültig ineinander verfließt. Sie ist der Ausdruck für einen Schmerz über ein Nichtkönnen, der gar nicht denkbar wäre, wenn das Unbestimmbare und Ungewisse das Erste und das Letzte wären. Finsternis kann nur wahrgenommen werden von einem Auge, das für das Licht geschaffen ist. Der Glaubende wird gerade wegen seines ursprünglichen Optimismus sagen, daß im Leben jedes Menschen immer wieder einmal die Situation in der Praxis gegeben sein wird, die ihn in der Tat des Lebens zwingt, sich für ein radikales Ja oder ein radikales Nein zu entscheiden und so aus jenem bestimmungslosen Grau herauszukommen, in dem er zu leben meint. Der Glaubende wird sogar die stille Hoffnung haben, daß eine solche Entscheidung auch wirklich ein Ja sein wird, weil er sich eine von Gott geschaffene Freiheit bei all ihrer unerbittlichen Radikalität der nach zwei Seiten offenen Wahl nicht so denken kann, daß das Ja der Freiheit nicht doch eine viel größere Chance hätte als das Nein. Im letzten gibt es eben keine Neutralität, und das Ja zur Wirklichkeit stammt unmittelbarer von Gott als ein Nein.

Bei den eben angestellten Überlegungen über die Gewißheit des Glaubens haben wir – das soll in keiner Weise verschleiert werden – mit einem Begriff des Glaubens gearbeitet, nach dem der Glaube nichts anderes ist als die positive, bedingungslose Annahme der eigenen Existenz als sinnvoll und offen auf eine endgültige Erfüllung, die wir Gott nennen. Daß ein solcher Glaube schon der ursprüngliche Keim des christlichen Glaubens und der christliche Glaube umgekehrt die reine und unversehrte Entfaltung eben dieses Keims ist, das muß natürlich noch deutlicher gemacht werden. Aber gegen eine allgemeine und diffuse Bezweiflung jeder Gewißheit sollte hier wenigstens einigermaßen deutlich gemacht werden, daß ein solcher allgemeiner Skeptizismus, der einem bestimmten Glaubensvollzug noch vorauszuliegen scheint, im letzten schon Unglaube ist und sein Gegenteil, der Mut zu unbedingter Annahme des Daseins als letztlich sinnvoll, schon Glaube ist.

7

Taufe

Taufe ist der sakramentale Eintritt in die Kirche und damit in das volle christliche Leben. Darum versteht man die Taufe nur wirklich in dem Maße, als man Christentum und Kirche begreift. Wenn man somit die Taufe verständlich machen will, muß man eigentlich vom Christentum und der Kirche selber sprechen. Da eine Auskunft darüber, was Christ sein in der Kirche bedeutet, in Kürze nicht zureichend gegeben werden kann, ist das, was hier von der Taufe gesagt wird, notwendig fragmentarisch und nur eine etwas willkürliche Auswahl aus dem, was eigentlich über die Taufe gesagt werden müßte.

Die Taufe ist nach christlicher Lehre, wie sie schon im Neuen Testament bezeugt wird, das Sakrament des Glaubens und der Rechtfertigung, vermittelt also jenes Leben, das Gott durch seine Selbstmitteilung (oder Einwohnung oder Besiegelung mit dem Heiligen Geist Gottes) dem Menschen schenkt, um ihn so fähig zu machen für das ewige Leben in der unmittelbaren Einheit und Gemeinschaft mit Gott. Um verständlich zu machen, was die Taufe ist, müßte man also eigentlich von Gott, seinem ewigen Leben, seiner Selbstmitteilung an den Menschen durch die Gabe des Heiligen Geistes sprechen. Das aber wäre dann nicht mehr bloß die Lehre von einem einzelnen Sakrament (wirksamen Gnadenzeichen), sondern die Lehre vom christlichen Menschen überhaupt.

Wir wollen daher einen anderen Weg für unsere Überlegungen einschlagen, auf dem wir vielleicht auch besser und verständlicher mit der Hauptschwierigkeit gegen die Taufe fertig werden, die heute wohl viele Menschen in der Kirche beunruhigt. Sie fragen nämlich, wozu es denn eine Taufe und sogar eine Kindertaufe gebe, wenn man doch wissen oder doch wenigstens hoffen dürfe, daß Gott jeden Menschen guten Willens, also auch den Nichtgetauften, den „Heiden", ja sogar den Atheisten (wenn er seinem Gewissen treu ist) zum ewigen Heil führe. Um auf diesem

Weg durch diese Schwierigkeit hindurch weiterzukommen, müssen ein paar Vorüberlegungen angestellt werden.

Der Mensch ist ein eines und doch vielfältiges Wesen. Seine Einheit ist die Einheit von vielem, das – voneinander unterschieden – doch eine Einheit bildet, und zwar so, daß diese Verschiedenheiten in dieser Einheit sich gegenseitig bedingen und keines zu seiner eigenen Vollendung kommt, ohne das andere. Das ist sehr abstrakt gesagt, aber was gemeint ist, läßt sich am Menschen und in seinem Leben immer und überall beobachten. Liebe des einen Menschen zu einem anderen z.B. ist als innere Gesinnung von einem Blick, einer Geste, einer Zärtlichkeit usw. verschieden und doch kann sich unter Umständen eine solche innere Gesinnung der Liebe nur selber ganz verwirklichen, wenn sie sich auch in einer solchen leibhaftigen Geste ausdrückt und „verleiblicht". Die innere Verbundenheit mehrerer Menschen ist eine Wirklichkeit in ihrer Gesinnung und doch ist sie unter Umständen erst ganz und voll sie selber, wenn diese Menschen an einem Tisch zusammen essen. In solchen und unzählig vielen anderen Fällen gibt es im Menschen ein Inneres und ein Äußeres, beide sind verschieden und gehören doch zusammen. Das Innere vollendet sich selber erst ganz und eindeutig, wenn es sich in diesem Äußeren zur Erscheinung bringt und verleiblicht. Das Äußere kann unter Umständen lügnerisch vorhanden sein (wie ein Judaskuß), ohne daß das Innere, das dadurch sich selbst verwirklichen und zur Erscheinung bringen soll, wirklich vorhanden ist. Aber das Äußere kann auch, wenn der Mensch es sinngemäß und willig vollzieht, das Innere werden lassen. Mancher z.B. begriff plötzlich dadurch innerlich, was Beten sei, daß er sich hinkniete. Liebe kann selber als innerste Wirklichkeit dadurch wachsen, daß ein Mensch sich liebevoll gegenüber dem anderen beträgt. Setzen wir ein williges Verständnis dieser Andeutungen voraus und fragen wir, was dies für das Verständnis der Taufe bedeuten könne.

Gehen wir einmal ruhig und zuversichtlich davon aus, daß Gott jeden Menschen liebt, ihn bei seinem Namen gerufen hat, sich selber in freier Liebe in dem Augenblick, da er den Menschen ins Dasein ruft, auch schon mit seiner ganzen Wirklichkeit als innerste Kraft und als Ziel jedem Menschen eingestiftet hat, daß Gott sich selber immer jedem Menschen und seiner Freiheit als Ziel und als innerste Kraft und Bewegung auf dieses Ziel hin zugleich anbietet, auch wenn diese menschliche Freiheit sich diesem immer gegebenen, gar nicht aufhebbaren Angebot verschließen kann, – so ähnlich wie ein Mensch unweigerlich ein geistig personales Wesen ist und doch tierisch in Freiheit seinem nicht abschaffbarem Wesen widersprechen kann.

Dieses immer gegebene Angebot des göttlichen Lebens im Menschen besteht – von Gott her gesehen – darum immer und überall (ob man es weiß oder nicht), weil Gott die gesamte Menschheit auf den Gottmenschen hin gewollt hat, weil die Gesamtmenschheit in dem einen Jesus, dem Gekreuzigten und Auferstandenen, von Gott angenommen worden ist. Insofern ist dieses innerste Gnadenangebot Gottes, aus dem kein Mensch je entlassen wird, auch wesentlich „christlich". Diese innerste Begnadetheit jedes Menschen will sich aber in allen Dimensionen des Menschen verleiblichen und in Erscheinung bringen als göttliche und als „christliche" Wirklichkeit, als eine, die den einzelnen als unvertretbar einzelnen und als Glied der Gesamtmenschheit meint.

Natürlich kann diese innere Begnadigung des Menschen auch ohne diese ihrem Wesen gemäße äußere Verleiblichung und Erscheinung gegeben sein. Das hat der christliche Glaube immer gewußt. Er spricht z. B. von der Begierdetaufe, die schon vor der Wassertaufe den Menschen rechtfertigt, d. h. mit dem göttlichen Leben begnadigt; er spricht von der vollkommenen Reue, durch die der Mensch schon vor dem Empfang des Bußsakramentes das ihm immer angebotene göttliche Leben in Freiheit annimmt. Aber darum ist diese Verleiblichung und dieses In-Erscheinung-Treten der göttlichen Gnade durch das Sakrament (der Taufe oder der Buße) nicht etwas, was in das freie Belieben des Menschen gestellt ist. Denn dieses göttliche Leben in der Gnade des Heiligen Geistes will sich von sich selber her verleiblichen und im gesellschaftlichen Bereich der Glaubenden – Kirche genannt – in Erscheinung treten. Wenn sich jemand frei schuldhaft dieser Tendenz des göttlichen Lebens, leibhaftig und gesellschaftlich in Erscheinung zu treten, versagt, lehnt er nicht nur diese Verleiblichung als solche ab, sondern auch dieses göttliche Gnadenangebot selber. Es ist so ähnlich, wie wenn einer sagen würde, er liebe ja in seinem Herzen einen Menschen seiner Umgebung, verweigere ihm aber, weil das ja etwas anderes sei, nur einen bestimmten, diesem anderen notwendigen Dienst, in dem sich diese innere Liebe ausdrücken sollte. Wer diesen Dienst verweigert, verneint auch seine innere Liebe, obwohl dieser Dienst und die innere Liebe nicht dasselbe sind.

So ist es auch bei der Taufe. Wenn jemand nicht von der Taufe weiß oder sie nicht empfangen kann, lebt das göttliche Leben dennoch in seiner innersten Mitte als Angebot oder auch als in Freiheit angenommenes göttliches Leben, wenn er nämlich in irgendeiner (vielleicht gar nicht ausdrücklich reflektierten) Weise dieses göttliche Angebot in dem annimmt, was wir Glaube, Hoffnung und Liebe nennen. Diese können auch in einer ganz unreflektierten Weise in einer selbstlosen Nächstenliebe und in anderen Entscheidungen gegeben sein kann, in denen der Mensch sich auf dieses göttliche Leben einläßt. Wenn aber ein Mensch in der Situation lebt, in der die leibhaftige und gesellschaftliche Erscheinung dieses göttlichen Lebens – Taufe genannt – möglich ist, dann kann ein Mensch nicht sagen, er wolle dieses göttliche Leben, lehne aber sein leibhaftiges In-Erscheinung-Treten ab. Das wäre so, wie wenn einer die konkrete Tat der Liebe ablehnt und dennoch behauptet, er liebe; das wäre so, wie ein Mensch nicht erwachsen werden wollte, mit der Erklärung, er sei ja auch schon im embrionalen Zustand ein Mensch und verzichte darum auf eine weitere Entfaltung seines Menschseins.

Die Taufe ist das konkrete In-Erscheinung-Treten des göttlichen Lebens, insofern dieses immer auch ein christliches und darum kirchliches ist. Insofern diese Leibhaftigkeit des göttlichen Lebens eine kirchliche Wirklichkeit ist, ist es nicht in das Belieben des einzelnen Menschen gestellt, wie er diese Leiblichkeit des göttlichen Gnadenlebens in ihm gestalten wolle. Er muß sie in der Weise wollen und vollziehen, die ihm von dieser kirchlichen Gemeinschaft vorgegeben ist. Und diese Weise ist eben die Wassertaufe unter der Anrufung des dreifaltigen Gottes. Wenn jemand einen rechtlich wirksamen Willen bekunden will, sein Vermögen einem freigewählten Erben zu hinterlassen, dann muß sich dieser sein Wille eben – um wirksam zu sein – durch ein nach den Normen der Gesellschaft gültiges Testament bekunden.

Wir müssen nun noch zwei Fragen bedenken, die sich als Schwierigkeiten aus dem bisher Gesagten ergeben. Die erste Schwierigkeit liegt darin, daß von unserem Ansatz her die sakramentale Ursächlichkeit der Taufe für die Gnade schwerer verständlich zu sein scheint, als wenn einfach der sakramentale Vorgang als Ursache der Taufgnade gedacht wird, ohne die Taufe zunächst als Erscheinung und so als Zeichen der inneren göttlichen Begnadigung zu sehen. Die zweite Schwierigkeit, die wir bedenken müssen, bezieht sich auf die Kindertaufe.

Wir haben bisher die Taufe gesehen als die geschichtliche und gesellschaftliche Erscheinung der göttlichen Gnade, in der sich Gott selbst in die innerste Mitte des Menschen einstiftet und sich der Freiheit des Menschen als Kraft des Glaubens, der Hoffnung und der Liebe auf Gott hin anbietet. So gesehen scheint die Taufe nur die Verlautbarung einer Wirklichkeit zu sein, die auch unabhängig von ihr gegeben ist. Die kirchliche Lehre spricht aber von einer *Wirkursächlichkeit* der Sakramente und also auch der Taufe für die Gnade. Sind diese beiden Aussagen nicht miteinander unvereinbar? Oder kann man sinnvoll sagen, der Charakter der Taufe als die Gnade verlautbarendes Zeichen und die Wirkursächlichkeit bedingen sich gegenseitig, so daß die Taufe die Ursache der Gnade ist, weil sie ihr Zeichen ist? Daß man dann nicht einen beliebigen Begriff von Ursache in diesen Satz eintragen darf, sondern sich eine berechtigte und sinnvolle Vorstellung von der hier gegebenen Ursächlichkeit machen muß, ist selbstverständlich. Darauf macht ja auch schon die traditionelle Schultheologie aufmerksam, wenn sie sagt, daß bei der Taufe Gott selbst die eigentliche und einzige schöpferische Ursache der göttlichen Gnade sei und die Taufe nur als eine „Instrumentalursache" gedacht werden dürfe, wobei die Theologen die verschiedensten Theorien darüber vortragen, wie diese Instrumentalursächlichkeit der Sakramente genauer zu denken sei.

Daß man unseren Ausgangspunkt zum Verständnis der Taufe bei ihrem Zeichencharakter nicht von vornherein ablehnen kann, zeigt zunächst folgende Überlegung: Wenn ein Erwachsener sich taufen läßt, muß er, um das Sakrament würdig empfangen zu können, schon Glaube, Hoffnung und Liebe mitbringen, wobei diese Liebe mindestens im Normalfall durchaus so gedacht werden muß, daß sie Gott selbst um seiner selbst willen liebt, also „vollkommene Liebe" im Unterschied zu jener Liebe ist, die in der „Furchtreue" mitgegeben ist. Unter dieser Voraussetzung kommt dieser Erwachsene nach allgemeiner Lehre der Kirche und der Theologen schon als „Gerechtfertigter" zur Taufe, als einer, der das ihm angebotene göttliche Leben schon angenommen hat, ein heiliges Kind Gottes durch die Einwohnung des heiligen Geistes ist. Mindestens also in diesem Fall hat der Täufling das schon, was ihm die Taufe als Ursache geben soll: die Rechtfertigungsgnade.

Die Theologen suchen dieser Schwierigkeit zu entkommen, indem sie sagen, die Taufe dieses schon Gerechtfertigten vermehre ursächlich diese seine Gnade und gebe zusätzlich einiges, das dieser zu taufende Gerechtfertigte noch nicht besitzt, z. B. die gesellschaftsrechtliche Eingliederung in die sichtbare Kirche, den „Taufcharakter". Aber diese Auskunft scheint doch etwas gequält zu sein, ohne daß dies hier noch lange erläutert werden kann.

Gehen wir, um weiterzukommen, von einer Überlegung aus, die ganz am Anfang vorgetragen wurde. Wie ist es, wenn einer, der jemand von Herzen liebt, dann diesem auch – obwohl ihm das vielleicht aus irgendwelchen Gründen gar nicht leicht fällt – das entscheidende Wort seiner Liebe sagt? Dieses Wort ist Äußerung und Erscheinung seiner Liebe und dennoch verwirklicht sich die Liebe in ihrer ganzen Intensität und Endgültigkeit durch dieses Wort. Sie wäre nicht einfach dieselbe, wenn sie sich nicht in dieser ihrer Verlautbarung ausdrücken würde. Insofern kann man dieses Wort als Zeichen dieser Liebe durchaus auch als ihre Ursache verstehen, weil diese Liebe durch die – an sich von ihr verschiedene – Verlautbarung sich selber verwirklicht.

Wenden wir diese Überlegung auf die Taufe des schon gerechtfertigten Täuflings an. Er bringt die in Freiheit schon angenommene göttliche Begnadigung zur Taufe mit. Aber eben diese Gnade will sich selbst in diesem Taufvorgang geschichtlich (raumzeitlich-leibhaftig) und gesellschaftlich (kirchlich) verlautbaren und indem sie sich so verlautbart, kommt sie selbst zu ihrem vollen Wesen, wird sie selber auch in den Dimensionen der Leibhaftigkeit und Gesellschaftlichkeit des Täuflings gegenwärtig. Die Taufe ist so die Wirkung der Gnade, daß diese Gnade durch die Taufe sich selber voll verwirklicht, und insofern ist die Taufe auch die Ursache der Gnade. (Die oben erwähnte Auskunft, daß die Taufe beim schon gerechtfertigten Täufling die heiligmachende Gnade vermehre, ist insofern an sich richtig; nur faßt sie diese Vermehrung als fast quantitativ gedachten Zusatz auf und versteht nicht, daß dieses „Mehr" die Selbstverwirklichung der einen Gnade ist, die sich durch ihr sakramentales Zeichen selbst in ihre volle Wirklichkeit setzt.) Wenn wir dies so sehen, können wir die Aussage verstehen, daß das Sakrament *als* Zeichen der Gnade ihre Ursächlichkeit ist. Der Charakter des Zeichens und der Charakter der Ursache liegen – richtig verstanden – bei einem Sakrament nicht nebeneinander sondern ineinander.

Wir müssen schließlich noch einige Überlegungen über die *Kindertaufe* anstellen, die durch viele Jahrhunderte in der Kirche eine Selbstverständlichkeit war, jetzt aber wieder angefochten wird, weil sie (wie man sagt) im Neuen Testament nicht bezeugt sei und dem personalen Charakter des Christwerdens widerspreche. Dennoch hält die katholische Kirche unerbittlich an der grundsätzlichen Berechtigung und Sinnhaftigkeit der Kindertaufe fest, auch wenn man vielleicht nicht mit der gleichen Eindeutigkeit und Sicherheit eine Verpflichtung zur Kindertaufe behaupten kann. Warum ist die Kindertaufe durchaus sinnvoll und sollte darum auch nicht von den Eltern abgelehnt werden, die sagen, man müsse das Christwerden und die Eingliederung in die Kirche der freien Entscheidung des Kindes überlassen, es dürfe daher nicht unmündig getauft werden?

Zunächst einmal ist das, was die Taufe leibhaftig und gesellschaftlich bekundet, gar nicht in das Belieben und die Entscheidung des Menschen gestellt. Denn Gottes Liebe, in der Gott sich selbst zur innersten Dynamik des Menschen und seiner Geschichte macht, ist immer schon dem Menschen und seiner Freiheitsentscheidung voraus und fragt diese gerade, ob sie die fordernde Liebe Gottes annehmen wolle oder nicht, ob sie das Heil oder das Gericht dieses Menschen durch seine freie Entscheidung werden wolle. Gefragt sind wir auf jeden Fall, – gleichgültig, wie wir darauf antworten; und dieses unerbittliche Gefragtsein durch die Heilige Liebe Gottes verlautbart die Taufe. Wenn man geboren ist, kann man sein Menschsein annehmen oder hassen, man kann aber seine Gegebenheit nicht aus der Welt schaffen. Menschliche Freiheit ist immer und unweigerlich eine Reaktion auf Vorgegebenes, setzt nicht ein schlechthin Ursprüngliches in einen leeren Raum. Wenn daher in der Taufe in Erscheinung tritt, was der Mensch unerbittlich und unausweichlich ist – nämlich die von Gott geliebte Kreatur, die zum Empfang des göttlichen Lebens bestimmt ist –, dann geschieht dieser Freiheit kein Unrecht, weil sie Gott und der Welt gegenüber immer eine antwortende Freiheit ist, die nie das erste Wort hat.

Wenn man hier noch einwenden würde, durch die Taufe sei nicht nur die unentrinnbare Gottbezogenheit des Menschen verlautbart, sondern auch eine Zugehörigkeit zur sichtbaren Kirche gestiftet und diesbezüglich wenigstens müsse der Mensch eine Entscheidungsfreiheit bewahren, dann ist zu sagen: Die Kirche versteht sich in ihrem eigentlichen Wesen als die geschichtliche und gesellschaftliche Erscheinung der Gerufenheit aller Menschen durch Gott und empfindet darum die Zugehörigkeit zur Kirche als ein selbstverständliches Inerscheinungtreten dieser Beanspruchtheit jedes Menschen von Gott. Es kann wohl (ohne daß das hier genauer erläutert werden kann) zugegeben werden, daß die Kirche in früheren Zeiten aus dieser Zugehörigkeit des Getauften zur Kirche Folgerungen gezogen hat, die problematisch sind. Sie hat z. B. ein Recht zu Zwangsmaßnahmen gegenüber dem Getauften abgeleitet, das sie nach ihrem eigenen Selbstverständnis gegenüber den Nichtgetauften nicht besitzt. Aber solche Folgerungen werden heute nicht mehr von der Kirche gezogen, weil sie eine gleiche Gewissensfreiheit für Getaufte und Nichtgetaufte bekennt. Und insofern ist diese Schwierigkeit aus der Zugehörigkeit zur Kirche heute nicht mehr gegeben.

Die Taufe ist die selbstverständliche Manifestation einer Hingeordnetheit jedes Menschen auf die Kirche und insofern bedeutet sie keine Vorwegnahme einer Entscheidung, die von der Freiheit allein getroffen werden müßte. Aber etwas an der Kindertaufe muß noch bedacht werden, was in unseren Gegenden durch den Umstand verdunkelt wird, daß Kindertaufen sehr häufig und Erwachsenentaufen sehr selten sind. Wenn die Taufe das wirksame In-Erscheinung-Treten der göttlichen Liebe zum Menschen ist, die Gott selbst und kein geschaffenes Gut dem Menschen mitteilt, dann ist sie natürlich von ihrem innersten Wesen her ein Anruf an den Menschen, diese Liebe anzunehmen. Man kann darum ruhig sagen, die Kindertaufe kommt zu ihrem eigenen Sinn und ihrer Vollendung dadurch, daß der Mensch in Glaube, Hoffnung und Liebe diese ihm zugesagte Liebe Gottes annimmt.

Die Kindertaufe kommt also – so kann man sagen – zu ihrem vollen Sinn und Ziel erst im *Erwachsenen.* Ob dieser so sein ihm als Kind gemachtes Selbstangebot Gottes durch das normale christliche Leben in Liebe und Treue annimmt oder immer wieder als Erwachsener auch ausdrücklich in seiner christlichen Freiheit seine Taufe im Kindesalter ratifiziert, das ist letztlich keine entscheidende Frage. Die letzte und entscheidende Übernahme der Taufe in persönlicher Freiheit geschieht natürlich auf jeden Fall durch die Ganzheit eines menschlichen und christlichen Lebens in seiner Länge und Breite. Aber es ist doch sicher gut und heilsam, glaubend und vertrauend sich ausdrücklich auf seine Taufe am Anfang des Lebens zurückzubeziehen. Was in der Osternacht die Liturgie als Erneuerung des Taufgelübdes jedem Christen anbietet, das könnte auch unabhängig von der amtlichen Liturgie im Leben eines Christen vorkommen. Er blickt auf sein Leben zurück, er weiß, daß dieses Leben von Anfang an von der Macht und der Liebe Gottes begleitet und getragen war, und Gott es in seiner Vorsehung liebevoll gefügt hatte, daß diese Liebe zu ihm leibhaftig und ausdrücklich durch die Taufe am Lebensanfang bezeugt wurde. Der Christ kann immer wieder das Ereignis der Taufe gegenwärtig werden lassen und annehmen. Wenn 2 Tim 1, 6 gesagt wird: „Entfache die Gnade Gottes wieder, die dir durch die Auflegung meiner Hände zuteil geworden ist, denn Gott hat uns nicht einen Geist der Verzagtheit gegeben, sondern den Geist der Kraft, der Liebe und der Besonnenheit", dann kann jeder Christ dieses Wort, das zunächst für die kirchliche Amtsverleihung gesagt wurde, auch sinngemäß von seiner Taufe verstehen. In ihr hat er den göttlichen Geist der Liebe erhalten und hat die Aufgabe, dieses göttliche Feuer in sich lebendig zu halten. Man sollte manchmal auch im stillen Kämmerlein Tauferneuerung feiern.

8

Firmung

Das dogmengeschichtliche Problem des Verhältnisses der beiden Sakramente Taufe und Firmung zueinander braucht hier nicht dargestellt zu werden. Eine solche Problemstellung würde, wenn sie genau und ehrlich behandelt werden sollte, in die Frage hineinführen, welche Vollmachten die Kirche in ihrem vollen Werden hinsichtlich der Sakramente hat. Das kann hier nicht dargestellt werden und hätte auch für die konkrete Spiritualität eines Katholiken von heute wenig Bedeutung. Auf jeden Fall aber ist von der Geschichte der Sakramente und von der Lehre der Kirche her zu sagen, daß diese beiden Sakramente sehr eng zusammengehören, auch wenn sie in der westlichen Kirche meist in einem großen zeitlichen Abstand gespendet werden. Darum dürfen sie auch in der Frömmigkeit eines Christen, der sich auf die sakramentale Grundlegung seines Christseins bezieht, ruhig in einem gesehen werden: die Taufe als Sakrament der grundlegenden Geistmitteilung und das Firmsakrament als die im Wesen dieses Sakraments schon angelegte Vollendung der Taufe.

Wie die Liturgie der Osternacht zeigt, kennt die Frömmigkeit der Kirche durchaus so etwas wie eine Tauferneuerung, in der ein Mensch glaubend, hoffend und liebend realisiert, neu annimmt, daß sich der ewige und heilige Gott nicht nur in der verborgenen Mitte der Existenz des Menschen, sondern auch in geschichtlicher und gesellschaftlicher, also kirchlicher Greifbarkeit, Eindeutigkeit und Unwiderruflichkeit selber als Ziel und Kraft zum Ziel zugesagt hat. In eine solche Tauferneuerung kann und soll der gefirmte Christ durchaus auch die Firmung einbeziehen, ohne daß es notwendig wäre, genau und im einzelnen auf eine Verschiedenheit der Wirkungen der beiden Sakramente zu reflektieren. Gott gibt ja seinen Heiligen Geist als die Vergebung aller Schuld und als Rechtfertigung schon in der Taufe, so daß diese in Wahrheit auch schon das Sakrament der Geistmitteilung ist; und die Firmung ist im eigentlichen und strengen Sinn das Sakrament der Besiegelung mit dem Heiligen Geist.

Natürlich bemüht sich die theologische Tradition, um die Zweiheit dieser Sakramente einigermaßen verständlich zu machen, auch darum, Wirkungen der Firmung deutlich zu machen, die nicht genau so ausdrücklich von der Taufe ausgesagt werden. Das ist berechtigt, bedeutet aber nicht, daß diese verschiedenen Wirkungen, die man mit Recht unterscheiden kann, als getrennt bloß nebeneinander liegend gedacht werden dürften. Alle solche verschiedenen Wirkungen der Sakramente bedeuten Differenzierungen der einen göttlichen Begnadigung des Menschen entsprechend der Vieldimensionalität seines Wesens und seiner Aufgaben, sind also alle einerseits im Grunde schon in der Taufgnade mitgegeben und treten in deutlicherer Ausdrücklichkeit und Bestätigung in den anderen Sakramenten differenzierter in Erscheinung. Das ist der Grund, warum wir unbefangen von einer Tauf- und Firmerneuerung sprechen können und doch auch bestimmte Wirkungen der Firmung selber zu nennen imstande sind. Wenn so bestimmte Wirkungen der Firmung hervorgehoben werden, ist das auch immer schon eine Verdeutlichung und ein Preis der Taufe.

Die Theologie pflegt die eigentümliche Bedeutung der Firmung vor allem in der kirchlich-gesellschaftlichen Dimension zu sehen. Durch die Firmung wird der Christ in einem besonderen Maße befähigt und beauftragt, in der kirchlichen und profanen Öffentlichkeit Zeugnis abzulegen für seinen Glauben an Jesus Christus als an die unwiderrufliche Selbstzusage des ewigen Gottes. Man kann durchaus sinnvoll Apg 1, 8 auf die Firmung anwenden: „Ihr werdet Kraft empfangen, indem der Heilige Geist auf Euch kommt, und meine Zeugen sein in Jerusalem und in ganz Judäa und in Samaria, ja bis an die Grenzen der Erde". Die Firmgnade gibt Anteil an der messianischen Sendung Christi und an der bleibenden prophetischen und charismatischen Pfingstgabe an die Kirche. Die Firmung soll den Menschen stärken für den geistlichen Streit, den er nicht nur in seinem eigenen Inneren auszufechten hat, sondern der auch einen Kampf und Widerspruch bedeutet zu der Gottlosigkeit der Welt, in der er leben muß. Die Firmung ist somit auch in besonderer Weise das Sakrament des königlichen Priestertums aller Christen, durch das alle Christen befähigt und beauftragt sind, die Sendung Christi in der Welt weiterzuführen.

Das alles sollte man bei einer „Firmerneuerung" bedenken. Durch die Firmung wird ausdrücklich gemacht, daß jeder auch für den Nächsten und den fernsten Nächsten mitverantwortlich, Diener des Heiles für die andern ist. Man kann sich dieser Sendung und Beauftragung versagen, man kann sie aber nicht abschaffen. Das „unauslöschliche Merkmal", das uns wie in der Taufe, so auch in der Firmung eingeprägt wird, bedeutet eine unwiderrufliche Sendung zur Bezeugung des heilschaffenden Glaubens anderen gegenüber. Bei diesem Zeugnis des Glaubens braucht gar nicht in erster Linie an eine in Wortverkündigung und anderen kirchenamtlichen Tätigkeiten bestehende missionarische Arbeit gedacht werden. In erster Linie muß ein Christ durch sein christliches Leben Zeugnis geben, nicht zunächst durch Worte, sondern durch die Taten seiner Selbstlosigkeit, seiner Treue, seiner Liebe, all dies aber so, daß aus diesen Taten für den ehrlichen Beobachter herausleuchtet, daß diese christliche Tat wirklich gar nicht in ihrer letzten Unbegreiflichkeit vollbracht werden könnte, wenn sie nicht von jener namenlosen Unbegreiflichkeit getragen wäre, die wir Gott und seine Gnade nennen.

Immer wieder wird ein Christ in Situationen kommen, in denen ihm eine selbstlose Treue und Liebe abverlangt werden, die man nur fertigbringt, wenn man sich (ob ausdrücklich oder ungenannt ist eine andere Frage) bedingungslos auf den Gott eingelassen hat, der sich in Jesus Christus, dem Gekreuzigten und Auferstandenen, unwiderruflich auf den Menschen eingelassen hat. In solchen Taten soll also zunächst der Christ, durch die Firmung befähigt und verpflichtet, Zeugnis ablegen von der ewigen Verheißung, die uns zuteil geworden ist. Weil ein Mensch mit seinem Nächsten immer auch durch die Vermittlung des Wortes zusammenlebt, weil menschliches Leben unweigerlich auch immer durch das Wort sich vollzieht, wird auch dieses Zeugnisgeben von Gott und seiner Gnade durch die Taten des Lebens schon im voraus zu einer amtlichen Verkündigung der Kirche durch die dazu besonders Beauftragten immer auch ein Element eines Wortzeugnisses enthalten. Ein christliches Leben, das sich in eine absolut verborgene Innerlichkeit einschließen wollte, müßte ersticken und ist letztlich unmöglich. Insofern ist natürlich das von der Firmgnade getragene Zeugnis für Gottes Anspruch an den Menschen auch ein Zeugnis, das sich in allen Christen auch durch das Wort verlautbaren muß, – immer entsprechend den verschiedenen Lebenssituationen, immer entsprechend den je verschiedenen Fähigkeiten eines Menschen. Aber ein einfach stummes Christentum bloß verschwiegener Innerlichkeit ist keines.

In einer Firmerneuerung sollten wir uns immer wieder fragen, ob wir durch unser Leben und unser Wort den auch bezeugen, den wir doch in Glaube, Hoffnung und Liebe als unser ewiges Leben immer neu anzunehmen suchen. Man spricht heute mit Recht von einer „politischen Theologie", die die gesellschaftliche Dimension deutlich zu machen sucht, die bei allen Glaubenswirklichkeiten gegeben ist. Wenn die Firmgnade die Kraft für die Wahrnehmung der Verantwortung des Christen für Kirche und Gesellschaft ist, dann ist die Firmung in Wahrheit auch ausdrücklich der „politischen" Verantwortung des Christen als solchem zugeordnet. Die Erinnerung an die Firmung sagt uns, daß ein Christ sein Christentum nicht bloß als eine „privatistische" Sache seiner Innerlichkeit betrachten darf.

9

Kirchliche Frömmigkeit

Alles, was hinsichtlich der Frömmigkeit meiner Freiheit vorgegeben ist, von außen in einem gewissen Sinne normierend auf mich zukommt, gleichsam im voraus zu meiner von innen her subjekthaft gestalteten bzw. geformten Spiritualität mich anfordert und dieser meiner Wahl schon ein gewisses Schema vorgibt, kann man unter den Aspekt des Gesetzes als des von außen kommenden Fremden subsumieren. Ob das dann im eigentlichen Sinne ein Gebot Gottes ist oder ein kirchliches Gebot im strengen Sinn, kirchliches Brauchtum, kirchliche Überlieferung oder kirchliche Sitte usw., das ist eine zweitrangige Frage. Alle diese verschiedenen Dinge kommen darin überein, daß sie schon als Vorentscheidung an mich herantreten, daß sie meine Spiritualität, die doch offenbar ein innerster Vollzug meiner im vollsten Sinn verstandenen Freiheit ist, mindestens einzuschränken scheinen. Wenn nun personale Freiheit von innen als je einmalige, als von der Gnade Gottes gerufene gegeben ist, was der eigentliche Sinn von Freiheit ist, dann hat natürlich das, was wir mit „Spiritualität" bezeichnen, einen inneren Zusammenhang mit der Freiheit. Insofern sind also die institutionelle kirchliche Normierung von außen und die Freiheit, die sich eben gerade in der Spiritualität am entscheidendsten realisiert, zwei Größen, die nicht von vornherein miteinander eine völlige Harmonie bilden.

Die Situationsbezogenheit der Freiheit. – Zunächst ist einmal zu sagen, daß es in einem katholischen Verständnis durchaus so etwas gibt wie einen Willen zum Gesetz, auch innerhalb der Frömmigkeit. Allgemein gilt jedoch für die Problematik von Freiheit und Gesetz – denken wir an den Begriff der Bildung, der Erziehung, an den Begriff der Sozialität des Menschen, an sein notwendiges Befangensein in gesellschaftlich geformten Größen –, daß der Mensch, obzwar Subjekt letzter radikaler Freiheit, dennoch nicht das abstrakte Subjekt einer solchen Freiheit ist, der gleichsam nichts gegenübersteht als die Vielfalt ihrer leeren Möglichkeiten. Wir handeln auch dort, wo wir im Innersten bleiben und wir die letzte Freiheit als Selbstverfügung über uns in Anspruch nehmen, immer schon in einem vorgegebenen Raum. Eine bestimmte Zeit ist uns vorgegeben, die wir nicht auswählen können, eine bestimmte psychologische „Erbmasse" oder eine ganz bestimmte geschichtliche Situation ist uns mitgegeben usw. Daraus ergibt sich, daß Freiheit niemals in ihrem letzten Wesen darin bestehen kann, daß sie sich zurückzieht in ein Gebiet, das von all diesen Vorgegebenheiten gar nicht betroffen ist, und sie sich auch nicht in einem bloßen Nonkonformismus um seiner selbst willen, in einem bloßen Protest gegenüber diesen Wirklichkeiten vollziehen kann. Ich kann nur gegen das protestieren, was *konkret* gegeben ist; gegen Regierungsformen z.B. eines Herodes III. oder IV. zu protestieren hat keinen Sinn; mit anderen Worten: Auch wenn man protestiert, wenn man räsonniert, wenn man „Revolution" macht – was durchaus sinnvoll und notwendig, ja sogar eine heilige Christenpflicht sein kann –, ist man immer noch bleibend in seine eigene konkrete Situation eingefangen. Das Wesen der Freiheit kann darum unter Umständen ebenso darin bestehen, diese Vorgegebenheiten anzunehmen, um sie langsam zu verwandeln in das, was das Innerste ist. In beiden Weisen aber ist es demnach so, daß es – gleich, wie das bei den Geschichtsphilosophen von den Stoikern bis Nietzsche zu erklären wäre – in einem richtigen Sinne so etwas wie einen „amor fati" geben muß und daß darin auch erst die Freiheit zu ihrem innersten wirklichen Wesen kommt. Das läßt sich mit Recht auch auf die kirchlich-gesellschaftlichen und kirchlich-geschichtlichen Vorgegebenheiten einer christlichen Frömmigkeit anwenden, insofern diese sich in der Freiheit realisiert.

Die Norm als Weg der Freiheit zu sich selbst. – Überdies kommt noch dazu, daß wir ja die Freien gar nicht einfach *sind*, sondern es werden müssen; jene eigene Wahrheit, die meine ist, die ganz von innen kommt, ist noch gar nicht ohne weiteres das, was ich schon in jener formalen

Freiheit des Ja und Nein angenommen habe, sondern dazu bin ich noch in einem unendlichen Abstand auf dem Weg. Bis ich gleichsam mich gefunden habe, der ich mich und meine eigentliche Wahrheit suche, um mich in Freiheit anzunehmen, das dauert ja noch, das ist die Aufgabe meines Lebens; ich verdränge vieles, was meine eigentliche Wahrheit ist, ich will es nicht wahrhaben, ich nehme es nicht an, ich bin vielleicht in einer letzten Protesthaltung und merke es nur noch gar nicht; vielleicht bin ich – ohne es zu merken – trotz all der Worte, die ich über Nächstenliebe und Liebe überhaupt mache, der größte Egoist usw. All das, was ich werden soll, kommt mir unter Umständen durchaus als die harte Gesetzlichkeit von außen her entgegen. Wenn ich also gleichsam der bin, der nur in einer Anverwandlung des Vorgegebenen zu seiner wahren Freiheit kommen kann, und wenn diese Anverwandlung erst die in meinem eigenen egoistischen Mißverständnis gefangene Freiheit befreit und befreien muß, dann gilt so etwas (grundsätzlich wenigstens) auch für die kirchlich-gesetzliche auf mich zukommende Frömmigkeit. Deswegen kann und muß es auch einen Willen zum Gesetz innerhalb der Frömmigkeit geben.

Es ist noch gar nicht gesagt, daß all das, was an Fastenordnungen, Sonntagsgebot, religiösen Gebräuchen, Andachten (gegen die sich vielleicht alles in mir sträubt) und sonstigen Dingen im ganzen und konkreten Pfarrbetrieb auf mich zukommt, daß all das, was gleichsam als „Gesetz" mich trifft, deswegen schon verkehrt ist, weil ich vielleicht in einem höchst problematischen Protest mich dagegen auflehne. Vielleicht habe ich das eine oder andere noch gar nicht verstanden, vielleicht ist es einfach eine Forderung der Liebe gegenüber den anderen, gegenüber der Kirche, d.h. ja den bestimmten Menschen dieser Kirche in einer konkreten Zeit.

Was damit eigentlich betont werden sollte, das ist dies: Es gibt so etwas wie eine richtige und uns mit Recht anfordernde institutionelle oder gesetzliche Frömmigkeit in den kirchlichen Bestimmungen über Liturgie, Fastenordnung, Sonntagsmesse usw. Es ist gar nicht evident, daß jene Meßgestaltung die großartigste und auf die Dauer personal am meisten echte ist, bei der man sich prinzipiell über alle kirchlichen Vorschriften auch des Zweiten Vaticanum hinwegsetzt und dann noch meint, damit hätte man endlich einmal mit der Faust auf den Tisch gehauen und seine christliche Freiheit vindiziert.

Die bleibende Verwiesenheit der Spiritualität auf ihre eigene Geschichte. – Zu diesem gesetzlichen, das heißt von außen kommenden, sich als Möglichkeit oder vielleicht auch als Forderung anbietenden Institutionellen gehört natürlich auch das ganze Erbe christlicher Tradition in der Spiritualität. Warum sollte man einer christlichen Praxis der Frömmigkeit, der Meditation, einer langen, vielleicht in zweitausend Jahren gewachsenen und erprobten Aszese weniger Vertrauen schenken und vorgeben als dem, was in irgendeinem Buch über Zen-Buddhismus oder Yoga-Praxis vorkommt? Der Versuch einer Synthetisierung östlicher und christlicher Aszese bzw. Frömmigkeit ist sicherlich eine lohnende Aufgabe, doch ist es irgendwie naiv, wenn man dem Psychotherapeuten, jeder Yoga-Erfindung usw. von vornherein mehr Kredit einräumt als den Dingen, die in der christlichen Frömmigkeit traditionell sind. Auch z.B. der Rosenkranz – wer ihn nicht versteht, der soll ihn ruhig in christlicher Freiheit bleiben lassen – gehört für mich zu solchen durchaus sinnvollen, großartigen Dingen, und meine private Erfahrung bestätigt mir, daß der Rosenkranz auch von Menschen gebetet wird, von denen man es gewiß nicht vermuten würde! Es gehört natürlich auch vieles vom Erbe des Traditionsgutes im literarischen Sinne dazu: Eine Beschäftigung z.B. mit Augustinus, mit der Spiritualität eines Johannes vom Kreuz oder einer Theresia von Avila, mit irgendeiner anderen, gut redigierten Ausgabe von Mystikertexten ist auch heute noch zu empfehlen.

Die kritische Arbeit der modernen Exegese ist gewiß notwendig und wertvoll. Aber es ist doch nicht so, als ob erst mit ihr das Licht Gottes und der Heilige Geist in der Kirche Gottes zu wirken begonnen hätte. Ein wirklicher Theologe sollte auch einmal dadurch seine Bildung dokumentieren, daß er plant und überlegt, wie er sich im Lauf von fünf oder zehn Jahren eine durch persönliche geistliche Lektüre erprobte Vorstellung von der Geschichte der spirituellen Literatur erwerben kann: Gregor von Nyssa, Augustinus, die Großen der deutschen mittelalterlichen Mystik, um nur einige Namen zu nennen, die über Franz von Sales oder Bérulle bis Charles de Foucauld fortzusetzen wären. Eine richtige, die „Gesetzlichkeit" respektierende Frömmigkeit könnte sich ja durchaus auch in dieser Weise beschäftigen.

Die freie Übernahme einer spirituellen Ordnung. — Dazu ist noch zu bedenken, was ich das sich selbst auferlegte Institutionelle der Frömmigkeit nennen möchte. Ohne eine gewisse Ordnung – das gilt auch für Laien, nicht nur für Klosterfrauen und in ignatianischer Dressur erstarrte Jesuiten – geht es nicht, auch nicht im Geist und Leben der Frömmigkeit. Wenn Frömmigkeit nur dort auftritt, wo uns ein spirituelles, „frommes" Gefühl anwandelt, weil wir vielleicht gerade verliebt sind oder weil wir gerade besondere Schmerzen in dieser Hinsicht haben oder ähnliche Dinge, dann ist das eben noch keine Frömmigkeit, sondern – wenn es gut geht – ein gewisser Vorschuß, den Gott uns gibt. Doch dieser Vorschuß muß erst noch in einer wirklich personalen Entscheidung fruchtbar werden, die sich in der ganzen Länge und Breite des Lebens ausbreiten muß; das bedeutet, einmal trocken aufreizend gesagt, eine gewisse Systematik des geistlichen Lebens. Sie kann sehr bescheiden sein, soll ruhig dem konkreten Leben jedes einzelnen entsprechen und kann z.B. für den Priester in pastoraler Verantwortung oder für den Laien ganz anders aussehen als im Kloster oder in religiösen Häusern, sie kann auch ganz anders sein, als sie z.B. im Dritten Orden oder in der Marianischen Kongregation überliefert ist. Details sind in diesem Zusammenhang vollkommen gleichgültig; es geht darum, daß ohne eine gewisse *Zucht*, ohne eine gewisse *Härte* sich selbst gegenüber, ohne einen gewissen „Plan", ohne daß man sich auch im religiösen Bereich etwas abverlangt, auch wenn es einem nicht gerade danach zumute ist, die Frömmigkeit keine Lebenskraft hat. Jeder Inder und jeder buddhistische Mönch würden einen auslachen, wenn man meinen wollte, Frömmigkeit könnte, wo sie ernsthaft betrieben wird, auf so etwas schlechterdings verzichten. Das wäre so, wie wenn jemand, ohne sechs oder acht Jahre lang zehn Stunden täglich am Klavier gesessen zu haben, Meisterpianist werden wollte. Wie weit wir es im einzelnen bringen, das sollen Gott und unser Leben entscheiden. Aber auch trotz einer möglichen geistlichen Odyssee und sosehr unser Leben das Unerwartete sein wird, sollten wir ein wenig weiter kommen als jene Leute, die rein von außen her in ein bißchen Christentum indoktriniert sind, was sich dann so äußert, daß sie am Sonntag gelangweilt eine Messe abstehen, an Ostern vielleicht beichten und dann sich auch noch mit den Sterbesakramenten versehen lassen.

Es ist klar, daß Intellektuelle ihrer Bildung wegen nicht schon deshalb etwas anderes oder Besseres sind; das zeigt sich besonders am Theologen, ganz gleich ob Laien- oder Priestertheologen, der sich Theologie und Frömmigkeit zu seinem Haupt- bzw. Nebenberuf oder sogar zu seinem intellektuellen Hobby gemacht hat. Wir sollten es eigentlich nicht nur innerhalb der theoretischen Reflexion etwas weiter bringen als zu einem im Äußerlichen verhafteten Vereinschristentum. Doch wir Intellektuelle sind tatsächlich in unserem Glauben meist auch nicht viel weiter. Zudem sind wir vielleicht gefährdeter, weil wir unser Theoretisieren mit einem wahren Christentum, mit Gebet, Glaube an Gott, Selbstverleugnung und Demut verwechseln. Dann sind wir auch in der großen Gefahr, *weniger* Christentum wirklich zu realisieren als die sogenannten „gewöhnlichen" Leute des christlichen „Volkes", weil der Intellektuelle der konkreten Wirklichkeit – schon dadurch, daß er mehr Geld hat, daß es ihm meist etwas weniger dreckig geht als anderen Leuten usw. – den Härten, Dunkelheiten und Abgründen des Lebens leichter theoretisierend ausweichen kann. Bei einer Mutter, die z.B. sieben Kinder hat und sie mühsam durchbringen muß, habe ich weniger Sorge, daß sie den Kern des Christentums nicht erreicht, als bei mir.

Wenn wir hier im Ernst des christlichen Lebens nur Dilettanten und Amateure bleiben, wenn wir nicht auch in einer christlichen Freiheit und in einer rechtverstandenen „Selbstmanipulation“ uns selber irgendwo „Gesetz“ sind, dann bleiben wir doch armselige Stümper, auch ohne daß wir zuviel wirklichen Ballast der Geschichte der Frömmigkeit auf uns nehmen.

10

Transzendenzerfahrung

Transzendenzerfahrung besteht darin, daß Erkenntnis und Freiheit des Menschen immer schon über den einzelnen Gegenstand der inneren und äußeren Erfahrung hinausgreifen, daß dieser Vorgriff die Bedingung der Möglichkeit gegenständlicher Erkenntnis und Freiheitstat ist, daß er über jeden angebbaren Gegenstand hinaus schlechthin unbegrenzt ist, weil jede denkbare Begrenzung, indem sie gedacht wird, schon wieder überschritten ist. Insofern die Erfahrung der Transzendentalität des Menschen sich wirklich setzt, sich durch ihr Woraufhin getragen erfährt und weiß, daß das Nichts – nichts ist, kann dieses Woraufhin der Transzendenz nur als die unendliche, unumfaßbare, radikal Geheimnis bleibende Wirklichkeit, als Gott gedacht werden. Dieses Woraufhin als unumfaßbares Geheimnis ist – nicht als Gegenstand im Sinn des Ontologismus – wirklich die Eröffnung der Transzendenzbewegung.

Natürlich ist diese Transzendenzerfahrung, die Gott zu ihrem Woraufhin hat, nicht in ihrer eigenen Ursprünglichkeit, in der Abstraktheit gegeben, in der sie hier beschrieben wird. Ein mystagogischer Verweis auf diese Erfahrung muß darum berücksichtigen, daß der nicht explizit Philosophie treibende Mensch diese Erfahrung zwar selbstverständlich macht, jedoch in ganz bestimmten Formen und Gestalten. Denn es handelt sich nicht um die absolut diffuse Transzendentalität, die ein immer gegebenes Moment am Erkenntnis- und Freiheitsvollzug ist, sondern um intensivere Vollzüge, welche eben diese Transzendenzerfahrung auch dem reflektierenden Bewußtsein deutlicher aufdrängen. So ermöglichen sie dem Menschen des Alltags mit Hilfe der schon in der gesellschaftlichen Umgebung gegebenen verbalen Thematisierung Gottes eine Reflexion auf seine Transzendenzerfahrung.

Solche Erfahrungen ursprünglicher Art sind von der Natur der Sache her immer dort gegeben, wo die Transzendenzbewegung die Endlichkeit des kategorialen Gegenstands als solche erfahren läßt. Dadurch kann die Endlichkeit der kategorialen Gegenstände als nicht überwindbare und nicht erfüllende thematisch werden, ebenso wie die in einer solchen „negativen" Erfahrung immer noch gegebene Bejahung einer nicht mehr endlichen Erfüllung. Sowohl die Erfahrung der alles bedrohenden Angst wie die übersteigende Freude, die Erfahrung einer absoluten Verantwortung, Treue, Liebe, die kategorial nicht mehr adäquat gerechtfertigt werden, die Erfahrung der absoluten Logik, die das Einzelobjekt begründet, aber nicht von ihm begründet werden kann, sind solche bevorzugte Transzendenzerfahrungen. Es müßte allerdings zwischen Gestalten unterschieden werden, die durch eine freie Annahme gebildet sind, und solchen, die in der radikalen Zerrisssenheit zwischen der transzendental notwendigen, unthematischen Bejahung Gottes und seiner unthematischen oder thematisierten Ablehnung durch die Freiheit des Menschen entstehen. Das eine und selbe Subjekt erfährt sich ja erkennend und frei mehreren Erfahrungen von transzendentaler Notwendigkeit ausgesetzt, die in der Einheit des Subjekts als untereinander zu versöhnende erfahren werden, doch von diesem selbst nie versöhnt werden können.

Wo aber über alle empirische Hoffnungslosigkeit hinaus dennoch bedingungslos gehofft wird, wo die einzelne Freude erfahren wird als Verheißung grenzenloser Freude, wo man liebt in unbedingter Treue und Entschlossenheit, obwohl die Brüchigkeit auf beiden Seiten für solche Liebe die

Unbedingtheit gar nicht legitimieren kann, wo radikale Verantwortung gegenüber einer sittlichen Verpflichtung auch dann noch durchgehalten wird, wenn dies scheinbar nur zum Untergang führt, wo die Unerbittlichkeit der Wahrheit erfahren und unbedingt ergriffen wird, wo die unüberwindbare Diskrepanz zwischen der Individualität und Sozialität, in der Pluralität verschiedener Bestimmungen des Menschen in einer scheinbar grundlosen, d.h. nicht noch einmal objektivierbaren Entschlossenheit der Hoffnung auf alles versöhnenden Sinn und Seligkeit ausgehalten wird, da ist Gott als die Bedingung der Möglichkeit solcher Vollzüge schon unthematisch erfahren und angenommen. Das gilt auch, wenn das Wort „Gott" noch nie gehört und als Vokabel für die Bezeichnung des Woraufhin der so erlebten Transzendentalität verwendet wird.

Solche Transzendenzerlebnisse treten nicht nur da und dort einmal auf, sondern diffuser und nicht einmal ansatzweise thematisiert bei jedem beliebigen Vorgang der menschlichen Erkenntnis und Freiheit. Als Bedingung der Möglichkeit von Erkenntnis und Freiheit im alltäglichen Leben wird solche transzendentale Gotteserfahrung in ihrer Notwendigkeit und Unausweichlichkeit erlebt, so daß der Mensch vor der Frage steht, ob er diese Unausweichlichkeit auch in einem freien Urvertrauen zur Mitte seiner Existenz machen will oder ob er sie verdrängen will in einer Flucht zu den übersichtlichen und manipulierbaren Einzelwirklichkeiten in seinem Leben.

Damit ist aber keine Abwertung der expliziten Lehre von Gott und der objektivierenden Reflexion auf diese Erfahrung gegeben. Der Mensch ist nicht nur Wesen von Transzendentalität, sondern auch von Geschichte und Reflexion. Deren grundsätzlich höchste Stufe ist gegeben, wenn auf die transzendentalen Bedingungen der gegenständlichen Erkenntnis und der geschichtlichen Erfahrung reflektiert wird, wenn also das Woraufhin der Transzendenz des Menschen, unter dem er Geschichte treibt, reflektiert wird. Der einzelne aber kann sich nicht legitim dem Gesamtbewußtsein der Menschheit entziehen. Er muß es explizit mit Gott zu tun haben wollen. Umgekehrt bedeutet die verbale und gesellschaftliche Thematisierung der ursprünglichen Gotteserfahrung in Geschichte und Gesellschaft für den einzelnen eine radikale Möglichkeit, seine eigene transzendentale Gotteserfahrung zu reflektieren, die Geschichte dieser Reflexion möglichst rein und vollständig zu vollziehen.

Alle bisherigen Ausführungen blieben zwangsläufig abstrakt und sehr allgemein. Natürlich muß es in eine andere Sprache übersetzt werden, wenn es religionspädagogisch, katechetisch und missionarisch wirksam werden soll. Aber es ist davor zu warnen, heute schlechthin eine so „konkrete" und „plastische" Sprache fordern zu wollen, wie sie früher einmal möglich war. Der Grund für die früher viel konkreter klingende religiöse Sprache lag darin, daß man unbefangener Gottes Wirken an ganz bestimmten Punkten der Welt und der Geschichte lokalisieren konnte, so daß sich von solchen Punkten her gewissermaßen kategorial von Gott reden ließ. Ob und in welchem Sinn eine solche gewissermaßen kategoriale Erfahrung Gottes heute noch möglich ist, kann hier nicht näher untersucht werden. Auf jeden Fall ist in radikaler Weise für uns Gott nur als letzter Grund und letztes Ziel von Wirklichkeit überhaupt denkbar und höchstens indirekt „innerweltlich" erfahrbar. Von da aus kann die religiöse Sprache von heute letztlich eine gewisse Abstraktheit gar nicht vermeiden. Diese Abstraktheit braucht darum nicht zu erschrecken, weil dem Menschen immer deutlicher wird, daß die praktisch effiziente Sprache im Verständnis und Handeln mit seiner materiellen Umwelt auch immer abstrakter wird. Diese Apologie abstrakten religiösen Redens ist natürlich nicht so gemeint, daß die hier verwendete Sprache die einzig mögliche ist, um von Gott zu reden.

Es ist davor zu warnen, sich zu schnell und unbesehen auf partikuläre religiöse, mehr oder weniger „mystische" Erlebnisse zu berufen, um die Möglichkeit einer Gotteserfahrung darzutun. Solche Erlebnisse sind entweder sehr intensive Fälle einer grundsätzlich allgemein zugänglichen

Gotteserfahrung oder sie erwecken den Verdacht, psychologische Phänomene zu sein, die sich aus partikulären psychischen Ursachen erklären. Die Gnade einer transzendentalen und durch die erhebende Gnade Gottes wesentlich radikalisierten Gotteserfahrung mindestens als Angebot an die Freiheit hat jeder Mensch. Das ist nur eine Übersetzung der katholisch verbindlichen Lehre vom allgemeinen und wirksamen Heilswillen Gottes. Die Gnade freier Annahme und Liebe hat wohl nicht jeder Mensch in jedem Augenblick seines Lebens. Es kann aber gehofft, wenn auch nicht sicher gewußt werden, daß die Geschichte jedes Menschen im vollendeten Heil endet und also irgendwann die wirksame Gnade der Annahme der transzendentalen Gotteserfahrung durch die Freiheit gegeben sein wird.

Aber die Gnade der Annahme ist etwas, das sich bei jedem Menschen einer sicheren Reflexion entzieht. Die richtige Reflexion der transzendentalen Gotteserfahrung in einem thematisierten Wissen um Gott ist gewiß wieder Gnade, die nach dem Ausweis der Erfahrung nicht jedem gegeben ist. Nach der Überzeugung des Zweiten Vaticanum braucht sie auch nicht einmal als angebotene und zureichende Gnade jedem Menschen in jeder gesellschaftlichen und geschichtlichen Situation gegeben zu sein. Das bedeutet aber nur, daß der betreffende Mensch in der Situation psychologischer und gesellschaftlicher Art konkret nicht in der Lage ist, seine gegebene transzendentale Gotteserfahrung genügend zu reflektieren und in dem, was ihm von außen über „Gott" gesagt wird, wiederzuerkennen. Das ist aber grundsätzlich auch dann gegeben, wenn ein intelligenter Mensch in seiner konkreten Situation auch durch ein Gespräch mit einem Mathematiker nicht zu einem Verständnis etwa der Matrizenrechnung kommen kann. Die Berufung auf nicht vorhandene Gnade der Gotteserfahrung darf weder ein mystisch-psychologisches Mißverständnis solcher Gnade voraussetzen noch dispensiert sie von der immer wieder erneuten Bemühung, anderen zu einem reflexen Verständnis der transzendentalen Gotteserfahrung zu verhelfen und sie so auch in der Dimension des objektivierenden Bewußtseins und der religiösen Gesellschaft zu Theisten zu machen.

Eine konkrete Mystagogie in die Reflexion der eigenen transzendentalen Gotteserfahrung des einzelnen müßte allerdings besser als bisher entwickelt werden. Man darf nicht meinen, dabei müsse das Wort „Gott" am Anfang stehen. In einer Situation, in der religiöse Sprache in der Gesellschaft keine unbestrittene Herrschaft mehr hat, steht es eher am Ende. So kann aber auch ein Gottesbegriff gebildet werden, der später nicht wegen seiner Infantilität höchst gefährliche Krisen im religiösen Bewußtsein des Menschen verursacht. Diese Mystagogie in das Zusichselberkommen der transzendentalen Gotteserfahrung muß natürlich bei Erfahrungen anknüpfen, die bewußtseinsmäßig deutlich und existentiell gewichtig sind und die transzendentale Gotteserfahrung so in sich tragen, daß sie zu einer Thematisierung dieser Erfahrung drängen. Solche Erfahrungen sind immer eingebaut in das Ganze der existentiellen menschlichen Erfahrung. Wo diese vielleicht schon frühkindlich mehr oder minder mißglückt ist, wo eine Erfahrung zwischenmenschlicher Liebe, Treue, Geborgenheit usw. nicht genügend erreicht wurde, ist natürlich auch die Thematisierung der ursprünglichen Gotteserfahrung sehr schwierig. Nur wo in einem letzten Urvertrauen ein bergender Sinn des Lebens überhaupt frei angenommen wird, wird die Freiheit des Menschen bereit sein, die Thematisierung dieses Urvertrauens auf Gott hin mitzuvollziehen. Die Weckung dieses Urvertrauens geschieht wirksam nicht allein durch Worte, sondern durch die Teilnahme am Lebensvollzug eines anderen Menschen, der in Gelassenheit und Liebe produktives Vorbild für dieses Urvertrauen zu sein vermag.

Von daher läßt sich auch ein Verständnis gewinnen vom Zusammenhang der Gotteserfahrung und der Bezogenheit des Menschen auf Jesus Christus. Christus ist das produktive Vorbild schlechthin für ein Sicheinlassen auf das Geheimnis unseres Daseins, das wir „Gott" nennen. Die absolute Radikalisierung unserer transzendentalen Bezogenheit auf Gott nennt der Gläubige den Geist Christi. Im Blick auf die Geschichte Jesu gewinnt der Christ die geschichtliche Legitimation, sich auf den Gott einzulassen, den Jesus seinen Vater nannte. Transzendentale Gotteserfahrung und geschichtliche Erfahrung Jesu schließen sich zu einem gegenseitigen Bedingungsverhältnis zusammen, Geist und Geschichte sind eine Einheit, in der Gott Ursprung und Ende des Menschen zugleich ist.

Es ist natürlich auch denkbar, daß jemand zwar eine durch die religiöse Gesellschaft bewirkte Indoktrination über Gott besitzt, ohne daß es ihm selbst gelingt, von seiner transzendentalen Gotteserfahrung her diesen Explikationsprozeß selbst deutlich nachzuvollziehen. Auch er kann natürlich die in diesem objektivierten Gottesbegriff mitgegebene philosophisch-theologische Dynamik wirksam werden lassen und so zu einem immer geklärteren und subtileren Gottesbegriff kommen. Er braucht natürlich auch nicht mit dem schwierigen Explikationsvorgang bedrängt zu werden, außer seine individuelle oder gesellschaftliche Situation machen einen solchen Versuch notwendig. Dieser Explikationsvorgang kann bei philosophisch sehr gebildeten Menschen durch ihre Bildung nicht nur erleichtert, sondern auch erschwert werden, so daß es unter Umständen bei einem „bekümmerten Altheismus" in der Dimension der Reflexion bleibt, dem gegenüber die Schrecklichkeit der Gott-losigkeit gesehen, eingestanden und erlitten wird, ohne konkret auf der Ebene reflexer Erkenntnis überwunden werden zu können.

11

Gotteserfahrung

Die transzendentale Verwiesenheit des ganzen geistigen Daseins des Menschen in Erkennen und Liebe, in der Erfahrung der Angst und Furcht vor dem Tod usw. gehört zu den wesentlichsten Grundzügen des menschlichen Daseins: Wir fangen nicht erst an, mit Gott etwas zu tun zu haben, wenn wir ihn explizit nennen, wenn wir die Erkenntnis Gottes begrifflich thematisch machen. Das ist notwendig und heilsam, ist Gnade Gottes. Dann reden wir von Gott, dann bilden wir einen Begriff und ziselieren diesen Begriff, dann füllen wir diesen einen Begriff mit tausend Namen und Aussagen: das ist alles notwendig, schön und richtig. Und wir können auch jetzt, wo wir von Gott reden, nur so von Gott reden, daß wir Worte von ihm machen, daß wir uns Begriffe vorstellen, daß wir die Wirklichkeit Gottes in unserem gegenständlichen Bewußtsein thematisch machen. Aber dies ist doch die sekundäre (nicht im Sinne des Unwichtigen!) Weise des ursprünglichen Verhältnisses zu Gott und dieses sekundäre Verhältnis thematischer Begrifflichkeit zu Gott ist und bleibt getragen von einer vorgängigen, unthematischen, transzendentalen Bezogenheit unserer ganzen Geistigkeit auf die ungreifbare Unendlichkeit hin.

Von daher ist es klar, daß das echte, das wirklich existentiell (und existential) realisierte Verhältnis zu Gott nicht bloß die gegenständlich-begriffliche Thematik über Gott genauer entfalten und erfüllen müßte, sondern vordem und zugleich dieses ursprüngliche, im tiefsten, notwendigsten Sinn „subjektive“, ontologische und transzendentale Verhältnis zu Gott vertiefen, lebendig machen müßte, vorkommen lassen müßte. Das aber heißt nun wieder gerade nicht, daß wir über diese sublimen Dinge gescheite Worte machen. Denn das wäre gerade wieder nicht das ursprüngliche, transzendentale Verhältnis zu Gott selbst, sondern wäre ein sekundäres Reden über dieses transzendentale Verhältnis zu Gott. Aber wie wir nun dieses ursprüngliche Verhältnis zu Gott vorkommen lassen können, wie wir das eigentlich anstellen müssen, daß wir gleichsam so von hinten und vom Grund des Seins her uns von Gott getragen und umfaßt empfinden; wie wir es eigentlich fertigbringen, daß wir merken, wenn wir an Gott denken, wenn wir unsere Begriffe von Gott füllen, komplizierter machen, inhaltlich bereichern, daß wir dann noch einmal von einem ursprünglicheren Verhältnis und seinem Vollzug zu Gott leben, daß wir umfaßt bleiben, daß alle diese Begriffe doch nur ein Verweis auf jenes ursprüngliche Verhältnis zu Gott sind, das natürlich immer auch auf diese thematische Vergegenständlichung angewiesen ist, – dies alles bleibt uns doch irgendwie dunkel. Wir müssen zugeben, daß wir als Theologen und katholische Christen von heute trotz allen Redens von Gott eigentlich wenig Hermeneutik und Mäeutik für diese ursprünglichere, in der Wurzel des Daseins gegebene Gotteserfahrung haben und praktizieren.

Wenn das zutrifft, was die Philosophie von dieser ursprünglichen Struktur des Menschen in seiner Geistigkeit gesagt hat, dann muß es offenbar solche Erfahrungen geben. Halten Sie einmal still! Suchen Sie nicht möglichst Vielerlei und möglichst Kompliziertes zu denken. Lassen Sie einmal diese ursprünglicheren Wirklichkeiten des Geistes emporkommen: das Schweigen, die Angst, das unsagbare Verlangen nach Wahrheit, nach Liebe, nach Gemeinsamkeit, nach Gott. Stellen Sie sich der Einsamkeit, der Angst, der Nähe zum Tod! Lassen Sie solche letzten Grunderfahrungen des Menschen vor-kommen, beschwätzen Sie sie nicht, machen Sie darüber keine Theorien, sondern halten Sie diese Grunderfahrungen aus. Dann kann doch so etwas von einem ursprünglichen Wissen um Gott hervortreten. Dann kann man vielleicht darüber nicht viel sagen, dann sieht das, was wir so zunächst von Gott „begreifen", so aus wie das Nichts, wie das Abwesende, wie das Namenlose, wie das gleichsam alles Angebbare und begrifflich Umfaßbare Verschluckende. Wenn wir nicht in dieser Weise langsam mehr und mehr lernen, mit Gott umzugehen und auf ihn hin uns zu eröffnen; wenn wir nicht immer wieder probieren, auch die ursprünglichen, nicht bewußt gewollt und bewußt gemachten Erfahrungen solcher Art im Leben zu reflektieren und von da aus dann in der ausdrücklicheren religiösen Tat der Betrachtung und des Gebetes, der Einsamkeit und des Uns-selbst-Aushaltens vollziehen, – wenn wir solche Erfahrungen nicht entwickeln, dann sind und bleiben wir im Grund genommen in einer Religiosität, die sekundär ist, die in einer falschen

Weise begrifflich-thematisch ist; dann reden wir über Gott, als ob wir ihm gleichsam schon auf die Schulter geklopft hätten, dann fühlen wir uns den Menschen gegenüber als die Landräte des lieben Gottes, die ungefähr dasselbe sind wie er – und dann sind wir im letzten für die Menschen von heute und für die, auf die es im Grund ankommt, mit unserer ganzen Predigt unglaubwürdig. Überall dort, wo die Religiosität nur durch eine raffinierte Intellektualität und Begrifflichkeit, auch möglichst komplizierte Theologumena, gelenkt wird, ist im Grunde genommen eine Pseudoreligiosität da, so tiefsinnig sie zu sein scheint.

Aber noch einmal: Dort beispielsweise, wo ein Mensch scheinbar hoffnungslos weint; dort wo ein Mensch „einpackt" und weiß, wenn er jetzt geduldig ist, wenn er jetzt schweigt, wenn er jetzt nachgibt, gibt es nichts mehr, was er ergreifen könnte, auf was er hoffen könnte, daß es ihn in dieser Haltung belohnt; überall dort, wo ein Mensch in eine letzte Einsamkeit hineingeht, wohin ihn niemand mehr begleitet; überall dort, wo ein Mensch die Grunderfahrung macht, daß er sich selbst genommen wird; überall dort, wo ein Mensch als Geist in Liebe zur Wahrheit gleichsam an die Grenze zum Absoluten stößt, über das er nicht mehr reden kann, das trägt und nicht getragen wird, zum Absoluten, das da ist, obwohl man es nicht greifen und begreifen kann, das sich, wenn man darüber redet, noch einmal hinter der Rede als ihr Grund verbirgt; überall dort, wo ein Mensch eine Freude erfährt, von der er nicht weiß, wo sie anfängt und wo sie aufhört, die scheinbar keinen Grund und Boden, ja gar keinen Gegenstand mehr zu haben scheint; überall dort, wo ein Mensch eine letzte Treue, man kann nicht sagen, erfaßt, sondern von ihr erfaßt wird; überall dort, wo der Gegenstand und sein Grund und Horizont und alles, was wir darin sehen, gleichsam ineinander übergehen – überall dort ist eigentlich Gott für den Menschen schon da. Und alles, was er dann über diesen Gott noch sagt, kann immer nur der Verweis auf diese ursprünglichere Erfahrung Gottes sein.

Wenn jemand sagt: Das ist Mystik, dann ist es eben Mystik, und dann gehört eben dieses Moment der Mystik zu Gott. Es ist aber keine Mystik im spezifischen Sinn; es ist die Selbstverständlichkeit des absoluten Umfaßtseins von Gott in dem Augenblick, wo ein Mensch überhaupt zu geistigem Dasein erwacht. Daß diese Dinge so platt für uns bleiben, daß diese ursprünglichere, namenlose und unthematische Erfahrung durch unseren Alltagsbetrieb, durch all das, was wir sonst mit Menschen und Dingen zu tun haben, scheinbar ganz verdrängt und verschüttet ist, daß dieses ursprünglichere religiöse Gottesverhältnis sogar durch unser theologisches, aszetisches und frommes Geschwätz und Gerede noch einmal verschüttet werden kann, das beweist zwar, wie sehr wir in einem echteren, religiöseren Leben immer wieder dieses ursprüngliche Verhältnis zu Gott freikämpfen müssen, gleichsam immer wieder ausgraben müssen, aber es beweist gerade, wie ursprünglich ein Verhältnis des Menschen zu Gott ist, und zeigt, wie sehr es auf dieses Eigentliche ankommt.

Man müßte es gewissermaßen fertigbringen, einem Atheisten zu zeigen, daß er dort, wo er Gott leugnet, ihn noch einmal bejaht und daß so etwas nicht nur in einer abstrakten Formallogik, sondern dort geschieht, wo ein Mensch wirklich sein echtes, sein blutvolles, sein konkretes Dasein vollzieht. Das muß vorausgesetzt werden, wenn das Übrige, was noch von Gott gesagt werden muß, überhaupt einen Sinn haben soll. Das, was noch gesagt wird, verweist eigentlich immer auf dieses eben Angedeutete. Es sollte nur ermuntern, diese ursprünglichere Erfahrung Gottes, die Erfahrung Gottes als des Unsagbaren und Unbegreiflichen, in uns zu erwecken.

12

Verborgenheit Gottes

Die dem Menschen von Gott geschenkte selige Vollendung besteht in der Unmittelbarkeit zu Gott, d.h. Gott ist *selbst* die Vollendung des Menschen. Alle geschöpfliche Vermittlung, soweit eine solche noch denkbar ist oder in der traditionellen Schultheologie gelehrt wird (lumen gloriae), muß in bezug auf die Unmittelbarkeit zu Gott ganz streng als Vermittlung zur Unmittelbarkeit verstanden werden. Es kann sich aber keineswegs um eine Wirklichkeit handeln, die Gott gewissermaßen als geschaffene und von ihm herkünftige vertritt und ihn so für den Menschen nur indirekt als die Ursache für unsere uns wirklich selbst gehörende Vollendung gegeben sein läßt. Natürlich kann diese theologische Aussage auch schon eine Interpretation jener Glaubenserfahrung sein, wie sie in der Schrift unmittelbar greifbar ist. Dieser Satz aber, der in der Formulierung durch Benedikt XII. (Vgl. DS 1000 – 1001) für die katholische Theologie als Dogma gilt, ist doch nur – trotz aller Formulierungsmöglichkeiten – die Aussage einer *radikalen* Hoffnung des Menschen im Geiste Gottes. Gott selbst, wie er an und für sich ist, will danach die Seligkeit des Menschen sein, und diese Vollendung des „capax infiniti" durch das „infinitum" darf nicht noch einmal durch verständlichere, endliche Vermittlungen depotenziert werden. Eine solche „Metaphysik" braucht durchaus nicht mehr zu sein als die Aussage, daß Gott selbst – er und nichts anderes – unser ewiges Leben ist, wie immer er auch von uns hier und jetzt verstanden werden mag. Dieser theologische Satz aber liegt allen Überlegungen zugrunde, um die es im folgenden geht. So philosophisch-spekulativ diese Ausführungen auch erscheinen mögen, sie wollen doch nur diese erste theologische Aussage verstehen und gegen Verharmlosungen in Schutz nehmen.

„Die Wahrheit" ereignet sich in der ursprünglichen Erfahrung des Geheimnisses als solchen. Solche Erkenntnis aber ist von ihrem Ursprung her kein defizienter Modus des eigentlichen Erkennens. Denn das Erkennen im landläufigen Sinn zielt ja an sich auf das Umgreifbare und Durchschaubare und scheitert eigentlich nur in einem bestimmten Fall in diesem Bestreben, ohne daß gerade da dieses nicht umgreifend Erkannte schon einfach zum schlechthin Unbekannten würde. Was wir im vulgären

und weithin abendländisch-philosophischen Verständnis Erkennen als Umgreifen und Durchschauen nennen, vollzieht sich im Einordnen in einen Verständnishorizont und in ein Koordinatensystem, das uns „evident" ist als das mit uns selbst in Identität Besessene. Aber gerade das ist ein defizienter Modus *des* Erkennens, in dem das Geheimnis als solches aufgeht. Wird das Erkennen im alltäglichen Sinn so gefaßt als sekundäre und defiziente Weise des eigentlichen Wesens der Erkenntnis, dann ist es gleichgültig, ob man das alltägliche Erkennen mehr im Sinn eines Schaffens funktionaler Zusammenhänge unter primären Daten einer ersten Erfahrung versteht oder als Schau, in der das Geschaute umfaßt wird. Denn das Wesen des Erkennens liegt ja im Geheimnis als dem ursprünglich Erfahrenen und allein in sich Selbstverständlichen.

Die unbegrenzte Transzendentalität des Menschen, die durch die Gnade radikalisierte Offenheit auf das Geheimnis als solches macht diesen Menschen nicht im Sinne des deutschen Idealismus oder ähnlicher Philosophien zum Ereignis des absoluten Geistes, sondern verweist ihn in das unumgreifbare Geheimnis hinein, von dem her diese Transzendentalität sich eröffnet erfährt. Der Mensch ist auch nicht als transzendentales Subjekt der Hirte des Seins, sondern der von dem Geheimnis Behütete. Gerade dort, wo er im ursprünglichen Vollzug des Daseins und dann abgeleitet in der philosophischen Reflexion zu sich selber kommt, erfährt er sich nicht als das herrschende, absolute Subjekt, sondern als der sich selbst von dem Geheimnis her Zugeschickte.

Darum weiß er sich aber auch als der, der in jedem Begriff über das Begriffene hinausgreift in das Namenlose und Unumgreifbare. Diese *so* verstandene Transzendentalität unbegrenzter Weite ist die apriorische Bedingung von wirklich gegenständlicher, urteilender, die Bedingung ihrer Möglichkeit selbst – wenn auch nur ins Unsagbare hinein – reflektierender Erkenntnis sowie der geschichtlich sich objektivierenden Freiheit. Insofern ist aber auch die Erfahrung der Herkunft von und der Hinkunft zu diesem namenlosen Geheimnis apriorische Bedingung jeder kategorialen Erkenntnis und für jedes kategorial-geschichtliche Handeln und nicht nur ein Randphänomen am Ende eines Weges. Denn sonst ginge es nur um einen Marsch in der Helle des kategorialen und schließlich wissenschaftlichen Verstehens, auf dem die durch Begreifbares fortschreitende Erkenntnis faktisch einmal ermattet, das noch nicht Verstandene auf sich beruhen läßt und diesen noch unbewältigten Rest des Erkennbaren schließlich auch noch Geheimnis nennen würde. Das ursprüngliche Erkennen dagegen ist das Anwesen des Geheimnisses als solchen, das Angerufensein von dem, was keinen Namen mehr hat, das sich Einlassen auf das, was nicht bewältigt wird, sondern einen überwältigt, das Sagen des Namenlosen, über das sich nicht klar reden läßt, der letzte Augenblick vor dem Verstummen, der notwendig ist, um das Schweigen zu hören und Gott liebend anzubeten.

Würde jemand darauf bestehen, die eben doch ein Stück weit helle Erkenntnis des Alltags und die darauf sich gründende Wissenschaft sei das primäre Erkennen, dann ließe sich das Gesagte auch anders formulieren (denn ob so oder so formuliert, darauf käme es letztlich nicht an). Herkünftigkeit und Hinkünftigkeit des Erkennens vom und zum Geheimnis ist eines seiner konstitutiven Momente. Unthematisch wird das gerade auch in der Alltagserkenntnis erfahren und darf als apriorische Bedingung der Möglichkeit allen Erkennens „primär" genannt werden, selbst wenn es für die auf ihre apriorischen Voraussetzungen auch erst nachträglich reflektierende Erkenntnis nur sekundär thematisch wird. Wahrheiten, kann es viele geben. Sie können klar sein und Macht über die Wirklichkeit gewähren. Sie alle aber leben von dem Aufgehen des Geheimnisses als solchen, von der *einen* Wahrheit, die nicht nachträgliche Sammlung von Wahrheiten ist, sondern diesen allen als Bedingung ihrer Möglichkeit vorausliegt.

Das Anwesen der einen Wahrheit ist natürlich unthematisch, da sie zuerst als Möglichkeitsbedingung kategorialgeschichtlicher und raum-zeitlicher Erfahrung gegeben ist.

Sie kann darum auch übersehen und verdrängt werden, ihre schweigende Anwesenheit immer und überall kann überhört werden vor all den zuhandenen Wirklichkeiten, die als einzelne und verschiedene den Raum des Lebens und des Bewußtseins ausfüllen. Und wo diese eine Wahrheit schließlich in einem letzten Mut der Existenz durch das Wort verlautbart und so fast gegen ihr eigenes Wesen objektiviert wird, da kann sie doch noch mit anderen Objektivationen verwechselt werden und so unwahr und unglaubwürdig sein. Das ändert aber nichts daran, daß die *eine* Wahrheit das ursprüngliche Ereignis des Geistes ist und zwar als das Geheimnis, das als ein solches und bleibendes aufgeht und von sich her den Menschen in seiner ursprünglichen Wahrheitshabe konstituiert.

Anders gesagt: der verborgene Gott ist als solcher die ursprüngliche Wahrheit des Menschen, die als frei zugeschickte den Menschen konstituiert. Der Mensch steht immer schon vor diesem „deus absconditus", auch wenn er wegzublicken sucht und es nicht wahrhaben will, daß seine ihm helle und Herrschaft verleihende Erkenntnis der Weltwirklichkeiten von diesem „deus absconditus" herkommt gerade als dieses so Erkannte. Erkenntnis ist primär Erfahrung des überwältigenden Geheimnisses dieses „deus absconditus".

Die göttliche Offenbarung allerdings ist nicht Entschleierung eines bisher Verborgenen und dann durch solche Enthüllung nach Art weltlicher Erkenntnis Gewußten, sondern Radikalisierung der wachsenden Nähe des „deus absconditus" als des bleibenden Geheimnisses. Dieses stellt sich darin aber als vergebend, rettend und ewige Heimat schenkend dar. Offenbarung ist also gerade keine durch Gott selbst gewährte gnostische Überwindung des Geheimnisses, auch nicht in seiner unmittelbaren „Schau", sondern Geschichte der immer radikaleren Erkenntnis Gottes *als* des Geheimnisses. Das geht bis zur Unmittelbarkeit dieses Geheimnisses in dem, was man „Schau" nennt, und kann nur ausgehalten werden in der liebenden Übergabe an dieses bleibende Geheimnis. Der

Verlorene und nicht der Selige weiß alles als unendliches Allerlei und er weiß gerade so gar nichts. Der Selige gibt sich liebend weg, läßt sich bedingungslos an das liebend und rettend sich selbst in Unmittelbarkeit schenkende Geheimnis des „deus absconditus" fallen. *Wenn* die theoretische Vernunft als das Vermögen des herrscherlichen Umgreifens verstanden wird, dann ist die Seligkeit gerade die Befreiung dieser theoretischen Vernunft in die Liebe des Mysteriums hinein, das uns in Unmittelbarkeit zu sich selbst völlig ergreift.

Die Geschichte der Offenbarung ist dann die fortschreitende Erkenntnis, daß wir es mit dem bleibenden Geheimnis selbst zu tun haben, immer mehr mit ihm und mit nichts anderem. So gesehen wäre in dem Bericht über die Offenbarung gewiß vieles anders zu sagen und zu deuten, als dies gewöhnlich geschieht. Aber wenn der Höhepunkt dieser Offenbarung, die Mitteilung des Geistes Gottes selbst, in dem Ereignis geschieht, in dem ein Mensch in seinem Tod alles andere außer Gott verliert, sich Gott bedingungslos als dem unbegreiflich über ihn Verfügenden übergibt und *so* selig wird, dann läßt sich die Geschichte dieser Offenbarung wohl so schreiben, wie es hier gemeint ist. Alles in einer Geschichte läßt sich eben nur von ihrem Ende her letztlich zutreffend deuten. Dieses Ende aber ist die Ankunft Gottes als des bleibenden, jedoch in Liebe angenommenen Geheimnisses. In dieser Geschichte wird also das Geheimnis nicht eigentlich langsam zerstört, sondern alle Vorläufigkeiten werden immer weiter abgebaut, soweit sie uns meinen lassen, wir hätten es mit Gott nur in dem zu tun, was wir von ihm begreifen zu können glauben. Das wären ja eigentlich alles nur gute oder schlechte Bilder und Gleichnisse, die ihn vertreten und ihn uns anpassen, bis wir dann endlich alles loslassen im Wissen darum, daß das radikal Unangepaßte in seiner Selbstzuwendung zu uns das einzig wirklich Angemessene für uns ist. Denn durch sich selbst hat Gott es uns gegeben, daß wir nicht mehr nach unserem Maß erkennen, wünschen und handeln müssen, sondern entsprechend der Maßlosigkeit Gottes selbst. Das endlich Geschöpfliche liegt in solcher Vollendung zwar darin, daß dieser Gott als unsere absolute Zukunft das unumgreifbare Geheimnis ist, aber diese seine Unbegreiflichkeit ist nicht eigentlich als die Grenze unserer Vollendung zu verstehen, sondern gerade als deren Grenzenlosigkeit, die als solche erfahren und geliebt wird.

Natürlich bedeutet diese Lehre eine Gefahr für den Menschen. Dort nämlich, wo sie in ihrer theoretischen Objektivierung genossen und noch einmal zum geheimen Götzen des Menschen gemacht wird, würde die höchste Vollendung zur schrecklichsten Verwirrung pervertiert. Nur wo wirklich das unbegreifliche Geheimnis selbst geliebt wird, wo die Erkenntnis über sich selbst hinausgehoben ist und Erkenntnis und Liebe wirklich durch diese Ekstase in das Geheimnis hinein nicht mehr zu sich selbst zurückkehren, ist diese letzte und größte Gefahr gebannt, aus dieser Lehre noch einmal eine sublime Gnosis zu machen, in der der Mensch sich nochmals mit Gott verwechselt. Dieser Gefahr darf man jedoch nicht dadurch entgehen wollen, daß man nicht radikal wahrhaben will, Gott wolle *an sich* selbst die absolute Zukunft und die Vollendung des Menschen sein. So will er ja nicht *trotz* seiner Unbegreiflichkeit, sondern gerade *in* ihr selbst die Seligkeit des Menschen sein, und dieser hat sich von daher auch selbst zu verstehen. Die Unbegreiflichkeit Gottes als selige Vollendung des Menschen ist natürlich in einem, will man sie noch weiter metaphysisch entfalten, die Unbegreiflichkeit Gottes in seinem Wesen und in der freien Zuwendung eben dieses Geheimnisses zum Menschen in seiner konkreten und individuellen Geschichte. Das vollzieht sich in dem einen und einzigen „freien Dekret", das wirklich unumgreifbar ist, weil es eben noch einmal Gott selbst ist, der so die Vollendung des Menschen und selbst die versöhnende Vergebung für diesen Menschen ist. Dies gilt für den Sünder, der sich von sich aus diesem Gott versagen will, weil er vor dessen Unbegreiflichkeit in das Verstehbare seiner eigenen Erkenntnis und seines Handelns flüchten möchte.

13 Alltagsmystik

Das Christentum weigert sich einerseits, eine systematische und gewissermaßen technisch entwickelte, „mystische" Transzendenzerfahrung als den einzigen und notwendigen Weg zur Vollendung des Menschen anzuerkennen, und anderseits wird die christliche Theologie, wenigstens im katholischen Bereich, nicht darauf verzichten, solche mystische Transzendenzerfahrung als eine wenigstens mögliche *Etappe* auf dem Weg zur Vollendung und als eine paradigmatische Verdeutlichung dessen zu werten, was auf dem christlichen Weg zur Vollendung des Heils in Glaube, Hoffnung und Liebe überall geschieht, wo Heil im christlichen Verständnis erreicht wird.

Diese These in ihrer Doppeltheit muß noch etwas verdeutlicht werden.

Zum ersten Teil der These: Die christliche Lehre und die Praxis des authentischen Christentums können nicht zugeben, daß der „Mystiker" (was immer auch genauer mit diesem Wort gemeint ist, mit den Phänomenen der Versenkung, der weiselosen Erfahrung des Absoluten usw.) der einzige sei, der jenen Weg zur Vollendung gegangen sei oder gehe, dessen letzte Etappe unmittelbar und allein an die Vollendung des Menschen grenzt (wie immer auch dieses Wort Vollendung genauer zu deuten ist). Die Lehre des Neuen Testamentes darüber, daß die Erfüllung der Gebote Gottes in der Pflichttreue des Alltags in Glaube, Hoffnung und Liebe zu Gott und den Menschen diesen durch den Tod schon zur Vollendung bringe, mit Gott endgültig vereinige, die Darstellung des letzten Gerichtes in den eschatologischen Reden Jesu, etwa bei Mt 25, und sehr vieles andere in Lehre und Praxis des Christentums, das hier nicht genannt werden muß, verbieten es, Mystik und vor allem deren gewissermaßen technisch und reflex ausgebildete Gestalt exklusiv als notwendige und letzte Wegstrecke vor der Erreichung der vollendenden Seligkeit zu betrachten und alle alltägliche christliche Lebenspraxis nur als *vor*bereitende Phase des Heilsweges zu werten, die nur dann zur Vollendung führt, wenn sie auf den höheren Weg komtemplativer Mystik einmündet. Das Christentum verwirft solche elitäre Interpretation des Lebens, die die Vollendung des Menschen nur beim trainierten Mystiker zu finden vermag. Dies zumal das Christentum, das die Lehre der Seelenwanderung ablehnt, eine solche mystische Phase ausdrücklicher Art für den einzelnen Menschen nicht in einem späteren Leben lokalisieren kann. Das ist, kurz gesagt, der Inhalt des ersten Teiles unserer ersten These.

Damit ist aber gerade *nicht* gesagt, daß mystische Erfahrung einfachhin nur betrachtet werden könnte oder müßte als ein singulärer und seltener Ausnahmefall bei einzelnen Menschen und Christen, der solchen entweder durch psychotechnische Anstrengung oder durch eine besondere Gnade Gottes als seltenes Privileg oder durch beides zusammen gewährt wird, aber nicht eigentlich eine konstitutive Bedeutung für den eigentlichen Heilsweg zur Vollendung habe.

Es gibt zwar in der christlichen Theologie der Mystik bis auf unsere Tage Auffassungen, die der Mystik in *jeder* Weise eine konstitutive Bedeutung für den Heilsvorgang abstreiten oder ihr höchstens in den Fällen so etwas zubilligen, wo es sich um eine besondere „heroische" Aufsteigerung der Vollendung, der „Heiligkeit", um die Erlangung eines besonders hohen Grades der endgültigen Seligkeit handelt, die ja für die katholische Schultheologie trotz ihrer Endgültigkeit verschieden hohe Grade haben kann. Aber der erste Teil unserer These zwingt nicht zu einer solchen Interpretation des eigentlichen Kernphänomens der Mystik, nicht zu einer Interpretation dieser Mystik, in der diese schlechthin und in jeder Hinsicht keine konstitutive Bedeutung für das Geschehen und die Erlangung der letzten Vollendung hat. Es scheint mir vielmehr (der Sache nach kommen wir noch darauf zurück) Aufgabe der christlichen Theologie im ganzen und der christlichen Theologie der Mystik im besonderen zu sein, zu zeigen und verständlich zu machen, daß das eigentliche Grundphänomen mystischer Transzendenzerfahrung auch schon, wenn auch unreflex, in der schlichten Tat des christlichen Lebens in Glaube, Hoffnung und Liebe als innerster tragender Grund gegeben ist, daß solche (sagen wir einmal:) unreflektierte Transzendenz in das namenlose Geheimnis, Gott genannt, hinein aus Gnade schon in diesem Glauben, Hoffen und Lieben gegeben ist; es scheint uns, daß zwar Mystik im expliziten und ausdrücklich geübten Sinn unter dem Aspekt einer gegenständlich reflektierenden Psychologie, nicht aber unter einem eigentlich theologischen Gesichtspunkt eine höhere Stufe des christlichen Aufstiegs zur Vollendung bedeutet, daß Mystik in einem expliziten Erlebnis darum (umgekehrt) einen paradigmatischen Charakter, eine exemplarische Funktion dafür hat, dem Christen deutlich zu machen, was eigentlich geschieht und gemeint ist, wenn ihm sein Glaube sagt, daß ihm in Gnade die Selbstmitteilung Gottes überall geschenkt und in Freiheit angenommen ist, wo er glaubt, hofft und liebt. Der Nachweis einer solchen *„Perichorese“*, einer wechselseitigen Durchdringung zwischen normaler christlicher Lebenspraxis alltäglicher Art und einer letzten und radikalsten Transzendenzerfahrung in das Mysterium Gottes hinein kann natürlich jetzt hier nicht erbracht werden. Es müßte sonst eine ganze Theologie des Heiligen Geistes, des Geistbesitzes, der gnadenhaften Geisterfahrung, der theologischen Tugenden (als Ereignis der Unmittelbarkeit zu Gott in Unterschied von den innerweltlichen moralischen Tugenden) entwickelt werden.

14

Mystik

Es gibt keine allgemein rezipierte Theologie der Mystik innerhalb der christlichen Theologie. Es gibt große Mystiker, die von ihren Erfahrungen Zeugnis geben. Es gibt darunter (besonders in der klassischen Spanischen Mystik) auch solche, die eine gewisse theologische Systematisierung ihrer

Erfahrung und ihres mystischen Entwicklungsweges versucht haben. Dabei tritt dann diese systematisierende Reflexion auf die mystische Erfahrung immer auch in eine Interferenz mit den glaubensmäßigen und theologischen Konzeptionen, die ein solcher Mystiker hat und unvermeidlich verwendet, wenn er seine ursprüngliche Erfahrung zu beschreiben oder gar zu systematisieren und in das Koordinatensystem seiner sonstigen philosophischen und theologischen Überzeugungen und Meinungen einzutragen versucht. So zeigt sich auch (und sogar auch nochmals innerhalb der klassischen Spanischen Mystik) eine außergewöhnliche Vielfalt von Beschreibungen und Systematisierungen mystischer Erfahrungen bei denen, denen wir nicht grundsätzlich eine echte mystische Erfahrung absprechen werden. Darüber hinaus gibt es eine unübersehbare spirituelle Literatur, in der sich immer auch wieder das Mystische zu Wort meldet und die letzte Quelle ihrer Echtheit und Lebendigkeit ist. Aber bei solchen, nur gelegentlich auftretenden und wirksam werdenden Zeugnissen mystischer Erfahrung kann erst recht nicht von einer allgemein rezipierten Theologie der Mystik die Rede sein. Überdies ist (was für eine ausgebaute und rezipierte Theologie der Mystik auch erforderlich wäre) hier das Verhältnis der christlichen Mystik zu außerchristlicher weder deskriptiv noch systematisch trotz aller möglichen Ansätze auch nur einigermaßen genügend aufgearbeitet. Dasselbe gilt vom Verhältnis zwischen mystischen und parapsychologischen Phänomenen. Es gibt Versuche einer systematischen Theologie der Mystik, mindestens seit den Zeiten der klassischen Spanischen Mystik bis auf unsere Tage, wobei freilich gleichzeitig bedauernd festgestellt werden muß, daß das Interesse an solcher Theologie der Mystik heute weitgehend erlahmt zu sein scheint. Aber diese Theologien der Mystik sind hinsichtlich der *letzten* Grundlagenfragen meist doch zu kurz und simpel geraten und wiederholen in ihren Einzelstücken dann nur mehr oder weniger und etwas applanierend und tiefgreifende Unterschiede verwischend die Beschreibungen, die die Spanische Mystik von mystischen Erfahrungen und dem mystischen Weg geliefert hat, streiten sich mit meist etwas vordergründigen Argumenten über die Frage, ob die „eingegossene Beschauung" und andere „mystische Gnaden" zum normalen Weg des christlichen Vollkommenheitsstrebens gehören oder nur eine besondere, relativ selten gewährte Gnade seien, die auch bei „heroischen Tugenden" von „Heiligen" fehlen könne. In solchen Theologien der Mystik herrscht auch etwas zu naiv und unreflektiert ein „extrinsezistisches" Vorstellungsschema, unter dem man sich das „Eingreifen" Gottes bei mystischen Phänomenen denkt. Überlegungen der heutigen Theologie vom Verhältnis zwischen Gnade und „Natur" und von ihrer Einheit kommen hier wohl kaum schon zum Tragen.

Ein *erstes* Grundproblem, das in einer Theologie der Mystik behandelt werden müßte, ist das genauere *Verhältnis des Mystikers zu dem, was er als ihm in „absoluter Nähe" gegeben erfährt.* Wenn und insofern in der mystischen Erfahrung das „mystische" Subjekt nicht bloß sich selbst zu einer nicht mehr durch kategoriale Gegenstände des Alltags vermittelten Erfahrung gegeben ist, sondern das „Geheimnis" selbst schlechthin, die Wirklichkeit überhaupt, Gott (oder wie immer man dieses Erfahrene, das nicht *von vornherein* mit dem mystischen Subjekt identisch ist, nennen mag), weil anders von einer religiösen Mystik überhaupt nicht die Rede sein kann, dann entsteht unweigerlich die Frage, ob in einer solchen mystischen Erfahrung der Erfahrende und das Erfahrene als schlechthin eins erfahren werden, oder ob auch hier und gerade hier jener radikale Unterschied noch einmal nicht nur bleibt, sondern auch zur Gegebenheit kommt, der zwischen Gott und der Kreatur auch in ihrer höchsten Begnadigung obwaltet. Abstrakt wäre denkbar, daß aus verschiedensten Gründen dieser bleibende Unterschied, den eine richtige Metaphysik und eine christliche Theologie als gegeben fordern müssen, im mystischen Erlebnis „übersehen" wird. Es könnte auch sein, daß eine vielleicht denkbare „mystische" Erfahrung der Einheit zwischen Subjekt und „*Welt*" überhaupt vorschnell mit einer Erfahrung der Einheit des mystischen Subjekts mit *Gott* selbst in einst gesetzt wird. Es könnte auch sein, daß das Wegfallen einer egoistisch partikulären Vereinzeltheit in der mystischen Erfahrung radikaler Liebe auf den sich selbst mitteilenden Gott hin in der nachträglichen Reflexion als schlechthinniges Aufhören eines endlichen Subjekts mißverstanden wird. Aber aus all diesen Gründen ist es von höchstem Interesse, den Mystiker selbst darüber zu hören, wie er seine eigene mystische Erfahrung hinsichtlich dieser Frage erlebt und deutet, damit nicht nur der Metaphysiker des menschlichen Geistes in dessen absoluter Transzendentalität und der Theologe des Unterschieds zwischen Gott und der Kreatur in dieser Frage ihr Wort sprechen, sondern auch der, der am deutlichsten und unverstelltesten jenes Verhältnis erfährt, das zwischen dem menschlichen Subjekt und *der* Wirklichkeit gegeben ist, die wir Gott nennen.

Ein *zweites* Grundproblem der mystischen Theologie bezieht sich auf das *Verhältnis zwischen Gnade-Glaube einerseits und der mystischen Erfahrung anderseits.* Die traditionelle mystische Theologie gerät hier immer wieder in erhebliche Schwierigkeiten. Sie nennt diese mystischen Erfahrungen „Gnade", aber diese Gnade ist für sie *darum* vor allem eine solche, weil sie durch ein punktförmiges, besonderes Eingreifen Gottes, das ungeschuldet ist, gegeben gedacht wird und weil hier der unzugängliche Gott in einer besonderen Weise sich selber mitteilt. Aber wie sich eine solche Gnade zu *der* Gnade verhält, die das Christentum als Angebot Gottes an *alle* Menschen verkündet, das wird doch nicht so recht klar, auch wenn diese mystischen Gnaden grundsätzlich als Entfaltung der übernatürlichen Vermögen des gerechtfertigten Menschen gesehen werden. Diese Unklarheit wird am deutlichsten, wenn man nach dem Verhältnis fragt zwischen der mystischen Erfahrung und jener „Erfahrung" (das Wort ist richtig und wichtig!), die wir christlich Glaube, vom Geist Gottes getragen, nennen. Meist scheint es doch so, als sei die mystische Erleuchtung und Einigung ein Geschehen, in dem sich Gott so „unmittelbar" mitteilt, daß man eigentlich nicht mehr recht sieht, warum durch solches mystische Licht der Glaube nicht schon überholt sei, wenigstens während des mystischen Geschehens selbst. Eine wirklich christliche Theologie über Gnade, Glaube, Geistbesitz, Einwohnung Gottes (Wirklichkeiten, die doch nicht mit einem neuzeitlich molinistischen Mißverständnis als bloße sachhafte Gegebenheiten jenseits des Bewußtseins verstanden werden dürfen) kann unmöglich denken, daß es für eine wirkliche Gnadentheologie möglich sei, zwischen Glaube und Gnadenerfahrung einerseits und Glorie anderseits einen theologisch sich von beiden wesentlich unterscheidenden Zwischenzustand einzuschieben, der die Begnadigung des Christen, die immer auch Gnaden*erfahrung* ist, im eigentlichen Sinn spezifisch und heilsbedeutsam übersteigt und anderseits doch nicht vorübergehende Partizipation an der Anschauung Gottes wäre, die man gegen manche Auffassungen in den mystischen Theologien denen vorbehalten sollte, die durch den Tod schlechthin in ihre wirkliche Endgültigkeit eingegangen sind. Die Vergöttlichung des Menschen, der Besitz der göttlichen ungeschaffenen Gnade (Wirklichkeiten, die das Christentum jedem Gerechtfertigten zuspricht) kann nicht im eigentlichen Sinn durch etwas überboten werden, was nicht Glorie, die unmittelbare Anschauung Gottes ist, die der wirklichen Vollendung des Menschen vorbehalten ist. Es kann nicht angenommen werden, daß mystische Erfahrung den Bereich des „Glaubens" und der darin grundsätzlich schon gegebenen Erfahrung des Geistes Gottes hinter sich läßt durch eine Erfahrung, die nicht mehr Glaube wäre. Mystik ist innerhalb des Rahmens der normalen Gnade und des Glaubens zu konzipieren. Mystische *Theologie* kann, wo sie mehr sein will als „Parapsychologie" (im weitesten Sinn des Wortes, so daß zu ihr alles gehört, was im durchschnittlichen Alltagsbewußtsein nicht gegeben ist), nur ein Stück der eigentlichen Dogmatik nach deren eigenen Prinzipien sein.

Diese These schließt zweierlei nicht aus, sondern ein. *Einmal*, daß damit noch nicht gesagt ist, daß der Dogmatiker als solcher etwas über die mystischen Erfahrungen sagen könne und müsse, insofern sie sich *psychologisch* von den Alltagserfahrungen der Gnade unterscheiden. Wenn und insofern dies gegeben ist (bis zu „wesentlichen" Unterschieden *psychologischer Art*), ist der Mystiker und empirische Psychologe zuständig und nicht der Dogmatiker. Dieser hat nur festzustellen, daß es keine im *theologischen* Sinn höhere Erfahrung als die des Glaubens im Geiste Gottes auf Erden geben könne, also jede echte religiöse Mystik (im Unterschied zu naturalen Versenkungsphänomenen usw.) nur als „Spielart" dieser Gnadenerfahrung im Glauben zu verstehen sei. Wobei es vermutlich dem empirischen Mystiker und dem Psychologen zu erklären überlassen werden muß, woher diese mystische Spielart der Gnadenerfahrung im Glauben komme.

Sodann: Die aufgestellte These von der mystischen Erfahrung (streng als solcher im Unterschied zu an sich denkbaren naturalen und somit grundsätzlich erlernbaren Versenkungsphänomenen und parapsychologischen Vorkommnissen im üblichen Sinne des Wortes) als einer „Spielart" jener Geisterfahrung, die grundsätzlich jedem Menschen und Christen angeboten ist, und die These, daß darum die Theologie der Mystik als solcher ein Stück der dogmatischen Theologie überhaupt ist, besagen nicht, daß eine solche Theologie der Mystik nur konstituiert werden könne mit *den* üblichen Quellen und Methoden, mit denen die traditionelle Dogmatik arbeitet (Schrift, Lehramt, kirchliche Tradition usw.).

Im Gegenteil: Wenn und insofern der empirische Mystiker wirklich von seiner mystischen Erfahrung als solcher berichtet, ist der spezifische Gegenstand jene gnadenhafte *Geisterfahrung*, die mit Glaube, Hoffnung und Liebe in der Selbstmitteilung Gottes an den Menschen gegeben ist, wenn natürlich auch die spezifische *Weise*, unter der diese gnadenhafte Geisterfahrung gemacht wird, Momente „naturaler" Art enthält, wie gleich noch ausführlicher zu sagen sein wird. Empirisch deskriptive Mystik als solche kann (wo sie nicht nur von naturalen Versenkungsphänomenen usw. berichtet) durchaus Offenbarungstheologie sein, weil sie von der eigentlichen vergöttlichenden Gnade berichtet, weil auch das, was wir gewöhnlich Offenbarung im Wort und Offenbarungstheologie zu nennen pflegen, nichts anderes ist als die reflexe Objektivation (in Geschichte und Wort) dessen, was in der gnadenhaften Selbstmitteilung Gottes, die grundsätzlich erfahren wird, geschieht, auch wenn die reine und authentische Objektivation dieser göttlichen Selbstmitteilung gerade in Jesus Christus ihren irreversiblen Höhepunkt und in der Lehre des Christentums ihre ihrer Wahrheit gewisse Selbstaussage gefunden hat. Darum kann es auch in einer „außerchristlichen" Mystik Gnadenerfahrung geben und eine außerchristliche Theologie der Mystik ein Stück Offenbarungstheologie sein (mindestens grundsätzlich), wenn auch eine solche immer auf diejenige Theologie hingerichtet bleibt, die sich ausdrücklich auf den Gekreuzigten und Auferstandenen bezieht, in dem das mystische Geschehen der Übergabe an Gott, so wie er an und für sich ist, endgültig durch Jesu ihn rettenden Tod geglückt ist und sich als so siegreiches Geschehen geschichtlich offenbar gemacht hat.

Damit kommen wir noch ausdrücklicher zu einem *dritten* Grundproblem einer mystischen Theologie, zum *Verhältnis von „Natur" und „Gnade"*, wobei jetzt diese beiden Begriffe in ihrem streng theologischen Sinn verstanden werden müssen. Wenn die mystische Erfahrung *nicht* aufgefaßt werden darf als ein Geschehen, das die übernatürliche Geisterfahrung im Glauben grundsätzlich als ein Höheres überbietet und überholt, dann muß die „spezifische Differenz" dieser Erfahrung im Unterschied zur „normalen" Geisterfahrung des Christen im „naturalen" Bereich des Menschen gegeben sein, also eine besondere Art einer in sich selbst natürlichen Transzendenzerfahrung und „Rückkehr" zu sich selbst sein. Dies widerspricht dem eben Gesagten über die Mystik als Gnadenerfahrung nicht. Das *psychologische* Wesen mystischer Erfahrungen unterscheidet sich vom „normalen" Wesen alltäglicher Bewußtseinsvorgänge nur in der Dimension der „Natur", ist insofern grundsätzlich erlernbar. Aber solche seelischen Vorkommnisse an sich naturaler Art können wie jeder andere Akt des Menschen von Bewußtheit, Freiheit und Reflexion durch die gnadenhafte Selbstmitteilung Gottes (habituell oder aktuell) „erhöht" werden, d.h. durch die personale Selbstmitteilung Gottes ebenso auf die Unmittelbarkeit des sich selbstmitteilenden Gottes hin radikalisiert werden, wie dies gewöhnlich geschieht in den normalen „übernatürlichen" Akten des Glaubens, der Hoffnung und der Liebe im „normalen" christlichen Leben. Die besondere psychologische, an sich naturale Eigenart solcher Akte kann aus dieser ihrer Eigenart heraus dazu beitragen, daß diese übernatürlich erhöhten Akte existentiell tiefer im Kern der Person verwurzelt werden und in einem höheren Maß das ganze Subjekt prägen und durchformen.

Ob diese an sich natürliche größere personale Tiefe des mystischen Aktes und die damit gegebene größere Reflexivität der (an sich natürlichen, aber durch die Gnade erhobenen) Transzendenzerfahrung an sich wunderbar (praeternatural) oder durch Übung unter bestimmten Voraussetzungen natural erreichbar sind, oder je nach der Stufe des Phänomens beides möglich ist, das ist eine Frage, die von der *Theologie* der Mystik als solcher nicht entschieden werden kann. Hält man diese Frage als sachlich offen (wenigstens von den Möglichkeiten der Theologie als solcher her), dann ist von hier aus die Möglichkeit bloß naturaler Versenkungsphänomene denkbar als reine, d.h. unter dem (teilweisen oder gänzlichen) Ausfall kategorialer Vermittlung geschehende, Transzendenzerfahrung.

Wenn man eine solche Erfahrung „naturale Mystik" nennen will, kann man dagegen keinen absolut grundsätzlichen Einspruch erheben; es wäre aber besser, den Begriff Mystik jenen psychologisch außergewöhnlichen, von der Gnade erhobenen, eigentlich übernatürliche Geisterfahrung implizierenden Phänomenen vorzubehalten, wie wir dies hier zu tun versuchten. Die genauere Frage wäre dann immer noch die, ob solche existentiell doch sehr zentralen naturalen Phänomene (der Versenkung usw.) wirklich *nur* natural sind oder im Vorgang selbst und in der nachfolgenden Reflexion nur als solche erfaßt werden, in Wirklichkeit aber immer auch übernatürlich „erhoben", d.h. durch das, was wir christlich Gnade nennen, auf die Unmittelbarkeit Gottes selbst hin radikalisiert sind. Diese Frage ist eine Frage der *Gnadentheologie.* Wenn man diese die übernatürliche Erhebung der geistig-personalen Akte des Menschen von an sich unbegrenzter Transzendentalität nur als intermittierend, raumzeitlich punktförmig und nur unter zusätzlichen Bedingungen geschehend auffaßt, dann müßte die gestellte Frage im ersten Sinn beantwortet, d.h. angenommen werden, daß es naturale Versenkungsphänomene usw. gibt, die auch an sich *nur* solche sind. Wenn eine andere Gnadentheologie aber (was legitim ist) annimmt, daß die Transzendentalität des Menschen immer und überall von vornherein durch die gnadenhafte Selbstmitteilung Gottes von der Mitte der Existenz her auf die Unmittelbarkeit Gottes hin finalisiert und radikalisiert ist, gleichgültig, ob die so gedachte übernatürliche Begnadigung des Menschen im Modus einer bloßen Vorgabe oder im Modus der Annahme oder im Modus der Verweigerung, von der Freiheit des Menschen her gesehen, existiert, dann wäre die gestellte Frage im zweiten Sinn zu beantworten: Jeder an sich naturale Akt der Versenkung usw. wäre auch immer und überall gnadenhaft erhoben, ein Akt eigentlicher Mystik, Heilsakt, auch wenn diese fundamentale Eigenart in diesem mystischen Geschehen nicht noch einmal besonders deutlich gegeben und in der nachträglichen Reflexion darauf übersehen oder im Sinne einer panentheistischen „Mystik" als Phänomen des undifferenzierten Einswerdens nachträglich mißdeutet wird. Der Schreiber dieser Zeilen optiert für die zweite Beantwortung der gestellten Frage. Doch ist natürlich hier keine Möglichkeit gegeben, die Voraussetzungen und Positionen derjenigen Gnadentheologie darzustellen, die dieser zweiten Option zugrunde liegen. Worauf es bei diesem dritten Grundproblem der mystischen Theologie aber grundlegend ankommt, ist die These, daß sich mystische (also von der Gnade getragene, eigentliche Erfahrung des Geistes Gottes beinhaltende) Erfahrungen von den Erfahrungen der normalen christlichen Existenz, die aus der Gnade und Geisterfahrung lebt, nicht dadurch unterscheiden, daß sie *als mystische* Geisterfahrung eine höhere Wesensart hätten, sondern dadurch, daß ihr naturales Substrat (Versenkungserfahrungen usw.) als solches sich von den psychologischen Gegebenheiten des Alltags unterscheidet.

Von da aus läßt sich vielleicht auch eine Ausgangsposition für die Beantwortung eines *vierten* Grundproblems der mystischen Theologie gewinnen, für die *Frage, ob mystische „Erfahrung" eine normale Entwicklungsphase auf dem Weg zur christlichen Vollendung oder ein außergewöhnliches Phänomen sei,* mit dem normalerweise auch bei sehr intensivem christlichen Leben nicht zu rechnen ist. Bei dieser Frage ist zunächst zu betonen, daß die mystische Erfahrung, wie sich aus dem bisher Gesagten ergibt, bezogen auf die gnadenhafte Einigung des Menschen mit Gott, bezogen auf die gnadenhafte Geisterfahrung des Christen streng als solche, keine „höhere" Stufe des christlichen Gnadenlebens ist. Oder höchstens *indirekt,* insofern das mystische Phänomen (als Ursache und Wirkung) ein Indiz dafür sein kann, daß ein Christ die ihm angebotene Gnade der Selbstmitteilung Gottes in einem existentiell sehr intensiven Grade angenommen hat. Im übrigen aber wäre dieses vierte Grundproblem ebenfalls an eine natürliche empirische Psychologie weiterzugeben. Wenn diese verständlich machen kann (vorausgesetzt, daß sie selber etwas zum Menschen als dem einen und pluralen Subjekt einer letzten Freiheitsgeschichte vor Gott auf Endgültigkeit hin zu sagen weiß), daß eine solche radikale Selbstfindung des Subjekts in der bedingungslosen und die ganze Existenz umfassenden Übergabe an das Geheimnis, das wir Gott nennen, auch möglich ist *ohne* solche naturalen Versenkungsphänomene, dann wäre die neue Frage negativ zu beantworten: Nicht jede personale und christliche Reifung auf eine asymptotisch in diesem Leben angezielte Vollendung hin impliziert auch naturale Versenkungsphänomene, wenn solche auch dazu sehr hilfreich sein können; Mystik gehört darum nicht notwendig zu jedem christlichen Leben. Würde die zuständige Psychologie erklären, solche an sich naturalen Versenkungsphänomene usw. gehören, wenn auch nicht immer „technisch" gepflegt und vielleicht oft sehr unreflektiert gegeben, notwendig in einen personalen Reifungsprozeß hinein, dann wäre auch Mystik im eigentlichen Sinn ein Phänomen normaler Art im Prozeß einer vollkommenen Mensch- und Christwerdung, wenn auch dann noch offen bliebe, ob, wie weit und mit welchem guten oder schlechten Ergebnis solche mystische Erfahrung reflektiert wird.

15 Enthusiasmus

Es wird heute nur noch wenige katholische Christen geben, die in unseren Ländern noch nichts von jenen Bewegungen gehört haben, die auf der einen Seite durchaus innerhalb der katholischen Kirche leben und wirken wollen und sich anderseits als Bewegungen und Gruppen einer charismatischen Geisterfahrung verstehen. Es kann jetzt nicht die Geschichte dieser katholischen charismatischen Bewegung geschrieben werden. Es können auch die verschiedenen Formen und Gestalten des Lebens dieser charismatischen Bewegung hier nicht dargestellt noch die Erfahrung beschrieben werden, die man in den Versammlungen dieser Bewegung macht oder mindestens zu machen überzeugt ist: die Gebetstreffen mit ihren Liedern, Schriftlesungen und Schrifterläuterungen, mit ihren Berichten über persönliche religiöse Erfahrungen; die Erfahrungen einer Befreiung durch den Geist in Freude, Friede und Liebe, das Zeugnis der Erfahrungen der Gegenwart Christi, die Geisttaufe als radikale Wiedergeburt durch die Selbstübergabe an Jesus, Charismen der Prophetie, der Heilung von Krankheiten, des Sprachenredens und der Auslegung solcher Glossolalie. Es sollen vielmehr nur einige und vielleicht ein wenig willkürlich ausgewählte Prinzipien formuliert werden, die vor allem dogmatischer Art sind und vielleicht einem Christen behilflich sein können, wohlwollend und kritisch zugleich dieser charismatischen Bewegung zu begegnen.

1. Es gibt wirklich eine Erfahrung des Geistes. Dieser Satz muß zuerst gesagt werden, muß festgehalten werden, bevor man darangehen kann, eine solche Geisterfahrung theologisch und – so weit möglich – psychologisch zu deuten. Daß es solche Geisterfahrung gibt und geben kann, die mit Recht als Wirkung der Gnade Gottes verstanden wird, bezeugt die Schrift und die Erfahrung der christlichen Frommen aller Zeiten. Solche Geisterfahrung kann nicht nur beim Empfang der Sakramente und im privaten Gebet des einzelnen gemacht werden, sie kann nach dem Zeugnis der Schrift auch dort geschehen, wo eine Gruppe im Gebet versammelt ist und die einzelnen die Eingeschlossenheit ihrer privaten religiösen Existenz sprengen, den Mut zum Zeugnis haben, miteinander und füreinander beten, wo gemeinsames Gebet nicht bloß die – noch so ernst gemeinte – Erfüllung einer rituell schon festgelegten Liturgie, sondern spontane Neuschöpfung ist und man sich in gegenseitiger Ermutigung auf die unbefangene Erlebbarkeit der Gegenwart des Herrn einzulassen getraut, wo man auch lachen und weinen, singen und in die Hände klatschen darf, wo man sich gegenseitig aus der Mitte des Herzens heraus ein Wort der Weisung und des Trostes zu sagen wagt.

2. Aber alle solche Geisterfahrung ist auch dort, wo sie wirklich als Gnade, Charisma und Wirkung des Heiligen Geistes verstanden werden darf, immer nur erfahren *als* schon bei uns angekommene, d.h. als eine solche, die immer schon durch die psychologischen Gesetze des Menschen, seiner Eigenart, seine früheren Erfahrungen, seine theologischen Kenntnisse (bis zu Irrtümern) vermittelt sind. Es gibt keine „rein" göttlichen Gnadenerfahrungen, es gibt nur „menschgewordene" Geisterfahrungen. In dem, was auch der charismatisch bewegteste Mensch und Christ

beim Wehen des Geistes erfährt und ergreift, findet er *auch* immer wieder sich selbst. Darum ist es auch nicht verwunderlich, aber auch noch kein Einwand gegen die Geistgewirktheit einer religiösen Erfahrung, daß sich mindestens einmal untereinander sehr ähnliche religiöse Erfahrungen in den verschiedensten christlichen Kirchen und über das Christentum hinaus überall finden, ja daß Erlebnisse, die der christliche Fromme als typische Gnadenerfahrung interpretiert, unter Umständen in einer scheinbar ganz profanen Gestalt bei Nichtchristen auftreten (Erfahrungen z.B. des Ausbruchs aus einer melancholischen Depersonalisation in ein Gefühl der Freiheit und der Kraft).

Darum aber ist es auch selbstverständlich, daß alle diese Erfahrungen, die man als geistgewirkt und gnadenhaft interpretiert, der „Unterscheidung der Geister" bedürfen. Nicht alles, was mit urplötzlicher Gewalt des anscheinend alle Kräfte des Menschen in Anspruch nehmenden Gefühls auftritt, was sich darstellt als gänzlich unerwartete Einsicht und Erfahrung, was man erlebt als etwas, das das eigene (bisher erfahrene) Selbst übersteigt und sprengt mit einem überwältigenden Neuheitserlebnis, ist darum schon reine Wirkung des Geistes Gottes. Im Menschen steckt nun einmal in den verschiedenen Schichten seiner Wirklichkeit viel mehr, als er durch seine bisherige und von seiner Umgebung schon kanalisierte Erfahrung weiß. Was er somit als unerhört neu erlebt, braucht somit weder von Gott noch vom Teufel zu stammen. Es kann auch Offenbarung von Wirklichkeiten sein, die zum Menschen selber gehören, obwohl er zu ihnen bisher keinen Zugang gefunden hatte und eine solche Tür sich ihm erst im gemeinsamen Erleben einer solchen enthusiastischen Gebetsgruppe auftut. Wenn darum „Unterscheidung der Geister" notwendig ist, dann müssen auch in einer solchen Gebetsgruppe für diese Unterscheidung die rechtgläubige Lehre der Kirche, die traditionellen Regeln solcher Unterscheidung in der geistigen Lehre der Vergangenheit, nüchtern weise Vernunft, Überlieferung eines Ordens (alles an seinem Platz und je nach seiner Bedeutung) Richtschnur sein, auch wenn durch all dies das Walten des Geistes nicht geschulmeistert werden darf und darum die Unterscheidung der Geister selber dieser Unterscheidung bedarf.

3. Es ist nicht leicht, nun genauer zu sagen und zu scheiden, was an solcher menschlich gewordenen Gnade von Gott, was vom Menschen kommt. Dafür Normen anzugeben ist nicht nur für den konkreten Einzelfall, sondern auch schon grundsätzlich und im allgemeinen schwierig. Die *vorhin* genannte Unterscheidung der Geister bezieht sich, genaugenommen, nicht auf die jetzt gemeinte Unterscheidung, sondern auf die Unterscheidung bei solchen „religiösen" Erfahrungen und Antrieben zwischen wirklich Heilshaften und Gottgemäßen einerseits und solchem anderseits, das nur den Anschein solcher Gnadenhaftigkeit an sich trägt und letztlich den Menschen in die Irre führt. Bei der jetzt aber gestellten Frage ist zunächst einmal zu sagen, daß sie gar nicht so wichtig ist, weil auch das „an sich" bloß Menschliche mit Recht als Gnade Gottes verstanden werden darf. Wer sich mit fröhlichem Herzen zum Guten aufgelegt fühlt, wer ein spontan liebevolles Herz dem Nächsten entgegenbringen kann, wenn aus welchen Gründen und mit welchen Mitteln immer der Ausbruch aus einer depressiven Phase in freudige oder wenigstens tapfere Lebenstat gelingt, wer die Worte des Evangeliums wie mit neuen Ohren hören kann, als hätte er sie noch nie gehört, wer in nüchterner Geduld mit sich und seinen Grenzen fertig wird, der darf und muß solches Können und Tun als Gnade Gottes preisen und braucht nicht genau zu unterscheiden, woher es denn komme, weil alles Gute und Helle immer und überall im letzten aus der freien Güte Gottes kommt, die uns geschenkt wird. So kann das Alltäglichste, das zum Heil gereicht, noch als Gnade Gottes verstanden werden, und das außergewöhnlich Charismatische ist immer noch menschlich. Wenn man in dem zweiten genannten Sinn dennoch weiter fragen will, was an einer solchen enthusiastischen Erfahrung göttlich, was menschlich sei, dann kann man vielleicht noch folgendes zu sagen wagen:

Bei einer religiösen Erfahrung ist sicher das gnadenhaft

und gottgewirkt, was (*falls* so etwas gegeben ist) diesen Menschen lassend, schweigend in unbedingter Hoffnung und Liebe an das unsagbare Geheimnis, das wir Gott nennen, überantwortet, wo also nicht dieses oder jenes einzelne innerhalb unseres religiösen Bewußtsein gedacht oder angestrebt wird, sondern eben dieses Ganze des Bewußtseins, das keinen einzelnen „Namen" mehr hat, dem namenlosen Geheimnis Gottes als dem einzig wahren Heil ausgeliefert wird. Natürlich ist ein solches sicher gnadenhaftes Bewußtsein der Nähe des sich selbst mitteilenden Gottes darum beim Christen auch ausdrücklich christlich, weil es sich ermächtigt und getragen weiß durch die Selbstübergabe, in der Jesus im heiligen Geist sich im Tod bedingungslos dem Vater übergab. Alle Einzelinhalte des Bewußtseins (theologische Einzelgedanken, religiöse und moralische Einzelziele und Einzelentscheidungen usw.) können und dürfen dann als gott-gewirkt und gnadenhaft mit einiger Wahrscheinlichkeit betrachtet werden, wenn sie diese restlose Offenheit auf Gott hin nicht verstellen, sondern radikaler werden lassen, und wenn sie im übrigen jenen Grundsätzen der Unterscheidung der Geister entsprechen, von denen andeutungsweise schon die Rede war.

Es wäre natürlich über diese zwangsläufig abstrakt bleibenden Prinzipien hinaus noch vieles über Einzelphänomene zu sagen, die in diesen enthusiastischen Gebetsversammlungen auftreten. Aber das ist im Augenblick hier nicht möglich. Jedenfalls sollten wir solchen enthusiastischen Bewegungen mit kritischem Wohlwollen gegenübertreten. Wir können von diesen etwas lernen, und wenn es nur die Neuentdeckung des eigenen Alten wäre. Man muß nicht allen Wind, den Menschen modisch machen, schon für das Wehen des Geistes halten. Aber der Geist will auch heute in der Kirche wehen, so wie er es will. Und wenn er dabei manchen theologischen Rationalismus, manche inhumane Anbetung von Paragraphen, manchen seelenlosen Ritualismus überwindet und dafür Freude, Frieden, Vertrauen schenkt, dann kann solches auch der Kirche nur zum Segen gereichen.

16
Geisterfahrung

Was ist mit uns, die wir uns nicht Mystiker zu nennen wagen und die wir vielleicht aus den verschiedensten Gründen kein persönliches Verhältnis zu enthusiastischen Bewegungen und Praxen finden können? Haben wir keine Erfahrung des Geistes? Können wir uns nur in Respekt vor diesen und von uns als elitär empfundenen Erfahrungen anderer respektvoll verneigen? Geben solche Menschen uns nur Bericht von einem Land, das wir selber nie betreten haben, dessen Existenz wir gelten lassen wie die Australiens, wo wir (vielleicht) nie waren?

Wir sagen, ja wir *bekennen* als Christen, auch gestützt auf das Zeugnis der Schrift, daß wir eine solche Erfahrung des Geistes haben können, ja sogar als Angebot an unsere Freiheit *notwendig* haben. Solche Erfahrung ist gegeben, auch wenn wir sie meist im Betrieb unseres Alltags übersehen, sie vielleicht verdrängen und nicht wahrhaben wollen.

Erfahrung des namenlosen Geheimnisses. – Wenn wir nun versuchen, auf solche Erfahrung aufmerksam zu machen, dann muß hier vorausgesetzt werden, was oben über die Erfahrung der Transzendenz (10) und die Mystik des Alltags (13) schon gesagt wurde:

Mitten in unserem Alltagsbewußtsein sind wir die auf namenlose, unumgreifbare Unendlichkeit hin Beseligten oder Verdammten (wie man will). Die Begriffe und die Worte, die wir nachträglich von dieser Unendlichkeit, in die wir dauernd verwiesen sind, machen, sind nicht die ursprüngliche Weise solcher Erfahrung des namenlosen Geheimnisses, das die Insel unseres Alltagsbewußtseins umgibt, sondern die kleinen Zeichen und Idole, die wir errichten und errichten müssen, damit sie uns immer aufs neue erinnern an die ursprüngliche, unthematische, schweigend sich gebende und gebend sich verschweigende Erfahrung der Unheimlichkeit des Geheimnisses, in dem wir bei aller Helle des alltäglichen Bewußtseins wie in einer Nacht und weiselosen Wüste beheimatet sind; die uns erinnern an den Abgrund, in dem wir unauslotbar gründen.

Gott – der umfassende, unumfaßbare Grund. – In dieser namenlosen und weglosen Weite unseres Bewußtseins wohnt der, den wir Gott nennen. Das Geheimnis schlechthin, das man Gott nennt, ist nicht ein besonderes, besonders eigentümliches gegenständliches Stück Wirklichkeit, das wir zu den übrigen Wirklichkeiten unserer nennenden und ordnenden Erfahrung hinzufügen und einfügen; er ist der umfassende, nie umfaßte Grund und die Voraussetzung von unserer Erfahrung und von deren Gegenständen. Er wird in dieser unheimlichen Transzendenzbewegung erfahren, auch wenn es hier nicht möglich ist, metaphysisch Einheit und Verschiedenheit zwischen der Transzendenzerfahrung des geistigen Subjekts in Erkenntnis und Freiheit einerseits und der Erfahrung Gottes selbst, die in der Transzendenzerfahrung gegeben ist, anderseits genauer zu bestimmen.

Unbegrenzte Bewegung des Geistes und Geschenk der Gnade. – An dieser Stelle muß eine Feststellung hinzugefügt werden, die in einem eigentümlichen gegenseitigen Bedingungsverhältnis philosophisch und theologisch zugleich ist. Die unbegrenzte transzendentale Bewegung des Geistes auf Gott hin hat tatsächlich eine Radikalität, die bewirkt, daß diese Bewegung Gott nicht bloß als ein asymptotisches Ziel meint, das selber immer in unendlicher Ferne bleibt, sondern das als es selbst in Unmittelbarkeit das erreichbare Ziel dieser Bewegung bildet.

Philosophisch können wir diese Radikalität, durch die Gott selbst in sich das Ziel dieser Bewegung wird, mindestens als eine nicht ausschließbare Möglichkeit denken und hoffen; *theologisch* erfassen wir diese Möglichkeit als tatsächlich durch Gott gegeben und nennen diese tatsächlich gegebene Radikalität der transzendentalen Bewegung auf die Unmittelbarkeit Gottes in sich selbst bis zur einstigen unmittelbaren Schau hin Gnade; denn darin besteht das eigentliche und letzte Wesen dessen, was wir Gnade, Selbstmitteilung Gottes im Heiligen Geist nennen und was seine letzte Vollendung in der unmittelbaren liebenden Anschauung Gottes findet; *existentiell* erfassen wir diese von Gottes Geist getragene Radikalität unserer Bewegung auf Gott hin in Unmittelbarkeit dann frei, wenn wir uns dieser Bewegung des Geistes ohne Vorbehalt und bedingungslos so weit überlassen, wie sie von sich aus tatsächlich trägt, wenn wir ihr auch in unserer Freiheit keine Grenzen setzen, sondern sie gewissermaßen ausschwingen lassen in ihrer eigenen Grenzenlosigkeit bis zur Unmittelbarkeit Gottes selbst.

Wenn Gnade so verstanden wird, wie sie als Möglichkeit philosophisch ergriffen, als Wirklichkeit theologisch gesehen und existentiell in Hoffnung (thematisch oder unthematisch) realisiert werden muß, dann ist in der faktischen Ordnung der Wirklichkeit Transzendenzerfahrung, die Gotteserfahrung ist, auch immer schon Gnadenerfahrung, weil die Radikalität der Transzendenzerfahrung und ihre Dynamik von der all dies ermöglichenden Selbstmitteilung Gottes in der innersten Mitte unserer Existenz getragen ist, von der Selbstmitteilung Gottes als Ziel und als Kraft der Bewegung auf ihn hin, die wir die Gnade, den Heiligen Geist (mindestens als Angebot an die Freiheit des Menschen) nennen. Die Gott anwesend-sein-lassende Transzendenzerfahrung ist faktisch immer (wegen des Heilswillens Gottes allen Menschen gegenüber, durch den der Mensch auf die Unmittelbarkeit Gottes hin ausgerichtet wird) Erfahrung des Heiligen Geistes, gleichgültig, ob ein Mensch reflex seine unausweichliche Erfahrung des namenlosen Gottes so interpretieren kann oder nicht, ob ihm dafür solche theologische Vokabeln, wie wir sie eben verwendet haben, zu Gebote stehen oder nicht.

Alltagserfahrung als Verweis auf die Geisterfahrung. – Aber auch wenn wir von der Frage absehen, ob solche transzendentale Gotteserfahrung im Heiligen Geist, etwa in Vorkommnissen einer weiselosen Versenkung, in einer von Gegenständen einzelner Art entleerten Bewußtseinshaltung, in mystischer Erfahrung ganz für sich allein vorkommen könne, so gibt es auf jeden Fall konkrete Erfahrungen in unserer existentiellen Geschichte, in denen diese an sich immer gegebene, transzendentale Geisterfahrung sich deutlicher in unser Bewußtsein vordrängt, Erfahrungen, in denen uns (umgekehrt) die einzelnen Gegenstände der Erkenntnis und der Freiheit, mit denen wir es im Alltag zu tun haben, durch ihre Eigenart deutlicher und eindringlicher auf die begleitende transzendentale Geisterfahrung aufmerksam machen.

Dieser Verweis kann an sich auch durch die Positivität solcher kategorialer Wirklichkeit gegeben sein, in der die Größe und Herrlichkeit, Güte, Schönheit und Durchlichtetheit unserer einzelnen Erfahrungswirklichkeit auf das ewige Licht und das ewige Leben verheißend hinweist. Aber es ist auch verständlich, daß ein solcher Hinweis dort am deutlichsten erfahren wird, wo die umgreifbaren Grenzen unserer Alltagswirklichkeiten brechen und sich auflösen, wo Untergänge solcher Wirklichkeiten erfahren werden, wenn Lichter, die die kleine Insel unseres Alltags erhellen, ausgehen und die Frage unausweichlich wird, ob die Nacht, die uns umgibt, die Leere der Absurdität und des Todes ist, die uns verschlingt, oder die selige Weihnacht, die schon innerlich durchlichtet den ewigen Tag verheißt. Wenn daher vor allem auf solche Erfahrungen im folgenden aufmerksam gemacht wird, die in dieser zweiten Weise die transzendentale Gotteserfahrung im Heiligen Geist vordrängen lassen, dann soll damit dem Menschen und Christen nicht verboten werden, auch in der ersten angedeuteten Weise diese Gotteserfahrung vorkommen zu lassen und anzunehmen. Die *via eminentiae* und die *via negationis* sind im letzten nicht zwei Wege oder zwei hintereinanderliegende Etappen eines Weges, sondern zwei Aspekte ein und derselben Erfahrung, auch wenn es der Deutlichkeit halber berechtigt ist, die *via negationis* besonders hervorzuheben.

Geisterfahrung in konkreter Lebenserfahrung. – Fangen wir nun endlich an, auf die konkreten Lebenserfahrungen hinzuweisen, die, ob wir es reflex wissen oder nicht, Erfahrungen des Geistes sind, vorausgesetzt nur, daß wir sie richtig bestehen. Bei diesen Hinweisen auf die konkrete Erfahrung des Geistes mitten im banalen Leben kann es sich nicht mehr darum handeln, sie einzeln auf ihre letzte Tiefe hin, die eben der Geist ist, zu analysieren. Diesbezüglich muß genügen, was eben in formaler Vorzeichnung des eigentlichen Wesens all dieser Erfahrungen im allgemeinen gesagt worden ist. Es kann auch nicht der Versuch gemacht werden, eine systematische Tafel solcher Erfahrungen zu bieten. Nur willkürlich und unsystematisch herausgegriffene Beispiele sind möglich.

Da ist einer, der mit der Rechnung seines Lebens nicht mehr zurecht kommt, der die Posten dieser Rechnung seines Lebens aus gutem Willen, Irrtümern, Schuld und Verhängnissen nicht mehr zusammenbringt, auch wenn er, was ihm oft unmöglich scheinen mag, diesen Posten Reue hinzuzufügen versucht. Die Rechnung geht nicht auf, und er weiß nicht, wie er darin Gott als Einzelposten einsetzen könnte, der Soll und Haben ausgleicht. Und dieser Mensch übergibt sich mit seiner unausgleichbaren Lebensbilanz Gott oder – ungenauer und genauer zugleich – der Hoffnung auf eine nichtkalkulierbare letzte Versöhnung seines Daseins, in welcher eben der wohnt, den wir Gott nennen, läßt sich mit seinem undurchschauten und unkalkulierten Dasein vertrauend und hoffend los und weiß selbst nicht, wie dieses Wunder geschieht, das er selber nicht noch einmal genießen und als seinen selbstgetanen Besitz sich zu eigen machen kann.

Da ist einer, dem geschieht, daß er verzeihen kann, obwohl er keinen Lohn dafür erhält und man das schweigende Verzeihen von der anderen Seite als selbstverständlich annimmt.

Da ist einer, der Gott zu lieben versucht, obwohl aus dessen schweigender Unbegreiflichkeit keine Antwort der Liebe entgegenzukommen scheint, obwohl keine Welle einer gefühlvollen Begeisterung ihn mehr trägt, obwohl er sich und seinen Lebensdrang nicht mehr mit Gott verwechseln kann, obwohl er meint zu sterben an solcher Liebe, weil sie ihm erscheint wie der Tod und die absolute

Verneinung, weil man mit solcher Liebe scheinbar ins Leere und gänzlich Unerhörte zu rufen scheint, weil diese Liebe wie ein entsetzlicher Sprung ins Bodenlose aussieht, weil alles ungreifbar und scheinbar sinnlos zu werden scheint.

Da ist einer, der seine Pflicht tut, wo man sie scheinbar nur tun kann mit dem verbrennenden Gefühl, sich wirklich selbst zu verleugnen und auszustreichen, wo man sie scheinbar nur tun kann, indem man eine entsetzliche Dummheit tut, die einem niemand dankt.

Da ist einer, der einmal wirklich gut ist zu einem Menschen, von dem kein Echo des Verständnisses und der Dankbarkeit zurückkommt, wobei der Gute auch nicht einmal durch das Gefühl belohnt wird, „selbstlos", anständig und so weiter gewesen zu sein.

Da ist einer, der schweigt, obwohl er sich verteidigen könnte, obwohl er ungerecht behandelt wird, der schweigt, ohne sein Schweigen als Souveränität seiner Unantastbarkeit zu genießen.

Da ist einer, der sich rein aus dem innersten Spruch seines Gewissens heraus zu etwas entschieden hat, da, wo man solche Entscheidung niemandem mehr klarmachen kann, wo man ganz einsam ist und weiß, daß man eine Entscheidung fällt, die niemand einem abnimmt, die man für immer und ewig zu verantworten hat.

Da gehorcht einer, nicht weil er muß und sonst Unannehmlichkeiten hat, sondern bloß wegen jenes Geheimnisvollen, Schweigenden, Unfaßbaren, das wir Gott und seinen Willen nennen.

Da ist einer, der verzichtet, ohne Dank, Anerkennung, selbst ohne ein Gefühl innerer Befriedigung.

Da ist einer, der restlos einsam ist, dem alle farbigen Konturen seines Lebens verblassen, für den alle verläßlichen Greifbarkeiten zurückweichen in unendliche Fernen, der aber dieser Einsamkeit, die wie der letzte Augenblick vor dem Ertrinken erfahren wird, nicht davonläuft, sondern sie in einer letzten Hoffnung gelassen aushält.

Da ist einer, der erfährt, daß seine schärfsten Begriffe

und intellektuellsten Denkoperationen auseinanderfallen, daß die Einheit des Bewußtseins und des Gewußten im Zerbrechen aller Systeme nur noch im Schmerz besteht, mit der unermeßlichen Vielfalt der Fragen nicht mehr fertig zu werden und sich doch nicht an das klar Gewußte der Einzelerfahrungen und der Wissenschaften halten zu dürfen und halten zu können.

Da ist einer, der merkt plötzlich, wie das kleine Rinnsal seines Lebens sich durch die Wüste der Banalität des Daseins schlängelt, scheinbar ohne Ziel und mit der herzbeklemmenden Angst, gänzlich zu versickern. Und doch hofft er, er weiß nicht wie, daß dieses Rinnsal die unendliche Weite des Meeres findet, auch wenn es ihm noch verdeckt ist durch die grauen Dünen, die sich vor ihm scheinbar unendlich auszubreiten scheinen.

So könnte man noch lange fortfahren und hätte vielleicht dann dennoch gerade jene Erfahrung nicht beschworen, die diesem und jenem bestimmten Menschen in seinem Leben die Erfahrung des Geistes, der Freiheit und der Gnade ist. Denn jeder Mensch macht sie je nach der eigenen geschichtlichen und individuellen Situation seines je einmaligen Lebens. Jeder Mensch! Nur muß er sie vorlassen, gleichsam ausgraben unter dem Schutt des Alltagsbetriebs, darf ihr, wo sie leise deutlich werden will, nicht davonlaufen, darf sich nicht von ihr ärgerlich abwenden, als ob sie nur eine Verunsicherung und Störung der Selbstverständlichkeit seines Alltags und seiner wissenschaftlichen Klarheiten sei.

Lassen Sie es mich noch einmal sagen, obwohl ich nur nochmals dasselbe mit fast denselben Worten wiederhole: Wo die eine und ganze Hoffnung über alle Einzelhoffnungen hinaus gegeben ist, die alle Aufschwünge, aber auch alle Abstürze noch einmal sanft in schweigender Verheißung umfängt,

— wo eine Verantwortung in Freiheit auch dort noch angenommen und durchgetragen wird, wo sie keinen angebbaren Ausweis an Erfolg und Nutzen mehr hat,

— wo ein Mensch seine letzte Freiheit erfährt und annimmt, dic ihm keine irdischen Zwänge nehmen können,

— wo der Sturz in die Finsternis des Todes noch einmal gelassen angenommen wird als Aufgang unbegreiflicher Verheißung,

— wo die Summe aller Lebensrechnungen, die man nicht selber noch einmal berechnen kann, von einem unbegreiflichen anderen her als gut verstanden wird, obwohl man es nicht nochmals „beweisen" kann,

— wo die bruchstückhafte Erfahrung von Liebe, Schönheit, Freude als Verheißung von Liebe, Schönheit, Freude schlechthin erlebt und angenommen wird, ohne in einem letzten zynischen Skeptizismus als billiger Trost vor der letzten Trostlosigkeit verstanden zu werden,

— wo der bittere, enttäuschende und zerrinnende Alltag heiter gelassen durchgestanden wird bis zum angenommenen Ende aus einer Kraft, deren letzte Quelle von uns nicht noch einmal gefaßt und so uns untertan gemacht werden kann,

— wo man in eine schweigende Finsternis hinein zu beten wagt und sich auf jeden Fall erhört weiß, obwohl von dort her keine Antwort zu kommen scheint, über die man noch einmal räsonieren und disputieren kann,

— wo man sich losläßt, ohne Bedingung und diese Kapitulation als den wahren Sieg erfährt,

— wo Fallen das wahre Stehen wird,

— wo die Verzweiflung angenommen und geheimnisvoll nochmals als getröstet ohne billigen Trost erfahren wird,

— wo der Mensch alle seine Erkenntnisse und alle seine Fragen dem schweigenden und alles bergenden Geheimnis anvertraut, das mehr geliebt wird als alle unsere uns zu kleinen Herren machenden Einzelerkenntnisse,

— wo wir im Alltag unseren Tod einüben und da so zu leben versuchen, wie wir im Tode zu sterben wünschen, ruhig und gelassen,

— wo . . . (man könnte, wie gesagt, noch lange weiterfahren)

— da ist Gott und seine befreiende Gnade. Da erfahren

wir, was wir Christen den Heiligen Geist Gottes nennen; da ist eine Erfahrung gemacht, die im Leben – auch wenn sie verdrängt wird – unausweichlich ist, die unserer Freiheit mit der Frage angeboten wird, ob wir sie annehmen wollen oder ob wir uns in einer Hölle der Freiheit, zu der wir uns selber verdammen, gegen sie verbarrikadieren wollen. Da ist die Mystik des Alltags, das Gottfinden in allen Dingen; da ist die nüchterne Trunkenheit des Geistes, von der die Kirchenväter und die alte Liturgie sprechen, die wir nicht ablehnen oder verachten dürfen, weil sie nüchtern ist. Suchen wir selbst nach solcher Erfahrung unseres Lebens; suchen wir die eigenen Erfahrungen, in denen gerade uns so etwas geschieht. Wenn wir solche finden, haben wir die Erfahrung des Geistes gemacht, die wir meinen.

17

Beten

Es gibt sicher viele Menschen, denen das Gebet heute Schwierigkeiten macht, obwohl sie den unnennbaren, namenlosen Gott zu bekennen bereit sind, als den einen Urgrund von allem, als das Geheimnis, das alles durchwaltet. Sie haben nämlich den Eindruck, daß dieser namenlose Gott – weil wie ein antlitzloses und unsagbares Geheimnis – nicht angesprochen werden könne. Sie denken, mehr oder weniger ausgesprochen und reflex, daß der, der so alles trägt und umfaßt, im Gebet nicht nochmals zu einem angesprochenen und von allem, was er trägt, nochmals unterschiedenen „Gegenstand" des Denkens und Redens gemacht werden dürfe. Weil er nur richtig gedacht wird, wenn er streng als das alles überwältigende und unbegreifliche Geheimnis verstanden wird – so meinen sie – könne man ihn nicht nennen, ohne ihn zu einem partikularen Götzen zu machen. Sie meinen, sie dürften nicht betend an den rühren, der keinen Namen hat, der als das Geheimnis nicht „klar" ausgesagt werden kann, sie wollen lieber mit abgewandtem Gesicht verstummen vor diesem

Gott und in *die* Gegenden des Daseins resignierend sich begeben, in denen die überschaubaren, einzelnen Wirklichkeiten vor Geist und Herz liegen, mit denen man wirklich umgehen könne, wissend, was man dabei tue, wessen man sich in solchem Tun zu gewärtigen habe.

An diesem Empfinden ist sehr viel Richtiges. Das Gebet kann nur es selber sein, wenn es sich selbst versteht als den letzten Augenblick des Redens vor dem Verstummen, als die Tat der Verfügung über sich selbst, eben bevor über uns die Unbegreiflichkeit Gottes verfügt, als die Reflexion, noch eben bevor man sich selbst nach aller letzten Kraftentfaltung voll Vertrauen fallen läßt in das unendliche Ganze, das die Reflexion nie aufarbeiten kann.

Aber unter dieser Voraussetzung muß doch gesagt werden: wir können und müssen das immer neue Wagnis, diesen unbegreiflichen Gott anzureden, unternehmen. Die Anrede an ihn geschieht gewiß nicht wie im zwischenmenschlichen Bereich unter einem Horizont, der das Gespräch tragend, als dritte Größe die beiden Dialogpartner umfaßt. *Er* ist die Möglichkeit der Anrede selbst, er wirkt auf unserer Seite, wenn wir beten, das Gebet. Aber *so* kann er doch auch der Angeredete sein. Wir brauchen hier die Frage nicht zu erörtern, die christliche Philosophen und Theologen beschäftigen mag, ob eine solche Möglichkeit einer wirklichen Anrede an Gott, in der Gott, obzwar selbst Grund der Rede, doch der Angesprochene wird, zum Wesen des Menschen gehört oder nur durch das ermöglicht ist, was wir christlich gnadenhafte Selbstmitteilung Gottes, Heiligen Geist nennen. Wir können die Frage offen lassen, ob Gebet als Anrede Gottes allein darum möglich ist, weil Gott durch seine Selbstmitteilung an die Welt – Gnade, Geist genannt – die Geschichte nicht nur trägt, sondern zu seiner eigenen gemacht und darin sich selbst zum Partner gegeben hat, indem er in eigentlich geschichtlich kommender Offenbarung in der Welt uns angeredet hat über das Wort hinaus, das die Welt ist. Damit bleibt auch die Frage offen, was und wieweit die Ermöglichung und Sinnerhellung unseres Gebetes mit Jesus von Nazaret und seinem Beten zum Vater zu tun hat, so wichtig diese Frage für unser konkretes Beten auch sein mag.

Wie auch diese subtileren Fragen zu beantworten sein mögen, jedenfalls kann der Mensch in der Gnade als Ort des Gebetes, der überall ist, zu Gott sprechen, ihn anreden und mit seiner Anrede bei Gott ankommen, wenn er wirklich betet und nicht magische Beschwörung versucht, die Gott uns untertan machen soll.

Dieser Satz ist nicht leicht verständlich zu machen, denn er ist die höchste Aussage über den Menschen. Daß das Geschöpf mit seinem Schöpfer, d. h. der radikal Abhängige und Abgeleitete, der schlechthin Begründete, sich nochmals gewissermaßen rückwärts wendend, mit seinem Grund „verhandeln" kann, wobei er doch wissen und realisieren muß, daß eben das, was er tut, selbst nochmals das Werk Gottes ist, bis in das Allerletzte hinein, das ist wahrhaft eine Aussage, die letztlich in dem noch umfassenderen theologischen Satz gründet, daß das Geschöpf gerade durch und nicht bloß trotz seiner radikalen Abhängigkeit von Gott eine echte, wahre, auch vor Gott nicht in Wesenlosigkeit sich verflüchtende Wirklichkeit ist, daß Gott wirklich ein freies Anderes vor sich und auf sich hin schaffen kann. Ein Gebilde von Menschenhand redet nicht mit seinem Bildner, Gott aber kann durch seine All-macht uns so freisetzen, daß wir wirklich auch vor ihm und auf ihn hin etwas sind. Hier sind Abhängigkeit und Selbständigkeit zwei im gleichen Maße und nicht im umgekehrten wachsende Größen. Dieses christlich verstandene Grundverhältnis zwischen Gott und Geschöpf muß man sich zunächst deutlich machen, um die Möglichkeit einer betenden Anrede des Geschöpfes an Gott verstehen zu können.

Aber all das sind nur Vorüberlegungen. Wir müssen auf die Vorbemerkungen zurückgreifen: das Gebet gibt es, das Gebet, in dem Gott das Du wird, der Angeredete, von dem grundsätzlich erwartet wird, daß er antworten kann, daß er sogar schon sein Wort an uns gerichtet hat, bevor wir zu reden anfingen, daß unsere Anrede an Gott also eine antwortende Anrede ist. Solches Gebet gibt es. Und alle Frage nach der Legitimation des anrufenden Gebetes muß von dieser Tatsache ausgehen. Hier gilt wirklich das Axiom, daß der Schluß von der Wirklichkeit auf die Möglichkeit legitim ist. Wir beten, die Menschheit betet, also *können* wir zu Gott Du sagen. Wir brauchen uns nicht zuerst ein Wesen des Menschen auszudenken und dann von diesem vorgegeben ausgedachten Wesen her zu fragen, ob solch ein Wesen sinnvoll seinen eigenen unbegreiflichen, unheimlichen Urgrund und Abgrund anreden könne. Wir gehen von der Wirklichkeit solchen anbetenden Anredens aus und haben von daher das Wesen des Menschen zu bestimmen: Er ist der, der zu Gott Du sagen kann; seine Endlichkeit und seine Abhängigkeit sind derart, daß sie in Selbständigkeit offen sind auf Gott als den Partner, den Partner freilich, dem der Mensch sich gerade im Gebet übergibt als der, der alles von dem hat, den er anredet, selbst das Anredenkönnen und das Anreden selbst. Man muß darum solches Dusagen wagen, immer neu wagen, hinweg über seine Paradoxheit, man muß eine höhere Naivität erkämpfen und erleiden, wenn die erste und vorläufige Naivität, die sich und Gott zu harmlos als zwei Realitäten begriffen hat, die miteinander in Beziehung treten können, unter dem tödlichen Erschrecken über Gottes Unbegreiflichkeit und alles tragende Macht wie verglüht ist.

Wenn dieses Dusagenkönnen auf Gott hin sich selbst nicht mehr selbstverständlich vorkommt, sondern sich nochmals als geschenkte und von Gott her eröffnete höchste Möglichkeit des Menschen erfährt, wenn wir merken, daß das Wort, das wir Gott so sagen, daß es bei ihm wirklich ankommen kann, von ihm selbst in uns gewirkt und gesagt ist, wenn (einmal in sublimer Theologie des Neuen Testamentes sprechend) erfahren wird, daß Gottes Geist in uns beten muß und er selbst Abba, lieber Vater, sagen muß als unser Wort, damit wir Vater sagen können, dann hat zwar unsere Anrede an Gott erst ihr eigenes Wesen wirklich gefunden, ist aber nicht unmöglich geworden, sondern erst so, wie sie sein muß. Wenn wir aus dem Kreis dieses betenden Dusagens heraustreten, dann verfinstert sich für uns auch die Möglichkeit des Gebetes als Anrede an Gott bis zu völliger Sichtlosigkeit. Gott wird dann antlitzlos für uns, das fast drohend abweisende, uns unsere völlige Nichtigkeit spüren lassende dunkle Geheimnis, vor dem uns das Wort im Hals steckenbleibt. Wenn wir aber plötzlich den Mut finden, doch in diese Finsternis hinein hoffend und vertrauend Du zu rufen, wenn wir es immer wieder tun, wenn wir nicht anmaßend verlangen, daß sofort auf diesen Ruf aus dieser schweigenden Finsternis heraus eine partikuläre Antwort kommt, die uns einfach umwirft und etwas anderes ist als eben die sanft und still bergende Anwesenheit dieses Geheimnisses selbst, dann merken wir, daß man Du zu Gott sagen kann, sich selbst in Vertrauen lassend und so wartend auf den Augenblick, da dieses Geheimnis unseres Daseins sein Antlitz unverhüllt zeigen wird als die ewige Liebe, die ein unendliches Du zu Du ist.

18

Bittgebet

Es gibt zwar in der modernen Theologie eine Tendenz, sich die Schwierigkeit der Frage nach dem „Bittgebet" dadurch zu erleichtern, daß man das Gebet nur als Doxologie, als Rühmen, Anerkennen, Anbeten, Ehregeben Gott gegenüber sieht, demgegenüber alles Bitten gänzlich zurücktritt. Es ist zwar selbstverständlich oder sollte es sein, daß das Bitten als bloß forderndes oder an Herablassung und Nachgiebigkeit appellierendes Kundtun des eigenen Willens in sich noch kein Gebet ist. Darauf werden wir gleich unter einem anderen Gesichtspunkt zurückkommen. Man hat auch schon versucht, die Apologie des Bittgebetes sich dadurch zu erleichtern, daß man sagt, man könne oder solle im eigentlichen Bitt*gebet* nur um „himmlische" Güter bitten, nicht aber um die irdischen zur Stillung der ganz alltäglichen Lebensnotdurft, denn solche irdischen Dinge seien durch unser eigenes kämpferisches Bemühen zu erobern: sie an dieser unserer eigenen Bemühung vorbei von

Gott erwarten zu wollen, hieße von Gott Wunder, mirakulöse Eingriffe in den Lauf der Welt erwarten, die es nicht gibt, nicht geben könne oder die höchstens besonderen Freunden Gottes gewährt würden, zu denen wir uns nicht zu leicht zählen dürften.

In all dem mag viel Richtiges stecken und zu beachten sein, wenn man das Wesen des Gebetes rein und fern von magischer Beschwörung sehen will. Aber man sollte doch das Bittgebet nicht zu schnell und voreilig zu sublimieren und zu „entmythologisieren" suchen. Denn durch die ganze Religionsgeschichte hindurch betet der konkrete Mensch echte und (wenn man so sagen darf) „massive" Bittgebete. Die Psalmen im Alten Testament, die doch auch für die Christenheit immer als authentische Gebetsmuster galten, sind voll von Bittgebeten. Und wir dürfen nicht vergessen, daß im Vaterunser Jesu ein Bittgebet und nicht ein selbstloser Lobpreis Gottes steht und daß mitten unter den himmlischen Gaben, die da erbeten werden, auch das tägliche Brot genannt wird (demgegenüber freilich auch schon die alte Christenheit in Versuchung stand, es in das Brot des ewigen Lebens umzuinterpretieren).

Wenn wir uns fragen, ob und warum auch der heutige Mensch echt und unbefangen ein Bittgebet sprechen könne, und zwar auch in und für seine irdischen Nöte, dann, meine ich, sollte man, wenigstens am Anfang der theologischen Reflexion auf solches Bittgebet, allzu tiefsinnige und subtile Theoreme beiseite lassen. Sie werden übrigens schon von der traditionellen Theologie vorgetragen, da auch sie schon, nicht erst der sogenannte moderne Mensch, die Fragen kannte, die mit dem Bittgebet im besonderen (über die des Gebetes überhaupt hinaus) gegeben sind. Man kann natürlich fragen, wie Bittgebet mit der Allwissenheit Gottes, die nicht von uns auf unsere Bedürfnisse aufmerksam gemacht werden muß, mit der Vorsehung Gottes und deren ewigen unveränderlichen Plänen, mit der Unveränderlichkeit Gottes und seines Willens, der durch uns nicht umgestimmt werden kann, vereinbar sei. Man hat bezüglich solcher und ähnlicher Probleme scharfsinnige Lösungen versucht. Man hat gefragt, ob die „Wirksamkeit" eines Bittgebetes um zeitliche Gaben empirisch nachzuweisen sei, ob z. B. das Wetter in Südtirol mit seinen christlich frommen Bauern und ihren Flurprozessionen und ihrem Wettersegen anders wäre, wenn man dahin tibetanische Bauern umsiedeln würde, die nicht so beten würden. Man kann sich natürlich als etwas rationalistischer und skeptischer Christ umgekehrt fragen, was man, ohne sofort überheblich zu sein, von den vielen Zeugnissen erstaunlicher Gebetserhörungen halten solle, angefangen von Wallfahrtsorten über Gebetserhörungserfahrungen bestimmter frommer Leute und Gruppen bis zur Christian Science. Aber wie gesagt, von dem allem soll zur Anfechtung und zur Verteidigung des Bittgebetes nicht eigentlich gesprochen werden.

Nur zwei Dinge müssen zum Verständnis des Bittgebetes gesagt werden, und sie zusammen scheinen mir Möglichkeit und Sinn des Bittgebetes genügend verständlich zu machen.

Zunächst einmal: *Bittgebet ist nur dann Gebet und sinnvoll vor Gott, wenn es mit dem Willen zu einem bestimmten und sogar irdisch einzelnen Gut, das erbeten wird, zugleich die absolute Übergabe des Menschen an den souverän verfügenden Willen Gottes ist.*

Man kann nicht im Gebet Gott gegenübertreten, ohne sich, seine ganze Existenz, in ihn hineinzugeben mit vertrauender Ergebung und in Liebe, im Annehmen gerade des unbegreiflichen Gottes, der nicht nur in seinem Wesen, sondern auch in seinem freien Verhältnis zu uns unbegreiflich ist und als solcher angenommen werden muß. Ein Bittgebet, das nicht ganz durchdrungen ist von dem Wort Jesu vor seinem Tod: nicht mein, sondern Dein Wille geschehe, ist kein Bittgebet, kein Gebet, sondern höchstens die Projektion einer Lebensnot, die ins Leere geht, oder der Versuch einer magischen Beeinflussung Gottes, der sinnlos ist. Gerade wenn und insofern ein Mensch sich bedingungslos Gott und seiner Unbegreiflichkeit überantwortet, was man natürlich nur in Glaube, Hoffnung und vor allem

Liebe vermag, werden alle Güter zeitlicher Art, die erbeten werden, grundsätzlich relativiert; es wird vom Menschen anerkannt, daß auch das Gegenteil von dem, was konkret erbeten wird, heilshaft sein kann, wenn es nur von der unbegreiflichen Freiheit Gottes geschickt und vom Menschen als Wille Gottes angenommen wird. Der Wille des Menschen zu einem bestimmten zeitlichen Gut wird nicht aufgehoben, aber er dringt zu jener Freiheit vor, in die der Mensch gelangt, wenn er, weil Gott übergeben, keiner Einzelmacht in seinem Dasein mehr untertan ist. Alles, ob Leben oder Tod, ob Gesundheit oder Krankheit, Macht oder Ohnmacht, Vergangenes, Gegenwärtiges oder Künftiges hört auf, physisch oder ideologisch für den Menschen absolut zu sein, unbedingt gewollt oder verworfen werden zu müssen, wenn er vor Gott tritt und sich ihm liebend übergibt. Betend im wirklichen Gebet hat der Mensch seine Freiheit, die einzige letzte und ganze, seine Freiheit auch nochmals dem gegenüber, was er selbst mit dem partikulären Daseinswillen, der in ihm waltet, will. Und nur so ist die Bitte, die man an Gott zu richten versucht, wirklich Gebet mit der Gewißheit, anzukommen.

Aber gleichzeitig ist ein Zweites zu sagen. *Der Mensch, der so vor Gott tritt und sich seinem Geheimnis bedingungslos überläßt und anvertraut, ist der konkrete Mensch*, nicht ein abstraktes Ideal, nicht der bloß „religiöse" Mensch, der einzig nach Gott verlangt. Er ist der Mensch der alltäglichen, profanen und banalen Lebensbedürfnisse und Lebensängste. Dieser soll sich ja gerade im Gebet Gott stellen, so wie er ist, so wie er in seinem gar nicht adäquat auflichtbaren, gar nicht einfach ins Religiöse sublimierbaren Lebensdrang und seiner Lebensnot sich als von Gott gewollt wissen darf. Dieser Mensch braucht nicht, bevor er vor Gott hintritt, sich emporgewandelt haben in den reinen Einklang mit der Verfügung Gottes, die er ja gar nicht kennt und gar nicht genau wissen kann. Er darf sich im Akt der Übergabe, die Gebet heißt, vor Gott hinstellen, so wie er ist, als derjenige, der sich gerade in seiner Konkretheit Gott übergeben muß, also als derjenige, dessen Lebensdrang und Lebensnot auf ein Bestimmtes geht, das ihm notwendend zu sein scheint im Unterschied zu etwas anderem. Und dies um so mehr, als er gar nicht wissen kann, ob er nicht wirklich gerade so, mit seinem Verlangen nach diesem Bestimmten, von Gott gewollt ist, daß dieses Wollen von Gott gewollt ist, um in seiner Konkretheit erfüllt zu werden, und nicht als ein Wollen, das sich nur in die reine Ergebung hinein aufhebt. Wenn aber ein Mensch als einer, der mit seiner Bedrohtheit ganz in Gott hinein sich ergibt und zugleich unweigerlich und legitim ein Bestimmtes will, sich vor Gott hinstellt, ein in seiner Konkretheit sich Überantwortender ist, dann spricht er ein Bittgebet. Und er braucht dann nicht schon genau zu wissen, *wie* das genauere Verhältnis dieses Bittgebetes zur allwissenden und allmächtigen und unveränderlichen Verfügung Gottes zu denken ist.

Von daher wird auch verständlich, daß das *Bittgebet* nicht eigentlich als sekundäre Form des Gebetes gelten muß. Wenn es *Gebet* ist, ist es liebender Lobpreis Gottes (wenn vielleicht auch nicht so ausdrücklich wie anderes Gebet, das unmittelbar in dieser Richtung stilisiert ist); wenn es *Bitt*gebet ist und weil es das ist, stellt es den notdürftigen Menschen am konkretesten vor Gott; es ist das Gebet, in dem der Mensch nicht nur eingedenk ist, wer *Gott* ist, sondern auch, wer *er selbst* ist. Ist so einmal das Bittgebet verstanden, dann wird die Frage, *wie* es erhört wird, wenn es erhört wird, zweitrangig, schon darum, weil ein Betender gar nicht meinen darf, er sei nur erhört, wenn er gerade in der Weise erhört wird, wie es sein Gebet als konkrete Bitte sich vorgestellt hatte. Ob man bei einer Erhörung im landläufigen Sinn sagt, die Erhörung sei in ihrem Zusammenhang mit dem Gebet schon immer in den ewigen Plänen der Vorsehung Gottes eingeplant gewesen, oder ob man sagt, die Erhörung bestehe in der *heils*haften Annahme des konkret Erbetenen, das (wenigstens in den Fällen, wo man nicht von Wunder reden kann) in seiner innerweltlichen Sachhaftigkeit dem Lauf der Welt verdankt wird, der auch ohne das Gebet so abgelaufen wäre, solche und ähnliche weitere Auskünfte scheinen mir nicht mehr so wichtig zu sein.

19 Gebet als Zwiesprache

Jedem Leser christlich frommer Literatur und jedem Hörer von Predigten über das Gebet ist die Aussage bekannt, daß das Gebet ein „Zwiegespräch mit Gott" ist. Belege für diesen Topos christlicher Spiritualität und der Theologie des Gebetes brauchen darum gewiß nicht eigens zusammengetragen zu werden. Aber vielleicht sind doch einige Überlegungen nicht ganz sinnlos über die Frage, ob und in welchem Sinn das Gebet eine Zwiesprache mit Gott genannt werden kann. Denn dieses Wort „Zwiesprache" setzt doch voraus, daß im Gebet nicht nur der Mensch, sondern auch Gott selbst rede, uns anrede und auf unser Wort redend Antwort gäbe.

Wenn wir einmal von den umfassenderen Fragen einer persönlichen Erfahrung Gottes als existierend und des Verhältnisses zwischen Gott einerseits und Mensch und Welt anderseits absehen, liegt die Schwierigkeit, das Gebet als Zwiegespräch zu erfahren, darin, daß, was man in einer unbefangeneren Frömmigkeit im Gebet als Anrede Gottes an uns zu interpretieren pflegt oder geneigt ist, zunächst einmal als eigene seelische Zuständlichkeit oder Tätigkeit erfahren wird (was zweifellos richtig ist, gar nicht geleugnet und heute auch nicht mehr naiv übersehen werden kann). Es fragt sich darum, wieso dies als eine besondere Bekundung Gottes, als seine Anrede verstanden werden dürfe. Der Mensch von heute hat den Eindruck, im Gebet gewissermaßen mit sich selber zu reden und zu Rate zu gehen, wenn dieses sein Selbstgespräch auch *über* Gott gehen mag, seine Selbstreflexion eventuell auch *„vor"* Gott geschehe. Wenn er im Gebet gewisse plötzliche, unerwartete und starke Ein- und Aufbrüche neuer Einsichten und Antriebe erlebt, was auch vorkommt, dann wird der Mensch von heute solche Vorkommnisse zunächst einmal als Geschehnisse innerhalb seiner eigenen Existenz, als Wortmeldung tieferer seelischer Schichten, als Durchbruch von bisher Verdrängtem, als glückliches Zusammenspiel von unterbewußten Konstellationen oder ähnlich deuten. Er wird darauf hinweisen, daß dieselben etwas außergewöhnlicheren seelischen Abläufe auch gegeben sind, wo es sich nicht um spezifisch religiöse Inhalte handelt, bei künstlerischen Intuitionen und Einfällen, die nicht eigentlich vorprogrammiert werden können, bei plötzlichen Umschichtungen der ganzen Person, die nicht ausdrücklich religiös motiviert sind und so weiter. Er erklärt den Ablauf seiner inneren Welt, auch bei Anerkenntnis der Existenz Gottes, aus innerweltlichen Ursachen, die selbst dann noch innerweltlich bleiben, wenn sie weniger alltägliche Phänomene im Bereich des Bewußtseins produzieren.

Es gibt freilich auch heute noch viele Menschen in der Kirche, besonders in den vielen Gruppen einer enthusiastischen Frömmigkeit, die bestimmte seelische Erlebnisse, besonders beim Zungenreden, bei der Geisttaufe, bei radikaler Bekehrung usw., unbefangen als charismatische Eingriffe des Heiligen Geistes „von außen" verstehen, die gewissermaßen die einfache Tatsache überspringen, daß alle solche Vorkommnisse zunächst einmal *ihre* sind und (mindestens bis zum strengen Beweis des Gegenteils, der auch durch parapsychologische Phänomene noch nicht erbracht ist) als Wirkungen der in ihnen selbst gegebenen Zuständlichkeiten innerer und äußerer Art erklärt werden müssen. Dazu kommt, daß alle solche enthusiastischen Phänomene für den Außenstehenden ihre Parallelen in außerchristlichen Religionen haben, die deutlich die Eigenart, den Bewußtseinshorizont, die Sprache und die Begrenztheit aller dieser seelischen Ursachen aufweisen, so daß man schon von daher kaum etwas entdecken oder suchen kann, was notwendig auf ein besonderes und wunderbares Eingreifen Gottes zurückgeführt werden müßte.

In dieser schwierigen Situation könnte man versucht sein, das Gebet als Zwiesprache mit Gott dadurch zu interpretieren, daß man sagt, es sei Auseinandersetzung (in Lektüre, Anwendung usw.) mit dem Wort Gottes, das in der Offenbarung und in der Heiligen Schrift gegeben ist. Gott spreche zu uns in der Schrift, das schriftmeditierende Gebet antworte diesem Wort, und so sei eine Zwiesprache, ein Dialog mit Gott im Gebet gegeben. Diese Auffassung hat für den Christen, der die Heilige Schrift als Wort Gottes versteht, gewiß einen Sinn. Aber diese Auskunft hat auch ihre Schwierigkeiten. Genau gesehen, verschiebt sie nur das Problem. Denn die im Geiste eines Menschen aufgenommene Offenbarung (anders als so „angekommen" ist sie noch gar keine) und die in der Schrift objektivierte Offenbarung stehen grundsätzlich unter derselben Fraglichkeit, nämlich wie denn ein in der Subjektivität des Menschen gegebener und all deren Bedingtheiten an sich tragender Bewußtseinsinhalt, der zunächst als Wirkung dieser menschlichen Ursächlichkeit interpretiert werden muß, als Wort Gottes gehört und verstanden werden könne. Von diesem umfassenden und hier nicht weiter zu verfolgenden Problem abgesehen, besteht aber noch eine andere Schwierigkeit bei dieser Auskunft.

Im Gebet glaubt der Fromme eine konkrete, ihn in seiner Individualität und individuellen Lebensentscheidung anrufende Anrede Gottes zu vernehmen. Würde aber der Beter die Anwendung des an sich allgemeinen Schriftwortes auf sich und seine konkrete Lebenssituation als sein eigenes, bloß auf eigene Rechnung und Gefahr unternommenes Werk betrachten müssen, nur als Anwendung allgemeiner Normen auf eine konkrete Situation zu individueller Entscheidung, deren Plus über das Allgemeine hinaus doch gerade das ist, worauf es ankommt, dann wäre kein solches Zwiegespräch gegeben, wie es doch gemeint ist, wenn man das Gebet als ein solches auffaßt. Es bliebe eine bloß menschliche Anwendung eines allgemeinen göttlichen Wortes auf ein Individuum und seine konkreten, immer einmaligen Lebensfragen. Der Beter bliebe bei einem Selbstgespräch, wenn auch mit Hilfe eines allgemeinen göttlichen Wortes. Der Übergang von der allgemeinen Offenbarung zum konkreten Imperativ wäre das Werk des Menschen allein und zwar auch wenn man diesen Übergang als mit Hilfe der göttlichen Gnade geschehend dächte, solange nicht deutlich wird, wie man diese Gnadenhilfe bei einer solchen Anwendung des Schriftwortes auf sich und seine Lebensfragen als göttliche Anrede deuten könne, durch die dann auch der konkrete Imperativ, der den Beter anruft, als Anruf Gottes verstanden werden könnte. Solche Gnadenhilfe zu konkreter Entscheidung wird zwar in der Theologie als „Erleuchtung" und „Inspiration" verstanden, aber es bleibt doch fraglich, was mit dieser Aussage genauer gemeint ist. Denn es gibt mindestens eine große Schule in der Theologie, die diese Erleuchtung und Inspiration, insofern diese die Bedingung von Heilsakten sind, als bloß „seinshaft" und als bewußtseinsjenseitig deutet, so daß damit für das Verständnis einer Anrede Gottes im Gebet nichts gewonnen ist. Auch wenn gesagt würde, ein solcher Gebetsvorgang, in dem eine heilshafte Entscheidung gewonnen wird, sei samt der ihn tragenden seinshaft übernatürlichen Gnade begleitet von „medizinellen" Gnadenhilfen, die dieses Geschehen auf eine heilshafte Entscheidung hin drängen, so ist uns auch damit in unserer Frage nicht weitergeholfen. Denn diese medizinelle Gnade wird als in sich selbst natürlich und somit zunächst aus innerweltlichen Ursachen sich ergebend interpretiert, so daß sie für die Frage eines Angeredetseins durch Gott im Gebet gerade denselben Schwierigkeiten ausgesetzt ist, von denen wir eingangs ausgegangen sind. Auch diese medizinelle Gnade ist ein Stück innerweltlicher Wirklichkeit in den Zusammenhängen von Ursachen und Wirkungen, kann so zwar, wie alles in der Welt, als freie Schöpfung Gottes verstanden werden, durch die Gott unser Heil beabsichtigt, aber eben darum nicht mehr als Anrede Gottes, als alles andere, das in unserer Geschichte begegnet.

Vermutlich macht man sich nicht selten unsere Frage dadurch zu leicht, daß man zunächst die Erkenntnis der Personalität Gottes als gegeben voraussetzt und von daher ohne weiteres schließt, daß er von uns anredbar ist. Wenn man dann so weit ist, hat man den Eindruck, auch schon in einem unmittelbar aktualisierbaren Dialogverhältnis zu stehen. Aber selbst wenn man die Erkenntnis voraussetzt, Gott sei an und für sich als „persönlich" zu denken, sind die beiden weiteren Schritte bis zu einem aktuellen Dialog mit Gott noch nicht gerechtfertigt: Daß der persönliche Gott von uns anredbar ist, bleibt noch dunkel; und vor allem, daß er bei einer solchen Anrede antwortet und sich nicht verschweigt, müßte auf jeden Fall deutlicher gemacht werden. Selbst wenn man hinsichtlich des zweiten Schrittes sagt, er sei doch aus seinem Schweigen herausgetreten, habe uns durch seine worthafte Offenbarung angeredet und uns sich selbst mitgeteilt, so bleibt immer noch die schon gestellte Frage, warum denn das Zwiegespräch im Gebet mehr sei als ein Selbstgespräch über die allgemeine Offenbarung Gottes in seiner Offenbarungsgeschichte, mehr als das Sichgesagtseinlassen dieser Offenbarung auf eigene Rechnung und Gefahr.

Wir müssen versuchen, auf andere Weise weiterzukommen. Die bisher selbstverständlich gemachte Voraussetzung unserer Überlegungen über das Gebet als Zwiesprache mit Gott lag darin, daß uns Gott *im* Gebet „etwas" sagt. Die Voraussetzung unserer Problematik war es, daß ein bestimmter einzelner, kategorialer Bewußtseinsinhalt neben vielen anderen in einer besonderen und ausgezeichneten Weise als unmittelbar von Gott bewirkt und in dieser besonderen Bewirktheit erfaßt so etwas wie ein Zwiegespräch mit Gott konstituiere. Und diese Voraussetzung brachte die Schwierigkeiten mit sich, von denen wir bisher gesprochen haben. Wie aber, wenn wir sagen würden und sagen dürften: im Gebet erfahren wir uns selber als die von Gott Gesagten, als die in der Konkretheit unserer Existenz von der souveränen Freiheit Gottes Herkommenden und Verfügten? Wie, wenn wir sagen: Was Gott uns zunächst einmal sagt, sind wir selber in der Verfügtheit unserer Freiheit, in der Unverfügbarkeit unserer Zukunft, in der nie restlos auflösbaren und nie funktional rationalisierbaren Faktizität unserer Vergangenheit und Gegenwart?

Wenn wir unsere Frage in diesen ganzen Überlegungen so verstehen, dann ist natürlich von vornherein damit gegeben, daß das „partnerschaftliche" und „dialogische" Verhältnis zwischen Gott und uns ein ganz einmaliges und unvergleichliches ist und nicht einfach univok nach dem Modell eines partnerschaftlichen und dialogischen Verhältnisses zwischen den Menschen gedacht werden darf, so daß natürlich auch von daher schon der Begriff des „Zwiegesprächs" für unsere Frage den Charakter der Einmaligkeit und Unvergleichbarkeit hat, wenn er die Eigentümlichkeit des Gebetes charakterisieren soll. Wenn wir die neugestellten Fragen positiv beantworten können, dann sind wir (in unserer Transzendentalität, die sich als solche herkünftig erfährt, wie wir sagen könnten) selber die sich hörende Aussage und Anrede Gottes. Dies aber darf nicht bloß als allgemeiner Satz verstanden werden, sondern ist eine Aussage über die jeweilige Existenz in ihrer ganz bestimmten, einmaligen und geschichtlichen Konkretheit, die sich selber aufgegeben ist und sich *so* als die von Gott sich selbst zugesagte erfährt. Das ursprünglichste Wort Gottes an uns in unserer freien Einmaligkeit ist nicht ein Wort, das zusätzlich oder als einzelnes neben anderen Erfahrungsgegenständen sich kategorial punktförmig innerhalb eines weiteren Raumes unseres Bewußtseins ereignet, sondern wir selbst in der Einheit, Ganzheit und Verwiesenheit auf das unbegreifliche Geheimnis, das wir Gott nennen, das Wort Gottes, das wir selbst sind und das als dieses uns gesagt wird. Sobald man diese Sätze, die scheinbar bloß existentialontologisch klingen, unter der Voraussetzung liest, daß diese Transzendentalität immer schon und überall (wegen des allgemeinen Heilswillens Gottes) erhoben und radikalisiert ist auf die Unmittelbarkeit Gottes hin durch das, was wir übernatürliche Gnade als Selbstmitteilung Gottes nennen, dann sind solche Sätze unmittelbar theologische Sätze. Wenn sich durch Geist und Gnade in einem der Mensch als der von Gott sich selbst Gesagte erfährt und dies sein eigentliches Wesen ausmacht, zu dessen Konkretheit auch die freie Gnade der Selbstmitteilung Gottes gehört, und wenn er diese Existenz als Wort Gottes, in dem Gott sich selbst mit seinem Wort dem Menschen zusagt, im Gebet vorläßt und frei annimmt, dann ist das Gebet schon (in einem ersten, weiter unten noch zu ergänzenden Sinn) dialogisch, Zwiesprache mit Gott. Der Mensch hört dann sich selbst als Anrede Gottes, die durch Glaube, Hoffnung und Liebe in der gnadenhaften Selbstmitteilung Gottes mit Gottes Selbstzusage erfüllt ist. Er hört nicht „etwas" zusätzlich zu sich als einem in seiner toten Faktizität schon Vorausgesetzten, sondern sich selbst als das sich zugesagte Wort, in dem Gott einen Hörenden konstituiert und dem er sich selbst als Antwort zusagt.

Natürlich kann es hier nicht unsere Aufgabe sein, in einer theologischen und philosophischen Anthropologie die eben formulierten Sätze zu begründen. Wenn dies hier geschehen sollte, dann müßte darauf geachtet werden, daß die Sätze nicht nur gesagt und begründet würden als sachhafte Aussagen, die dem Menschen an sich zukommen und ihm erst gegeben wären, wenn er in nachträglichen Sätzen darüber denkt und redet. Solche Sätze müßten vielmehr verstanden und begründet werden als transzendentale, d.h. als solche, deren Inhalt immer und überall im geistigen und freien Selbstvollzug des Menschen als unthematische Bedingung der Möglichkeit aller menschlichen Existenz mitvollzogen und mitgewußt wird, so daß dann diese transzendental dialogische Existenz im Gebet vorgelassen, in etwa thematisiert und auch in reflexer Freiheit angenommen werden kann und so das Gebet sich als Dialog zu verstehen vermag.

Wir haben aber so nur einen, den „transzendentalen" Aspekt des Gebetes genannt, durch den in einem ganz bestimmten Sinne das Gebet als Dialog verständlich wird. Wir müssen einen zweiten hinzufügen, durch den das landläufige Verständnis des Gebetes als Zwiegespräch sowohl eine wirkliche Berechtigung erhält als auch von mythologischem und mirakulösem Mißverständnis gereinigt wird. Wenn nämlich der Mensch dieses absolute, von Gott und seiner Freiheit herkünftige Offensein auf ihn hin (das das ursprüngliche Wort Gottes an den Menschen ist) bedingungslos und unverstellt annimmt, wenn es nicht verdeckt, verzerrt und mißbraucht ist durch einen freien Vorentscheid des Menschen zu ganz bestimmten kategorialen Inhaltlichkeiten seines Bewußtseins, dann ist (man gestatte einen vielleicht willkürlich erscheinenden Sprung der Gedanken) das gegeben, was Ignatius und Loyola „Indifferenz" und (wenn diese Indifferenz wirklich radikal frei vollzogen und durchgehalten wird) „Trost ohne vorausgehende Ursache" in den Exerzitien nennt.

Begegnet nun innerhalb einer solchen letzten dialogischen Freiheit ein bestimmter einzelner Wahlgegenstand, ohne daß er, auch nicht bei längerer spiritueller Erfahrung und Befragung, diese reine Offenheit auf Gott verstellt, verwirrt und einschränkt, wird er vielmehr als die Vermittlung erfahren, durch die dieses indifferente Offensein auf Gott in bedingungsloser Weggabe an ihn, also (umgekehrt) in bedingungsloser Annahme des Wortes Gottes, das wir selber sind, angenommen wird und aufrecht bleibt, dann kann und darf auch dieser kategoriale Wahlgegenstand (gleichgültig, wie er an sich selber innerweltlich und bedingt sein mag) als Moment an diesem dialogischen Verhältnis zwischen Gott und Mensch aufgefaßt werden, weil und insofern dieser Wahlgegenstand sich in das Ganze dieses dialogischen Gesprächs einfügt, ohne dessen grenzenlose und bedingungslose Offenheit zu gefährden oder aufzuheben. Rein innerweltlich und kategorial, sachhaft gesehen, kann dann ein solcher kategorialer Wahlgegenstand, zu dem sich der Mensch betend entscheidet, immer noch problematisch sein, sich vielleicht später, gemessen an den innerweltlichen Bedürfnissen und Strukturen des Menschen, als unzulänglich, vorläufig, überholbar, ja schädlich erweisen; er war doch die hier und jetzt beste Vermittlung dieser indifferenten, transzendentalen Offenheit, in der der Mensch sich als Wort Gottes zugesagt erfährt, und darum heilshaft Wille Gottes.

In solcher Logik der existentiellen Erkenntnis und Freiheit wird das Gebet auch in seiner kategorialen Einzelinhaltlichkeit dialogisch. Nicht einfach dasjenige, das mit einer gewissen überraschenden Plötzlichkeit und Unerwartetheit oder in sentimentaler Rührung im Bewußtsein auftritt, wird schon darum als Wirkung des Geistes und so als Anrede Gottes aufgefaßt, so daß es heute gegen eine nüchterne und skeptische Psychologie enthusiastisch hochstilisiert werden müßte. Wo vielmehr die partikuläre Wirklichkeit im Bewußtsein, zu der man sich entscheidet, als positive Vermittlung bestehen kann vor einer bleibenden und bedingungslosen Offenheit auf Gott hin (wir könnten auch sagen: vor einer unbedingten kritischen Freiheit), da darf ein solcher partikulärer Gegenstand als uns von Gott zugesagt verstanden werden in und mit jener grundlegenden Anrede Gottes an uns selbst, die wir selber sind und die wir im Gebet vernehmen und annehmen.

Es soll hier nicht behauptet werden, daß die beiden Aspekte, die wir eben am Gebet ganz kurz anzudeuten versuchten, den dialogischen Charakter des Gebetes adäquat konstituieren. Wir wären zufrieden, wenn man darin übereinstimmen könnte, daß wir wenigstens ein Stück weit den dialogischen Charakter des Gebetes verdeutlicht haben. Es ist hier natürlich auch nicht mehr möglich, die Konsequenzen eines solchen Verständnisses des Gebetes als Zwiesprache zu verdeutlichen. Wenn es vielleicht nun schwieriger zu sein scheint, als man üblicherweise denkt, das Gebet im Ernst und nüchtern als Zwiesprache mit Gott zu verstehen, und vor allem es in der Praxis so „entmythologisiert" als Zwiegespräch zu erfahren, dann soll damit nicht gesagt sein, daß der normale Gläubige in der unreflektierten Alltäglichkeit alle hier gesagten Überlegungen reflex vor sich haben müsse. Nach einem Durchgang durch solche Reflexion und Ernüchterung darf er in einer Art neuer Naivität das Gebet als Zwiesprache mit Gott erleben, weil es in Wahrheit eine solche ist.

20
Gemeinschaftliches Gebet

Mit anderen zusammen zu beten fällt heute im allgemeinen auch einem Christen nicht leicht. Er versteht zwar meist, daß es eine amtliche Liturgie der Kirche gibt und geben muß, in der viele zusammen beten, das Wort Gottes hören, Gott preisen, ihren gemeinsamen Glauben bekennen und das Gedächtnis des Todes und der Auferstehung Jesu feiern. Aber auch diejenigen, die diesen amtlichen Kult der Kirche gerne und wie selbstverständlich mitvollziehen und bei einem gut gestalteten Gottesdienst gerne mitmachen, werden ihn doch oft als etwas ganz anderes erleben denn als jenes Gebet, das aus der innersten Mitte des von Dank oder Not erfüllten Herzens zu Gott aufsteigt, als das Gebet des einzelnen, in dem er vor seinem Gott einsam niederkniet in Anbetung, in Lob, in Dank, in Bitte, ja sogar in verzweifelter Klage.

Aber können wir nicht auch so zusammen beten? Nicht als ob die große und heilige Liturgie der Kirche mit ihrer Feierlichkeit und heiligen Würde abgewertet werden sollte. Aber gibt es nicht außer dieser Liturgie des Volkes Gottes als eines solchen und außer dem Gebet des einsam verlassenen oder in mystischer Zwiesprache einsam in das Schweigen Gottes Entrückten nicht auch noch ein Gebet, das zwischen diesen beiden Extremen liegt? Wenn Menschen liebend in echter Vertraulichkeit miteinander einssein können, wenn sie so ihr Herz ausschütten können, sich ihre Not klagen, mit dieser Klage beim andern wirklich ankommen und von ihm getröstet werden können, kann es dann nicht auch möglich sein, daß solche Menschen auch miteinander beten und diese Möglichkeit der Gemeinschaft im Gebet als echten Vollzug ihrer Menschlichkeit und Zwischenmenschlichkeit erfahren?

Solches Gebet kann noch einmal die verschiedenste Gestalt haben. Es kann das schlichte und nüchterne Gebet – kurz und selbstverständlich – einer Familie sein, es kann das gemeinsame Vaterunser zweier Eheleute sein, die sich ihre Liebe und die Last, die sie sich gegenseitig auch sind, im Frieden eines Abends noch einmal ausdrücklich anvertrauen, und es kann das echt vollzogene und nicht bloß zeremonielle Gebet um die Erleuchtung des Heiligen Geistes in einer kleinen Basisgemeinde vor der Schriftlesung, in einem Pfarrgemeinderat vor der Beratung sein; wenigstens in früheren Zeiten hat man es noch als selbstverständlich empfunden, ein Schulgebet gemeinsam am Anfang des Unterrichtes zu sprechen oder den Heiligen Geist vor einer theologischen Vorlesung anzurufen; in alten Zeiten ging der Gastwirt in Tirol beim Angelusläuten in die Gaststube und betete mit allen Gästen den Engel des Herrn; bei einem Begräbnis werden wohl auch heute noch die Christen gemeinsam ein Vaterunser für die ewige Ruhe des Verstorbenen beten und so etwas weniger als amtliche Liturgie denn als ein persönliches Gebet empfinden.

Es soll damit nicht gesagt sein, daß nicht alles das, was so in einem persönlich-gemeinsamen Gebet lebt, nicht auch in der amtlichen Liturgie gegeben sein muß, wenn diese nicht bloß ein rituelles Geschehen, sondern in Wahrheit Gebet sein soll. Es soll nur gesagt werden, daß es wirklich über alle kirchenamtliche Liturgie hinaus ein wirklich persönliches Beten in Gemeinschaft geben kann und darin dann in Erscheinung und Vollzug tritt, was immer und überall das christliche Leben prägt, daß wir nämlich immer auch – ähnlich wie durch Christus – noch im persönlichsten Heilsvollzug mitgetragen sind von allen Gliedern des einen Leibes Christi, in dem wir sind und leben. In solchem Gebet in einer freien Gebetsgemeinschaft verwirklicht der Christ eine Grundtatsache seiner christlichen Existenz, daß nämlich die Liebe zu Gott und zum Nächsten eine unauflösliche Einheit bilden, daß die letzte Nähe zu Gott immer auch, ob man es reflektiert oder nicht, die letzte Nähe zum Nächsten schafft und umgekehrt.

Wie alles Gebet, so muß auch das gemeinsame Beten eingeübt und gelernt werden, darf nicht bloß einer augenblicklichen Gemütsstimmung oder einer plötzlichen Improvisation überlassen werden. Man muß das gemeinsame

Beten heute neu lernen, muß Erfahrung sich aneignen, daß Barrieren überwunden, verschlossene Türen geöffnet werden können und Menschen wirklich gemeinsam mit Gott reden können, jeder das Wort mithören und mitsagen kann, das der andere seinem Gott zu sagen wagt. Man muß nicht verlangen, daß solches gemeinsame Beten immer gleich gut gelingt, es darf, besonders am Anfang, ruhig als etwas mühsam und hölzern empfunden werden, es darf am Anfang oder auch noch später wie eine trockene Pflichtübung empfunden werden. Das macht nichts. Das große gemeinsame Gebet, das aus der Mitte vieler Herzen im Sturm des Heiligen Geistes aufsteigt, kann durchaus der Lohn eines mühsam getanen Gebetes in kleiner Gemeinschaft sein, so wie eine große Symphonie viel mühsames Miteinanderüben eines Orchesters voraussetzt. Aber welch seliges Wunder, für das wir uns doch bereiten sollen, wäre es, wenn Menschen in inniger Liebe verbunden in gemeinsamem Gebet Gott preisen, Gott danken, vor Gott zusammen weinen würden und so erfahren könnten, daß der eine, ewige Gott jeden ganz persönlich und einmalig liebt als Glied der heiligen Gemeinschaft aller Erlösten.

Wäre es nicht eine schwere und selige Aufgabe, solch gemeinsames Beten zu lernen? Liebende schämen sich nicht voreinander, lassen sich gegenseitig in das innerste Geheimnis ihres Lebens und Wesens ein. Warum sollten sie sich also schämen, gemeinsam zu beten? Man muß es versuchen und das gemeinsame Gebet als eine schwere und doch selige Aufgabe der christlichen Frömmigkeit anzunehmen.

21

Schriftlesung

Es hat zwar heilige Wüstenväter gegeben, die in der Radikalität ihres Verzichtens sogar die Heilige Schrift verschenkt haben. Wir brauchen sie dafür nicht zu tadeln, wir können ja annehmen, daß der Geist Gottes sie so erfüllt hatte, daß sie die ganze Schrift schon so inwendig hatten, daß sie ihren Buchstaben nicht mehr notwendig hatten. Im Sterben werden wir ja auch nicht mehr lesen können und müssen also, was wir in Gottes Wort geschrieben und gedruckt lesen, schon auf die Tafeln unseres Herzens geschrieben haben. Aber für das normale Christenleben eines Menschen, der kein Analphabet ist, gehört die Schriftlesung notwendig zu seinem geistlichen Leben.

Ein solcher Umgang mit der Schrift kann im Christenleben gewiß von sehr verschiedener Art sein. Dem einen wird für sein eigentliches christliches Leben eine wissenschaftlich exegetische Beschäftigung mit der Heiligen Schrift nützlich, ja notwendig sein. Den andern kann ein einzelnes Wort der Schrift so mitten ins Herz treffen, daß sein ganzes Leben dadurch verwandelt und der Gnade Gottes überantwortet ist, so daß dieses eine Wort unaufhörlich in seinem Leben widerhallt und er sonst nicht viel mehr in der Schrift lesen muß, in der schließlich alle Sätze im allerletzten dasselbe in uns erwecken wollen. Und zwischen diesen beiden Extremen einer geistlichen Schriftlesung, die der Auferbauung des inneren Menschen und der selbstlosen Liebe zu Gott und dem Nächsten dient, gibt es die verschiedensten Arten und Weisen, in denen ein Umgang mit dem Wort Gottes geschehen kann. Es ist auch durchaus verständlich und legitim, daß ein Christ je nach seiner Eigenart und Berufung ein verschiedenes Verhältnis zu den einzelnen Schriften des Alten und des Neuen Testamentes hat. Grundsätzlich weht aus allen Schriften nicht nur des Neuen, sondern auch des Alten Testamentes derselbe Geist Gottes, wenn wir diese einzelnen Schriften innerhalb der ganzen Offenbarung und von Jesus Christus her in der Kirche lesen. Aber dennoch ist es verständlich und berechtigt, wenn z.B. ein einfacher Christ diese und jene Schrift des Alten Testamentes so ungefähr beiseite läßt, selbst unter den Psalmen noch einmal eine Auswahl trifft, eher die Evangelien liest und darin Jesus nahekommt, als sich einen Zugang zu der manchmal schwierigen Theologie des hl. Paulus erkämpft.

Grundsätzlich gehört aber der Umgang mit den heiligen Schriften des Alten und des Neuen Testamentes zu einem christlichen Leben. Wir Menschen in unseren Gegenden haben doch lesen gelernt, wir lesen tagein, tagaus Zeitungen und Illustrierte, wir haben vielleicht sogar eine größere oder kleinere Sammlung von Büchern, bringen es sogar zu einer eigenen kleinen Bibliothek. Wie sollten wir uns dann davon dispensieren können, immer wieder die Heilige Schrift zu lesen, wenn doch zum Inhalt unseres Glaubens die Tatsache gehört, daß die heiligen Schriften unter der Inspiration des Heiligen Geistes Gott selber zum Urheber haben? Das genauere Verhältnis zwischen der göttlichen Urheberschaft und den menschlichen Verfassern, die wirklich Verfasser der heiligen Schriften und nicht nur Aufnehmer eines göttlichen Diktates sind und darum ihre ganze menschliche Geschichte und Eigenart in diese Schriften einbringen, mag dunkel sein und dem einfachen Leser der Heiligen Schrift auch immer wieder Schwierigkeiten machen. So bleibt es doch dabei, daß wir das Wort Gottes selber in den Schriften lesen, wenn wir sie so lesen, wie sie gelesen werden müssen. Wenn nämlich der Vorgang solcher Lesung wirklich getragen ist von der inwendigen Gnade Gottes, vom Heiligen Geist, der uns gegeben ist und diese Schriften inspiriert hat, dann vernehmen wir in der Schrift nicht nur Reden über Gott, sondern Gottes Wort selber an uns. Ein Christ also sollte sich immer wieder fragen, ob der Glaube an die Schrift als Wort Gottes in seinem Leben und nicht bloß in seiner theoretischen Glaubensüberzeugung eine Wirklichkeit ist.

Man darf gewiß auch andere geistliche Schriften lesen, die nicht im selben Sinne wie die Heilige Schrift Wort Gottes an uns sind. Sie können uns gewiß für unser geistliches Leben nützlich sein, besonders wenn sie (was wiederum in der verschiedensten Weise möglich ist) Auslegung der Schrift sind. Aber ein Christ sollte keine so törichte Bescheidenheit in sich hegen, daß er meinte, er könne sich nicht unmittelbar von Gott durch sein eigenes Wort den entscheidenden Zuspruch für sein eigenes Leben sagen lassen und müsse sich mit den abgeleiteten Reden der Prediger und der religiösen Schriftsteller begnügen. Er braucht diese zwar gewiß nicht zu verachten, weil das, was sie sagen, ja gerade auch der Widerhall und die Aufnahme des Wortes der Schrift ist und er gewiß nicht in einem spirituellen Solipsismus verachten darf, was seine Brüder aus der Schrift unter dem Beistand des göttlichen Geistes gelernt haben. Aber auch der durchschnittliche Christ hat das Recht und die Pflicht, sich an die Schrift selber zu wagen. Wer sie demütig und selbstkritisch liest, wer dabei sein eigenes Verständnis immer gelehrig einfügt in das Schriftverständnis der ganzen Kirche und auch ihres in Schrift bewahrenden und auslegenden Lehramtes, der kann wirklich aus der Schrift selber das Wort Gottes für sich und sein Leben hören, auf dem er im Leben und Sterben gegründet ist.

Man muß die Schrift natürlich wirklich reden lassen, in der Stille und Einsamkeit und vielleicht auch dort, wo ihre Unerbittlichkeit mitten im Lärm unseres Lebens leise und doch unüberhörbar spricht. Man muß, so sehr man bei der Schriftlesung dem Lärm unseres oberflächlichen Alltags Schweigen gebieten muß, doch sein eigenes Leben mit all seiner dunklen und hellen Vielfalt in die Schriftlesung einbringen. Schon J.A. Bengel hat 1734 gesagt (fast unübersetzbar): „Laß dich ganz auf den Text ein und eigne, was er sagen will, ganz dir selber an (Te totum applica ad textum; rem totam applica ad te)". Man muß immer wieder die Schrift lesen, selbst wenn eine solche Wanderung wie durch leere Wüsten zu führen scheint. Plötzlich begegnen sich dann doch immer wieder die eigene Lebenssituation und ein Wort der Schrift und erhellen sich gegenseitig; gegenseitig: weil wir uns einerseits wirklich vom Wort Gottes etwas sagen lassen sollen und anderseits eben doch der Geist, von dem dieses Wort erfüllt ist, schon verborgen in unserer eigenen Lebenssituation inwendig ist.

Es ist bei der Heiligen Schrift nicht so wie bei einem beliebigen Buch sonst. Meist kann man ein solches Buch einmal lesen und man hat es dann ausgelesen und legt es beiseite. Weil die Heilige Schrift nicht nur Zeugnis einer religiösen Menschheitserfahrung ist, die die eines einzelnen Menschen immer übersteigt, sondern durch das Wort Gottes selber ist, der sich herabließ, in seiner eigenen Unendlichkeit und Unbegreiflichkeit sich in diesen Menschenworten mitzuteilen, darum kann man die Heilige Schrift nie auslesen und beiseite legen. Wäre sie nur menschliches Wort von endlicher Begrifflichkeit und geschichtlicher Bedingtheit (was sie gewiß auch ist), wäre in ihr nicht das Wunder der Herablassung Gottes selbst in unsere Enge geschehen und bei der Lesung immer wieder neu Ereignis werdend, dann könnte man gewiß die Schrift auslesen. Sie ist aber die unerschöpfliche Quelle unseres geistlichen Lebens. Man muß die Schriftlesung üben, man muß lernen, all die Hilfsmittel für die Schriftlesung zu verwenden, die einem angeboten werden und auch zu den eigenen Möglichkeiten passen. Man muß Trägheit und Gelangweiltheit immer wieder überwinden. Man kann versuchen, zusammen mit einigen anderen die Schrift zu lesen und so zu erfahren zum eigenen Segen, wie das Schriftwort bei anderen lebendig wird und Frucht bringt. Man kann sich den Segen eines demütigen und geduldigen Lesens der Schrift nicht von außen andozieren lassen. Man muß die Schrift immer wieder lesend hören wollen. Dann wird man ihre Kraft erfahren und merken, daß ihre aufmerksame Lesung ein unersetzbares Stück geistlichen Lebens ist.

22

Mission aller Christen

Die Kirche als ganze in allen ihren Gliedern hat eine missionarische Aufgabe, weil mit der Einheit von Gottes- und Nächstenliebe, bei dem inkarnatorisch-geschichtlichen Charakter der Gnade und des Heiles, bei dem ausdrücklichen Sendungsbefehl Christi, der Berufung aller Völker zur Kirche und dem national nicht mehr begrenzten Heil, beim Zeugnischarakter des gläubigen Lebens die christliche Existenz als solche selbst gar nicht vollzogen werden kann, ohne daß sie in irgendeinem Umfang missionarisch ist.

Kein Glied des mystischen Leibes Christi lebt für sich allein, jedes hat eine Dienstfunktion für die anderen Glieder, auch für die noch „potentiellen", weil auch diese durch Inkarnation und den allgemeinen Heilswillen Gottes eine wahre, in gewissem Sinne auch schon aktuelle Beziehung zu jenen Gliedern der Kirche haben, die ihr schon in allen Dimensionen ihres Lebens und denen der Kirche angehören. Somit eignet zunächst *allen Christen* eine missionarische Vollmacht und ein missionarischer Auftrag.

Natürlich wird die missionarische Funktion vielleicht der meisten Christen konkret keine unmittelbar greifbare Beziehung zum Missionswerk der Kirche im eigentlichen unmittelbaren Sinne haben außer dadurch, daß sie eben als lebendige Glieder zum Leben und Wirken der einen Kirche beitrage, die unmittelbar und konkret missioniert. Das ändert aber nichts an der grundsätzlichen Hinordnung jedes christlichen Daseins auf die Missionsaufgabe der Kirche. Diese grundsätzliche Hinordnung kann aber je nach den konkreten Lebenssituationen, dem unmittelbaren Anruf durch die amtliche Kirche, dem inneren individuellen Gnadenanruf des einzelnen auch konkreter aktualisiert werden, und zwar auch in eigentlich übernatürlich sittlicher Verpflichtung zu konkreten Vollzügen des christlichen Lebens, wie im ausdrücklichen, privaten und liturgischen Gebet für die Mission, in konkreten Sachleistungen für sie, in der Übernahme einer persönlichen Berufung zu unmittelbarem Leben (z.B. auch in einem kontemplativen Kloster in der Mission) und zu einem unmittelbaren Wirken, sei es als Laie, als Diakon oder als Priester, sei es einzeln, in einer Religionsgemeinschaft oder in einem Säkularinstitut.

23

Buße und Beichte

1. Die Buße ist nach dem Evangelium und nach der Lehre der Kirche im Sinne der stets neu notwendigen Metanoia (Umkehr), die nicht so sehr einen Einzelvollzug als vielmehr eine alles bestimmende Grundhaltung des christlichen Daseins besagt, eine Gnade Gottes und ein Auftrag des Menschen als einzelnen und der Kirche als ganzer.

Man muß sich fragen, ob beim einzelnen diese bleibende Metanoia, die doch grundsätzlich Veränderung der Gesinnung *und* der äußeren Lebensgestaltung samt den Institutionen besagt, nicht in eine zu individualistische Heilsabsicherung verengt ist und ob sie nicht bei der Kirche als ganzer zu sehr zu einem Aggiornamento mißdeutet wird, das zwar notwendig ist, aber die Radikalität des immer neuen kirchlichen Aufbruchs der Metanoia nicht einholt.

2. Diese Situation im heutigen Leben des einzelnen Christen und der Kirche wird dadurch erschwert, daß das Verständnis dessen, was christlich mit Sünde und Sündenvergebung gemeint ist, neu gewonnen und neu eingeübt werden muß, damit der Versuchung des heutigen Menschen, sein Verhältnis zu Gott als Sünder durch Berufung auf seine genetische, psychologische, gesellschaftliche Bedingtheit und Endlichkeit zu entlasten, am rechten Ort und in der richtigen Weise begegnet werden kann. Denn diese Entlastungen sind in sich berechtigt, heben aber die radikalere Grunderfahrung, auf die Gnade Gottes als Sünder verwiesen zu sein, nicht auf. Aber die Kirche muß erkennen, daß sie hier vor neuen Aufgaben steht, die sie in ihrer Verkündigung und Katechese und mystagogischen Einweisung in religiöse Grunderfahrungen noch nicht genügend wahrnimmt.

3. Der Dogmatiker muß deutlich betonen (ähnlich wie hinsichtlich des Gottesdienstes), daß es eine Verkürzung des christlichen Daseinsverständnisses und der Theologie wäre, wollte man den Vorgang der Buße (als Metanoia) im Leben des Christen, soweit sich dieser Vorgang in den

kirchlichen Bereich erstreckt oder gar überhaupt, auf den Empfang des Bußsakramentes als Einzelbeichte beschränkt halten. Echte Begebnisse der Selbstkritik, der „Revision des Lebens", des Eingeständnisses seiner Schuld, der Bitte um Verzeihung (wo sie nicht zum billigen Entlastungsvorgang und gesellschaftlichen Trick depraviert wird), der Ablehnung gesellschaftlicher Gegebenheiten und Institutionalismen, mit denen man bisher, selbst aus ihnen Vorteile ziehend, sich identifiziert hat, das Bekenntnis zu einer gesellschaftlich sich äußernden „Bewegung", gegen die man sich bisher aus Trägheit oder Egoismus versperrt hat, die Bereitschaft, sich mit jenen harten Wahrheiten in der eigenen Existenz zu konfrontieren, die einem heute der geschärfte Blick einer Psychologie und Tiefenpsychologie über die eigene Kontaktarmut, über seinen Egoismus, seine falsche Introvertiertheit, über Pseudoformen des Religiösen, über falsche Tabuisierung des Geschlechtlichen und so fort sagen kann, – solche und viele andere Vorgänge einer Umkehr und eines Durchbruchs in der menschlichen Reifung und der Übernahme der eigenen zwischenmenschlichen und gesellschaftlichen Verantwortung können ebenso Heilsereignisse der Metanoia sein, vorausgesetzt, daß sie sich (mehr oder weniger thematisch) vor Gott geschehend wissen und sich (ebenfalls mehr oder weniger thematisch) als von Gott her gegeben, als Gnade der Vergebung und Lebensspendung erfahren. Insofern ist der Abbau (individuell und kollektiv) von klischeehaften und erstarrten Formen dessen, was mit Buße eigentlich gemeint ist, grundsätzlich durchaus als legitimer Prozeß zu betrachten, der selbst nochmals ein Stück Metanoia ist.

4. Auch das Sakrament der Buße selbst kann einem bloß legalistischen oder gar letztlich magischen Mißverständnis nur entgehen, wenn es verstanden und vollzogen wird als eine bestimmte Konkretisation dieser Metanoia im Raum der Kirche. Je deutlicher und überzeugender es diese Konkretisation *aller* dieser Dimensionen der Buße ist und nicht nur der Versuch einer bloßen Bereinigung eines einzelnen sündigen Begebnisses in der Vergangenheit, um so

mehr hat das Sakrament Aussicht, auch heute noch geschätzt und geübt zu werden.

5. Es entspricht nicht nur dem heute notwendigen Verständnis für die soziale Dimension des Menschen, sondern auch der Lehre des II. Vaticanum, wenn die ekklesiologischen Aspekte der Sünde und Sündenvergebung ursprünglich gesehen und realisiert werden. Das müßte nicht nur theoretische Ideologie anläßlich des faktischen Empfangs des Sakramentes sein, sondern sich auch in der konkreten Gestalt des Sakramentes selbst verdeutlichen. Von da aus ist eine innere Einheit zwischen Bußandacht und Einzelsakrament ersichtlich, nicht bloß deren Konkurrenzverhältnis.

6. Die theologisch seit Thomas von Aquin einhellige Interpretation der vom Vierten Laterankonzil vor ungefähr 750 Jahren allgemein erlassenen jährlichen Beichtverpflichtung ist auch im Katechismusunterricht und in der religiösen Volkspädagogik nicht zu verschweigen. Diese Interpretation besagt, daß die jährliche Beichtpflicht nur dann als eigentliches Kirchengebot menschlichen Rechtes besteht, wenn sakramental der Vergebung Gottes noch nicht anheimgegebene Sünden vorliegen, die objektiv *und subjektiv* – also unter beider Rücksicht – solche Sünden sind, die biblisch gesprochen, vom Reiche Gottes ausschließen (Gal 5,21; 1 Kor 6,9 usw.). Natürlich bezieht sich die Pflicht, solche schweren Sünden dem sakramentalen Vergebungszuspruch der Kirche zu unterstellen, vom Wesen der Sünde, der Kirche und des Bußsakramentes her auf die so verstandenen „schweren Sünden", auch unabhängig von dem kirchlichen Gebot menschlichen Rechtes, insofern die Vergebung Gottes hinsichtlich dieser Sünden grundsätzlich irgendeinmal im Leben des Sünders durch den Akt der Kirche eine heilsgeschichtliche, sakramentale und kirchengesellschaftliche Erscheinung finden muß. Aber die bestimmte zeitliche Fixierung, innerhalb derer diese grundsätzliche Pflicht aktuell wird, ist menschlichen Rechtes in der Kirche, die – grundsätzlich gesehen – sogar auch aufgehoben werden könnte und die – wie alles menschliche Recht – in der Kirche so ausgelegt und ange-

wendet werden muß, daß es dem Heil und nicht dem Verderben des Menschen dient.

7. Entgegen einem Trend in der Moraltheologie der letzten Jahrhunderte (mindestens seit der nach nachtridentinischen Zeit, vielleicht aber schon seit den irischen, angelsächsischen und merowingischen Bußbüchern) besteht kein Grund dafür – weder dogmatisch noch religions- und volkspädagogisch, weder hinsichtlich des Umfangs der objektiven *materia gravis* noch hinsichtlich der Präsumtion des Umfanges der subjektiv als schwer getanen Sünden – jenem Rigorismus zu folgen, der in der Moraltheologie und der Praxis des Bußsakramentes vorherrschend war. Ein solcher Rigorismus, sowohl in der Bestimmung des Umfangs der *materia gravis* wie auch in der Präsumtion, der Verstoß gegen eine *materia objective gravis* bedeute in normalen Christenmenschen mehr oder weniger immer auch eine subjektiv schwere Schuld, ist theologisch nicht zu beweisen. Die Präsumtion, daß es bei Christen, die grundsätzlich ein kirchlich-christliches Leben praktizieren, subjektiv dennoch sehr viel schwerere und also der strengen Beichtpflicht unterworfene Sünden gibt, ist auch eine Position, die durchaus bezweifelt werden kann.

Von da aus wäre die Häufigkeit der wirklich im strengen Sinn beicht*pflichtigen* schweren Sünden innerhalb eines ernsthaft christlich leben wollenden Kirchenvolkes zu beurteilen. Allerdings müßte man entsprechend der Erfahrung der Kirche in der patristischen und frühmittelalterlichen Zeit bedenken, daß, wenn nur solche Sünden dem Bußsakrament unterstellt würden, mindestens bei der heute üblichen Gestaltung des Empfanges des Bußsakramentes die Beichte solcher Sünden psychologisch sehr erschwert, wenn nicht praktisch bis mindestens auf das Sterbebett unmöglich gemacht würde. Von daher (von anderen psychologischen und ähnlichen Gründen schon abgesehen) ist eine primitive und indiskrete Propaganda der Meinung, daß nur solche absolut beichtpflichtigen Sünden in der Einzelbeichte gebeichtet werden sollen, zu verwerfen. Der Empfang des Bußsakramentes in der Einzelbeichte hat auch heute noch unter den nötigen Voraussetzungen, die allerdings deutlicher gesehen werden müßten, sein Recht und seinen Segen, auch wo nicht absolut beichtpflichtige Sünden gegeben sind. Gerade wenn man eine zu selbstverständliche Unterscheidung zwischen schweren und läßlichen Sünden, wie sie in der durchschnittlichen Moraltheologie und kirchlichen Praxis üblich ist, aus Gründen, die hier nicht dargelegt werden können, als zu problemlos und legalistisch empfindet (auch wenn irgendeine solche Unterscheidung richtig und unentbehrlich ist), dann hat man erst recht keinen Grund (außer man leugne das Bußsakrament selbst, was nicht einmal die Confessio Augustana getan hat), dafür Propaganda zu machen, daß *nur* auch subjektiv sicher schwere Sünden der Einzelbeichte unterstellt werden. Allerdings ist die *Vermeidung* einer solchen Propaganda nicht darauf angewiesen, so zu tun, als ob jeder Christ eine strenge Pflicht vom Kirchengebot her habe, wenigstens einmal im Jahr zur Einzelbeichte zu gehen, auch wenn er sich keiner schweren Sünde bewußt ist.

8. Es scheint mir auch heute sicher zu sein, daß nach der Lehre des Trienter Konzils die Pflicht zum Empfang des Bußsakramentes bei objektiv und subjektiv wirklich schweren Sünden sich auf die Einzelbeichte bezieht, die in diesem Falle nicht durch eine Bußandacht allgemeiner Art ersetzt werden kann, auch wenn diese als sakramentale gewollt und gestaltet wird, und eine solche Absolution sakramentaler Art auf ein bloß allgemeines Bekenntnis hin eventuell mit oder ohne Veränderung des positiven Kirchengebotes die Aktualisierung der Pflicht der Einzelbeichte legitim hinausschieben kann.

Wird der wirkliche Umfang der objektiv und subjektiv schweren Sünden nicht durch einen sinnlosen Rigorismus willkürlich ausgedehnt, so ist bei einer menschlich und liturgisch richtigen Gestaltung des Empfanges des Bußsakramentes die tridentinische Forderung der Einzelbeichte auch bei Aufrechterhaltung des Kirchengebotes des Vierten Laterankonzils menschlich, religiös, liturgisch und pastoral durchaus auch heute noch vertretbar. Allerdings auch nur unter diesen Voraussetzungen. Werden freilich diese Voraussetzungen nicht erfüllt, ist ein Rückgang der Einzelbeichte vorauszusehen, der die Grenzen des dogmatisch Verpflichtenden und des christlich-menschlich und seelsorgerlich Richtigen überschreitet. Damit ist nicht geleugnet, daß es auch einen Rückgang der Häufigkeit der Einzelbeichte gibt, der epochal bedingt ist und in einem gewissen Wandel des Verhältnisses des Christen zum Sakrament überhaupt, in der Komplexheit des menschlichen Lebens, für das im Beichtstuhl weniger leicht Rat zu holen ist als früher, in einem Wandel des Verhältnisses zwischen Seelsorger und Christ und in ähnlichen Ursachen begründet ist, die wir hier nicht aufzählen können.

9. Die allgemeine Bußandacht sollte nicht als ein Ersatz für die Einzelbeichte empfunden und gewertet werden, der die Vergebung billiger und technisch handhabbarer macht. Wo sie nur *so* im religiösen Empfinden des Durchschnittschristen gewertet wird, braucht sie nur noch den Reiz der Neuheit zu verlieren, dann hat sie die Gewohnheit der Einzelbeichte verdrängt und wird selber auch nur selten praktiziert werden. Die Bußandacht kann vom Wesen der Sünde, von der gesellschaftlichen Bedingtheit und Auswirkung der Sünde her, vom Wesen der *ecclesia semper poenitens* (der immer büßenden Kirche) her durchaus eine eigenständige Form der Buße in der Kirche sein. Sie kann sowohl dem einzelnen unter Umständen bei guter Weise der Durchführung eine größere Hilfe für eine personale Metanoia sein als die Einzelbeichte, der wegen der an sich gegebenen Zahl der Poenitenten, der Belastetheit des heutigen Klerus, seiner psychologischen, psychotherapeutischen und nicht selten auch religiös geringen Erfahrung für eine Mystagogie in eine echte Metanoia oft wenig echt religiöse Bedeutung zukommt. Unter den nötigen sonstigen Voraussetzungen und unter dem oben schon gemachten Vorbehalt hinsichtlich der Beichtpflicht wirklich auch subjektiv schwerer Sünden kann eine priesterliche Absolution auf ein allgemeines Bekenntnis der Gemeinde hin für den einzelnen durchaus sakramentale Bedeutung haben.

Ich glaube eigentlich nicht, daß dieser sakramentale Charakter fehlen kann, wenn der Priester, der die Vergebung Gottes als Vertreter der Kirche zuspricht, ernsthaft meint, was er sagt. Ein solcher sakramentaler Charakter der Absolution scheint mir auch dann vorhanden zu sein, wenn der die Bußandacht leitende und der Gemeinde die Vergebung zusprechende Priester die Sakramentalität seines Tuns nicht ausdrücklich reflektiert, ja sogar vielleicht meint, sie ausschließen zu können. Eine ausdrückliche Erklärung des sakramentalen Wesens durch die amtliche Kirche wäre wünschenswert, diese Ausdrücklichkeit der Erklärung scheint mir aber keine notwendige Bedingung dafür zu sein, daß diese Bußandacht sakramentalen Charakter hat.

10. Diese Bußandachten dürften aber nicht oder nicht bloß, beinahe im Stil einer „sensitivity group" oder der Heilsarmee oder irgendeiner Pfingstbewegung, die gemeinsame Pflege eines letztlich doch bloß individualistisch empfundenen Bekehrungs- und Reinigungserlebnisses sein, sondern müßten das säkulare Ethos einer wirklich effizient werdenden Verantwortung der einzelnen innerhalb einer Gesellschaft als solcher aufgreifen und christlich umgreifen. So könnten sie wirklich die konkrete Erscheinung des Selbstvollzugs der Kirche als der immer neu zu wahrer Metanoia aufgerufenen werden, zu einem Selbstvollzug, in dem deutlicher, als Thomas von Aquin es sich schon denken konnte, die Kirche als konkrete, wenn auch durch das Amt strukturierte Gemeinde auch zur sakramentalen Trägerin der Erscheinung der Umkehr der Menschen und der Vergebung Gottes wird und die kirchliche Buße so wirklich auch zur Buße der Kirche selbst wird. Allerdings erhebt sich dann auch sofort die Frage, *wie* eine Gemeinde sein müsse, damit sie wirklich echt die Trägerin dieses Vollzugs der Metanoia werden könne.

24 Sünde, Schuld, Grundentscheidung

In unserem geistlichen Leben sind wir immer in Gefahr, daß wir einen ungeheuren, komplizierten Apparat an Terminologie, an stereotypisierten Formeln und Begriffen, Gesichtspunkten aszetischer Art, moralischer Wertung haben, welche uns den nüchternen Blick auf die Wirklichkeit verstellen. Wir reden von vielen Tugenden, von Sünden und allem möglichen anderen und haben dabei von vornherein eine bestimmte Vorstellung, was das sei, wie das aussieht, so daß wir dann nur sehr schwer merken, was nun eigentlich gemeint ist.

Bevor wir die Sünde in unserem Leben bedenken können, müßten wir eine Betrachtung über unser Leben in einer nüchternen, realistischen Weise machen und uns dabei zunächst einmal vor jeder moralischen Abstempelung hüten, damit wir unsere Wirklichkeit zu Gesicht bekommen. Fragen wir nicht: Bin ich demütig oder hochmütig? Liebe ich Gott oder nicht? Bin ich ein zu allen Opfern in der Liebe Christi bereiter Mensch, oder bin ich das nicht? Sondern fragen wir: Was mache ich eigentlich in meinem Leben? Was tue ich? Was für ein Mensch bin ich, wenn ich das, was ich bin, einmal mit den nüchternen Termini eines Ungläubigen, eines Psychologen, eines Mannes, der einen Test mit einem anderen macht, beschriebe? Blicken wir in unsere Umgebung hinein, nicht um sie zu beurteilen oder zu verurteilen, sondern nur um eine Technik unserer eigenen Selbstkritik auf diese Weise leichter herauszubekommen. Finden wir da nicht viele Menschen, von denen wir überzeugt sein müssen, daß sie durchaus den Willen haben, den Geboten Gottes zu gehorchen und daß sie dies im großen und ganzen tun – und von denen wir dennoch den Eindruck haben: In diesem Leben stimmt furchtbar vieles nicht. Es nützt dann nichts, wenn wir sagen: Da handelt es sich gar nicht um Sünde; es handelt sich um Veranlagungen, um Eigentümlichkeiten, um Unvermögen in dieser oder jener Hinsicht, das alles noch vor einer moralischen

Stellungnahme und Beurteilung liegt. Dieser Mensch ist eben so, er springt nicht über seinen Schatten, er merkt vielleicht gar nicht, wie kontaktlos er ist, wie er sich unterschätzt oder überschätzt. Er bekommt es nicht in den Griff, daß er seine Leistung auf einem Feld sucht, wo sie nicht zu finden ist; er merkt nicht, daß er sehr bequem ist, er empfindet es nicht als ein moralisches Problem, daß er in Bequemlichkeit in ein spießbürgerliches Leben versunken ist, daß aus der Sicht eines modernen Psychologen tausend Ersatzhandlungen – moralisch zunächst unanfechtbarer Art – vollzieht, in denen er in einer kaum empfehlenswerten, schlechten Weise in seiner Einsamkeit mit seinem Mißerfolg fertig wird. Solche nur eben angedeuteten Dinge gibt es sehr viele. Nämlich und noch einmal: daß das Leben eines bestimmten Menschen, menschlich und von der Sache her gesehen, von der Lebensbewältigung her gesehen, sogar (sagen wir das nüchtern und ernst) vom Lebenserfolg her, sehr viel zu wünschen übrigläßt und dennoch der Betreffende der Meinung ist, daß seine moralische Rechnung vollkommen in Ordnung ist.

Natürlich ist es klar, daß eine solche lebensrealistische Betrachtung, die auf den Erfolg, auf die innere Gelockertheit eines Menschen, auf seine Freude am Leben, auf seinen Kontakt mit den übrigen Menschen, kurz: auf die irdische Bewältigung des Lebens blickt, und eine Betrachtung, die fragt, wie ein solcher Mensch vor Gott steht, sich nicht adäquat zur Deckung bringen lassen. Es ist sogar selbstverständlich, daß man sich sehr täuschen würde, wenn man versuchte, diese beiden Dinge einfach als zwei verschiedene Ausdrucksweisen ein und derselben schlechthin identischen Sache zu betrachten. Es wäre nicht nur ungerecht, sondern man brächte auch kein echtes, radikal christliches Verständnis für das Leben auf. Anders ausgedrückt: selbstverständlich gibt es menschliche Unzulänglichkeiten, Verbiegungen, Armseligkeiten, Blindheiten, Fehlhaltungen gegenüber der Aufgabe des Lebens, die wirklich nichts mit dem zu tun haben, was ein Mensch sittlich – vor Gott beurteilt – ist. Aber in unserem normalen, durchschnittlichen religiösen Leben liegen diese beiden Betrachtungsweisen zu weit auseinander. Sie liegen auch theoretisch zu weit auseinander. Denn es bleibt dogmatisch, moraltheologisch, philosophisch eben doch wahr, daß das Richtige, das Sachgemäße, das der menschlichen Natur Entsprechende, das im Einklang mit der Wirklichkeit besteht und damit auch im Einklang mit Gott steht, das Moralische ist. Es bleibt, dogmatisch gesehen, durchaus richtig, daß auch jene objektiven, der Freiheit des Menschen vielleicht entzogenen Verbiegungen, jene törichten Auffassungen, jene falschen Gewohnheiten, jene Endlichkeiten der Veranlagung in irgendeinem Sinne eben doch das Nichtseinsollende sind. Wenn ich sehe, der und jener ist im Grunde genommen faul, er nützt seine Talente nicht aus, er geht nicht an seine Aufgabe mit der Kraft, Radikalität und Anstrengung, mit der ein Mensch in der Welt sich in seinem Beruf engagiert, wenn er etwas leisten und sein Brot verdienen will, dann ist das Problem nicht dadurch gelöst, daß ich sage: Der Arme kennt seine Lage nicht, er weiß nicht um sie, er meint es gut, irgendwo ist er doch mindestens sachlich, obgleich objektiv blind für eine Möglichkeit und Chance seines Lebens. Es erhebt sich dann doch die Frage, ob diese Blindheit solchen realistischen Lebenschancen gegenüber wirklich schuldlos ist. Wenn der Betreffende ein gutes Gewissen hat, ist es vielleicht nur ein scheinbar gutes Gewissen, hat er vielleicht auf die innerste Überzeugung im Kern seiner Person eben doch so viel Schutt von Ausreden, von Kapitulationen in seinem Leben, von Feigheit, von billigen Ausreden gehäuft, daß er nun meint, es sei alles in Ordnung.

Bevor wir sagen, wir sind Sünder, müßten wir nüchtern unser Leben nach den Maßstäben sehen, die Menschen von heute anwenden. Die Kontaktschwäche, die Introvertiertheit, die Ängstlichkeit, die Traumata, über die man nicht hinwegkommt – diese und tausend andere Aspekte müßten wir in einer sachlichen Betrachtung unserer eigenen Person erst beachtet haben, bevor wir fragen könnten: Was hat denn das mit der Sünde zu tun? Dann erst könnten wir fragen: Wo sind die Punkte, die im Grunde sündige Wurzeln unseres eben so realistisch gesehenen Zustandes sind?

Dasselbe gilt von der Gefahr des Scheiterns unseres Lebens. Wenn wir von vornherein sagen: Wir sind Menschen, die in der Lage sind, sündigen zu können, dann besteht wieder die Gefahr, die eigentlichen Sünden zu übersehen. Fragen wir einmal moralisch: Wo, worin, wodurch kann mein Leben mit seiner Aufgabe, mit seinen Möglichkeiten scheitern? (Ganz gleich, ob dieses Scheitern nun eine Sache wäre, für die wir nichts können oder für die wir etwas könnten – das ist dann ein weiteres Problem.) Zuerst müßte man in einer noch vormoralischen Betrachtung erkennen, wo eine solche Gefahr des Scheiterns liegt. Kommt sie von der Gesundheit, von meiner Dummheit, von meiner schlechten Begabung, die nur sehr schwer dem gewachsen ist, was ich leisten sollte? Kommt sie von irgendwelchen anderen Bedrohungen meines Lebens, ganz egal, ob sie moralisch oder unmoralisch sind oder mit Moral nichts zu tun haben? Bin ich in Gefahr einer spektakulären Katastrophe? Es gibt die Gefahr eines spektakulären Scheiterns. Mindestens ebenso bedenklich ist die Gefahr einer trostlosen, langsamen, aber sicheren Versandung unseres ganzen Lebens: die Gefahr des Spießbürgertums, daß man eigentlich nicht mehr an eine persönliche Leistung glaubt, daß man kapituliert. Natürlich gibt es eine Kapitulation, die jedem Menschen aufgegeben ist: Er wird alt, er wird krank, er wird müde, er geht dem Tode entgegen. Es gibt auch wirkliches Scheitern, eine ausweglose Situation, die die eigentliche, vielleicht von Gott uns auferlegte und abgefragte Leistung unseres Lebens ist. Warum soll es das nicht geben? Es kann einer auf einen Platz in der Kirche berufen werden, der wirklich nicht seiner wäre, wo er auch beim besten Willen und mit heroischer Anstrengung, rein menschlich, innerweltlich gesehen, nicht viel aus seiner Situation herausholen kann. Solche Dinge – wir nennen sie dann richtig, aber auch etwas schnell: das Kreuz Christi! – gibt es. Bevor wir an solche Dinge denken, könnten wir uns in dieser nüchternen Lebensrealistik fragen: Wo besteht vor aller moralischen Beurteilung die Gefahr, der positiven, echten, möglichen, erreichbaren Lebensaufgabe gegenüber zu versagen? Ein solches Versagen muß nicht gleich als Sünde qualifiziert werden. Die Frage ist nicht so sehr: Ist das Sünde oder nicht? sondern: Wie vermeide ich so etwas? Wenn ich dieser Aufgabe gegenüber nur die moralische Forderung erhebe: Tue das, dann ist damit nicht viel gewonnen.

Geben wir ehrlich zu: Wir predigen und lassen uns von anderen viel zu viele moralische Imperative und Axiome predigen, und viel zuwenig stellen wir uns und anderen gegenüber die Frage: Wie mache ich es, daß ich das erfülle, was von mir gefordert ist, und wie vermeide ich, was ich zu vermeiden habe?

Es ist eine altmodische, jedenfalls törichte Meinung, daß der Mensch ohne weiteres wisse, wie er es anstellen muß, und daß nur darin das Problem liege, ob er wolle oder nicht. Natürlich steht jeder Mensch in der ursprünglichen, geistigen Freiheit seiner Person auch vor Entscheidungen: Willst du, oder willst du nicht? Vor der Entscheidung: Willst du diese Norm Gottes respektieren oder nicht? Willst du den Sprung wagen, oder willst du ängstlich an dir festhalten und dich dieser Aufgabe versagen? Aber: wenn der Beichtvater sagt: Sei in der Betrachtung nicht zerstreut, kämpfe dagegen! – dann ist mir damit noch nicht gesagt, wie ich das nun anpacken soll. An einem solchen Beispiel wird klar, daß auch die Weise, wie man einer sittlichen Forderung seines Lebens konkret gerecht werden muß, eine eigene, eine sehr inhaltliche Frage ist, die zu unterscheiden ist von der Frage, welche sittlichen Forderungen mir auferlegt sind. Dieses „Wie" bezieht sich unmittelbar gar nicht wieder auf eine moralische Kraftanstrengung oder so etwas, sondern auf eine konkrete Weise, auf eine – man möchte sagen – Geschicklichkeit, auf ein vernünftiges praktisches Wissen, wie man so etwas macht. Dem Kontaktschwachen nützt es nichts, wenn man ihm sagt: Interessiere dich für die Mitmenschen, habe ein Herz voll Liebe für die anderen. Dem Ängstlichen nützt es wenig, wenn man sagt: Sei mutig und wage etwas. Die Aufgabe vielmehr lautet: Betrachte deine Situation einmal nüchtern in einer Perspektive, unter einer Kategorie und Terminologie, die dein Leben bis zu einem gewissen Grad aszetisch entmythologisiert und dann wirklich erlaubt, die Dinge zu sehen, wie sie sind. Danach kannst du fragen: Wie werde ich mit diesen Dingen fertig?

Wenn wir unser Leben aszetisch so entmythologisiert haben, können wir weiterfragen: Wo stecken die Sünden unseres Lebens? Oder vorsichtiger: Wo lauern Gefahren zur Sünde? Dann können und müssen wir sagen: Die Sünde, theologisch verstanden, ist eine Wirklichkeit in meinem Leben. Sie ist eine Tatsache, sie ist eine bleibende Möglichkeit, sie ist immer eine Gefahr, sie ist immer etwas, was ich letztlich nicht beurteilen und verrechnen kann, dem gegenüber ich immer zur Barmherzigkeit Gottes fliehe. Die Sünde ist eine Wirklichkeit in meinem Leben, denn „wir würden uns selbst betrügen, wenn wir sagen, wir hätten keine Sünde" (1 Jo 1, 10). Und das Konzil von Trient stellt fest, es sei falsch zu lehren, daß „der einmal gerechtfertigte Mensch während des ganzen Lebens alle, auch die läßlichen Sünden ohne ein von Gott besonders verliehenes Vorrecht meiden könne" (DS 1573). Aber wenn wir behaupten: man kann nicht alle läßlichen Sünden im ganzen Leben vermeiden, machen wir uns diese erschrekkende Tatsache nicht dadurch billig und gefährlich leicht, daß wir sagen, es handle sich nur um *peccata venialia, peccata subrepticia*!

Nehmen wir an, es handle sich nur um läßliche Sünden, so wollen wir jetzt nicht darauf abheben, daß auch die läßliche Sünde u. U. eine gräßliche Behinderung unseres Apostolats bedeuten kann, mehr als eine schwere Sünde. Wissen wir so genau, ob die Äußerungen des Grundes unseres Menschseins, die wir mit Recht oder mindestens mit Wahrscheinlichkeit nur als läßliche Sünden qualifizieren, nicht doch einem Urgrund unserer geistigen Person entspringen, der in schwerer Sünde ist? Es gibt ein *engagement globale*, es gibt eine anonym bleibende Grundentscheidung des Menschen, die man nicht konkret in ihrer Materialität ergreifen, beurteilen, gleichsam verhaften kann und die es dennoch gibt. Wenn wir unsere läßlichen Sünden betrachten, dann müssen wir uns doch fragen: Sind sie in dieser Hinsicht wirklich so harmlos? Ist der Satz, daß alle Menschen ohne eine spezielle Hilfe Gottes läßliche Sünden begehen, ebenso harmlos? Man kann es in einer letzten Ungläubigkeit, in einer letzten Feigheit, in einem letzten Sich-Versagen vor Gott, in einer letzten Lieblosigkeit, in einem letzten Egoismus gar nicht nötig haben, diesen verborgenen, sich Gott in einer letzten Weise versagenden Grund seiner Seele sich selber zu manifestieren; man kann sich darin eben die Einsicht in das vorenthalten, was man an harmlosen Fehlern und Unvollkommenheiten tut, kaschiert die letzte Grundhaltung, die doch Todsünde ist.

Gibt es nicht Menschen, von denen wir zu sagen geneigt sind: sie haben zwar diese und jene schwere Sünde begangen und sind vielleicht darüber noch gar nicht hinweggekommen, sie sind aber in ihrer letzten Haltung Menschen der Liebe, der Selbstlosigkeit, der inneren Neigung zu Gott, mehr als manche andere, die sich gleichsam ängstlich hüten, die verrechenbare Bilanz ihres Lebens in Unordnung zu bringen? Wenn jener Mann, der unter den Martyrern des Boxeraufstandes seliggesprochen wurde und der vom Opiumrauchen nicht loskam und der immer sagte, meine einzige Chance ist das Martyrium, der aber sonst ein frommer Christ war, dem aber sein Pfarrer – offenbar mit Recht – die Absolution jahrelang verweigerte, wenn dieser Mann sich nach dem Martyrium sehnte, eigentlich wußte und vor Gott zugab, wie armselig er war und danach verlangte, daß Gott ihn aus seiner eigenen Gefangenschaft befreite – kann man da nicht fragen, ob der Lebensgrund dieses Menschen in Wirklichkeit schon vor seinem Martyrium in Gottes Liebe war, mehr als vielleicht der des Pfarrers, der ihm mit Recht die Absolution verweigerte?

Wenn wir also theologisch sagen: die Sünde ist eine Wirklichkeit und eine immer nahe Möglichkeit in meinem Leben, sollten wir uns diesen Satz nicht zu billig machen.

Der gleichsam undefinierbare Charakter der läßlichen Sünde, die wir wirklich begehen (das können wir christlich nicht leugnen!), macht doch unsere Situation immer zu einer solchen, die wir nur bestehen, indem wir von uns weg liebend, vertrauend auf Gottes Barmherzigkeit, zu Gott allein fliehen. Wenn man das so versteht, kann jeder die Betrachtung über die eigenen Sünden machen, selbst wenn er moraltheologisch, z. B. von der Beichtpflicht her, sich sagen könnte, er habe eindeutig und klar keine schwere Sünde begangen. Damit ist der Mensch nicht gerechtfertigt vor Gott. Denn er muß immer auch bedenken, daß, wenn das wahr wäre, es die radikalere Rettung durch die Gnade von seiten Gottes her wäre und nicht sein Verdienst.

Aber wenn wir so in der theologischen Betrachtung der Sünde sagen: die Sünde ist eine Wirklichkeit in meiner Vergangenheit, in meiner Gegenwart und eine radikal bedrohliche Möglichkeit in meiner Zukunft, dann müssen und dürfen wir immer auch sagen: Sie ist die von Gottes Gnade umfaßte Wirklichkeit. Gottes Gnade, Gottes Liebe, Gottes Heilswille ist wirklich in Jesus Christus größer als unsere Sünde. Wir können nie sagen, wir seien sicher die Gerechtfertigten, die zum ewigen Leben Prädestinierten. Darum dürfen wir aber auch als wahre Christen, die verstanden haben, was Christus, die Menschwerdung, das Kreuz und die Erlösung eigentlich bedeuten, das Christentum nicht predigen als ein Gebot Gottes und als ein Angebot einer Möglichkeit, über die wir dann in einer letzten, von Gott nicht umfaßten Souveränität erst entscheiden. Dann müssen wir den Christen predigen: Gott hat diese und jene Gebote gegeben und hat, in dem, was wir dann Gnade nennen, die Möglichkeit gegeben, diese Gebote zu halten. Das ist wichtig und richtig und muß immer gepredigt werden. Aber die Frage ist doch die, ob damit das Christentum adäquat gepredigt ist, ob wir uns selber nicht mehr sagen können. Da ist zu antworten: doch! Ich kann natürlich nicht sagen: ich bin der sicher zum ewigen Leben Prädestinierte; aber ich muß gewissermaßen die Ohren des Glaubens und das Herz der Hoffnung öffnen, um nicht einen theoretischen Satz über meine Prädestination und über den Heilswillen Gottes zu sagen, sondern das Wort Gottes zu hören: ich liebe dich in einer Weise, die eben deine Freiheit umfaßt, und indem ich dich liebe (wir nennen dies wirksame Gnade), schenke ich dir, was du zu tun hast. Das kann man natürlich nicht theoretisieren, das darf natürlich nicht in einen theoretischen Satz von der *Apokatastasis panton*, der Allversöhnung verwandelt werden. Das darf nie zu einer Waffe gegen Gott und zu einer Bequemlichkeit und zu einer Dispens für uns selber werden. Aber wenn wir in der letzten Kraft unseres Wesens uns bemühen, weg von uns zu Gott zu laufen, wenn und indem wir das tun, haben wir das Recht, in der Dimension der christlichen Hoffnung trotz unserer Sünden, die eine Wirklichkeit in unserem Leben sind, von Gott das Wort entgegenzunehmen: ich liebe dich, der du der Sünder bist, und meine Gnade ist mächtiger, ist liebender und umfaßt alles, was du bist, auch deine Sünde.

Von da aus ist dann die Betrachtung der Sünde durch den Christen die Betrachtung dessen, von woher er kommt, nicht die Betrachtung dessen, wohin er geht; ist die Betrachtung dessen, was er von sich aus wäre, nicht die Betrachtung dessen, was er durch die Gnade Gottes ist. Darum ist eine solche Sündenbetrachtung, wenn sie wahrhaft christlich ist, d. h. wenn sie die menschliche, wahre, wirkliche, zu verantwortende Freiheit, die der Mensch auf niemand anderen abwälzen kann, dennoch durch die Gnade Gottes umfaßt, getragen und erlöst sieht – dann ist eben die Betrachtung der eigenen Sünden der Dank der erlösten Liebe, die von daher den Mut hat, über den eigenen Schatten zu springen, das zu opfern, dran-zugeben, wozu man eigentlich in sich keine Kraft findet. Denken Sie an Augustinus, der wußte, was er tun sollte, und der meinte, keine Kraft in sich zu finden; er blickte gleichsam in den leeren Krug seiner eigenen Endlichkeit hinein und fragte sich, wie soll ich das fertigbringen, was ich tun soll? Man kann nie dort, wo es sich um die wahren Entscheidungen gegen die Sünde und für Gott handelt, zunächst das Können empfinden und genießen und daraus handeln. Man kann immer nur aus seiner Ohnmacht heraus trotzdem handeln, aus der absoluten Angst vor dem Sprung dennoch springen, weil Gott mit uns ist, weil unsere Ohnmacht, unsere Schwäche, unsere Feigheit immer schon, ohne daß wir das vorher feststellen und gleichsam genießen können, überholt ist durch Gottes Macht und Erbarmen, durch seine Gnade, die uns zur Tat befreit und die nicht bloß das Mittel ist, das gleichsam eine autonome, Augustinus würde sagen, emanzipierte Freiheit ist. So ist es nicht. So verstanden, wäre der Molinismus kein Molinismus, sondern ein theologischer Unsinn und eine greuliche, existentiell vollkommen falsche Haltung eines Christen. Wir sind diejenigen, die im Dank der erlösten Liebe den Mut finden, ja zu Gott und seiner Forderung zu sagen.

25

Ablaß

Man kann Gott bitten, er möge uns möglichst günstige Umstände in seiner Steuerung unseres Lebens geben, die den Prozeß der Anverwandlung des ganzen, durch die Schuld geschädigten Seins an die Grundentscheidung der Bekehrung möglichst rasch und möglichst selig gestalten. Wer hat das nicht schon getan, wenn er ein Christ ist (auch wenn er, was er so erbat, noch nie unter diesem Gesichtspunkt sah)? Wer hat nicht schon gedacht: Wenn ich doch einen Tod, den „eigenen Tod", sterben könnte, der wirklich in einer radikalen Hingabe bis in seine letzte Faser mein ganzes Wesen mit allem, was es durch mein Leben geworden ist, in Glaube und Liebe Gott übereignete, so daß nichts zurückbehalten, nichts versagt, sondern der Tod der totale Akt des totalen Glaubens wäre? Kein Theologe wird leugnen, daß man durch diesen intensiven Grad der Liebe zu Gott auch von allen „zeitlichen Sündenstrafen" befreit würde, wenn einem diese Gnade *ganz* geschenkt würde, d.h. von den durch Schuld bedingten Wirklichkeiten unseres eigenen, geschichtlich sich formenden

Daseins, die – der Schuld entsprungen – diese Schuld überleben und deren gerechtes Gericht sind.

Man kann also Gott um die größere und seligere Chance der Ausreifung des ganzen christlichen Menschen bitten. Eine solche Bitte braucht gar nicht dem egoistischen Gefühl und Drang zu entspringen, möglichst „billig und schmerzlos" davonzukommen und braucht nicht die Wahrheit zu verkennen, daß es auch christlich ein echtes „Stehen zu seiner Vergangenheit" und ein „Tragen der Konsequenzen" gibt, vor dem zu fliehen feige, unchristlich und im letzten nutzlos wäre. Zeit ist ja nicht nur das Geschenk Gottes, durch das das Wichtigste, das Heil, geschehen muß, sie ist auch das Hemmnis, durch das nur langsam geschieht, was geschehen soll. Sonst könnten wir ja nicht um die Ankunft des Herrn bitten: Komme bald. Ausreifung kann in verschiedener Weise geschehen: abgerungen, mühsam und gehemmt oder in einem seligen Sturm, in einem freien Enthusiasmus, der das als die Seligkeit der starken Liebe erfährt, was dem anderen die Qual einer mühevollen „Abtötung" ist. Man kann also Gott bitten, er möge die Möglichkeit einer schnellen und seligen Ausreifung gewähren. Man kann ihn aber nicht bitten, halbfertig und unausgereift Gottes heilige Seligkeit teilen zu dürfen. Wohl kann man Gott sinnvoll bitten, bald und auf dem seligeren Weg das Los seiner Vollendeten zu finden. Und was man sinnvoll für sich erbitten kann, das kann man – fast könnte man sagen: noch eher und selbstloser – auch für andere erbitten.

Dieses Gebet kann die Kirche unterstützen. Sie ist nie bloß die äußerliche Verwaltungsorganisation der Wahrheit und der Gnadenmittel gewesen. Sie ist der eine Leib Christi, in dem alle Glieder füreinander leben, leiden und vollendet werden. Wenn Gott auf den einen blickt, sieht er ihn immer im Ganzen: zusammen mit Christus, dem Haupt, und zusammen mit allen Brüdern dieses einen Christus. Keiner lebt sich selbst allein, keiner stirbt sich allein. Jeder ist geliebt von Gott, indem Gott auf seinen Christus und sein Kreuz blickt, geliebt als Teil der einen Wirklichkeit, die Gott in der zur Vollendung bestimmten Menschheit schafft. Die Kirche kann also diese Bitte um „Nachlassung der zeitlichen Sündenstrafen" durch ihr Gebet unterstützen. Wenn sie es tut, dann tut sie es als die, die sie ist, als die eine große Einheit der geheiligten Erlösten, als die Braut des Lammes, als Haupt und Leib, ein Christus. Wenn Gott sie erhört, dann blickt er auf das, was sie ist, wenn sie betet: Sie ist die Kirche der Heiligen, die Kirche des einen Christus; er gibt ihr die Erhörung ihres Gebetes auf Grund dessen, was er ihr ungebeten gegeben hat, nämlich auf Grund der Gnade Christi, die mächtig und siegreich geworden ist in der Kirche. Der Herr selbst sagt hinsichtlich der Erhörung der Bitten der Jünger: „Der Vater liebt euch, *weil* ihr mich geliebt habt und geglaubt habt, daß ich vom Vater ausgegangen bin" (Joh 16,27). Das ist gemeint, wenn beim Ablaß vom „Kirchenschatz" die Rede ist.

Der „Kirchenschatz" ist Gottes eigener Heilswille – also am Ende Gott selbst –, insofern dieser in *dem* Christus (als Haupt) unwiderruflich siegreich in der Welt da ist, der immer von Gott gewollt ist *als* „Erstgeborener unter vielen Brüdern", also mit seinem „Leib", der die Kirche ist. Diese richtige Vorstellung vom „Kirchenschatz" bedeutet also gerade nicht, es würde aus ihm stückweise wie aus einem quantitativ und ratenweise verbrauchbaren öffentlichen Vermögen etwas bezahlt, was sonst der Einzelne aus seinem eigenen Vermögen hätte bezahlen müssen. Weil das nicht so ist, kann von vornherein gar nicht die Frage entstehen und braucht darum auch nicht durch subtile Erklärungen gelöst zu werden, ob sich der Kirchenschatz nicht erschöpfen könne, wenn so viel „aus" ihm geschöpft und bezahlt wird. Es ist darum auch klar, „daß Gott nicht von *daher*" gezwungen ist, eine solche Bitte um Nachlaß von zeitlichen Sündenstrafen zu gewähren, weil er das nicht mehr fordern könne, was er doch (nämlich *aus* dem Kirchenschatz) schon erhalten habe. Er blickt auf sein Werk der Gnade; dieses ist nach seinem freien und unergründlichen Ermessen in seiner von ihm gewollten Harmonie der Grund, warum er den einen so, den andern anders zu seiner Vollendung führt. Aber weil es in und durch diese Souveränität des göttlichen Gnadenwaltens ein wahrhaft wirksames Gebet, ja nach den Worten Christi ein unfehlbar wirksames Gebet gibt, weil dieses Gebet das der ganzen Kirche sein kann, weil es sich vor allem auf die baldige und selige Vollendung des ganzen Menschen beziehen kann und soll, darum kann die Kirche fürbittend das Gebet des Einzelnen um die Nachlassung seiner „zeitlichen Sündenstrafen" unterstützen. Wo sie es in Gottes Gnade tut, wo sie es – die immer solche Dinge durch ihre Glieder wirken muß – gut tut, wo der Einzelne der Erhörung dieses Gebetes durch Gottes Gnade würdig ist, da erhört Gott auch das Gebet der Kirche seines eigenen Sohnes: Es braucht kaum nochmals eigens betont zu werden, daß dies durch Gottes Gnade geschieht, der diesem Gebet und dieser Würdigkeit Anfang und Gedeihen gibt nach seinem unergründlichen, von keinem Menschentun bedingten Wohlgefallen.

Unter diesen Voraussetzungen kann man sagen: Gott gibt dem Einzelnen das, was die Kirche ihm zum Heile erbittet. So hat die Kirche immer für den Sünder gebetet, der auch als reuiger noch an der Last seiner Schuld trägt. Im Bußverfahren der alten Kirche gehört ihre Fürbitte während und am Ende der Bußzeit zu den unerläßlichen Bestandteilen der Kirchenbuße: sie rekonziliiert nicht nur den Sünder, indem sie ihm durch die Wiederversöhnung mit sich selbst ihren Heiligen Geist, der die Nachlassung der Sünden ist, wiederverleiht, sie betet auch mit dem reuigen Sünder um Vergebung der ganzen Schuld nach allen ihren Auswirkungen. Das bezieht sich in heutiger Unterscheidung und Terminologie angesichts der Tatsache, daß es sich ja um einen *reuigen* Sünder handelt, sachlich vor allem auf die Nachlassung der zeitlichen Sündenstrafen, auf die völlige Überwindung der Schuld. Dieses Gebet ist auch heute noch immer da. Es ist zwar – bis auf kleine Reste – aus der Bußliturgie des Bußsakramentes selbst verschwunden, weil aus praktischen Gründen Anklage als Eröffnung des Bußverfahrens und sakramentale Vergebung durch die Kirche in ein einziges Verfahren zusammengelegt wurden und so die Bußzeit, die innere völlige Überwindung der Sünde in all ihren Folgen, dem reuigen, das Sakrament empfangenden Christen fast allein anheimgegeben ist. Aber darum ist doch die Kirche immer noch die um die Tilgung der Sünden und Sündenstrafen ihrer Glieder betende: im Gebet des Vaterunsers im Opfer der Messe, in der Buße ihrer Heiligen und aller, auf denen die Schuld der Zeit als Kreuz Christi lastet und die dieses Kreuz in Glauben und Liebe tragen, in den Fürbitten, die ausdrücklich immer wieder in den mannigfaltigsten Formen für die Sünder dargebracht werden. Es ist zu hoffen, daß bei der bevorstehenden Erneuerung der Bußliturgie diese Gesichtspunkte noch deutlicher hervortreten.

Von einem solchen Gebet kann man zunächst keinen ausschließen, es sei denn, er habe sich selbst von ihm durch seinen Abfall von der Kirche davon losgesagt, so daß er nicht mehr in den liturgischen Fürbitten in der Weise genannt werden kann, wie es das Vorrecht der Kinder der Kirche ist (vgl. 1 Joh 5,16). Aber man kann jemand in besonderer Weise in dieses Gebet der Kirche einschließen, und die Hilfe Gottes kann ihm auf eine ausdrückliche und feierliche Fürbitte hin eigens zugewendet werden. Wer an den Sinn des Gebetes glaubt und wer weiß, was Kirche bedeutet, kann mit Erschütterung von dem Gedanken getroffen werden: Die heilige Gemeinde der Erlösten, die Braut Christi tritt fürbittend für mich vor den Thron der Gnade; aus ihrem Herzen, das immerdar und unverlierbar von unaussprechlichen Seufzern des Geistes Gottes erfüllt ist, steigt für mich ein Gebet empor. *Sie* sagt zu mir: „Es erbarme sich deiner der allmächtige Gott, er verzeihe dir deine Sünden . . .“, *sie* verspricht mir dieses Gebet, sie macht sich nicht nur so im allgemeinen und stillschweigend, sondern ausdrücklich und durch einen Akt ihrer höchsten Leitungsgewalt anheischig, für mich zu beten.

Solches Gebet erläßt, „schenkt“ nicht einfach in einem autoritativen Nachlassen die Sündenstrafen, als ob es sich um einfache „Amnestie“ einer rein äußerlich zu verhängenden Strafe handle, als ob diese Strafe *nur* der Offenbarung der Hoheit des Gesetzes diene. Die Kirche schreibt sich ja, wie sie ausdrücklich im Konzil von Trient erklärte, eine *solche* Gewalt der „Amnestie" von einer rein äußerlich („vindikativ") verhängten Strafe im Bußsakrament nicht zu, obwohl sie doch gerade darin ihre Binde- und Lösegewalt von Mt 16, 18f. ausübt (DS 1667ff.). Sie kann also eine solche Gewalt erst recht nicht außerhalb des Sakramentes anwenden wollen, zumal die Theologen ja gewöhnlich ihre Ablaßvollmacht aus derselben Binde- und Lösegewalt des Evangeliums ableiten. Aber die heilige Kirche, die – wie schon Tertullian in einem solchen Zusammenhang sagte – allezeit erhört wird, kann dem Sünder in einem eigenen, ausdrücklichen Akt ein Gebet fürbittender Art zusichern, das sich auf die Nachlassung der Sündenstrafen bezieht. Vorausgesetzt, daß man nun dieses *besondere* Gebet in der rechten Weise versteht, wie wir das zu deuten versuchten, kann man sagen: Eben dies geschieht in dem, was wir den Ablaß nennen.

Weil die Kirche in früheren Zeiten mit einer solchen Gebetszusicherung die Nachlassung einer bestimmten kirchlichen Bußauflage verband, die sie an sich sonst im Bußsakrament dem Pönitenten auferlegt hätte, weil sie die Wirkung dieser Bußleistung des Büßers gewissermaßen durch ihre eigene Fürbitte ersetzte, verdeutlicht sie auch heute noch die Intensität und Dringlichkeit dieser Gebetszusicherung nach den Ansätzen der alten kanonischen Bußen, die sie früher in einem solchen Fall dem Pönitenten nachließ. Weil die Kirche betet, weil sie um das Heil betet (und nicht um irdische Dinge), weiß sie von daher, daß sie „immer erhört" wird. Weil die Wirkung dieses Gebetes aber auf der Seite dessen, für den gebetet wird, immer auch von dessen subjektiven Voraussetzungen abhängig ist (die selber wieder von der machtvollen, aber auch unergründlichen Verfügung der Gnade Gottes über sie umschlossen sind), so weiß man im einzelnen nie, wann und wie dieses Gebet sein Ziel erreicht. Man sieht schon von daher, daß der Ablaß nicht die Aufgabe hat und haben kann, die persönliche Buße des Menschen zu schwächen und zu ersetzen. Der Ablaß zielt in seinem Wesen nur dahin, daß wirklich durch Gottes Hilfe rasch und leicht das geschehe, was auch die Buße will: die gänzliche Reinigung und totale Durchreifung des Menschen aus der Mitte seiner Begnadigung heraus. Er kann auch nur dort seine Wirkung haben, wo echte Bußgesinnung vorhanden ist. Denn ohne diese kann auch von wahrer Reue nicht die Rede sein. Ist diese aber nicht vorhanden, ist auch eine Vergebung der Schuld selbst nicht möglich und so auch nicht eine Vergebung oder Nachlassung der zeitlichen Sündenstrafen.

Wir setzen voraus, daß die Ausreifung des Menschen, die nicht nur ein psychologisches, sondern ein wirklich religiöses Geschehen ist, sich nicht einfach immer und notwendig mit dem Tod vollendet bei den Menschen, die in Gottes Gnade die Endgültigkeit ihrer Ausrichtung auf Gott in ihrem Leben und durch den Tod gefunden haben. Schon empirisch kann man nicht den Eindruck haben, daß Tod und vollendete Integration des ganzen Menschen in seine Grundentscheidung hinein immer zusammenfallen. Gewiß ist nach christlicher Lehre der Tod das Ende der Zeit, in der ein ewiges Schicksal wird. Was „danach" kommt, ist nicht eine Fortsetzung der Zeit und ihres Fortgangs in das immer Neue, sondern die Endgültigkeit und ewige Gültigkeit des in der Zeit Gewordenen. Aber wenn man den Menschen nicht einfach „aufhören" läßt, um ihn bei einer „Auferstehung" des Fleisches schlechthin neu werden zu lassen, womit seine Selbigkeit und die Ewigkeit als Frucht der Zeit im Grunde doch geleugnet wären, dann ist gerade für eine christliche Vorstellung der Geschichte des Menschen, die doch erst in der Auferstehung des Fleisches, in der Verklärung der Gesamtwirklichkeit und nicht bloß in einer individuellen Seelengeschichte platonischer Art ihr vollendetes Ende hat, ein Zeitraum der Ausreifung des in Freiheit zeitlich Getanen noch zwischen Tod und der Vollendung des Alls gegeben. Wir können uns das Geschehen in ihm nicht vorstellen. Das aber ist kein Grund, eine solche Möglichkeit zu leugnen. Jede Ausmalung dieser Möglichkeit mag an ihrem Ergebnis die Unmöglichkeit eines solchen Versagens bezeugen. Darum kann man aber doch unter Verzicht auf einen solchen Versuch sagen: Wenn die Individual*geschichte* nicht einfach mit dem Tod abgeschlossen ist, wenn mit dem Tod als der Aufgabe einer bestimmten raum-zeitlichen Festlegung dieser Geschichte der Mensch erst recht in ein offenes Verhältnis zum Ganzen der Welt kommt (nicht aber „leibfrei" wird im Sinn eines einfachen und leeren Akosmischwerdens), dann erfährt er den Widerspruch zwischen dem gottgesetzten Wesen seines eigenen Daseins bzw. der Welt *und* dem, was er durch die noch gebliebenen Objektivationen seiner Schuld noch ist, als leidvolle Straffolge seiner Schuld. Die leidvolle Überwindung dieses Widerspruchs ist aber sein Fegfeuer. Sie aber kann, ähnlich wie in diesem Leben, auch nach dem Tod langsamer oder schneller, leidhafter oder seliger geschehen, je nach den Umständen, die dem Menschen dafür als Voraussetzungen gegeben sind. Daß sie ein schnelleres und seligeres Ausreifen gestatten mögen, darum beten wir, wenn wir für die „Armen Seelen" beten, darauf geht jenes fürbittende Gebet der Kirche, das uns im Ablaß verheißen wird, den wir „für die Armen Seelen" „gewinnen".

Die Zusage einer solchen amtlichen Fürbitte der Kirche an den reuigen Sünder unter „Nachlassung" einer (hypothetisch an sich erwirkten) kanonischen Bußauflage (wenn es sich um einen Ablaß für Lebende handelt), also ein Ablaß geschieht unter der Voraussetzung und Bedingung, daß der Ablaßgewinnende ein gutes Werk bestimmter Art tue. Früher in den Zeiten, in denen der eigentliche Ablaß entstand, war ein solches gutes Werk zunächst der Teil der kanonischen Bußauflage oder die in eine andere, meist leichtere Leistung verwandelte kirchliche Buße. Heute ist es nur eine sehr kleine, fast symbolisch wirkende Sache, die die kirchlich festgesetzte Bedingung der Ablaßgewährung ist. Das darf nicht dazu führen, daß man die Ablässe nicht mehr ernst nimmt, als ob sie „billig" und in großen Mengen zu haben seien.

Es gibt viele angebotene Ablässe. Ob es auch viele *wirklich* „gewonnene" Ablässe gibt, ist eine andere Frage. Gewonnen ist der Ablaß im endgültigen Sinn nur dann, wenn das fürbittende Gebet der Kirche sein Ziel erreicht. Das aber kann es schließlich nur in einem bußfertigen Herzen, in einem Menschen, der durch sein Tun und Leiden aus dem Glauben und der Gnade danach strebt, daß er immer mehr in allen Dimensionen seines Daseins die neue Kreatur werde, die nach dem Bilde Christi geschaffen ist. Daß dies werde, dazu gewährt die heilige Kirche dem Christen im Ablaß ihre fürbittende Hilfe.

26

Exerzitien

1. Auch wenn dies nicht schon ihr spezifisches Wesen ausmacht, müssen die Exerzitien auch heute noch eine Zeit der Einsamkeit und des Gebetes sein, weil sie die Zeit einer personalen Gottesbegegnung sind. Sie zielen auf *Entscheidung und Wahl.* Die materiale Inhaltlichkeit der Wahl kann in einer „Weltbegegnung" heranreifen und sich bis zu politischen Entscheidungen erstrecken, das ändert aber nichts an ihrem formalen (generischen) Charakter einer „einsamen" Entscheidung, einer Tat der Einsamkeit und des Gebetes. Das ist philosophisch und christlich darum berechtigt, weil der einzelne Mensch nie adäquat bloße Funktion einer Gemeinschaft, auch nicht der Kirche ist. Damit ist die Frage, wie weit eine diskret angesetzte Begegnung mit anderen (über den Exerzitienmeister hinaus) als partikuläres Mittel innerhalb dieser einsamen Zeit eingesetzt werden kann oder (heute) sogar muß, noch nicht entschieden. Aber die Exerzitien müssen dem Exerzitanden zumuten, sich selbst in seiner letzten bleibenden Einsamkeit vor Gott zu ertragen und anzunehmen und müssen die Flucht in die Masse (auch kirchlicher Art) entlarven, nicht unterstützen.

2. Exerzitien sind Wahl-, Entscheidungs-Exerzitien, *vor Gott, auf ihn hin, in* Christus und in seiner Gnade, oder sie sind keine Exerzitien. Sie setzen also voraus und *üben* exi-

stentiell zugleich ein, was zur Grundsubstanz des Christentums gehört: daß der lebendige, unbegreifliche Gott ist, daß wir ein personales Verhältnis in Freiheit durch seine Gnade zu ihm haben, ein Verhältnis, das bei aller Vermittlung (durch und in Christus und davon her durch die ganze Breite der welthaften Existenz) unmittelbar ist (von *beiden* Seiten her), daß also dieses Gottesverhältnis in Gebet und Entscheidung thematisch werden kann und muß und nicht bloß der unthematische, verschwiegene Grund eines Weltverhältnisses ist.

Die Exerzitien setzen voraus, daß es eine existentielle Entscheidung durch einen individuellen Anruf Gottes an den konkreten Menschen gibt, so sehr heute auch, um glaubwürdig zu sein, die Logik der existentiellen Entscheidung („Unterscheidung der Geister") und die Vorstellung von der individuellen Offenbarung des Anrufs Gottes (analog zu der von der allgemeinen Offenbarung) „entmythologisiert" werden müssen und der Exerzitand zu einer nüchternen und heute echt akzeptierbaren Erfahrung eines solchen göttlichen Anrufs gebracht werden muß. Es muß darum deutlich bleiben, daß Exerzitien nicht abstrakte Indoktrination eines theoretischen Lehrsystems samt dessen „praktischen" Konsequenzen sind (wozu der jesuitische Intellektualismus und der Juridismus gegen Ignatius in den letzten Jahrhunderten neigte), sondern „Mystagogie" in die religiöse Erfahrung des Menschen und seiner Begnadung von innen. Daraus ergibt sich, daß ein Exerzitien-Kommentar nicht bloß eine vertiefte Theologie der dogmatischen, gegenständlichen Aussagen des Exerzitienbuches enthalten darf, sondern auch eine (formale) Theologie der existentiellen Erfahrung der Gnade und „psychologische" (an sich ein mißverständliches Wort!) Anweisungen für die Erleichterung einer solchen deutlicheren und ausdrücklicher angenommenen Erfahrung bieten muß. Eine Furcht, dadurch den *Gnaden*charakter dieser Erfahrung zu verletzen, ist nicht angebracht, vorausgesetzt nur, daß man begreift, daß diese Gnade *immer* angeboten ist, daß man weiß, daß sie in *verschiedenster* Erfahrungsgestalt auftreten kann, daß eine Nichtentscheidung (ein „Schweigen Gottes") auch Gnadenerfahrung sein kann usf. Von da aus ergibt sich auch schon, daß Exerzitien vom *Wesen* her *Einzel*-Exerzitien sind. Gruppen-Exerzitien können nur den Namen Exerzitien einigermaßen verdienen, wenn sie doch so gestaltet werden, daß in ihnen eine religiöse Individualgeschichte sich ernsthaft ereignen kann.

3. Die Vernehmung und die Annahme eines göttlichen Rufes in Entscheidung (in „Wahl") hat – entsprechend dem Wesen des Menschen und des Christentums – immer in Einheit und gegenseitigem Bedingungsverhältnis einen doppelten Aspekt: einen „transzendentalen" und einen „kategorialen", den Aspekt der radikalen Entscheidung für Gott (als Ziel) *und* die vermittelnde Realisation dieser Entscheidung an einer konkreten Forderung und Aufgabe des geschichtlichen Lebens: Metanoia in Glaube, Hoffnung und Liebe einerseits *und* die Konkretheit dieser Metanoia in einer bestimmten realen Situation als Forderung zu einer bestimmten Tat (der Lebensgestaltung, der Berufswahl, der Nächstenliebe, des Aushaltens der harten Alltäglichkeit usw.). Beide Aspekte sind nie zu trennen; ihr Verhältnis zueinander ist aber selbst nicht statisch und theoretisch bewältigbar, sondern hat eine Geschichte individueller und epochaler Art und ist somit wieder in geschichtlicher Entscheidung (der Kirche einer Zeit, des je einzelnen in seinem Leben) je neu konkret zu bestimmen.

4. Von da aus wird das folgende verständlich:

Heute kann das grundsätzliche Verhältnis der Unmittelbarkeit zu Gott (der transzendentale Aspekt jeder Entscheidung und Wahl, der in *jeder* Wahl realisiert und vertieft wird, die immer neue Metanoia als solche) weder theoretisch (als selbstverständliche Gegebenheit eines institutionell starken Christentums mit seiner undiskutablen öffentlichen Meinung) noch existentiell (als unangefochtene innere Gläubigkeit des einzelnen) als einfach gegeben vorausgesetzt werden, so daß sich die Exerzitien nur mit der konkreten Wahl in ihrem kategorialen Aspekt befassen müßten („Welche Inhaltlichkeit hat der Wille des Gottes, der selbstverständlich ist, hier und jetzt für mich?"). In dieser Beziehung ist die Situation der Exerzitien wesentlich anders als zur Zeit des Ignatius, auch bei den sogenannten gläubigen und „praktizierenden" Katholiken, die sehr oft zwar die radikale Angefochtenheit ihres Glaubens verdrängen, aber nicht wirklich bewältigen.

Daraus folgt, daß Exerzitien viel deutlicher und bewußter diese Situation berücksichtigen müßten, und zwar in jeder Hinsicht: in der Auswahl und dem Aufbau der materialen Thematik, mit Hilfe deren sich die Wahl vollziehen soll, in der Berücksichtigung der religiösen Situation des Exerzitanden heute, die gerade dann bedrohlich und die religiöse Erfahrung blockierend ist, wenn sie bei ihm unthematisch (unterbewußt) und verdrängt wird (wie z.B. bei vielen Ordensleuten der älteren Generation), in der Sprache. Das bedeutet nicht, daß sich die Exerzitien in einen Kurs theoretischer Problematik über das Wesen des Christentums und seine Glaubwürdigkeit heute verwandeln dürften. Aber dem Exerzitienmeister müßte dies alles präsent sein bei seiner Mystagogie in die religiöse Grunderfahrung und in deren glaubende, radikale Annahme in der Konfrontation des Exerzitanden mit seiner (meist erst aufzudeckenden) realen konkreten Lebensfrage, die ihn zu einer Entscheidung ruft. Von da aus müßte vor allem die Frage nach dem Aufbau und der Artikulierung der Thematik der Exerzitienbetrachtungen radikal neu gestellt werden. Die Frage kann vielleicht gelöst werden durch eine mutige Differenzierung, Nuancierung usw. der Abfolge der Exerzitien, so wie sie bei Ignatius vorliegt. Es könnte aber auch sein, daß (mindestens bei manchen Exerzitanden) radikalere Änderungen in der Thematik nötig und berechtigt sind. Vermutlich ist heute fast immer eine längere und ausdrücklichere *Einführung* zu dem Punkt notwendig, an dem Ignatius den Exerzitanden die Exerzitien beginnen läßt.

Exerzitien sind und bleiben ferner trotz (ja wegen) des eben Gesagten Wahl und Entscheidung in einer konkreten Lebenssituation und keine bloße theoretische Einweihung in das Wesen des Christentums. Dies nicht nur, weil die

Exerzitien sich geschichtlich immer so verstanden haben, sondern vor allem weil auch die grundlegende, allgemeine Metanoia (eine *option fondamentale)*, die nicht nur theoretische – und nicht einmal so konkret mögliche – Kenntnisnahme vom Christentum ist, nur an der konkreten Lebenssituation und deren Entscheidungscharakter möglich ist. Die heute notwendig gewordene Aufgabe der Exerzitien, von der oben gesprochen wurde, widerspricht also gar nicht der alten Zielsetzung der Exerzitien, im Gegenteil. Nur an einer konkreten, vorgelassenen, nicht verdrängten, in freier Verantwortlichkeit angenommenen Frage des konkreten Daseins kann einem Menschen existentiell aufgehen, was mit Gott, Sünde, Gnade, Vergebung, Christus, Nachfolge Christi, Kreuz wirklich gemeint ist. Die Mystagogie in das existentiell angenommene Christentum, in Glaube, Hoffnung und Liebe zu Gott, muß also – soll sie nicht abstrakte Indokrination (bei allem theologischen Tiefsinn, der heute da oft betätigt wird) bleiben – diese konkrete Situation als die einer Entscheidung aus ihrer Verhülltheit und Verdrängung im Exerzitanden zu wecken suchen, damit in *einem* das Christentum als ganzes *und* die Wahlentscheidung vom Exerzitanden gefunden werden können.

Wieder erhebt sich für die Exerzitien die Frage nach der Theologie und mystagogischen Technik („Psychologie") einer solchen Konfrontation des Exerzitanden mit seiner hier und jetzt fälligen Lebensfrage, die sehr oft ganz anderswo liegt, als er selbst zunächst vermutet. Bei Ignatius (als Exerzitiengeber, nicht so sehr für ihn selbst, bei seiner eigenen Entscheidung und Wahl, wie seine „Lebenserinnerungen" zeigen) waren die echten Wahlgegenstände meist schon offen gegeben (Auswahl aus den kirchlich-gesellschaftlich schon vorgegebenen, vorgeformten Lebensberufen). Heute müssen sie erst gefunden werden und liegen bei der Komplexheit eines heutigen Menschen viel tiefer verborgen als früher.

5. Die Kommentierung des Exerzitientextes muß sich ebenso ausdrücklich den inhaltlichen Aussagen wie den

methodischen Anweisungen widmen. Beides bedingt sich gegenseitig. In den scheinbar bloß methodisch-psychologischen Anweisungen des Textes der ignatianischen Exerzitien stecken nicht bloß psychologische Probleme, sie implizieren oft eine ganze Theologie; ihre Kommentierung ist somit *auch* eine eigentlich theologische Aufgabe. Die ganze Kommentierung darf nicht eine erbauliche Paraphrasierung der Texte sein, so wie wir es bei unseren Exerzitien gewohnt sind. Es muß wirklich hart gefragt werden: Was heißt das eigentlich? Gibt es das? Kann das ein Mensch von heute wirklich verstehen? Wo findet er bei sich selbst einen Verständniszugang zu all dem, was in einer fast archaischen und scheinbar mythologischen Weise gesagt wird? Welche Voraussetzungen macht der Text, die wir heute nicht mehr als selbstverständlich voraussetzen können, sondern ausdrücklich und neu gewinnen müssen usw.? All das gilt (um es nochmals zu sagen) sowohl für die theologisch inhaltlichen Aussagen des Textes wie für seine methodischen Anweisungen und Regeln.

27

Glaube und Altersstufen

Die richtige Glaubensinitiation beim Kind. – Glaubensunterweisung von Kindern geschieht (von der elterlichen religiösen Erziehung abgesehen) meist auf der Grundlage eines Katechismus und der Schulbibel. Es ist eindeutig zu fragen, ob ein Katechismus, der – wenn auch noch so „kindlich" in der Diktion – letztlich noch immer eine Kurzfassung der Dogmatik für Erwachsene darstellt, die geeignete Grundlage für eine religiöse Initiation eines Kindes ist. Wo steht geschrieben, daß jede, auch die früheste Altersstufe explizit mit dem Ganzen der Glaubenslehre in allen ihren Einzelthemen konfrontiert werden müsse? Die Auswahl der religiösen Inhalte müßte viel radikaler geschehen. Wenn der „Religionsunterricht" so gegeben wird, daß die Kinder mit 10 – 12 Jahren darin schon „alles" einmal gehört haben (und darum das, was von ihnen wirklich existentiell „realisiert“ werden kann, nicht in der genügenden Tiefe und Lebendigkeit und nicht mit der Erwartung auf das noch *Neue* weiterer Glaubenserfahrung und -belehrung in späteren Altersstufen sich ereignet), ist es nicht verwunderlich, wenn mit diesem Alter die Periode anfängt, wo von einem Höhepunkt des Glaubenswissens aus nur noch dessen Abbau beginnt zugleich mit dem Wachstum an Uninteressiertheit und „Blasiertheit“. Wenn man bloß aus Angst, die Kinder später nicht mehr zu erreichen, aus ihnen religiös „Erwachsene im Kleinformat“ macht, werden diese Kinder später nicht mehr wirklich religiös Erwachsene werden wollen durch *Neu*erwerb von religiösem Wissen und religiöser Erfahrung.

Weiter ist es zwar wahr, daß Kinder anschaulich und in dramatischen Bildern denken. Es ist damit aber noch längst nicht erwiesen, daß z.B. die biblischen „Geschichten“ vom Paradies, Sündenfall usw. geeignete Erzählungsstoffe sind und nicht später, weil vorher kindlich verstanden, mehr Schwierigkeiten als Glaubenshilfe bedeuten. Vielleicht gehört vieles davon in eine spätere Unterweisungsperiode, in der der großartig dichterisch-mythische Charakter dieser Erzählungen sofort richtig aufgefaßt und Aussageinhalt und -form unterschieden werden können. Es gibt vielleicht genug andere, ungefährlichere „Modelle“ religiöser Grundvorstellungen, die in den Seelengrund des Kindes und sein noch traumhaftes Leben eingesenkt werden können, als die „amtlichen“ der Offenbarung, denen gegenüber später ein kritisches und doch gläubiges Verhältnis schwer zu finden ist, wenn sie zu früh verbraucht worden sind.

Ähnliche Gefahren, die man wenigstens sehen muß, sind mit dem religiösen Brauchtum gegeben, in das das Kind sich leicht und intensiv hineinlebt und das gewiß eine große Kraft religiös-gesellschaftlicher Bildung hat. Aber – nur ein Beispiel – wenn „Messedienen“ (und ähnliches, wie Chorsingen usw.) als spezifisch *kindliche* Übung erlebt wird, dann ist der spätere Schaden vielleicht größer als der frühere Nutzen. Es wäre vielleicht heute, wo der Erwachsene sowieso ein sehr distanziertes Verhältnis zu allem religiösen Brauchtum hat, besser, wenn das Kind das „Messedienen" als heiliges Vorrecht des Erwachsenen erleben würde, auf das es wie auf andere Vorrechte nur langsam hinwachsen kann. So ist es auch mit anderem religiösem Brauchtum. Es wird auf die Dauer eher glaubensgefährdend als -fördernd, wenn es wie ein „Privileg" der Kinder erscheint, das später abgetan wird und dann nur zu leicht auch das mitzieht, was es einst konkretisierte: das eigentlich Religiöse.

Die bedingte Relevanz der Pubertätskrise für das Glaubensleben des Heranwachsenden. – Es ist gefährlich, die Pubertätskrise, die vor allem eine geschlechtliche und gesellschaftliche ist, zu direkt, massiv und unmittelbar vom Religiösen her bewältigen zu wollen. Nicht nur weil diese Krise (vor allem das Finden eines neuen Verhältnisses zur Umgebung und die Pubertät im engeren Sinn) aus der inneren Erfahrung der Wirklichkeit selbst (es handelt sich ja um Bereiche des *Natur*gesetzes!) heraus und nicht bloß mittels äußerer sittlicher Normen bewältigt werden muß und weil Ein-sicht in das Sinnvolle der Wirklichkeit gewonnen werden soll, sondern vor allem, weil verhindert werden muß. daß solche Krisen samt ihren Konflikten und zeitweiligen Niederlagen zu primitiv als Infragestellung oder Zerstörung der ohnehin erst „jungen" und zarten Religiosität erlebt werden. Eine schlicht-menschliche, zuversichtliche und geduldige, in gutem Sinn tolerante Haltung gegenüber dem Pubeszenten in seiner Krise ist auf die Dauer erfolgreicher als die Methode, ihm unmittelbar durch ein massives Aufgebot explizit religiöser Motivation helfen zu wollen. Sonst wird die eigentlich religiöse Entscheidung, die später fällt, verfrüht und kommt in Gefahr, falsch auszufallen.

Die individuelle Seelsorge sollte es sich nicht bequem machen und nicht den Trend noch verstärken, der beim Jugendlichen selbst oft schon gegeben ist, nämlich das Gebiet des Geschlechtlichen zum fast ausschließlichen

Kampfplatz der *religiösen* Entscheidung zu machen. Das ist darum besonders wichtig, weil die körperliche Reife heute vielfach verfrüht, die geistige Reife aber verspätet auftritt. Darum kann die neu erfahrene, „konkupiszente" Fülle der Lebenswirklichkeit in dieser Zwischenperiode zwischen den beiden Reifungen oft noch gar nicht sittlich-personal integriert werden, wie die Seelsorge es zu fordern geneigt war; sie überfordert und induziert so die Vorstellung, die Nichterfüllung dieser Forderungen beinhalte eine letzte Entscheidung gegen eine religiöse Lebensdeutung.

Vom situationsgerechten Glaubensdialog mit dem Erwachsenen. – Die im Durchschnitt das ganze Leben prägende Glaubensentscheidung fällt heute wohl ungefähr zwischen dem 20. und 25. Lebensjahr. Dieser Zeitpunkt mag gegenüber früheren Generationen wegen der Verlangsamung der personalen Reifung später liegen. Das erklärt sich durch die ungeheuere Zunahme des „Materials", das in dieser Integration von der einen, sich selbst in Freiheit besitzenden Persönlichkeit zu bewältigen ist; aber auch durch den Fortfall vieler gesellschaftlicher Bindungen, die früher diese Reifung beschleunigten oder auch bloß – vortäuschten und ersetzten.

Diese Zeit wäre also an sich die wichtigste und bevorzugte Zeit der Glaubenshilfe, die die Kirche dem Menschen bieten muß. Faktisch aber ist dafür diese Zeit in vieler Hinsicht ungünstig, verlangt also vom Erzieher zum Glauben viel Ausdauer, Geduld, Takt, Zuversicht bei allen Enttäuschungen und Standhaftigkeit gegen die Versuchung, das Hauptfeld seiner Arbeit in bequemeren Altersstufen (Kindheit, Greisenalter) zu suchen. Denn der Mensch in diesem Alter kann seine innere Selbständigkeit als mündige Person nur durch einen Durchgang durch eine gewisse Distanzierung von den ihn bisher prägenden Mächten seiner Umwelt finden. In seiner kritischen Periode verlangt er aber nach einem Dialogpartner. Die Glaubensbelehrung muß somit gerade in dieser Zeit den Charakter des *Dialogs* an sich haben. Ein solches dialogisches Verhältnis kann der Glaubenslehrer darum ohne Heuchelei zu dieser Altersstufe einnehmen, weil er ja davon überzeugt sein muß, daß die jetzt fällige Glaubensentscheidung die Tat der verantwortlichen Freiheit des jungen Menschen sein muß, eine solche Tat aber nur dort möglich ist, wo ihr auch ernsthaft der Raum freigegeben ist zu einer Entscheidung, die der Glaubenslehrer als objektiv falsch, aber auch als möglicherweise subjektiv schuldlos qualifiziert. Diese Möglichkeit subjektiv schuldloser, obzwar objektiv falscher Entscheidung ist nun einmal in der heutigen geistigen Gesamtsituation gegenüber früheren Zeiten ganz erheblich gewachsen, und das kann und soll der Glaubenslehrer mit unbefangener Geduld und im Vertrauen auf Gott, der auch auf krummen Linien gerade schreiben kann, ertragen und bei seinem Verhalten einrechnen. Während dieser Zeit muß der junge Mensch das seinem Daseins- und Altersverständnis gemäße Gottesbild finden; der Glaubenslehrer kann ihm dazu behilflich sein: Gott wird nicht so sehr der behütende, bergende, aber auch überwachende „Vater" sein, sondern der „Gott vor uns", der den unendlichen Raum für die menschliche Tat und das Abenteuer des Lebens auftut, Verantwortung auferlegt und dem Menschen die eigene Entscheidung zumutet.

In diesem Lebensalter muß sich auch das Gebot als *äußere* Reglementierung einer überlegenen Autorität im Verständnis des Menschen wandeln zur *inneren* Person- und Sachgemäßheit des Gebotenen, in der sich gerade die Hoheit des göttlichen Willens präsentiert. Dieser Wandel des Gesetzesverständnisses erfordert auch ein dialogisches Verhältnis zwischen dem Glaubenslehrer und dem Menschen dieses Alters.

Dieses Alter ist die Zeit, in der der *Beruf* den Menschen entscheidend mitprägt. Für das Glaubensleben ist es zunächst wichtig, daß ein positives Verhältnis zwischen dem Beruf, seinen Idealen und seiner Wirklichkeit und dem Leben aus dem Glauben gefunden wird. Aber es muß dem jungen Menschen auch geholfen werden, kritisch bei sich selbst die durch den Beruf bedingten Gefahren einer partiellen Blindheit gegenüber menschlichen Wirklichkeiten zu sehen, die in der „Thematik" und Methodologie des betreffenden Berufes nicht deutlich vorkommen. Die vielen heutigen Berufe naturwissenschaftlicher Provenienz sind hier besonders gefährdet. Ihr Ideal der „exakten" Erkenntnis und der experimentellen Nachprüfbarkeit bewirkt leicht eine Atrophie jener Erkenntnisfähigkeit, die im Glauben gebraucht wird. Es muß immer neu den Menschen solcher Berufe verständlich gemacht werden, daß sie dem Ganzen ihres Lebens gegenüber, für das sie verantwortlich sind, mit den Methoden und Ergebnissen rein naturwissenschaftlichen Erkennens nicht auskommen, daß eine skeptische Enthaltung gegenüber anderen Erkenntnisweisen und dem Glauben auch eine *Entscheidung* ist und weniger positive Gründe intellektueller Redlichkeit bei sich hat als die Entscheidung für Glaube und die Glaubenswirklichkeit, aus der heraus das Ganze des menschlichen Lebens sinnvoll verstanden und gemeistert werden kann.

Die Zeit des reifen Alters von Mann und Frau, die in Familie, Beruf und in Teilnahme am öffentlichen Leben in der weltlichen Welt leben, lenkt gegenüber dem „Idealismus" der Jugend (der selbst dort noch gegeben ist, wo er sich als snobistische Genußsucht und Auflehnung gegen die ältere Generation verkleidet) auf das unmittelbar Praktische konkreter, hier und jetzt zu tuender Aufgaben und Ziele. Insofern ist diese Zeit durch eine verminderte Ansprechbarkeit für „metaphysische" Fragen und religiöse Wirklichkeiten gekennzeichnet. Das verlangt vom „Glaubenslehrer" Takt, Vorsicht und gelassene Bescheidenheit. Er darf nicht den Eindruck erwecken, als ob ein Christ dieses Alters mehr oder weniger kein rechter Christ oder kirchlich „abgeschrieben" sei, wenn er ein bestimmtes (vom Klerus nicht selten sehr willkürlich festgelegtes) Maß von religiösem oder kirchlichem Interesse und Praxis nicht aufbringt. Er muß sich bemühen, deutlich zu machen, daß die „Welt des Glaubens" kein ideologischer Überbau ist, der zusätzlich zur sogenannten Wirklichkeit hinzukommt; er wird sogar darauf zu achten haben, nicht billig und vorschnell zu behaupten, ohne „Religion" werde man mit dem Leben nicht fertig, denn das ist – richtig verstanden – zwar wahr, kann aber voreilig verstanden werden und ist für den Menschen von heute nicht so leicht empirisch faßbar, wie manche Apologeten des Glaubens meinen. Der „Glaubenslehrer" wird gerade diesem Alter gegenüber einerseits darauf hingewiesen, daß die redliche, nüchterne Erfüllung der Pflicht des Alltags selbst schon ein wesentliches Stück des christlichen Daseins als solchen ausmacht (konkret also gar nicht „bloß natürliche" Tugenden bedeutet), auch wenn die „schwerer Dienste tägliche Bewahrung" noch nicht einfach die Offenbarung ist. Er wird anderseits immer wieder verständlich zu machen suchen, daß das, was Christentum meint, explizit sagt und zur expliziten Motivation des alltäglichen Handelns zu machen versucht, gar nichts anderes ist als die letzte, radikale Tiefe *der* Wirklichkeit, die der Mensch in seinem – allerdings *ganz*menschlich verstandenen – Alltag erfährt und vielleicht schon unausdrücklich dort angenommen hat, wo er in absoluter Verantwortlichkeit, in Gehorsam gegenüber der Unverfügbarkeit seines Lebens, im Vorkommenlassen des Geheimnisses des Daseins, in wahrer, selbstloser Liebe zum Nächsten usw. handelt. Religiöse Fortbildung in dieser Altersstufe sollte sich daher vor allem präsentieren als vertiefte Beantwortung der Fragen, die dem Menschen aus seinem Beruf, seinem Familienleben und aus seiner Betätigung im öffentlichen Leben entgegentreten.

Zur Glaubenssituation des alternden Menschen. – „Altersseelsorge" ist heute eine neue Notwendigkeit, weil durch die erhöhte durchschnittliche Lebensdauer ein großer Anteil der Gesamtbevölkerung zu den „Alten" zählt.

Die neuen Aufgaben, Belastungen und positiven Möglichkeiten, die sich aus der heutigen Situation (größere Überlebenschance, Ausscheiden aus dem Berufsleben, Kleinfamilie, die die vorige Generation nur schwer bei sich behalten kann usw.) für das Alter, die „vierte Generation", ergeben und die auch religiös eine neue Situation schaffen, bringen für den „Glaubenslehrer" neue Möglichkeiten und neue Gefahren der Glaubensbildung und -erweckung.

Die Fragen nach dem Sinn der Einsamkeit, der Enttäuschung über vieles was im Leben Mißerfolg und Torso blieb, der andrängenden Konfrontation mit dem Tod usw. bilden jetzt den Untergrund der religiösen Frage – in positiver und auch negativer (Gefahr skeptischer Verbitterung!) Hinsicht. Es ist heute schon wichtig, dem Menschen Verständnis und Mut dafür zu machen, daß er sich der neuen religiösen Situation unbefangen stellt: Sie darf darum, weil die frühere Altersperiode nicht sehr religiös geprägt und interessiert war, nicht von vornherein verdächtigt werden (durch den Alten selbst), sie sei bloß ein Zeichen seniler Lebensangst und feigen Sicherheitsbedürfnisses. Es ist „normal", im Alter „religiöser" zu sein, und diese Religiosität hat keinen Grund, sich verdächtigen zu lassen, bloß weil sie nicht früher schon so deutlich gegeben war. Denn jede Altersstufe hat ihre eigene Situation, Chance und Eigenart und birgt die Forderung, sich auf diese Eigenart entschlossen einzulassen und nicht krampfhaft an der Mentalität der vorausgehenden Altersstufe festzuhalten.

Es gibt immer wieder Fälle, in denen eine kirchliche Aufgabe, die zunächst aus relativ äußeren, gesellschaftlichen Gründen übernommen wurde, ihren Träger in den eigentlichen religiösen Sinn dieses Tuns langsam hineinwachsen läßt. Man sollte also solche Aufgaben nicht unbedingt nur den schon „ganz frommen Leuten" übertragen.

Wenn das Alter eine Zeit neuer religiöser Interessiertheit und Fruchtbarkeit sein kann, dann bedeutet das nicht, daß der Seelsorger die Bewältigung der spezifischen Probleme der Alten *bloß* von einer Aktivierung und Vertiefung des religiösen Lebens erwarten sollte. Er soll vielmehr auch andere Weisen, ein erfülltes „heiteres", noch Kontakte habendes und zu bejahendes Alter zu schaffen, begünstigen und „fromme Alte" ermuntern, bei solchen Bestrebungen mitzuwirken. Auch das II. Vatikanische Konzil (Gaudium et spes, 66) mahnt, „Arbeitsgelegenheiten" (wobei das Wort sicher auch im weitesten Sinn einer sinnvollen Betätigung verstanden werden darf) für alte Menschen zu schaffen, um so ihre „Menschenwürde" zu sichern.

Liebe

28

Liebe

Die Liebe ist nicht eine bestimmte, angebbare Leistung, die man genau umschreiben könnte, sondern ist das, was jeder Mensch *wird* in der unvertretbaren Eigenart seines je einmaligen Wesensvollzuges, etwas, das doch erst bekannt ist, wenn es getan ist. Damit soll nicht gesagt werden, daß es keinen irgendwie allgemeinen Begriff von Liebe gebe gemäß dem allgemeinen Satz, der Mensch sei verpflichtet, Gott zu lieben, und darin bestehe die eigentliche Erfüllung des ganzen göttlichen Gesetzes und aller Gebote. Diese Hauptgebot verpflichtet den Menschen aber gerade, Gott aus seinem *ganzen* Herzen zu lieben. Und dieses eine Herz, das der Mensch einzusetzen hat, die innerste Mitte seiner Person (und von daher auch alles, was sonst noch am einzelnen Menschen ist), ist ein Einmaliges, und was es als dieses Einmalige in sich birgt, was eingesetzt und verschenkt wird in dieser Liebe, das weiß man eben doch erst, wenn es getan ist, wenn der Mensch sich wirklich selbst eingeholt hat und so erst weiß, was in ihm ist, *wer* er konkret ist. In dieser Liebe läßt sich also der Mensch auf das Abenteuer seiner eigenen, ihm zunächst verhüllten Wirklichkeit ein. Er kann nicht von vornherein überschauen und abschätzen, was eigentlich von ihm verlangt wird. *Er* wird verlangt, er selbst wird gewagt, er in der Konkretheit seines Herzens und seines Lebens, das als unbekannte Zukunft noch vor ihm liegt und das erst als vollbrachtes auch offenbart, was dieses Herz ist, das in diesem Leben sich zu wagen und zu verschwenden hatte. Bei allen anderen Leistungen mag man wissen, was eigentlich von einem verlangt wird. Man kann abschätzen, vergleichen, sich fragen, ob Einsatz und Gewinn sich lohnen. Man kann diese abverlangte Leistung durch etwas anderes rechtfertigen, durch ein Ergebnis, das – von der Leistung verschieden – diese als sinnvoll ausweist und rechtfertigt. Bei der Liebe kann man es nicht. Sie selbst ist das, was sie rechtfertigt, und ist sie selber aber erst eigentlich als bis zum Ende aus ganzem Herzen und nach allen Kräften vollbrachte.

Das christliche Ethos ist im Grunde nicht die Respektierung von objektiven Sachnormen, die Gott in die Wirklichkeit hineingelegt hat. Denn alle diese Sachnormen sind erst dort, wo sie der Ausdruck der Struktur der Person sind, wirklich sittliche Normen. Alle anderen Strukturen der Dinge stehen *unter* dem Menschen. Er mag sie verändern, umbiegen, soweit er nur kann, er ist ihr Herr, nicht ihr Diener. Die einzige letzte Struktur der Person, die sie adäquat ausspricht, ist das Grundvermögen der Liebe, und diese ist maßlos. Darum ist es auch der Mensch. Alle Sünde ist im Grunde nur die Weigerung, dieser Maßlosigkeit sich anzuvertrauen, ist die geringere Liebe, die darum, weil sie sich weigert, die größere werden zu wollen, keine mehr ist. Natürlich bedarf der Mensch, um real zu wissen, was damit gesagt wird, der Objektivationen, die ihm in der Vielzahl der Gebote entgegentreten. Aber alles, was so in dieser Vielzahl der Gebote erscheint, ist Objektivation oder Teilvollzug oder vorauslaufendes Anheben der Liebe, die selber keine Norm hat, an der sie gemessen werden könnte. Man kann von diesem „Gebot" der Liebe sprechen, wenn man nicht vergißt, daß dieses „Gesetz" dem Menschen nicht *etwas* gebietet, sondern ihn selbst ihm aufträgt, ihn als die Möglichkeit der Liebe in der Entgegennahme der Liebe Gottes, in der Gott nicht etwas, sondern sich selbst gibt.

Gott aber ist trotz, nein, wegen seiner Absolutheit kein unpersönliches Es, kein asymptotischer ruhender Fluchtpunkt der Transzendenz und Liebe der geistigen Person, sondern der „lebendige Gott", demgegenüber alle Tat des Menschen wesenhaft Antwort auf seinen Anruf ist, worin sich letztlich ihre Geschichtlichkeit gründet. Die Geschichtlichkeit des Menschen wird erst dann ganz ernst genommen, wenn dieser sich in ein *wesenhaft* (und nicht bloß faktisch-zufällig) Unverfügbares ausgesetzt weiß, wenn er sich als ein in die inappellable, souverän verfügte Freiheit Gottes hinein Existierender versteht. Diese wesentliche Verwiesenheit des menschlichen Selbstverständnisses in die Freiheit Gottes und die damit gegebene „wesentliche Geschichte mit Gott" ist, genau besehen, nichts anderes als der anthropologisch gewendete Ausdruck dafür, daß alles Kreatürliche bleibend-aktuell von Gott abhängt. Für den Menschen heißt das nämlich, daß er in seinem Selbstverständnis, das sein Mensch*sein* auszeichnet, von Gott abhängig bleibt, daß er also Gott nie als ein verfügbares Element in dieses Selbstverständnis einbauen kann. Die Erfahrung und Bejahung der Unerschöpftheit, des Geheimnisses Gottes und seiner Freiheit gehören zur menschlichen Selbstbejahung als Geschöpf. Er nimmt deshalb die ihm eigentümliche, kreatürliche Abhängigkeit dadurch an, daß er sich in seinem Selbstverständnis nicht einfach als von sich her endgültig verfügbar (etwa als „reine Natur") interpretiert, sondern (als Vollzug seiner *kreatürlichen* Abhängigkeit) einer *geschichtlichen* Auslegung durch Gott entgegenharrt.

Menschliche Freiheit ist immer Freiheit an einem kategorialen Objekt und gegenüber einem innerweltlichen Du, selbst dort noch, wo sie sich anschickt, unmittelbar und thematisch Freiheit Gott gegenüber zu sein. Denn auch ein *solcher* Akt eines *thematischen* Ja oder Nein gegen Gott verhält sich nicht unmittelbar und allein zum Gott der ursprünglichen transzendentalen Erfahrung und seiner darin eröffneten Anwesenheit, sondern zuerst zu dem Gott thematischer kategorialer Reflexion, zu Gott im Begriff.

Gottes Wort kann, wenn es überhaupt in innerweltlicher Greifbarkeit geschehen soll, nur als endliches Wort vom Menschen gesprochen werden. Ebenso gilt in „umgekehrter Richtung": Der Bezug zu Gott ist in seiner Unmittelbarkeit notwendig vermittelt durch innerweltliche Kommunikation. Die *transzendentale* Eröffnung braucht einen *kategorialen* Gegenstand, einen Halt und Anhalt gewissermaßen, um sich nicht im leeren Nichts zu verlieren; sie braucht ein innerweltliches Du. Die ursprüngliche Beziehung zu Gott ist – *Nächstenliebe.* Wenn der Mensch nur im Vollzug der Liebe zu Gott er selbst wird und er diese Selbstverfügung in einer kategorialen Tat vollziehen muß, dann gilt, und dies in der Ordnung der Gnade in vollendetem Maß: Der Akt der Nächstenliebe ist der einzige kategoriale und ursprüngliche Akt, in dem der Mensch die kategorial gegebene ganze Wirklichkeit erreicht und darin die transzendentale und gnadenhaft unmittelbare Erfahrung Gottes macht.

29

Gottes- und Menschenliebe

Das Wesen der Gottesliebe ist fast unvermeidlich bereits mißverstanden, wenn sie als die Erfüllung eines einzelnen partikulären Gebotes neben anderen gedacht wird. So wenig Gott richtig verstanden wird, wenn er einfach als eine partikuläre Wirklichkeit, eine Teilwirklichkeit in der Summe aller Wirklichkeiten gedacht wird, so wenig darf die Gottesliebe als eine partikuläre Leistung neben vielen anderen in der menschlichen Existenz abgewertet werden. Sie ist das Ganze des freien Vollzugs der menschlichen Existenz. Sie ist im letzten kein Inhalt eines einzelnen Gebotes, sondern sowohl Grund als auch Ziel aller einzelnen Gebote. Und sie ist das, was sie sein muß, nur dann, wenn Gott um seiner selbst willen geliebt wird, wenn also Liebe nicht geliebt wird, damit sich der Mensch innerhalb der Erfüllungen von Einzelleistungen, die er sich abverlangt, selber behauptet und in sich vollendet, sondern wenn in dieser Liebe der Mensch – ohne sich letztlich selber zu suchen – aus sich herausgeht, sich über Gott vergißt, sich wirklich selber in dem unsagbaren Geheimnis verliert, dem er sich willig ergibt.

Der Mensch erreicht seine Vollendung in dem einen totalen Akt seiner Existenz in der Liebe Gottes um seiner selbst willen. Aber diese Vollendung wird gerade nur erreicht, wenn letztlich nicht sie, sondern Gott gesucht wird. Insofern eine solche Liebe das Ganze des Vollzugs der menschlichen Existenz ist, gibt es nichts, was selbstverständlicher als sie wäre, weil nur das Ganze und nicht ein Teil sich selber erklären und verständlich machen kann. Insofern diese Liebe die Hingabe an Gott, an das nie umfaßbare und in alle Ewigkeit bleibende Geheimnis ist, ist diese selbstverständliche Liebe auch selber unbegreiflich, das heißt nicht in Elemente auflösbar, die als einzelne besser verständlich wären. Wenn auf der Kanzel die Liebe zu Gott als die Bedingung des Heiles gepriesen wird, dann ist nicht eine partikuläre Leistung des Menschen gemeint, sondern der eine totale Selbstvollzug des Menschen, der selbstverständlich und unbegreiflich zugleich ist und in dem der Mensch sich selber in Gott hinein enteignet.

Wenn man das bedenkt und sich aber gleichzeitig als die in sich selbst gekrümmte, immer wieder bei sich selber ankommen wollende Subjektivität erfährt, dann erscheint einem solche Liebe Gottes um seiner selbst willen, dieser Ausbruch aus der verschlossenen Enge unserer eigenen Existenz, notwendig als das Wunder, das uns letztlich nur Gott selber schenken kann. Wenn wir das Heil aller Menschen hoffen, dann wird dieses unsagbare Wunder der Liebe Gottes zu uns gehofft, der uns selber schenkt, was dic einzig heilschaffende Tat unseres Lebens ist. Diese muß gehofft werden wider allen Anschein eines massiv sündigen oder auch sehr sublimen Egoismus des Menschen. Diese wirkliche Gottesliebe muß im Blick sein, wenn nach dem Verhältnis zwischen Gottes- und Nächstenliebe gefragt wird, diese also und nicht eine partikuläre moralische Einzelleistung.

Aber diese Gottesliebe hat ein Verhältnis zur Nächstenliebe nicht bloß dadurch, daß die Nächstenliebe von ihr geboten wird und irgendwie als praktischer Testfall für sie fungiert. Das Verhältnis ist viel enger: Gottes- und Nächstenliebe stehen in einem gegenseitigen Bedingungsverhältnis; die Nächstenliebe ist nicht nur eine von der Gottesliebe geforderte, ihr nachfolgende Leistung, sondern auch in gewissem Sinn ihre vorausgehende Bedingung.

Dieses Verhältnis eines gegenseitigen Bedingtseins, eines gegenseitigen Einschlusses darf natürlich nicht im Sinne eines säkularisierten Humanismus verstanden werden, als ob die Gottesliebe nur ein altmodisches, mythologisches Wort für die Nächstenliebe sei, das man im Grunde heute weglassen könnte bei einer unerbittlichen und selbstlosen Liebe des Menschen. Gott ist mehr als ein Mensch, unendlich mehr. Er ist der über alle menschliche Wirklichkeit hinaus in Anbetung zu liebende Gott. Aber dennoch besteht ein gegenseitiges Verhältnis der Gottes- und Nächstenliebe, indem beide sich wirklich gegenseitig bedingen. Es gibt keine Gottesliebe, die nicht in sich selber schon Nächstenliebe wäre und durch den Vollzug der Nächstenliebe auch erst selber zu sich kommt. Nur wer den Nächsten liebt, kann wissen, wer eigentlich Gott ist. Und nur wer letztlich Gott liebt, kann es fertigbringen (ob er dies reflektiert oder nicht, ist eine andere Frage), sich auf den anderen Menschen bedingungslos einzulassen und ihn nicht zum Mittel seiner eigenen Selbstbehauptung zu machen.

Wenn so in der bedingungslosen Liebe des Nächsten eigentlich schon die Gottesliebe mitgegeben ist, dann bedeutet dies keine Minderung oder Verfälschung der wahren Nächstenliebe. Gott ist nicht der Konkurrent des Menschen, sondern der, der den Menschen erst verständlich macht, ihm gerade seine letzte radikale Würde und Bedeutung gibt, indem er gleichzeitig im Menschen zuinnerst ist und ihn unendlich überragt. Die Ek-sistenz in Gott hinein ist die innerlichste Innerlichkeit des Menschen. Indem er auf Gott hin geliebt wird, wird er in seinem letzten Sinn und Wesen geliebt, und indem er in der Liebe zum Nächsten sich wirklich öffnet, ist für ihn die Möglichkeit gegeben, in einer wirklichen Liebe aus sich selbst herauszukommen, um Gott zu lieben.

30

Unbedingte Liebe

Ein Mensch vertraut sich einem anderen an. Was geschieht da? Nun, zunächst ist zu sagen, daß es viele Weisen und Grade dieses Sichanvertrauens gibt. Solche, in denen man z. B. nur in bestimmten Regionen und Einzelaufgaben des Lebens sich auf einen anderen verläßt: auf die Fahrtüchtigkeit des Fahrers, auf die Ehrlichkeit des Bankiers bei finanziellen Aktionen usf. Aber offenbar ist der Mensch das Wesen, das *sich selbst* dem Anderen *ganz* anzuvertrauen sucht und nur so existieren kann; er muß sich „verlassen", indem er *sich* selbst ganz auf den Anderen einläßt. Wo es ganz geschieht oder (vorsichtiger gesagt) ganz versucht wird, spricht man gewöhnlich von *Liebe*, um dieses sich selbst verlassende, totale Sicheinlassen auf den Anderen mit einem einzigen Wort zu benennen. Es ist hier nun nicht weiter zu erklären, daß und warum ein Mensch nur wahrhaft sich, sein Wesen und seine Wahrheit findet, wenn er in diesem Sinne liebt; er findet sich selbst nur, wenn er sich verläßt und sich selbst einläßt auf (bzw. besser:) in den Anderen; der Mensch bleibt sonst in der eigenen Endlichkeit verschlossen, die ihm, wenn dieser Verschluß die absolut endgültige Freiheitstat seines Lebens ist, im buchstäblichen Sinn zur eigenen Hölle wird, zur bleibend stummen Einsamkeit, die in sich selbst erstickt.

Es ist hier nicht weiter darzutun, daß dieses radikale Sicheinlassen in den Anderen die *eine Geschichte* des Lebensvollzugs eines Menschen ist, also in Anläufen und Vorläufigkeit geschieht, in Versuchen, in denen erst langsam sich findet, was in ihnen sein Wesen sucht. So ist es klar, daß alles, was über das vollendete Wesen der Liebe gesagt wird, immer nur eine Erfahrung anrufen kann, die noch unterwegs ist, die also nur der versteht, der im Geschehnis jener Selbstüberbietung – in der der Anfang sein Ende in sich trägt – das volle Wesen der Liebe hoffend vorwegnehmen kann. Nicht aber kann der verstehen, der nicht *mehr* an Liebe für möglich hält, als er jetzt schon selbst aufbringt.

Dem Anderen, der solche Liebe als unmöglich betrachtet, mag das eben Gesagte vorkommen wie ein subtiles Gespinst von Gedanken und Gefühlen, das nur für den Naiven die Brutalität der Wirklichkeit und die schäbige Alltäglichkeit des Lebens verdeckt, das leicht als Ideolisierung bloß sexueller Triebe oder sonstiger Herdeninstinkte entzaubert werden kann. Schon hier ist man also gefragt, ob man die Erfahrung solcher Liebe als radikales *Sich-selbst*einlassen wenigstens anfanghaft gemacht hat und ob man bereit ist, diese Erfahrung als letzte und ursprüngliche anzunehmen; dazu gehört der Mut zum Verzicht auf den an dieser Erfahrung nämlich immer wieder scheiternden Versuch, sie in etwas anderes aufzulösen und zu zersetzen; positiv bedeutet dies die Entschlossenheit, dem radikalen Geheimnis standzuhalten, in das diese Erfahrung hineinweist.

Wir machen hier diese Voraussetzungen. Jeder ist gefragt. Jeder ist gefragt, ob er diese Erfahrung in sich entdeckt oder – verdrängt. Eine dritte Möglichkeit – das schlichte, unschuldige Fehlen einer solchen Erfahrung – könnte eigentlich nur einem personal unmündigen Menschen zugebilligt werden, wobei vielleicht nicht bestritten zu werden braucht, daß es solche auch unter den im bürgerlichen Sinne Erwachsenen und Normalen gibt.

Gottes Ort in der menschlichen Liebe. – Aber kann man denn, so fragen wir weiter, *so* sich lassend sich anvertrauen, *so* lieben? Kann man – was man muß, um das zu sein, wodurch man der eigenen Hölle entflieht – *so* ein Liebender sein? Gerät man nicht in die Hölle des Anderen, wenn man seine eigene flieht? In die versperrte Endlichkeit des Anderen, die ebenso entsetzlich eng ist wie die eigene? Kann der Andere so radikal annehmen, was man ihm anvertraut – das ganze Dasein eines Menschen –, ohne durch dieses ewige Gewicht in seiner eigenen Brüchigkeit zu zerbrechen? Diese Frage stellt sich in jeder enttäuschten, langweilig gewordenen oder in die alltägliche Dürftigkeit eines Egoismus zu zweit abgesunkenen Liebe.

Man sagt gewöhnlich darauf: „Da kann nur Gott helfen." Ich antworte *nicht* so, weil dann Gott von außen, als

„Deus ex machina" zur Hilfe zitiert wird und weil man mit einer solchen Auskunft nicht sicher sein kann, ob man überhaupt weiß, was das Wort „Gott" sagen will. Vielmehr muß die Antwort in folgende, gleichsam umgekehrte Richtung gehen: Wenn diese Liebe den Menschen wirklich radikal und ohne Vorbehalt an den Anderen wagt – ob sie das wirklich tut oder den Anderen nur als Mittel des eigenen angsthaften Egoismus benutzt, das können wir nie mit letzter Sicherheit reflex sagen –, dann ist darin inwendig und vielleicht namenlos – aber wirklich – das erfahren, was mit „Gott" eigentlich gemeint ist; auch dann ist darin schon „Gott" erreicht, wenn dieser von solchen Liebenden auf der Ebene der theoretisch-begrifflichen Reflexion (noch) geleugnet wird oder wenn „erklärt" wird, man könne sich unter dem Wort „Gott" nichts Sinnvolles vorstellen. Wenn das Gesagte richtig verstanden wird, besteht auch keine Gefahr, daß „Gott" so zum *bloß* inwendigen „Numinosum" dieser menschlichen Liebe an ihr selbst wird. Denn dieser Gott existiert ja in der Differenz zwischen Ich und Du, dieser Gott ist gerade als der tragende Grund einer *absoluten* Liebe eines an sich Endlichen (als Subjekt und „Objekt") dasjenige, das in absoluter Erhabenheit von dem sich absetzt, der den absoluten Grund einer Liebe braucht und den er in seiner Endlichkeit nicht als das Eigene hat oder sich geben kann. Wir sagen also: Jene Liebe, die den anderen absolut ernst nimmt und sich total anvertraut, erfährt – *wenn* und *indem* sie geschieht –, was „Gott" ist, insofern sie ihn nämlich als Grund und Ermächtigung dieser Liebe erfährt und als gegeben annimmt, mag dies worthaft thematisiert geschehen oder nicht. – Dies kann hier nur in aller Kürze gesagt werden, ohne daß theoretisch und „mystagogisch" der Versuch gemacht werden kann, ausführlicher zu zeigen, warum und wie – und zwar gerade nach christlicher Lehre – der Akt *radikaler* Liebe des Nächsten schon ein Akt der Liebe zu Gott ist und in diesem Akt (mindestens unthematisch) aufgeht, was mit „Gott" eigentlich gemeint ist.

Unbedingte Liebe unter Menschen? – Aber damit ist die

Frage noch nicht beantwortet, ob man wirklich so sich mit dem Anderen einlassen, sich selbst ganz anvertrauen und so lieben könne. Auch wenn Gott als Grund und Ermächtigung solcher Liebe vorausgesetzt ist und explizit oder implizit angenommen wird, so bleibt immer noch die Frage, ob der Andere, der so geliebt wird, selbst solche Liebe annehmen und rechtfertigen kann, er, der Fragwürdige, Endliche, der doch *selbst* geliebt und nicht nur „Anlaß", „Material" und „Bewährung" der Liebe Gottes sein soll. Kann man sich in solcher Liebe mit ihm, dem endlichen Anderen, identifizieren, mit ihm, der böse sein kann, der sich in seinem Egoismus selbst als einsame Hölle konstituieren kann, mit ihm, der so die ihm geschenkte Liebe und somit den Liebenden selbst verraten und schänden kann, mit ihm, der als der Böse und als der Egoistische radikal und vielleicht endgültig dem Grund widerspricht, von dem her er geliebt werden soll? Muß man nicht dem Anderen gegenüber, auf den man sich als einen *so* Unzuverlässigen nicht verlassen kann, doch mit einem Vorbehalt lieben, also gleichsam sich selbst behalten? Aber *liebt* man dann noch, *vertraut* man *sich selbst* dann an, *läßt* man *sich* dann wirklich *los?* Oder verharrt man dann in jenem schrecklichen Urmißtrauen, in dem man meint, man sei sich selber doch allein der einzige zuverlässige Freund, der, der nicht so dumm und naiv ist, sich einem anderen wirklich so auszuliefern, daß man sich nicht mehr zurücknehmen kann? Aber ist man dann nicht wieder der Gefangene seiner eigenen einsamen Endlichkeit? Schreckliches Dilemma des Vertrauens und des Mißtrauens: In beiden Fällen scheint man in einer Hölle zu enden, in der Hölle eigener Einsamkeit oder in der Hölle, die der Andere in seiner Endlichkeit und seinem (immer möglichen) Egoismus ist. Und wenn man zur Aufhebung dieses doppelten Dilemmas „Gott" sagt und beschwört, dann ist „Gott" gewiß dazu notwendig, aber er scheint diese Liebe zum Anderen zu „retten" (mit ihrem Vorbehalt), indem er ihr in gewisser Weise ihre Radikalität nimmt und sie in seiner Abgeschiedenheit vom Menschen auf sich selbst bezieht.

Die menschliche Wirklichkeit als bleibendes Ziel der Liebe. – Es wäre nun ein falscher Schluß – trotz aller im einzelnen berechtigten und abwägenden Lebensklugheit –, wollte man im Wagnis der Liebe dieses bedingungslose Ja verweigern oder sogar für unmöglich halten. Aber wenn der Grund solcher Liebe nicht einfach die Absurdität des Grundlosen sein soll, dann bejaht solche Liebe die (vielleicht ungenannte) Wirklichkeit eines Menschen, der solche radikal sich weggebende Liebe mit Recht annehmen kann, ohne daß diese in die Bodenlosigkeit eines Menschen fällt, für den sein göttlicher Grund nur das Gericht über seine Endlichkeit und egoistische Hölle ist.

Diese Wirklichkeit eines Menschen ist nun etwas genauer in den Blick zu nehmen. Es ist die Wirklichkeit *eines Menschen*, denn die Aussage, es wäre die „Wirklichkeit Gottes" (für sich allein), hätte fast unweigerlich das Mißverständnis zur Folge, als sei der Mensch doch wieder nur bloßer „Anlaß" einer Liebe zu Gott, ohne selbst absolut geliebt zu werden. Es geht um die *Wirklichkeit* eines Menschen, nicht um eine abstrakte Möglichkeit, wenn auch diese Wirklichkeit unter Umständen die erhoffte, künftige sein mag. Man darf auch nicht meinen, daß durch einen solchen Satz solche sich selbst radikal wagende Liebe ein Rechenexempel werde, welches das schreckliche Wagnis solcher radikalen Liebe aufhebe. Die Evidenz dieses Grundes und also die erwähnte Wirklichkeit leuchten nur auf in diesem Wagnis der Liebe selbst, sind ihr allein innerlich und heben so das Wagnis der Selbstlosigkeit nicht auf. Wenn Liebe also sich ohne Vorbehalt und unbedingt wagt, dann sagt sie gleichzeitig: Es gibt den Menschen, der ihr gerecht wird, dem gegenüber kein Vorbehalt nötig und gerechtfertigt ist; sie sagt dies ohne vorausgehende Sicherung, also *glaubend* im ursprünglichsten Sinne des Wortes als des personalen Anvertrauens an die Verläßlichkeit des Geliebten (vgl. den ursprünglichen hebräischen Bedeutungssinn von „Wahrheit": „Treue").

Wo ist ein solcher Mensch? – Aber welcher ist dieser Mensch, und wo ist er zu finden, den diese absolute Liebe als den absolut verläßlichen, treuen und wahren bejaht? Er kann nicht jeder Nächstbeste sein in seiner Unzuverlässigkeit. Sonst wäre gar keine bedrohliche Frage gegeben. Dieser Mensch mag der schon gegebene oder der noch als künftige Wirklichkeit kommende sein, er wird aber in dem *absoluten* Sichselbstanvertrauen als Wirklichkeit bejaht. Es kann nicht einer sein, der mit dem Menschen, wie er hier und jetzt absolut geliebt werden soll, gar nichts zu tun hat; er muß zu diesem in Differenz (was leichter einzusehen ist) *und* in Einheit stehen. Die Einheit, die von dem absolut Verläßlichen zu dem Unzuverlässigen hin gegeben ist, erlaubt und ermöglicht, daß auch dieser in absolutem Sichanvertrauen geliebt werden kann. Diese Einheit und Differenz zwischen dem unmittelbar geliebten Menschen und dem als absoluten Grund solchen Vertrauens geliebten Menschen darf uns nicht überraschen (wiewohl sie stets ein Wunder bleibt). Denn wahre Liebe zu einem bestimmten Menschen ist nur dort gegeben, wo die Liebe zur Liebe aller aufschließt. Liebe zum bestimmten Menschen ist auch in dieser Hinsicht nicht Egoismus zu zweit. Wo sie ist, ist der Anfang und die Verheißung der Liebe aller. Wenn darum durch einen bestimmten Menschen hindurch der Mensch der absoluten Rechtfertigung bedingungsloser Liebe geliebt oder als der künftig hinzukommende gesucht wird, dann wird die Liebe zum bestimmten nahen Menschen nicht verletzt oder zum bloßen Durchgang degradiert, sondern erhält ihre letzte Rechtfertigung und ihre unbedingte Verheißung, ewig gültig sein zu dürfen.

Der „Akt“ *solcher* Liebe des Anderen ist der „Akt“ des Glaubens an Christus.

Dabei ist es – um es nochmals zu sagen – eine zwar sehr wichtige, aber allerletztlich doch sekundäre Frage, ob die aufgezeigte Tiefendimension solcher Liebe worthaft thematisch wird oder nicht; sie ist auch unthematisch dann gegeben, wenn die Freiheit der Liebe in ihrem absoluten Sichanvertrauen sich unberechnend und ohne Vorbehalt einläßt auf die unübersehbaren Konsequenzen und Implikationen solcher Liebe.

31

Jesus lieben

Zunächst müßte man realisieren, in sich entdecken und im eigenen Leben entwickeln, daß der Mensch notwendigerweise sich anderen anvertraut und anvertrauen muß. Diese Selbstöffnung der eigenen Person auf einen anderen hin, dieses Sich-selber-Anvertrauen an einen anderen kann die verschiedensten Intensitätsgrade und Formen haben. Eine – vielleicht die deutlichste – Form mag die eheliche Liebe sein. Da vertraut sich ein Mensch bedingungslos (in einem gewissen Sinne wenigstens) einem anderen an. Nur wer so von sich wegkommt und sich auf einen anderen liebend einläßt, findet sich selbst. Sonst erstickt er im Kerker seines Egoismus.

Bei diesem für die menschliche Existenz fundamentalen Vorkommnis muß hier etwas deutlich bedacht werden. Gründe, auf die hin man sich aufgefordert und auch legitimiert empfindet, sich so auf den andern einzulassen, müssen zwar bei einem sinnvollen, verantwortlichen Einlassen gegeben sein, sind aber notwendig und immer geringer und problematischer als der Akt des Einlassens selber in seiner Absolutheit. Und umgekehrt hat der Akt des Sich-Anvertrauens eine Radikalität, Absolutheit und Unbedingtheit, die von diesen vorausgehenden Gründen dafür gar nicht ganz hergegeben werden. Das ist so und ein Mensch kann einsehen, daß es in seiner menschlichen Existenz gar nicht anders sein kann. Man muß vernünftige Gründe haben, sich auf einen anderen Menschen, ihm sich anvertrauend, einzulassen. Aber bei diesem Sich-Einlassen wagt man – trotz vorausgehenden Überlegungen, Prüfungen, Forderungen von Sinnhaftigkeit und Legitimation – mehr und *muß* mehr wagen als diese Gründe herzugeben scheinen. Jedes vertrauende, liebende Verhältnis zu einem anderen Menschen hat ein unaufhebbares Plus an Entschiedenheit, an Wagnis über die reflektierende Überlegung der Berechtigung und Sinnhaftigkeit eines solchen Wagnisses hinaus.

Gleich hier schon ist aus dieser angedeuteten Überlegung ein Schluß für unser eigentliches Thema zu ziehen: Man kann Exegese und Bibeltheologie treiben, man kann über die historische Gestalt Jesu tausend Untersuchungen anstellen, man kann ganz genau herauszubringen versuchen, was er gesagt hat, wie er es gesagt hat, wie er es gemeint hat, was ihm passiert ist, wie seine Umwelt auf ihn reagiert hat, wie er sich selber verstanden hat. Man kann genau untersuchen, was man seine Wunder nennt. Man kann genauer psychologisch zu analysieren versuchen, warum und wie seine ersten Jünger nach seinem Tod zur Überzeugung gekommen sind, er sei auferstanden. Alle diese Überlegungen und Untersuchungen sind gut und notwendig (natürlich bei jedem Menschen entsprechend der ihm gegebenen Möglichkeiten der Erkenntnis und der Nachprüfung und entsprechend den tausend verschiedenen Weisen, in denen eine solche Legitimation einer menschlichen Überzeugung durchgeführt wird), aber es bleibt immer ein Plus an Wagnisfreiheit, eben an Liebe in diesem wirklich christlichen Verhältnis zu Jesus über alle diese historischen, exegetischen und kritischen Wissenschaften hinaus, – natürlich auch über das historische Zeugnis der Tradition und der Kirche von Jesus hinaus. Erst wenn Jesus als er selber über das eigene Wissen von ihm hinaus angenommen und geliebt wird – er selber und nicht unsere bloße Christusidee und auch nicht unsere bloßen Erträgnisse historischer Wissenschaft –, erst dann beginnt das wahre Verhältnis zu ihm, das Verhältnis eines Sich-absolut-auf-ihn-Einlassens.

Bevor wir unser eigentümliches, einmaliges und radikales Verhältnis gerade zu diesem Jesus von Nazaret in einem absoluten Vertrauen und einer bedingungslosen Liebe zu schildern versuchen, muß noch auf eine zweite vorbereitende Überlegung eingegangen werden. Wir sagten schon, daß es sich bei unserem Verhältnis zu Jesus nicht um eine abstrakte Christusidee allein handeln darf. Wir wären ja sonst im Grunde genommen vergafft in unsere eigene Idee und würden nicht einen konkreten, wirklichen Menschen lieben.

Aber – so scheint es zunächst zu sein – der konkrete Jesus ist doch durch geographische Räume, durch den Abstand von Geschichte und Kultur und den Abstand von 2000 Jahren von uns getrennt. Kann man einen Menschen im Ernst lieben, der so fern ist? Fällt man nicht notwendig, wenn man das versucht, in eine Begeisterung über eine Christusidee oder über ein von uns selbst ausgedachtes Ideal eines selbstlosen Menschen zurück?

Der normale Christ, der alle diese Fragen nicht so genau bedenkt, wird zunächst einfach sagen: dieser Jesus lebe doch auch heute noch, er sei der Auferstandene, man könne ihn bei Gott finden. Und darum hätte eine liebende, radikal unmittelbare und einmalige Beziehung zu ihm keine unüberwindlichen Schwierigkeiten.

Das alles ist an sich wichtig und sogar für das christliche Verständnis unseres Verhältnisses zu Jesus fundamental. Wäre er nicht der Auferstandene, der bei Gott Gerettete, der gerade in der unbegreiflichen Unendlichkeit und Unsagbarkeit Gottes noch einmal Bewahrte und endgültig Gewordene, dann würde unsere Liebe eben doch nur – letztlich sinnlos – ein Ideal in der Vergangenheit der Geschichte suchen. Allerdings ließe diese Antwort, würde sie als für sich allein hinreichend betrachtet, eine neue Schwierigkeit entstehen. Die „Seligen des Himmels“, die wir als in Gott gerettet glauben, scheinen uns gerade so auch in eine unendliche Ferne entrückt, gleichsam in die Unbegreiflichkeit Gottes hinein verschwunden, nicht mehr unterscheidbar von Gott. Wir können diese Schwierigkeit hier nicht weiter bedenken, setzen vielmehr voraus, daß Gott ein „Gott der *Lebendigen*“ ist (wie Jesus selbst sagt), daß die von uns weggegangenen Menschen die ewig gültigen sind und so uns wirklich in schweigender Liebe nahe sein können und sind. Aber ist diese Nähe nicht eben doch wieder nur die Nähe Gottes, die sie birgt, aber auch verbirgt? Und gilt das nicht auch für Jesus?

Es gibt viele Menschen, die bedeutende Persönlichkeiten der Geschichte liebevoll in sich selbst gleichsam wieder zu rekonstruieren suchen; es gibt Leute, die einen Napoleonkult betreiben oder Goethe so verehren, daß er für ihr Leben eine große Bedeutung hat, in der der Brückenschlag über den historischen Abstand gelungen zu sein scheint. Solche Phänomene sollen gar nicht unterschätzt werden. Man könnte durchaus sagen, daß ein Mensch, der gar keine Helden der Geschichte in sein Leben hineinläßt, der gar keine Heldenverehrung in irgendeinem Sinne lebt, gar keine Dialogfähigkeit mit den Gestalten einer früheren Geschichte hat, irgendwie in seinem eigenen Menschsein verkümmert ist.

Aber offenbar würde es nicht genügen, wenn wir sagen würden: wir überbrücken den geschichtlichen, kulturellen, zeitlichen Abstand zu Jesus nur und allein auf diese Weise. Es muß etwas anderes dazu kommen. Würden wir *nur* sagen, Jesus lebt jetzt bei Gott, er existiert noch, wir können ihn anrufen, so wie es Stephanus vor seinem Tod getan hat: „Ich sehe den Himmel offen und den Menschensohn zur Rechten Gottes sitzen" (Apg 7,56), dann wäre zwar – wie gesagt – eine fundamentale Voraussetzung eines unmittelbaren Verhältnisses zu Jesus gegeben, eine Voraussetzung, die absolut notwendig und wichtig ist, aber es wäre dann doch immer noch die Frage, ob eigentlich bei diesem „ewigen Herrn aller Dinge" (wie ihn z.B. Ignatius von Loyola nennt) seine ehemalige, jetzt vergangene Geschichte für uns noch von Bedeutung bleibt und wir nicht doch noch einmal in einen Kult einer abstrakten Christusidee zurückfallen.

Wenn man seine eigene religiöse Geschichte betrachtet, kann eine solche Gefahr nicht von vornherein abgeleugnet werden. Wenn etwa Teilhard de Chardin von Christus als dem Omega der Weltgeschichte spricht, ist die Frage aufgeworfen, ob denn dieser Teilhard'sche Allchristus als Ziel und Grund aller evolutiven Geschichte im Ernst noch mit Jesus von Nazaret zu tun haben kann. Aber wie können wir dieses Verhältnis zu Jesus ohne bloße Berufung auf einen antiken und berechtigten Heroenkult allein und ohne diesen Jesus zu einer Idee zu verdünnen, noch weiterhin verständlich machen?

Nebenbei bemerkt ist ja dieses Problem bei jeder Heiligenverehrung, die in der katholischen Kirche durchaus einen berechtigten Platz hat und durch einen reformatorischen Protest nicht zerstört werden darf, in derselben Weise gegeben. Wenn ich den heiligen Franz von Assisi verehre, beziehe ich mich nicht *nur* auf sein vorbildliches Leben zurück, ich kultiviere nicht bloß eine franziskanische Idee des selbstlos Gott und die Welt liebenden Menschen, sondern ich bete auch, ich rufe Franz von Assisi in der endgültigen Gerettetheit seiner Existenz an. Man sieht durch diese Bemerkung, daß das Problem einer unmittelbaren und echten Beziehung zu einem anderen Menschen, der scheinbar geschichtlich weit von uns entfernt ist, allgemeiner ist, als daß es nur in unserem Verhältnis zu Jesus gegeben wäre. Das erlaubt uns, auch umgekehrt im Vertrauen auf diese allgemeine christliche Haltung über unsere spezielle Frage nach der Beziehung zu Jesus nachzudenken.

Menschen wollen einander nahesein. Wenn sie unmittelbar körperlich beieinander sind und so zu lieben versuchen, dann wollen sie nicht nur in einem (wenn man so sagen darf) physiologischen Hauptkontakt zueinander existieren, sondern so etwas soll, wenn es sinnvoll ist, der Ausdruck eines wirklich totalen personalen, je auf beiden Seiten den einzelnen als ihn selber meinenden, Austausches der Liebe zwischen den beiden sein. Da ist ein Geheimnis gegeben, das wir jetzt nicht ausloten können, wenn das überhaupt möglich ist.

Was geschieht nämlich, wenn sich zwei Menschen lieben, wenn es ihnen trotz ihrer Verschiedenheit gelingt, so in einem gegenseitigen Austausch ihrer selbst und in einer gegenseitigen Mitteilung zu existieren, daß man sagen kann, sie werden in dieser Liebe *eins*? Gibt es diese einende Liebe wirklich, die auch alle scheinbar unüberwindlichen Barrieren und trennenden Abgründe überwindet, die durch die physische, materielle und auch existentielle Verschiedenheit zweier Subjekte gegeben sind?

Diese Frage kann hier nicht ausführlich beantwortet werden. Aber eines ist doch klar: wenn wir auf die menschliche Liebe blicken, ist die Verschiedenheit zweier Menschen, ihre abgründige Getrenntheit auch dann gegeben, wenn sie ganz nahe beieinander sind, wenn sie sich wirklich auch leiblich zu vereinigen suchen. Sie sind verschieden, ihre beiderseitige Existenz ist nicht von vornherein aus demselben einen Ursprung gegeben. Bei aller physischen und physiologischen Nähe bleiben sie verschieden. Sie fallen wenigstens scheinbar wieder in eine Trennung voneinander zurück, selbst wenn ihnen im Akt der höchsten Liebe eine Einheit gelungen zu sein scheint. Wenn aber – und darauf kommt es hier an – zwischen den Liebenden eine abgründige Verschiedenheit am Grund ihrer Liebe bestehen bleibt und diese trotzdem ihre Liebe und Einheit *nicht* aufhebt – so schwer die Koexistenz von Verschiedenheit und Einheit in der Liebe spekulativ verständlich gemacht werden mag –, dann kann ein scheinbar größerer räumlicher und zeitlicher Abstand zwischen zweien, die sich lieben wollen und sollen, keine Unmöglichkeit für die Liebe bedeuten. Sie muß ja im voraus zu einer solchen räumlichen und zeitlichen Schwierigkeit eine viel radikalere Differenz überwinden und kann dies, wie die Erfahrung zeigt, auch wirklich. Denn diese frühere und größere Unterschiedenheit ist schon am Grund und am Anfang dieser Liebe gegeben, sie soll sogar noch einmal in dieser Liebe bejaht werden, die den anderen gerade *als* den anderen liebt und bejaht und ihn gar nicht einfach in sich und seine eigene Eigenart hinein verzehren will.

Ist eine solche Liebe schon immer und am Anfang und in jeder dieser Situationen mit einer solchen Verschiedenheit gegeben, die gerade auch eine Aufgabe für diese Liebe ist, dann kann es keinen Tod für die Liebe bedeuten, wenn sie mit einer – wenigstens scheinbar – größeren räumlichen Entfernung, mit einem größeren zeitlichen Abstand fertig werden muß. Liebende suchen natürlich die größere Nähe und greifbarere Verbundenheit, die die Intensität ihrer Liebe erleichtert und zugleich für sie Ausdruck ist. Aber sie lieben sich über Raum und Zeit hinaus. Eine solche Liebe weiß, daß sie zum Ziel der endgültigen Liebeseinigung noch auf dem Weg ist, daß sie in Treue jenen Abstand überbrücken muß, der vorläufig die Liebenden noch trennt. Aber wer sagen würde, daß die Liebe scheitern müsse oder nicht mehr gegeben sein könne, wenn eine solche zeitliche oder räumliche Entfernung zwischen den Liebenden besteht, der würde das wahre Wesen der Liebe aufheben.

Von da aus ist zu sagen: Man kann Jesus in wahrer, echter, unmittelbarer Liebe als ihn selbst lieben. Natürlich können und müssen wir unbefangen in unserem Falle voraussetzen, daß der, der hier geliebt wird, wahrhaft und lebendig bei Gott lebt. Natürlich können wir voraussetzen und glaubend ergreifen, daß dieser Jesus mit seiner eigenen Initiative aus der Tiefe seiner ihn bergenden Gottheit heraus die Initiative seiner Liebe zu uns ergreift und uns durch das, was wir die Gnade, die göttliche Gabe der Liebe zu Gott und zu Jesus nennen, die Liebe zu ihm ermöglicht.

Unter diesen beiden Voraussetzungen aber ist es wirklich möglich, Jesus zu lieben über alle Räume und Zeiten hinweg. Man liest seine Biographie, die ja nicht die Biographie einer bloßen Gewesenheit ist; diese Biographie ist ja Endgültigkeit in seiner Auferstehung geworden. Man liest in den Heiligen Schriften, so wie zwei Liebende sich anschauen und miteinander ihren Alltag leben. Man empfindet durchaus in der Tiefe seiner Existenz, was einem dieser bestimmte Mensch, der eben nicht einfach in der finsteren Anonymität Gottes untergegangen ist, konkret zu sagen hat. Man läßt sich von ihm wirklich etwas sagen, was man sonst nicht wüßte für sein Leben; in ihm ist eine Synthese unauflöslicher Art zwischen immer gültigen Normen und ihm als einmaligem Vorbild gegeben. Diese Synthese begründet eine Nachfolge, die mehr ist als die Anerkennung eines Beispiels für eine in sich einsichtige Norm. Man imitiert ihn nicht und degradiert ihn nicht zum bloßen Exempel für Prinzipien, die man auf eigene Rechnung schon aufgestellt hat. Jesus wird in dieser Liebe zu ihm das konkrete Absolute, in dem die Abstraktheit der Normen und die Unbedeutendheit des bloß kontingenten Einzelnen überwunden ist.

Eine kleine Geschichte kann das Gemeinte vielleicht noch konkreter machen: Ich war einmal in einem Gespräch mit einem modernen evangelischen Theologen, dessen Theorien einem normalen katholischen Christen wie mir sehr rationalistisch, sehr als ein existentialistischer Jesuanismus vorkommen mußten, der eigentlich mit dem Jesus des normalen christlichen Glaubens nicht mehr viel zu tun hatte. Da sagte ich: „Ja, sehen Sie, man hat mit Jesus in Wahrheit doch nur etwas zu tun, wenn man ihm um den Hals fällt und in der Tiefe seiner eigenen Existenz realisiert, daß so etwas auch heute möglich ist." Nun sagte dieser Theologe: „Ja, Sie haben recht, wenn Sie das nicht zu pietistisch verstehen."

Ich meine, man muß und kann Jesus in der Liebe über Raum und Zeit hinweg aus dem Wesen der Liebe im allgemeinen und aus der Kraft des Heiligen Geistes Gottes wirklich in Unmittelbarkeit und Konkretheit lieben. Die räumliche, kulturelle und zeitliche Distanz zwischen uns und Jesus muß kein unüberwindliches Hindernis sein, ihn wirklich zu lieben; ihn, den konkreten, der im Grunde dadurch, daß er in die Unbegreiflichkeit Gottes hinein verschwunden zu sein scheint, uns als der konkrete und geschichtliche erst recht nahe kommen kann, vorausgesetzt, daß wir ihn lieben wollen, daß wir den Mut haben, ihm um den Hals zu fallen. Die Erfahrung wahrer Liebe zu irgendeinem anderen Menschen wird durch diese Liebe zu Jesus nicht verdrängt oder gemindert. Eine solche „gewöhnliche Nächstenliebe" ist vielmehr sogar Voraussetzung der Liebe zu Jesus. Man könnte ruhig ein Wort bei Johannes variieren: Wie könnte man Jesus lieben, den man nicht sieht, wenn man den Nächsten nicht liebt, den man sieht (vgl. 1 Joh 4,20)? Und diese Nächstenliebe kann und soll wachsen durch die Liebe zu Jesus, weil im liebenden Verhältnis zu Jesus erst Möglichkeiten der Liebe zum Nächsten aufgehen können, die man sonst gar nicht für verwirklichbar gehalten hätte, die sich aber anbieten, wo der Nächste in die Liebe Jesu aufgenommen wird, weil er Jesu Bruder oder Schwester ist. Und weiter: diese unmittelbare Liebe zu

Jesus ist so, wie sie hier gemeint ist, nicht einfach von Anfang an da; sie muß wachsen und reifen; die zärtliche Innigkeit, zu der sie sich ruhig bekennen darf, ist die Frucht der Geduld, des Betens, der immer neuen Vertiefung in die Schrift, die Gabe des Geistes Gottes. Man kann sie sich nicht gewaltsam ankommandieren. Aber man darf sich immer sagen, daß die Sehnsucht nach solcher Liebe schon ihr Anfang ist, dem Erfüllung verheißen ist.

32

Nachfolge des Gekreuzigten

In der Exegese und in der Lehre über die christliche Spiritualität wird darauf aufmerksam gemacht, daß Nachfolge und Nachahmung (trotz des schillernden Wortes der *imitatio Christi* in der traditionellen Spiritualität) nicht einfach synonyme Begriffe sind, daß vom neutestamentlichen Begriff der Nach*folge* auszugehen ist, auch wenn Paulus auch den Begriff der Nachahmung kennt. Gewiß haben wir nicht eigentlich Jesus in seinem Leben zu kopieren und zu reproduzieren. Wir leben in anderen geschichtlichen Situationen als Jesus selbst, wir haben eine andere, je einmalige Aufgabe, die er gerade in seiner auch geschichtlich bedingten und begrenzten Existenz nicht hatte; er und wir zusammen bilden den einen Christus der einen und einmaligen Gesamtheilsgeschichte, in der wir ihn bei aller entscheidenden Abhängigkeit von ihm und seiner geschichtlichen Existenz in Leben und Tod nicht reproduzieren, sondern seinc geschichtliche Einzelwirklichkeit ergänzen (wie Paulus sagt) zu dem einen Christus in Haupt und Gliedern, der mit der ganzen erlösten Menschheit, die in Gott geborgen ist und Gott selber hat, identisch ist. Von daher dürften wir sicher, richtig verstanden, sagen, die Christen seien *Nachfolger*, nicht *Nachahmer* des Gekreuzigten.

Aber das ist doch auch wieder nicht die ganze Wahrheit. Wenn man das eben Gesagte allein bedenken und realisieren würde, wäre eben doch die Gefahr gegeben, daß praktisch der Imperativ der Nachfolge Jesu als des Gekreuzigten sich in abstrakte moralische Prinzipien verwandeln würde, die in sich selber allein einsichtig wären und Jesus, sein Leben und seinen Tod herabdrücken würden zu einem bloß illustrierenden Beispiel für eine sittliche Maxime, die auch unabhängig von ihm bestehen könnte. Nachfolge Jesu, seines Lebens und Jesu als des Gekreuzigten ist aber letztlich doch etwas anderes als die Realisation eines allgemeinen Ideals, das auch und vielleicht besonders ausdrücklich und rein in Jesus verwirklicht wurde, aber eben doch als „Fall" einer allgemeinen Idee, die grundsätzlich von ihm unabhängig ist. In seinem Leben und in seinem Tod muß etwas gegeben sein, das einmalig ist, und zwar auch als Inhalt und Norm unserer Jesusnachfolge, so daß diese Nachfolge durch ihn als solchen selbst legitimiert ist, und nicht dadurch, daß sein Leben und sein Tod selbst wieder legitimiert würden durch ein Ideal, eine Norm, die in sich und unabhängig von ihm Geltung beanspruchen.

Wenn man dies bedenkt und auch diese einmalige Nachfolge nicht allein durch das Getriebensein von seinem „Geist" als einer dann doch wieder übergeschichtlichen Größe erklärt, dann wird es verständlich und grundsätzlich legitim, daß die ganze christliche Frömmigkeitsgeschichte doch auch immer ein Element der *Nachahmung* des konkreten Jesus in seine Nachfolge eintrug, sich an seinem Wüstenaufenthalt, seinem Fasten, seinem nächtlichen Gebet, seiner konkreten Armut, seinem Verzicht auf konkrete Macht und so fort orientierte, obwohl man doch nur schwer oder gar nicht beweisen kann, daß eine Nachfolge Jesu nicht auch ohne solche konkrete Formen seiner Nachahmung möglich wäre.

Das ist zu bedenken, wenn von Nachfolge Jesu die Rede sein soll; diese darf nicht von vornherein in einen absoluten Gegensatz zur Nachahmung seines konkreten Lebens gebracht werden, so schwer zu sagen und so dunkel es einstweilen noch sein mag, was eigentlich für diese nachahmende Nachfolge konkret im Leben Jesu gegeben sein kann und soll, das nur in ihm gefunden werden kann und durch sich allein diese nachahmende Nachfolge legitimiert. Wenn man bei dieser Frage sofort und allein auf eine *Gesinnung* Berufung einlegen würde, durch die man ihm nachfolgt, und somit allen Fragen nach einer konkreten Inhaltlichkeit dieser nachahmenden Nachfolge ausweichen wollte, dann wäre sofort zu fragen, worin denn diese Gesinnung eigentlich bestehe und warum sie nicht auch ohne den Rekurs gerade auf Jesus verständlich zu machen sei.

Wir sind damit zu einem dunklen Problem gelangt, dessen Schwierigkeit in der ganzen Frömmigkeitsgeschichte des Christentums deutlich wird. Der altchristliche Fromme suchte Jesus nachzuahmen durch sein Martyrium in der Nachfolge des ersten Zeugen. Was ist, wenn dieses Martyrium nicht mehr möglich ist? Man ahmte ihn dann nach in der Wüste, im nächtlichen Gebet, in der Armut, in dem Verzicht auf die Ehe und wurde dann doch ein wenig verlegen bei der Frage, wie denn *die* Christen Jesu nachfolgen, die solche konkreten Weisen der Nachfolge nicht auf sich nehmen können, wie solche Nachfolge möglich sei, ohne daß man bloß auf eine „Gesinnung", eine Nachfolge „im Geiste" Berufung einlegen müßte.

Heute wird man vielleicht daran denken, daß man Jesus konkret nachfolgen könne und müsse durch eine Solidarität mit den Armen und Deklassierten, durch ein kritisches Verhältnis zu den durch Macht sich behauptenden Institutionalitäten in Gesellschaft und Kirche, durch den Mut zum Konflikt mit den Mächtigen. Es ist grundsätzlich durchaus denkbar, daß sich so im Glaubensbewußtsein der Kirche eine bis zu einem gewissen Grad neue Gestalt der nachahmenden Nachfolge Jesu anmeldet und so auch von daher dem Rückzug auf eine bloß innerliche und private Gesinnung in der Nachfolge Jesu wehrt. Da wir gewiß nicht bloß im Tode, sondern auch im Leben Jesus nachfolgen sollen, ist das Aufkommen einer solchen neuen Gestalt der Nachfolge gewiß von größter Bedeutung, zumal die bisherigen Gestalten solcher konkreten Nachfolge mehr oder weniger identisch waren mit den Lebensformen der Orden, die „Laien" aber einen solchen Lebensstil als fremd empfinden und sich nicht erst und nur so weit in der Nachfolge Jesu stehend erkennen wollen, als sie Stil und Mentalität des Ordenslebens von ferne oder nahe nachahmen.

Aber selbst wenn man das alles sieht und für wichtig hält, scheint die eigentliche Frage, auf die wir hinsichtlich einer nachahmenden Nachfolge gestoßen sind, die nicht nur in Gesinnung hinein verschwindet, noch nicht gelöst zu sein. Die Präferenz, die Jesus für die Armen und Deklassierten in der Gesellschaft hat und lebt, und die gewiß nicht von einer abstrakten und allgemeinen Moralität, nicht einmal von einer christlichen Nächstenliebe allein abgeleitet werden kann, bedeutet ja noch keinen Stil der Nachfolge für die Armen und Deklassierten in der Gesellschaft selber, außer man würde sagen, diese Armen und Deklassierten würden Jesus nachfolgen, indem sie ihr Los geduldig tragen. Man hat diese Konsequenz im Lauf der Geschichte des Christentums nur zu oft und zu leichtsinnig gezogen, aber sie ist dann doch so etwas wie das Opium des Volkes, ist höchst problematisch und verkennt eigentlich den fundamentalen Unterschied, der zwischen einer freiwilligen Solidarisierung mit den Armen und Deklassierten als der eigenen souveränen Tat und einer Gefangenschaft in Armut und Not besteht, die eben doch durch die konkrete Freiheit allein nicht restlos verwandelt wird. Überdies wird man doch wohl die Frage ohne eine sicher positive Antwort stehen lassen müssen, ob die Bevorzugung der Armen und Deklassierten bei Jesus ein entscheidendes Stilprinzip der Nachfolge bei *jedem* einzelnen Christen sein müsse oder ob man dies nur im Ernst höchstens von der Gemeinschaft der Glaubenden, der Kirche im ganzen sagen oder wenigstens wünschen müsse.

Damit aber stehen wir vor der Frage, ob es denn nicht eine bestimmte konkrete, gewissermaßen nachahmende, Nachfolge Jesu geben könne, die weder in eine innerliche Gesinnung allein verlegt werden muß, noch nur verteilt auf einzelne und abgewandelt nach Perioden der christlichen Geschichte gedacht werden muß. Diese Frage, so meinen wir, kann nur, ohne in einen abstrakten Idealismus der Moral auszuweichen, beantwortet werden mit dem Satz: *Der Christ, jeder Christ und zu allen Zeiten, folgt Jesus in der Konkretheit seines Lebens nach, indem er mit ihm stirbt;* Nachfolge Jesu hat ihre letzte Wahrheit und Wirklichkeit und Allgemeingültigkeit in der *Nachfolge des Gekreuzigten.* Eine andere konkrete Inhaltlichkeit der Nachfolge, die doch für *alle* Christen zugleich gelten könnte und konkret bleibt, scheint mir nicht aufweisbar. Und damit münden diese bisherigen Bemerkungen über die Nachfolge Jesu von sich selber her in die Überlegungen über die Nachfolge Jesu als gerade des Gekreuzigten.

Worin besteht nun die Nachfolge des Gekreuzigten als Teilnahme an seinem Tod genauerhin, und warum ist diese Gleichheit des Schicksals, die Gemeinsamkeit des Sterbens etwas, worin wir ihm nicht nur ähnlich sind, sondern von ihm im eigentlichen Sinne abhängen? Zunächst scheint ja alles gerade umgekehrt zu sein: Im Tode teilt Jesus, so sehr sein Tod konkrete außergewöhnliche Eigentümlichkeiten als gewaltsamer Tod an sich trug, doch unser aller Geschick, er scheint einer sterbenden Menschheit nachzufolgen in seinem Tod und nicht sie ihm.

Wir dürfen ruhig und müssen zuerst nach der Gleichheit seines und unseres Todes fragen, bevor wir ausdrücklicher die Frage stellen, warum wir dabei von ihm abhängig sind, ihm also im eigentlichen Sinne darin *nach*folgen und wir und er also nicht einfach gleichberechtigt dasselbe Los teilen, das über uns alle verhängt ist. Wenn wir zunächst nur nach der Gleichheit unseres und seines Todes fragen, dann ist natürlich auch, aber gar nicht allein nach dem Tod als einem physiologischen Ereignis gefragt, – nach diesem physiologischen Ereignis eines medizinischen Exitus allerdings auch, weil der Mensch nicht nur einen Leib hat, sondern auch Leib ist, die ganze Breite und Tiefe der menschlichen Existenz bis in die sublimsten Aktualisationen dieser Existenz leibhaftig vollzogen wird, in einem wahren Sinne also nicht der Leib, sondern der Mensch im Leibe stirbt. Aber Tod in einem menschlichen und christlichen Sinn ist darum umgekehrt auch wesentlich mehr als ein bloßer medizinischer Exitus, in dem das Herz stillsteht und die elektrischen Gehirnströme aufhören. Der Tod ist – richtig verstanden – ein ganzmenschliches Ereignis, das sich in seinem entscheidenden Kern, der Verendgültigung der Freiheitstat, nicht einmal notwendig im uhrzeitlichen Augenblick des medizinischen Exitus ereignen muß (wenn dieser auch ein wirkliches Moment an der Verendgültigung der Freiheitsgeschichte des Menschen ist), sondern sich in einem wahren Sinn durch das ganze Leben hindurch ereignet und in jenem durch unsere Reflexion nicht feststellbaren Augenblick zu einem Höhepunkt kommt, in dem die zeitlich ausgedehnte Freiheitsgeschichte des Menschen in ihre Endgültigkeit hineingelangt. – Aber was tut der Mensch, wenn er so seine Freiheitsgeschichte im Tod zu ihrer Endgültigkeit und Irreversibilität bringt, in welcher Weise geschieht letztlich und im verborgenen Kern der Existenz dieses Irreversibelwerden der einen Freiheitsentscheidung, die – wenn auch zeitlich gedehnt – in dem einen Leben des Menschen vollzogen wird?

Wir können zur Beantwortung dieser Frage nun hier nicht ausführlich und genau eine Existentialontologie und Theologie des Todes entfalten. Es kann nur kurz auf sie geantwortet werden. Zwar geschehen während des Lebens die einzelnen Freiheitsentscheidungen, die zu der einen Lebensentscheidung sich integrieren, an einem kategorialen Einzelmaterial unseres Lebens, das uns aus unserer Mitwelt und Umwelt entgegentritt. Aber diese Einzelentscheidungen sind nur insofern Momente der einen Lebensentscheidung, als in ihnen über deren endliche und partikuläre Inhaltlichkeit hinaus (wenn auch durch deren Vermittlung) ein Ja oder ein Nein zu jenem unendlichen Horizont und Woraufhin der Freiheit geschieht, das Freiheit im eigentlichen Sinn dem Subjekt und seinen Einzelobjekten gegenüber erst ermöglicht und im letzten Verstand Gott heißt. Wenn und insofern die Freiheitsentscheidung gegenüber einem Einzelobjekt kategorialer, innerweltlicher Art auch ein lassendes, in gewissem Sinne verzichtendes Übersteigen dieses Einzelobjektes ist und dabei und dadurch das unendliche Woraufhin der Freiheit – Gott genannt – als solches und damit das Einzelobjekt von sich distanzierend anerkannt wird, ist eine solche Entscheidung richtig, bejaht Gott als solchen selber, was natürlich nicht verlangt, daß diese innerste Struktur des richtigen Freiheitsaktes als solche ausdrücklich und objektiviert und verbalisiert gegeben sein müßte.

Diese innerste Struktur jeder wirklichen Freiheitsentscheidung, insofern sie inneres Moment am menschlichen Tod als existentielle Tat ist, kommt nun in dem, was wir empirisch als Tod leben, zur deutlichen Erscheinung. Im Tod – empirisch gesehen – entzieht sich die Welt dem Freiheitssubjekt, ja dieses wird sich selber genommen. Es geht alles unter, es ist die Nacht, in der niemand wirken kann, wie die Schrift sagt. Wie begegnet das Freiheitssubjekt diesem Untergang, in dem es nichts einzelnes und nicht einmal sich selbst in seiner reflektierten Gegebenheit festhalten kann? Es sind zwei Weisen denkbar, in denen das Freiheitssubjekt diesen Untergang entgegennimmt. Entweder versteht sich das Subjekt in einem letzten schuldhaften, keine frei sich schenkende Liebe eines andern entgegennehmenden Willen zu einer absoluten Autonomie und Autarkie als zu absoluter Sinnlosigkeit verdammt, gegen die nur noch radikal protestiert werden kann, oder es nimmt diesen Untergang aller partikulären Wirklichkeiten gelassen hoffend als den Aufgang und das Nahekommen jener schweigenden Unendlichkeit entgegen, in die hinein der partikuläre Freiheitsakt den Einzelgegenstand immer schon überstiegen hatte, um sich gewissermaßen in diese nur scheinbar leere Unendlichkeit hineinzuverlieren. Im ersten Falle ist der Tod das Ereignis endgültiger Verlorenheit, im zweiten Falle der Anfang geretteter Endgültigkeit in Gott.

Es kann hier nun nicht genauer dargetan werden, warum und wie diese Selbstweggabe an die liebende Unbegreiflichkeit Gottes in dem im Tode sich ereignenden Untergang aller partikulären Freiheitsgegenstände sich das ereignet, was wir christlich den einen Ternar von *Glaube, Hoffnung* und *Liebe* nennen, der rechtfertigt und ins endgültige Heil bringt. Vorausgesetzt ist dabei natürlich, daß diese alles einzelne lassende und übersteigende Selbstweggabe des Freiheitssubjekts an die liebende Unbegreiflichkeit Gottes in der realen Heilsordnung getragen ist durch eine unserer Freiheit immer und überall zuvorkommende Selbstmitteilung Gottes (Gnade genannt), durch die Gott durch sich selbst unsere Selbstweggabe auf seine Unmittelbarkeit hin radikalisiert und sie mit sich selbst beantwortet.

Vielleicht können wir jetzt etwas deutlicher sagen, worin das Gemeinsame im Tode Jesu und in unserem besteht, was wir tun, wenn wir ihm in seinem Sterben nachfolgen, auch wenn dadurch zunächst noch nicht gesagt ist, warum er bei diesem gemeinsamen Sterben das unerläßliche, produktive Vorbild ist, warum unser Sterben im eigentlichen Sinne von seinem Sterben *abhängt* und so wirklich Nachfolge des Gekreuzigten ist. Nach der Schrift dürfen wir ruhig sagen, daß Jesus in seinem Leben der *Glaubende* war, unbeschadet der traditionellen Lehre, daß er in der innersten Mitte seiner Existenz eine Unmittelbarkeit zu Gott hatte, wie sie bei uns erst im ewigen Leben gegeben ist; daß er darum der absolut Hoffende und selbstverständlich der gegenüber Gott und den Menschen absolut Liebende war. In der Einheit dieses Ternars von Glaube, Hoffnung und Liebe übergab sich Jesus in seinem Tod bedingungslos dem absoluten Geheimnis, das er seinen Vater nannte, in dessen Hände er seine Existenz legte, als in der Nacht seines Todes und der Gottverlassenheit ihm alles entzogen wurde, was sonst den Inhalt einer menschlichen Existenz bedeutet: Leben, Ehre, Angenommenheit von irdischer und religiöser Gemeinschaft und so fort. In der Konkretheit seines Todes wird nur zu deutlich, daß ihm alles unterging, selbst die als Geborgenheit spürbare Nähe der Liebe Gottes, und nur noch schweigend in dieser weglosen Finsternis das Geheimnis waltete, das in sich und seiner Freiheit keinen Namen mehr hat und dem er sich dennoch als der ewigen Liebe und nicht als der Hölle der Sinnlosigkeit gelassen überließ. Insofern ist sein Tod und unser Tod der gleiche, auch wenn die konkreten Umstände des Sterbens variieren zwischen einem grauenhaften Marterpfahl, an dem der grausame Irrsinn der Menschen einen andern Menschen zu Tode quält, und dem Sterbebett in einer heutigen Klinik, an dem weißgekleidete Ärzte alles tun, damit der Sterbende nicht merke, woran er ist. Ob so oder so gestorben wird, das mag unter vieler Hinsicht einen großen Unterschied machen, so daß wir uns mit Recht einen gnädigen und sanften Tof wünschen. Aber im letzten ereignet sich bei allen eben doch im Tod dasselbe: uns wird alles genommen und wir auch uns selber; wir alle fallen, jeder für sich allein in den finsteren Abgrund, in dem es keine Wege mehr gibt. Und diesen Tod, der zunächst einmal unserer ist, ist Jesus gestorben; er, der aus der Herrlichkeit Gottes kam, ist nicht nur in unser Menschenleben herabgestiegen, sondern auch in den Abgrund unseres Todes gefallen, und sein Sterben hat begonnen, da er zu leben begann, und war zu Ende am Kreuz, da er sein Haupt neigte und starb. Wenn wir unsere eigene menschliche Wirklichkeit durch Gott angenommen glauben, dann gilt dies dann auch von unserem Tod. Weil der ewige Logos des Vaters ihn als seinen eigenen Tod erlitten hat, muß dieser Tod erlöst sein, geheiligt, letzter Verzweiflung und Sinnlosigkeit entrissen, erfüllt vom ewigen Leben Gottes selbst. Das kann und muß gesagt werden, wenn wir voraussetzen, was der christliche Glaube von Jesus Christus als dem eingeborenen Sohn des Vaters selbst bekennt, und wenn wir von diesem Bekenntnis her sagen, daß er gestorben ist, wie wir sterben, auch wenn wir jetzt von diesem Punkt her die Erlöstheit unseres Todes nicht weiter entfalten wollen.

Aber haben wir so die Frage schon beantwortet, ob und in welchem Sinne wir in unserem Sterben wirklich dem am Kreuz sterbenden Jesus *nach*folgen, so daß Jesu Tod wirklich das produktive Vorbild unseres Todes wird, daß unser Tod anders ist, als er sonst wäre, wenn wir ihn nicht gerade in seiner Nachfolge sterben würden?

Man könnte wohl gewiß auch eine Antwort auf diese Frage entwickeln, indem man an dem Punkte unserer

Überlegungen weiterfährt, an dem wir eben angekommen waren. Man könnte ausdrücklicher zeigen, wie die Annahme unseres Todes durch den ewigen Logos als seines eigenen ihn nicht nur uns gleichgestaltet, sondern auch unseren Tod verwandelt. Aber wir wollen die Antwort auf diese zweite Frage von einer etwas anderen Überlegung her zu beantworten suchen, weil sie so einfacher und greifbarer wird.

Jesus ist in seine Auferstehung hinein gestorben, sein Tod ist das Ereignis des Gewinns der Endgültigkeit seiner menschlichen Wirklichkeit im Leben Gottes selbst. Jesu Auferstehung ist nicht bloß ein Ereignis, das sich in einer seltsamen Weise unerwartbar an seinen Tod anreiht, sondern Ergebnis seines Todes als solchen selbst, wenn er zugleich gesehen wird als der Tod desjenigen, in dem der ewige Gott sein eigenes Leben als Begnadigung der Welt in diese einstiftet, und als das Ereignis, in dem dieser Jesus diese Selbstmitteilung Gottes durch den Tod endgültig und unwiderruflich annimmt. Wie immer die „drei Tage" zwischen Jesu Tod und der Erfahrung seines Auferstandenseins theologisch genauer zu interpretieren sein mögen, die Vorstellung dieses zeitlichen Intervalls darf nicht den Blick verstellen auf die innerste Einheit von Tod und Auferstehung Jesu. In seiner Auferstehung kommt gerade dasjenige, zur Vollendung und Erscheinung, was sich in seinem Tod ereignete, eben daß der unbegreifliche Gott diese menschliche Wirklichkeit als gerettete endgültig da und dadurch annahm, daß diese sich in Gottes Unbegreiflichkeit selbst hinein ohne Halt und Vorbehalt aufgab. Wir können wirklich sagen: sein Tod ist (im Sinne eines unlöslichen Wesenszusammenhangs) seine Auferstehung und umgekehrt, weil er gerade im Tode – so und nicht anders – in das endgültige Leben gerät.

Da dies aber zunächst nur für den eingeborenen Sohn des Vaters und bei der sündelosen Radikalität seines Glaubens, Hoffens, Liebens im Unterschied zu uns Sündern gilt, ist sein Tod trotz aller Gleichheit mit unserem doch an sich wieder ganz anders als der Tod, den wir von uns aus und unabhängig von seiner Nachfolge sterben können und müssen. Wenn also sein Tod zu einer realen Bestimmung unseres eigenen Todes werden soll, und zwar gerade in der Eigentümlichkeit, die an sich seinen Tod als Tod in Auferstehung hinein und unseren Tod als Sold der Sünde unterscheidet, dann muß er uns an seinem Tod Anteil geben.

Dies aber bedeutet wiederum ein Doppeltes: einerseits muß sein Tod für uns geschehen; er muß in einer Schicksalsgemeinschaft und Solidarität mit uns sterben, und der Geist Gottes, in dem er seinen Tod als Anbruch des Lebens schlechthin annahm, muß uns als die Möglichkeit eines Sterbens mit ihm angeboten sein. Anderseits muß von unserer Seite in Freiheit diese Möglichkeit des Mitsterbens mit ihm als Aufgang des Lebens angenommen werden. Weil beide Voraussetzungen gegeben sind bzw. in Freiheit realisiert werden können, kann mit ihm gestorben werden, kann die seinem Tod wesentliche Bestimmung der Einheit mit der Auferstehung als Gnade auch Bestimmung unseres Todes werden, und dieser unser Tod hat dann eine Eigentümlichkeit, die nicht nur wie die anderen Bestimmungen des Todes seinem und unserem Tod gemeinsam ist, sondern nur von seinem Tod her unserem Tod zukommt, so daß jene Eigentümlichkeit gegeben ist, durch die aus einer bloßen Ähnlichkeit zwischen uns und Jesus eine eigentliche Nachfolge wird. Im Glauben an ihn und seine Gnade verwandelt sich unser Tod aus einer Erscheinung sündiger Gottverlassenheit oder einer offenen Frage in die unheimliche Unbegreiflichkeit Gottes hinein zu einem Tod in die liebende Annahme unserer Existenz durch Gott in dessen eigenes Leben hinein, zu einem Tod in Auferstehung.

Zu dieser Überlegung, in der die Gleichheit des Todes bei Jesus und bei uns zu einer eigentlichen Nachfolge des Gekreuzigten im Sterben wird, muß aber noch etwas ausdrücklich hinzugefügt werden. Unser Tod und Jesu Tod geschehen, auch und gerade als Auferstehung, in die schweigende Unbegreiflichkeit und Unverfügbarkeit Gottes hinein. Das ist die Voraussetzung dafür, daß der Tod das höchste und radikalste Ereignis des Glaubens ist. Die Nachfolge des Gekreuzigten als solchen ist die höchste Tat des Glaubens, hoffende und liebende Übergabe an die Unbegreiflichkeit Gottes, die uns, die wir hier sind, das Ergebnis dieser Todestat völlig entzieht, wie in einen totalen Untergang hinein. Wenn wir dies zunächst von unserem Tod auch als Nachfolge des Gekreuzigten sagen müssen, dann ist von dieser seltsamen Einheit des Todes Jesu und unseres Todes doch noch nicht alles gesagt. Gewiß entschwindet uns Jesus durch seine Auferstehung in die Unverfügbarkeit Gottes hinein. Aber seine Auferstehung ist dennoch gleichzeitig das Ereignis der Heilsgeschichte, das, wenn auch nur im Glauben ergriffen, dennoch zu dieser Geschichte dieser Welt und dieser Menschheit gehört und gerade vom Glauben als solches geschichtliches Ereignis, das real die Welt verändert, erfaßt und bekannt wird. Seine Auferstehung ereignete sich in dieser Welt, auch wenn sie das Ereignis der Aufhebung dieser geschichtlichen Werdewelt in die Ewigkeit Gottes ist. Die Auferstehung hat eine ganz eigentümliche und einmalige, aber doch wirkliche Greifbarkeit in der Geschichte. Das muß auch für seinen Tod als Eingang in diese Auferstehung bedacht werden.

Wenn wir nun in seiner Nachfolge mit ihm sterben, dann ist für unsere empirische Erfahrung von hier und jetzt her für unseren Tod als solchen die Beantwortung der Frage, ob wir in das Leben Gottes oder in die leere Verlorenheit hineinsterben, zwar nicht empirisch greifbar zugunsten des Sterbens in Auferstehung hinein beantwortet, da wir ja (mindestens im Normalfall) über das Endschicksal eines sterbenden Menschen von uns her kein eindeutiges Urteil fällen können. Aber es fällt von der Eindeutigkeit des Todes Jesu in seine Auferstehung hinein, von der Geschichtlichkeit der Auferstehung Jesu her doch ein Licht auf die Ambivalenz unseres eigenen Todes, und dieses Licht gehört auch zu unserem Mitsterben mit Christus. Es verhält sich in dieser Sache wie in der Weltgeschichte im allgemeinen. *Vor* der Auferstehung Jesu war in der Geschichte der Welt selbst im Unterschied zu den ewigen Plänen Gottes die siegreiche Irreversibilität der Selbstmitteilung Gottes an die Welt nicht festgemacht und greifbar, der endgültige Ausgang der Weltgeschichte als Heil in der Geschichte selber nicht greifbar. Das Drama der Weltgeschichte auch als ganzer war noch offen und ambivalent. Seit der Auferstehung ist das anders, in ihr ist die Peripetie des Dramas der Weltgeschichte zum Guten, zum ewigen Heil schon geschehen. Daraus läßt sich zwar für den einzelnen und sein individuelles Heilsschicksal durch uns noch kein eindeutiger Schluß ableiten; aber die Situation der Hoffnung ist doch auch für den einzelnen schon eine andere als vor Jesu Auferstehung. Von der einen Wirklichkeit, die schon gegeben ist, ist eine Präsumtion für das wirkliche Glücken anderer Möglichkeiten gegeben. Zumal dort, wo eine doch auch geschichtlich und gesellschaftlich ausdrückliche Bezogenheit auf die Auferstehung Jesu als Verheißung an die Welt als ganze gegeben ist. Was so im allgemeinen über das Verhältnis der Weltgeschichte zu Tod und Auferstehung Jesu gesagt ist, gilt somit auch vom Verhältnis unseres Sterbens zu dem Sterben Jesu, zumal dann, wenn dieses Verhältnis ausdrücklich im Glauben realisiert wird. Unser Sterben behält zwar eine gewisse Offenheit und Ambivalenz, aber es ist doch umfaßt von der Verheißung, die für uns in dem siegreichen Tod Jesu in seine Auferstehung hinein gegeben ist. Paulus sagt: „Getreu ist das Wort: wenn wir mit ihm gestorben sind, werden wir auch mit ihm leben" (Tit 3,8).

Wir haben schon früher gesagt, daß der Tod in einem theologischen Sinne letztlich nicht uhrzeitlich mit dem medizinischen Exitus zusammenfällt, sondern durch das ganze Leben hindurch geschieht und am Ende nur seine Vollendung erreicht. Daher ist es von der Sache her durchaus legitim, wenn die christliche Frömmigkeit in ihrer ganzen Geschichte die Nachfolge des *Gekreuzigten* im christlichen *Leben* zu verwirklichen suchte, in der Annahme alles dessen, was auch bis heute der christliche Sprachgebrauch „Kreuz" nennt: die Erfahrungen der Gebrechlichkeit des Menschen, der Krankheit, der Enttäuschungen, des Unerfülltbleibens unserer Erwartungen und so fort.

Überall darin geschieht ein Stück Sterben des Menschen, des Untergangs greifbarer Güter des Lebens. In allen diesen kleinen Sterbestunden in Raten sind wir gefragt, wie wir sie bestehen: Ob wir nur protestieren, nur (wenn auch in kleinen Raten) verzweifeln, zynisch werden und nur um so verzweifelter und unbedingter das festhalten, was uns noch nicht genommen ist *oder* ob wir gelassen das lassen, was uns genommen wird, die Dämmerung als Verheißung einer ewigen Weihnacht voller Licht entgegennehmen, die kleinen Untergänge als Ereignisse der Gnade werten. Wenn wir in dieser zweiten Weise, die gar nicht so leicht von der ersten unterschieden werden kann, das tägliche Kreuz auf uns nehmen, dann vollbringen wir ein Stück der Nachfolge des Gekreuzigten, dann üben wir den Glauben und die liebende Hoffnung ein, in denen der Tod als Ankunft des ewigen Lebens angenommen wird und die Nachfolge Jesu, des Gekreuzigten, zu ihrer Vollendung kommt.

33

Die Heiligen

Die Kirche bekennt sich als die heilige Kirche. Dieses Bekenntnis ist nicht in ihr Belieben gestellt. Sie kann es nicht – etwa aus Bescheidenheit oder angesichts der Sündigkeit ihrer Glieder – unterlassen. Es ist ihre Pflicht, weil sie Gottes Gnade zu bekennen hat. Wenn sie dies aber tut, dann darf sie nicht nur einen gnädigen Heilswillen Gottes preisen, der „an sich" bereit ist, zu vergeben und zu heiligen. Sie muß die Gnade preisen, die mächtig gewirkt hat, die sich durchgesetzt hat, die an uns wirklich und offenbar geworden ist. Sie muß also sagen: Gott *hat* wirklich erlöst, er *hat* wirklich seinen Geist ausgegossen, *hat* wirklich Machttaten an den Sündern getan, *hat* in der Finsternis sein Licht aufleuchten lassen: es brennt; es ist zu sehen; es sind diejenigen greifbar versammelt, die er herausgerufen hat aus dem Reich der Finsternis und versetzt in das Reich des Sohnes seiner Liebe.

Weil die Kirche die *Gnade Gottes* preisen muß, darum muß sie sich als die Heilige bekennen. Dieses Bekenntnis demütigt sie; denn sie legt dadurch immer wieder Zeugnis ab gegen das, was sie von sich aus ist: die Herde der Armen, Störrischen, Sündigen, der von sich aus sehr merklich Verlorenen. Aber sie darf darum dieses Bekenntnis doch nicht unterlassen. Sie muß singen: du hast uns, o Herr, geliebt und durch dein Blut erlöst, uns zu einem Königtum, zu Priestern für Gott, deinen Vater gemacht (Offb 1, 5 f.). Sie darf das nicht bloß als von Gott gegebene *Möglichkeit* sagen, sie muß es – sie ist keine Pelagianerin, für die die Wahl des Menschen aus bloßen, von Gott gebotenen Möglichkeiten das letzte Wort hätte – als tatsächlich geschehenes Ereignis bezeugen. Sie darf nicht so tun, als ob es letztlich noch fraglich oder wenigstens noch eine gänzlich unbegreifbare und verborgene Tatsache sei, daß Gott mit seinem Wort des Erbarmens im Dialog zwischen ihm und der Kreatur das letzte Wort behalten habe, als könne man nur „annehmen", Gott habe seinen Geist ausgegossen, von seinem Brausen und seinen Feuerzungen sei aber gar nichts zu merken.

Heilige Kirche als eschatologische Glaubensaussage. – Dieser Preis der Gnade Gottes im Bekenntnis der heiligen Kirche ist ein Bekenntnis der *sichtbaren* Kirche. Gewiß ist es ein *Glaubens*bekenntnis. Gewiß wird *tatsächlich*, was bekannt wird, gesehen und als gesehen anerkannt mit der Gnade Gottes und unter dem Licht des Glaubens (ohne daß dadurch die apologetische, glaubensbezeugende Funktion der Heiligkeit der Kirche als Merkmal der wahren Kirche Christi angetastet wird). Aber diese Heiligkeit der Kirche ist darum doch nicht etwas, was bloß da wäre als absolut Erfahrungsjenseitiges, als etwas, was wider alle Geschichte und Erfahrung bloß unter dem alleinigen Eindruck hoffnungslosen Sündigseins und Versagens der Kirche in einem verzweifelt paradoxen „Dennoch" als gänzlich verborgen in der Kirche anwesend geglaubt würde. Diese Heiligkeit macht die Kirche zu einem *signum elevatum in nationes* (DS 3014), einem unter den Völkern aufgerichteten Zeichen; man trifft sie an, wenn man sie mit demütiger Bereitwilligkeit sucht und sehen will; sie strahlt auf, sie bezeugt sich wirklich; man kann ihr begegnen. Die Tat Gottes in der Gnade an den Menschen bezeugt sich in ihren Werken, die so sind, daß man ihretwegen den Vater preisen kann (Mt 5, 16), in Früchten, die sind Liebe, Freude, Friede, Geduld, Milde, Güte, Treue, Sanftmut, Enthaltsamkeit (Gal 5, 22 f.).

Diese erscheinende, „proklamierte" Heiligkeit der Kirche ist nicht bloß eine reine „Faktizität", die sich wider Erwarten da und dort hinterher feststellen läßt. Sie ist vielmehr von Gott in seinem Ratschluß verfügt. Sie ist zwar immer die Tat der freien Liebe des Menschen, seines freien Glaubensgehorsams. Aber eben dieser ist von Gott verfügt und geschenkt, geborgen und garantiert durch die größere Macht der Gnade Gottes, der von sich aus die Kirche als ganze so wenig aus seiner Liebe wie aus seiner Wahrheit ausbrechen läßt, nicht weil der Mensch nicht könnte, sondern weil Gott der Kirche die Gnade gibt, wirklich frei zu tun, was er von ihr haben will; nicht nur ihr Wort und ihre objektiven Heilsveranstaltungen (Predigt und Sakrament), sondern auch ihr „existentielles" Sein soll den endgültigen Sieg der Gnade verkünden, seitdem in Christus am Kreuz Gott das letzte Wort im Dialog Gottes und der Menschheit behalten hat und dieses Wort das wirksame Wort des Erbarmens ist. Darum *muß* die Kirche zu *allen* Zeiten, gleichsam beschämt, aber eindeutig, verkünden, daß sie die heilige ist. Und sie weiß, was sie so von sich aussagt, nicht bloß aus ihrer nachträglichen Erfahrung, die sie mit sich macht, sondern aus der Machttat Gottes, die ihr im Wort Gottes im voraus zu ihrer – sonst sehr problematisch bleibenden – Erfahrung, diese übergreifend und vorwegnehmend, zugesagt worden ist. Die Verkündigung ihrer eigenen Heiligkeit ist eschatologische Glaubensaussage, nicht bloß ein mildes Urteil der Geschichte, das über dem Gräßlichen das „doch auch noch gegebene" Gute nicht zu übersehen geruht.

Gerade so aber muß diese Aussage eine konkrete Aussage

sein. Würde die Kirche nur sagen, sie sei die heilige, aber damit nur meinen, man müsse das eben so im allgemeinen sagen, so auf gut Glück und ins unbestimmte Ungenaue hinein, weil es ja doch nicht sehr wahrscheinlich sei, daß Gottes Wort und Gnade nirgends einen wirklichen und endgültigen Sieg erreiche, dann hätte sie eigentlich doch nur die Gnade als Möglichkeit und ihr heiliges Gesetz als Forderung verkündigt, nicht aber die Gnade als siegreiche Macht und das Gesetz als durch die Gnade erfülltes. Sie würde dann doch nur abstrakten „Idealismus" predigen, sie selbst wäre ein Sollen und ein Postulat, nicht aber die gottgeschenkte Erfüllung, die alles bloß ethisch Fordernde, bloß Seinsollende schon hinter sich gelassen hat; sie wäre doch nur Gesetz, nicht ausgegossenes Pneuma. Sie selber wäre auf der Seite des Gesetzes, das der Stachel der Sünde ist, sie wäre bloß auf der Seite der zu Erlösenden, nicht die Greifbarkeit der Gnade der Erlösung. Je mehr dann die Kirche von Heiligkeit redete, je eindeutiger und eindringlicher sie die bloße Forderung der Heiligkeit verkündete, um so mehr wäre sie alttestamentliche Synagoge des Gesetzes. Von ihr aber unterscheidet sie sich doch gerade dadurch, daß sie nicht das Gesetz als Forderung verkündet (was sie auch tun muß, weil wir, die Hörenden, immer im Übergang von der Knechtschaft des Fleisches in die Freiheit des Hl. Geistes sind), sondern die Erfüllung des Gesetzes durch die Gnade Gottes als an uns geschehen proklamiert. Sie muß also ihre Heiligkeit konkret sagen können. Sie muß eine „Wolke von Zeugen" haben, die sie mit Namen nennen kann. Sie kann nicht nur behaupten, daß es eine Heilsgeschichte gebe (man wisse aber doch nicht genau, wo sie mit wirklich endgültigem Erfolg sich ereigne), sie muß *wirklich* die eschatologische Heilsgeschichte selbst *erzählen,* die sie selber ist. Der Preis ihrer konkreten Heiligen gehört zu ihrem eigentlichsten Wesen und ist nicht bloß ein nebenbei „auch" betriebenes Geschäft, das von bloß menschlichen Bedürfnissen nach Heldenverehrung eingegeben wurde.

Die Heiligen als Schöpfer neuen christlichen Stils. –

Von hier aus ist nun deutlicher zu sehen, was die Heiligen in der Kirche sind. Sie sind für ihre Konstitution von wesenhafter Bedeutung nicht bloß als geglückte Produkte der Kirche als institutioneller Heilsanstalt, die durch Lehre und Erziehung, durch Leitung und Gnadenmittel zur Reife gebracht, gewissermaßen als Ergebnis zur „triumphierenden" Kirche hinüber – abgeliefert werden. Sie gehören als solche Heilige hier auf Erden wesentlich zur Kirche, sie selber wäre nicht die, die sie sein muß, gäbe es ihre Heiligen nicht. Die Kirche ist nicht bloß Heilsanstalt und somit Lehrerin der Wahrheit und Verwalterin der Gnadenmittel, der die Menschen, soweit sie nicht als Amtsträger diese Institution verwalten, nur als Objekt gegenüberstehen. Wäre die Kirche nur in ihren objektiven Institutionen heilig, so wäre sie Synagoge und in der auf die Dauer nicht überwindbaren Gefahr, daß die unheiligen Sünder die heiligen Institutionen zu einer Waffe gegen Gott selbst machen und diese samt der „Synagoge" selbst zerstören. Diese getauften geheiligten Menschen, die glaubenden und liebenden, *sind* die Kirche (eine Binsenwahrheit, die, ach, vom Volk der Kirche heute noch immer nicht wirklich begriffen und gelebt wird). Diese Kirche als Volk Gottes, zu dem alle rechtgläubigen Getauften gehören, als Leib Christi, an dem nicht nur die Amtsträger als Glieder zählen, muß heilig sein, muß den Sieg der Gnade Gottes geschichtlich greifbar darstellen.

Gewiß geschieht das auch schon durch alle „Heiligen" im *biblischen* Sinn, d. h. durch alle jene, die, gerechtfertigt durch Glaube, Liebe und Taufe, ein wahrhaft christliches Leben führen, weil alle diese durch Gott gerufenen, in seine heilige Nähe geratenen und von ihm als sein Eigentum ergriffenen „Heiligen", die versammelte Gemeinde Christi, die heilige Kirche bilden. Diejenigen, die wir im heutigen Sprachgebrauch Heilige nennen, haben sogar in dieser Hinsicht zunächst vor allen „Heiligen" im biblischen Sinn nichts Besonderes voraus in der Bildung der heiligen Kirche als des geschichtlichen Zeugnisses für den heiligen und heiligenden Gott und seine Gnade, die endgültig ihre Herrschaft schon begonnen hat. Wir können zwar sagen, daß diese Heiligen im modernen, liturgischen und kanonistischen Sinn vor den andern „Heiligen" – vor uns Christen also – durch ihre „heroische" Tugend hervorragen, diese aber etwas Außergewöhnliches sei und darum diese Heiligen für die Darstellung der heiligen Kirche eine außergewöhnliche Aufgabe haben. Das ist richtig. Aber es genügt wohl nicht. Denn dort, wo die christliche Wirklichkeit durch die einen absoluten Neuanfang bedeutende Macht der Gnade da ist, kann alles, was daraus folgt und erwächst, im Vergleich zu diesem absoluten Neuen dem Nichtgerechtfertigten gegenüber nur einen stufenweisen Unterschied bedeuten.

Die Heroizität der Tugenden der (kanonisierbaren) Heiligen *allein* kann ihre besondere Aufgabe in der Kirche nicht erklären. Eine solche müssen sie aber doch wohl haben. Denn warum kann die Kirche nur ihnen gegenüber ihre bis in die letzten Geheimnisse des Gewissens und die Tiefe der Ewigkeit reichende Vollmacht und Entscheidungsgewalt ausüben und nicht allen gegenüber, die im Zeichen des Glaubens hinübergegangen sind und nun den Schlaf des Friedens ruhen? Das ist doch wohl nicht damit allein erklärt, daß so etwas zu umständlich sei und es ja wahrhaftig dem christlichen Dasein, das „in Furcht und Zittern" sein Heil wirken soll, nicht frommen würde, wenn jeder Christ, der gut gestorben ist, „kanonisiert" würde. Das ist wohl auch nicht damit allein erklärt, daß die Kirche im Grunde nicht mehr die Glaubende, bloß Hoffende, noch Pilgernde wäre, wenn von allen, die ihr bis zum Tode angehört haben, sicher gewußt würde, daß sie das Heil erlangt haben. Denn es ist natürlich richtig: wenn auch nur an der Grenzlinie des Todes die allgemeine Scheidung, und zwar für alle andern hienieden erkenntlich, einträte, dann wäre die Kirche doch nicht mehr in einem die Kirche der Heiligen *und* der Sünder, die Tenne mit Spreu und Weizen, das Netz mit guten und schlechten Fischen, und zwar so, daß die Scheidung zwischen beiden bei Gott und seinen Engeln bleibt. Das alles ist richtig, erklärt aber wohl nicht allein, warum nur einige („heroische") Heilige unter den „Heiligen" im biblischen Sinn kanonisiert werden können und dürfen. Diese müssen eine eigentümlichere Aufgabe haben als nur die, „besonders ausgezeichnete" Fälle unter den sonstigen (durchschnittlichen) „Heiligen" zu sein.

Aber worin soll denn die spezifische Funktion (kanonisierter oder kanonisierbarer) Heiliger für die Konstitution der heiligen Kirche bestehen? Um hier weiter zu kommen, ist folgendes zu beachten: Wir dürfen die Heiligkeit der Kirche und der Heiligen nicht bloß als die restlose Erfüllung eines immer gleichbleibenden statischen übernatürlich-sittlichen Solls auffassen, das als unveränderliches Ideal über der Geschichte der Kirche schwebt und immerfort von neuen Generationen der Kirche unter deren Leitung verwirklicht wird.

Die Kirche hat eine echte Geschichte, eine einmalige Geschichte des Heiles und so auch der Heiligkeit. Bei allem Gleichbleibenden des „Wesens" der christlichen Heiligkeit „passiert" sie nicht einfach bloß immer als „dieselbe" wieder in den Heiligen. Die Unterschiede zwischen den Heiligen (die ja niemand leugnet) sind nicht nur sublime Zufälligkeiten bloß zeitlicher Art, die für die Heiligkeit selber, die sie verwirklichen, gleichgültig wären. Nein, gerade diese einmaligen Zufälligkeiten der Geschichte, das „Individuelle", das „Physiognomische" der Heiligen geht mit ihnen in die Ewigkeit ein, die nicht ein reines Wesen abstrakter Art, sondern der echte und bleibende, individuelle Ertrag der Geschichte ist. Sonst gäbe es einen „cultus sanctitatis" in der Kirche, aber keinen „cultus sanctorum", sonst müßte man bloß Moraltheologien, aber keine Heiligenleben zur Lektüre empfehlen. So wie es echte Dogmenentwicklung, d. h. Geschichte der Wahrheitsaneignung gibt, so gibt es Heiligkeitsgeschichte, d. h. je einmalige, unwiederholbare Geschichte der Aneignung der Gnade Gottes, der Teilnahme an der Heiligkeit Gottes.

Was christliche Heiligkeit ist, das kann man darum nicht eindeutig und allein an einer christlichen Essenztheologie oder gar an einem „Naturrecht" (plus übernatürlicher Zielsetzung) ablesen (so sehr diese philosophischen und theologischen Ethiken notwendig und unentbehrlich sind). Was christliche Heiligkeit ist, erscheint am Leben Jesu und seiner Heiligen; und was da erscheint, ist nicht vollständig in eine allgemeine Theorie umsetzbar, sondern muß in der von Fall zu Fall geschehenden Begegnung mit diesem Geschichtlichen erfahren werden. Die Geschichte der christlichen Heiligkeit (dessen also, das jeden Christen angeht, weil jeder geheiligt und zur Heiligkeit berufen ist) ist als Ganzes eine einmalige Geschichte, nicht die ewige Wiederkehr desselben. Und darum hat sie ihre stets neuen unableitbaren Phasen; darum muß sie (wenn auch in der bleibenden Nachfolge Jesu als des unerschöpflichen Vorbilds) stets neu erfunden werden; und zwar von allen Christen.

Hier liegt nun die besondere Aufgabe der kanonisierten Heiligen für die Kirche. Sie sind die Initiatoren und die schöpferischen Vorbilder der je gerade fälligen Heiligkeit, die einer bestimmten Periode aufgegeben ist. Sie schaffen einen neuen Stil; sie beweisen, daß eine bestimmte Form des Lebens und Wirkens wirkliche echte Möglichkeit ist; sie zeigen experimentell, daß man auch „so" Christ sein kann; sie machen einen solchen Typ als einen christlichen glaubwürdig. Ihre Bedeutung beginnt darum nicht erst mit ihrem Tod. Dieser Tod ist eher das Siegel auf ihre Aufgabe, die sie zu ihren Lebzeiten in der Kirche als schöpferische Vorbilder hatten und ihr Fortleben bedeutet, daß diese vorbildliche Möglichkeit als geprägte von jetzt an unverlierbar der Kirche eingestiftet bleibt.

Wer wirklich begreift, was Geistesgeschichte ist und daß die Geschichte der Kirche (und ihrer Heiligkeit) eine einmalige, zusammenhängende ist, wird gegen das Gesagte nicht einwenden, daß ja dann die „alten" Heiligen nicht mehr aktuell seien. Geschichte des Geistigen bedeutet ja gerade, daß etwas wirklich *wird*, um zu *bleiben*, nicht um wieder zu vergehen, so daß das Bleiben das wirkliche Werden dessen nicht bestreitet, was gerade nicht schon immer war, und Werden das Ereignis des ewig Gültigen, nicht des

Versinkenden ist. Das schöpferische Neuaufkommen einer geschichtlichen Gestalt (also auch z. B. der Heiligkeit) bedeutet gerade nicht, daß die Vergangenheit einer geistigen Geschichte dadurch einfach unaktuell werde. (Plato hat für uns nicht aufgehört, wichtig zu sein, weil wir nicht mehr mit ihm zusammen philosophieren können, als habe es nie einen Kant gegeben). Richtig ist an diesem Einwand höchstens, daß auch die schöpferischen Vorbilder unserer Heiligkeit noch eine weitere Geschichte nach ihrem Tod in der Kirche haben durch das stets Neue, das an geschichtlicher Verwirklichung des Heiligen in der Kirche aufkommt (auch ein ergebener Sohn des hl. Franziskus kann heute nicht „romantisch" davon absehen, daß es unterdessen Ignatius gab, und dessen Söhne sind auch nicht die Verwalter des „Endgültigen", das es auch in der Geschichte der Heiligkeit, d. h. in der geschichtlichen Gültigkeit des Lebens Jesu eben nicht gibt, da Er fort*lebt* bis zum Ende der Geschichte).

Das Abenteuer der Heiligen. – Wenn die Kirche kanonisiert, sagt sie: *das,* was da gelebt wurde, ist echtes und volles Christentum, obwohl, nein, weil es gar nicht selbstverständlich ist, wie so ein Heiliger gelebt hat: in der Wüste und so sehr „unkirchlich"; als rational-kühler Gelehrter; in spießigen Verhältnissen und in kümmerlichen Horizonten; als recht normaler Mitteleuropäer; als sehr „egozentrisch" lebender Bettler (fast wie ein typisch Asozialer) und in tausend anderen Weisen, die man immer erst hinterdrein, wenn sie heilig gelebt waren, als christliche Möglichkeit erkennt. Meist werden solche Dinge nachträglich in den Heiligenviten höchstens noch als Erweis der Tugend der Heiligen gebucht, im übrigen aber verharmlost, sanft retuschiert, als ob es von vornherein selbstverständlich sei, daß man „so" ein Christ und sogar ein heiliger sein könne. In Wirklichkeit war, was der Heilige lebte, ein gefährliches Abenteuer, dessen „Regel" man nicht einfach in einer Regel der Moral oder in Ordenssatzungen (allein) nachlesen konnte, wenn auch oft der Heilige selbst in seiner Demut und schlichten Treue zu der inneren Führung des Heiligen

Geistes gar nicht sonderlich merkte, wie „originell" im wahrsten Sinn des Wortes, wie unableitbar ursprünglich er (wenigstens in diesem oder jenem seines christlichen Daseins) war.

Wievielen Christen ist heute deutlich, daß Franz von Assisi das fertig brachte, was den Waldensern vorschwebte und was bei ihnen (mit Recht, weil verzerrt) als unkirchlicher Idealismus verworfen wurde? Die Zusammenstöße des hl. Ignatius mit der spanischen Inquisition und seine späteren Kämpfe für die Eigenart seines Ordensideals (noch Pius V. wollte den Jesuiten das gemeinsame Chorgebet aufzwingen), die Verfolgung bis zur schmählich bitteren Klosterhaft, die ein Johannes vom Kreuz ausstehen mußte, das Inquisitionsverfahren mit Klosterhaft gegen Maria Ward, die sehr reale Gefahr der Indizierung des hl. Kirchenlehrers Robert Bellarmin (durch Sixtus V., weil er ihm nicht päpstlich genug erschien), solche und viele ähnliche Dinge zeigen, daß der Stil des christlichen Daseins, den die Heiligen lebten und durch ihre Heiligkeit sanktionierten, ihren Zeitgenossen nicht einfach selbstverständlich war. Nur wer von *vornherein* das Christentum mit seinen überfordernden Ansprüchen stillschweigend auf das Niveau eines anständigen Bürgers, der „praktiziert", gesenkt hat, der kann meinen, es sei eigentlich selbstverständlich, wie ein Christ sein könne, und es brauche daher nicht das geglückte und als geglückt von der Kirche anerkannte Wagnis der heiligen Vorbilder. Nur wer die immer neue Situation der Geschichte unterschätzt, kann meinen, einfach darum schon mit Christus und seiner Nachfolge sich begnügen zu können, weil alle Heiligen in ihrem Leben nur ein Kleines von dem einen fleischgewordenen Wort aussagen können. „Seid meine Nachahmer, wie ich einer Christi Jesu bin" (1 Kor 11,1), sagen die Heiligen mit Paulus. Und die Kirche bestätigt in der Kanonisation ihr Wort, nicht so sehr und in erster Linie, um die Heiligen zu ehren, sondern weil sie so ihre eigene Aufgabe findet, ihr eigenes Wesen, insofern es gerade hier und jetzt zu verwirklichen ist und als verwirklichtes dauernd behalten werden muß.

34
Marienverehrung

Man könnte meinen, wenn vom Glauben die Rede ist, könne nur noch *ein* Wort gesagt werden: das Wort von *Gott* dem Hochgelobten, dem dreimal Heiligen, dem unsagbar Geheimnisvollen, demjenigen, der allein unser Heil und unsere Ewigkeit ausmacht. Man könnte meinen, daß neben diesem Wort nichts anderes mehr Platz hat in derselben Verkündigung und in derselben Theologie. Man könnte denken, daß alles übrige in ein tiefes Schweigen zurücktreten müsse, mag es sonst auch noch so rühmenswert sein, noch so würdig sein, daß darüber nachgedacht werde. Man könnte vermuten, daß nur noch von Gott und seiner Gnade und seiner Erlösung und so von seinem menschgewordenen Wort die Rede sein dürfte. Man könnte meinen, von allem anderen könne innerhalb der Glaubensverkündigung und der Theologie gerade noch so geredet werden wie etwa von Pilatus, der auch im Credo steht. So wie es Menschen gibt, die am Rande dieses Glaubensbekenntnisses genannt werden, weil sie in der Geschichte des menschgewordenen Gottes die Vertreter des ungläubigen Neins der Menschheit sind, *so* – das könnte man denken – mag es auch Menschen geben, die gerade noch von den Randaussagen dieses Glaubens gestreift werden, so daß sie zwar noch genannt, aber nicht Gegenstand des Glaubens, seiner Aussage und seiner Theologie sind.

Wir müssen daher zunächst einmal die Frage beantworten: *Gibt es überhaupt so etwas wie eine Theologie vom Menschen?* Erst wenn wir diese Frage beantwortet haben, können wir mit Mut, mit Zuversicht und mit Freude hineinziehen in dieses Land des Glaubens und der Theologie, um von demjenigen Menschen etwas zu sagen, der – wenn überhaupt vom Menschen etwas gesagt werden kann – nach Jesus Christus der heiligste, der gültigste, der seligste Mensch ist; um etwas zu sagen von der Gebenedeiten unter allen Frauen.

Es gibt nun wirklich eine Theologie vom Menschen, eine

Glaubensverkündigung und eine Theologie, die Gott rühmen und preisen, indem sie etwas vom Menschen sagen. Warum ist dies so?

Zunächst einmal ist wirklich Gott alles in allem. Es gibt neben ihm nichts, was von sich aus erwähnenswert wäre dann, wenn Glaube verkündet und Theologie getrieben wird. In diesem heiligen Gotteshaus kann man eigentlich nichts sagen, nichts preisen und erwähnen als den ewigen Gott und ihn allein. Vor ihm versinkt alles andere in den Abgrund seiner restlosen Unbedeutendheit. Es gibt in der Theologie und im Glauben nicht Gott und daneben noch alles mögliche andere, es gibt nur den einen unbegreiflichen, dreimalheiligen, anbetungswürdigen Gott. Und wenn das Herz denkend und bekennend sich zu ihm erhebt, muß alles andere schweigen und alles andere verschwiegen werden; dann kann der Mensch nichts mehr als das tun, was Anbetung und Seligpreisung dieses Gottes heißt. Denn das Leben des Glaubens und die Anstrengung der Theologie sollen ja einmal in jenes eine Leben hineinwachsen, dessen ganzer Inhalt die liebende Anschauung Gottes von Angesicht zu Angesicht ist, der ewige Preis seiner alleinigen Gnade.

Und dennoch gibt es eine Theologie vom Menschen selbst, ein Glaubensbekenntnis, das etwas vom Menschen selber aussagt, nicht neben dem Bekenntnis des ewigen alleinen Gottes, sondern mitten in ihm selbst. Warum ist das so? Weil Gott, er selbst, er in seinem dreipersönlichen Leben, er in seiner unaussprechlichen Herrlichkeit, er in seinem ewigen Leben uns hineingenommen hat in dieses sein eigenes ewiges Leben. Wir brauchen – wie ein Dichter unserer Tage sagte – nicht tot zu sein, damit Gott lebendig sei. Er hat uns nicht nur etwas gegeben, was er aus dem Nichts heraus als Endliches geschaffen hat, er hat uns über all dies hinaus sich selbst gegeben. Er hat uns herausgerufen aus dem Nichts, damit wir wahrhaft seien, er hat uns die Freiheit gegeben, damit wir wirklich und wahrhaftig vor seinem Angesicht selbst seine Partner sein können. Er hat einen Bund mit uns geschlossen. Er hat mit uns nicht nur durch die Schöpfung hindurch handeln wollen, so daß das, was uns begegnet, doch immer nur das Endliche ist, das ein Zeichen und einen bloßen Hinweis auf den immer noch jenseitig bleibenden Gott an sich trägt. Er hat mit uns selber handeln wollen, so daß das, was geschieht und was er tut, was er zeigt und was er gibt, letztlich doch wirklich er selber ist, wenn auch jetzt nur zunächst in der Verheißung, daß er sich uns einmal von Angesicht zu Angesicht zeigen werde, so daß nichts mehr zwischen ihm und uns steht. Er ist dann – das ist das anbetungswürdigste Geheimnis des Glaubens – in seinem eigenen Wort selbst Mensch geworden. Und wenn das wahr ist, wenn es zu dem Geheimnis unseres Gottes gehört, daß dieser Gott nicht bloß der Gott der Philosophen, sondern der Gott Abrahams, Isaaks und Jakobs, ja noch mehr der Vater unseres Herrn Jesus Christus ist, der Mensch und unser Bruder geworden ist: dann gibt es für uns Christen kein Bekenntnis des ewigen Gottes, außer wir preisen ihn als den, der sich so sehr uns selbst geschenkt hat, daß man von einem, der Mensch ist, in Wahrheit bekennen kann: sitzet zur Rechten des ewigen Gottes; daß man in Wahrheit darum keine Theologie mehr treiben kann, ohne auch Anthropologie zu treiben; daß man nicht mehr sagen kann, wer Gott in Wahrheit und Wirklichkeit als der konkrete und lebendige ist, ohne daß man sagt, daß sein ewiges Wort, in dem er sich selbst ausspricht, Mensch ist in alle Ewigkeit.

Man kann heute im Christentum *post Christum natum* nichts Wahres, Echtes und Konkretes von Gott sagen, außer man bekennt ihn als Immanuel, als Gott-mit-uns, als den Gott unseres Fleisches, den Gott unserer menschlichen Natur, den Gott unserer menschlichen Zeichen im Sakrament, den Gott unserer Altäre, als den Gott, der da geboren ist aus Maria der Jungfrau und so als Mensch mitten unter uns Mensch und Gott in einer Person ist. Weil dieser der wahre, der wirkliche und lebendige Gott ist, darum scheint mitten in dem Kreis des Glaubens und der Theologie von Gott das Antlitz eines Menschen auf. Und darum ist diese echte Theologie wirklich auch notwendig und nicht bloß nebenbei, sondern mitten in ihrem innersten Vollzug rühmende Theologie des Menschen und preist gerade so Gott ganz allein. Und darum kann es im letzten auch eine Mariologie, eine Glaubenslehre von der gebenedeiten Jungfrau und Mutter unseres Herrn, geben. Darum ist Mariologie nicht bloß ein Stück einer letztlich für unser Heil belanglosen privaten Biographie von Jesus von Nazaret, sondern eine Aussage des Glaubens selbst über eine Glaubenswirklichkeit, ohne die es das Heil nicht gibt.

Dazu kommt ein zweites. Wir Menschen sind füreinander wichtig. Wir bedeuten füreinander nicht nur etwas in der Alltäglichkeit unseres Lebens, nicht nur deswegen, weil wir, da wir da sind, Eltern haben, weil wir im Bereich des Biologischen, des äußeren bürgerlichen Gemeinschaftslebens, der Kunst und der Wissenschaft immer verwiesen sind auf eine große Gemeinschaft der Menschen. Nicht bloß deshalb und darin sind wir füreinander wichtig. Nein, wir sind auch in unserem Heil noch einmal von anderen Menschen abhängig.

Das ist selbstverständlich und doch wieder sehr schwer zu begreifen. Man könnte meinen, wir seien nur für das diesseitige Leben, für die äußeren Dinge, höchstens noch im Bereiche irdischer Geistigkeit füreinander wichtig. Man könnte denken: wenn es darauf ankommt, wie Gott zu mir und ich zu Gott stehe, wenn es sich um die letzte Entscheidung über meine Ewigkeit handelt, wenn es darum geht, wie ich einmal bestehen werde, wenn ich durch die unerbittliche Einsamkeit meines Todes als der ganz Einsame vor dem Angesicht Gottes stehe, dann bin ich in dieser Frage der ganz allein Einsame und Verlassene. Da sind nur noch der alleinige Gott und ich, sein Herz und sein Erbarmen und meine einzige unvertretbare Freiheit in Schuld und in Gnade. Und doch ist es eben nicht so. Alles, was eben gesagt wurde, ist wahr, aber es ist nicht die ganze Wahrheit. Denn die ganze Wahrheit ist die: daß wir selbst dann noch zueinander gehören.

Es hat jeder seine eigene, unvertretbare, einmalige Freiheit, der er nicht entfliehen darf, die er auf niemanden abwälzen kann. Aber darum ist diese Freiheit doch keine isolierte Freiheit, auch dort nicht, wo sie über das ewige Geschick des Menschen entscheidet, wo sie das Dasein des Menschen endgültig begründet. Denn der ewige Sohn, das ewige Wort des Vaters, ist Fleisch geworden aus Maria der Jungfrau. In unserer Familie, aus unserem Geschlecht, das da lebt von Adam, dem ersten, bis zum letzten Menschen, ist das Wort des Vaters Fleisch geworden. Von Natur und von der Gnade her gibt es darum eine Gemeinschaft, die sich auswirkt in der Gemeinschaft der Sünde und der Schuld, in einer Gemeinschaft des Erbarmens Gottes und seiner Gnade, in einer Gemeinschaft des Ursprungs und des Ziels. Schuld und Gnade, Ursprung und Ziel sind aber Sachen Gottes. Die Gemeinschaft der Menschen reicht also in den Bereich des Heiles des Menschen vor Gott hinein. Die Gemeinschaft der Menschen ist eine Heils- und Unheilsgemeinschaft vor Gott, eine große Gemeinschaft, die als ganze, und nicht bloß in den vereinzelten Menschen, das große Drama der Geschichte vor dem Antlitz Gottes spielt, in dem offenbar wird, was eigentlich Gott vom Menschen gedacht hat. Nur all diese tausend und aber tausend Variationen des Menschen, die im Zusammenspiel und im Widerstreit die eine Weltgeschichte bilden, verwirklichen zusammen das, was eigentlich gemeint war, als Gott am Anfang sprach: „Lasset uns den Menschen schaffen nach unserem Bild und Gleichnis."

Weil wir nicht bloß im Alltag des Lebens, der Politik und der profanen Geschichte, sondern auch in der Geschichte des Heiles zueinander gehören, darum gibt es eine Heilsgeschichte, in der alle zueinander gehören, keiner unbedeutend ist für die anderen und alle wichtig sind für jeden, alle die Last der Schuld und der Gnade nicht nur für sich, sondern auch für alle anderen tragen müssen. Was in *einem* gelitten, gebetet, geweint, getragen und selig geworden ist, das ist auch für alle anderen, für jene unabsehbare Schar der Menschheit, die durch diese eine Geschichte zieht, von entscheidender Bedeutung. Wir gehören zusammen!

Wenn nun aber Gott derjenige ist, der mit uns eine Heilsgeschichte macht, und wenn wir von diesem Gott in Glaube und Theologie als dem Herrn dieser einen Geschichte des Heiles und des Unheiles innerhalb dieser einen Menschheit sprechen müssen, dann müssen wir wiederum sagen: Weil Gott diese seine Geschichte mit den Menschen so eingerichtet hat, daß darin der eine Mensch für den anderen von Bedeutung ist, müssen wir mitten in der Verkündung des Glaubens und der Aussage der Theologie, die der Bericht des Heilshandelns Gottes an uns sind, noch einmal vom Menschen sprechen. Einfach darum, weil Gott gewollt hat, daß sein Heil, daß er an uns wirkt, durch Menschen von ihm an uns gewirkt werde. Darum muß nun auch in dieser Aussage des Glaubens und der Theologie vom heilsbedeutsamen Menschen in der Geschichte Gottes auch die Rede sein von Maria der gebenedeiten Jungfrau. Denn sie ist die Mutter dessen, auf den allein unser ganzes Heil gegründet ist, weil er Gott und Mensch in einer Person ist. Aber dafür, daß dieses unser Heil in Jesus Christus ist, ist auch Maria von entscheidender Bedeutung, sosehr dies ihr gegeben ist durch den grundlosen Heilswillen Gottes selbst. Und darum muß von ihr in der Theologie gesprochen werden. Theologie wird notwendig Anthropologie und darin Mariologie. Mitten im Preis des Glaubens von dem einen Gott des Heiles, der Menschwerdung, der Gnade und der einen Heilsgeschichte müssen auch die Worte von Maria gesagt werden.

Was heißt das nun alles für uns? Das heißt zunächst einmal: Christliche Theologie darf vom Menschen, also von uns selber, sprechen; wir dürfen, wenn wir dieses Modewort einmal sagen sollen, existentialistisch Theologie treiben. Heute redet man viel vom Menschen und macht ihn auch in der Philosophie zum Mittelpunkt der Deutung des Seins und der Wirklichkeit überhaupt. Wenn wir Maria feiern, so können wir sagen: Wir feiern ein christliches Daseinsverständnis vom Menschen überhaupt; wir feiern ein solches als Wort Gottes über uns selbst; wir feiern ein seliges Verständnis unseres eigenen Daseins. Denn wir sehen dann den Menschen nicht bloß als jenes fragwürdige Wesen zwischen zwei Abgründen des Nichts, wir sehen den Menschen nicht bloß als den Menschen der Angst und der Not, denn wir reden ja von Maria, wir preisen sie als die Gebenedeite und Selige und sagen damit im letzten auch etwas von uns selbst. Wir feiern und verkünden die christliche Idee vom Menschen. Wir sind also (wenn wir das schon sein wollen) sehr modern, wenn wir die alten heiligen Wahrheiten auslegen, die wir immer bekennen, wenn wir niederfallen und beten: Und das Wort ist Fleisch geworden, geboren aus Maria der Jungfrau.

Unsere Überlegungen sagen uns überdies: wir gehören zusammen. Wir alle tragen an der Last und an der Seligkeit, an der Gefahr und an dem Heil von jedem anderen mit. Darum kommen wir ja in der Gemeinde zusammen. Eine betende, singende, das Wort Gottes hörende Gemeinde ist nicht nur die Versammlung von einsam Vereinzelten, ist nicht nur eine Menge atomisierter Einzelner, die, von ihrer letzten Heilsangst getrieben, bloß aus praktischen Gründen sich hier versammeln, um dann doch wieder nur ihr eigenes Heil für sich allein wirken zu wollen. Wir sind heilige Gemeinde, die Gott lobt, indem sie die Herrlichkeit der heiligen Jungfrau preist, weil sie eben auch in ihrem Heil abhängt von dieser Jungfrau und Mutter Gottes. Wir sind eine heilige Gemeinde, die wirklich zusammengehört und darum auch zusammentritt, die wirklich in Einheit die Gnade dessen erfährt, der durch den Gehorsam und das Fleisch der heiligen Jungfrau uns von Gott geschenkt worden ist. Wir sind die aus der Verlorenheit und Verlassenheit des Einzelnen Herausgerufenen in die Einheit der Liebe und der Gnade Gottes. So aber müßten wir dann auch im Alltag sein. Wir können hier nicht gemeinsam beten, wenn wir draußen in Liebe und Treue, in Zusammengehörigkeit und gegenseitigem Tragen nicht miteinander auskommen. Marienverehrung ist darum etwas, das von seiner eigenen letzten Wurzel her wirklich etwas mit der Nächstenliebe zu tun hat. Denn es gibt keine Mariologie, die für uns wichtig und bedeutsam sein könnte, wenn es nicht wahr wäre, daß jeder auch für das Heil seines Bruders verantwortlich ist und für ihn eintreten kann und muß durch Gebet, Opfer und Hilfe. Weil das wahr ist, darum gibt es Maria nicht nur als die Mutter unseres Herrn, sondern auch als unsere Mutter. Und weil es dies gibt, darum sind wir hier zusammengekommen und wollen Maria wieder in der Freude unseres Herzens in diesen Tagen preisen. Solcher Preis ist im letzten ein Lobpreis des ewigen Gottes selbst, der in seinem menschgewordenen Wort uns sich genaht hat, da dieses Wort geboren wurde aus Maria der Jungfrau. Amen.

35

Pfarrei

Wenn und insofern die Kirche als eine und ganze selbst eine Glaubenswirklichkeit und nicht bloß eine, wenn auch einem nur im Glauben erfaßbaren übernatürlichen Ziel dienende, profane Organisation gesellschaftlicher Art ist, wenn diese Glaubenswirklichkeit Kirche aber unweigerlich einen räumlichen Charakter hat, dann muß auch gesagt werden, daß eine territoriale Pfarrei in dieser Kirche an dieser Eigentümlichkeit einer Glaubenswirklichkeit dieser einen Kirche partizipiert. Die Kirche als ganze ist im katholischen Glaubensverständnis zwar *eine*, aber eine episkopal, also räumlich, territorial verfaßte Kirche. Diese territoriale Gegliedertheit der Kirche ist zunächst eine empirische und profane Wirklichkeit, aber eben diese ist doch aufgenommen in das Mysterium der Kirche als der Einheit der Menschen im Heiligen Geist und im Bekenntnis zu Jesus Christus als dem Sohn Gottes, dem Gekreuzigten und Auferstandenen, der geschichtlich greifbaren irreversiblen Selbstzusage Gottes als des Heiles der Welt.

Dieses Mysterium der Kirche als des Sakramentes des Heiles der Welt ereignet sich territorial; es ereignet sich in Zeit und Raum. Das Wesen der Kirche besteht nicht allein in der Allpräsenz des Geistes Gottes, der gleichermaßen über alles Fleisch als innerste Dynamik der Menschheit und ihrer Geschichte ausgegossen ist. Das Wesen der Kirche besteht vielmehr gerade darin, daß diese nicht zu leugnende, aber verborgene Allpräsenz des Geistes geschichtlich, sakramental, gesellschaftlich, inkarnatorisch in Erscheinung tritt und diese inkarnatorische und sakramentale Erscheinung unvermischt und ungetrennt die Allpräsenz des Geistes Gottes in der Welt irreversibel und geschichtlich greifbar macht. Damit aber hat – von oben her gesehen – die Kirche als Sakrament des Heiles der Welt einen unweigerlich territorialen Charakter und partizipiert – von unten her gesehen – dieser territoriale Charakter der gesellschaftlichen Größe Kirche an ihrer Qualität als Mysterium, so wie z.B. das Wasser der Taufe irdisches Wasser ist und doch in der Taufe zur wirklichen und wirksamen Erscheinung der Begnadigung des Menschen wird.

An dieser Qualität, die dem räumlichen Verfaßtsein der Kirche eigen ist, partizipiert darum auch die Pfarrei als territoriale Größe. Das wird noch deutlicher, wenn wir bedenken, daß der aktuellste und radikalste sakramentale Selbstvollzug der Kirche als der rettenden Einheit der Menschen untereinander in Gott in der Eucharistie geschieht. Hier ist die Kirche vollendet da, und hier ist sie es unweigerlich am Ort, in der Ortsgemeinde, die zwar nicht absolut notwendig, aber doch bevorzugt und normalerweise Pfarrgemeinde ist. So ist verständlich, daß das Neue Testament (vor allem bei Paulus) die Kirche zunächst einmal als Ortskirche gegeben sieht, als – wie wir unbefangen sagen dürfen – Pfarrkirche, wenn und weil damals der Unterschied zwischen einer episkopalen und pfarrlichen Gemeindekirche noch gar nicht gegeben war. Es kann zwar Gemeinden der Eucharistiefeier geben, die keine Pfarreien im heutigen rechtlichen Sinn sind, Personalpfarreien, die nicht unmittelbar greifbar einen territorialen Charakter haben, Eucharistiegemeinden an der Basis, die nicht unmittelbar von der Pfarrei getragen und autorisiert sind, klösterliche Gemeinden usw. Aber wenn so Eucharistie gefeiert wird, muß man immer noch an einem Ort zusammenkommen; wenn legitim so Eucharistie an einem Ort gefeiert werden soll, muß immer noch eine Bezogenheit auf einen Ortsbischof gegeben sein oder mindestens der ausdrückliche oder stillschweigende Bezug auf den Papst, der nicht überall, sondern in Rom sitzt. Und so zeigt sich, daß der territoriale Charakter der Kirche gerade auch in ihrer höchsten Aktualisierung nirgends ausgeschaltet werden kann. Und eben dieser ist am einfachsten und in der normalsten Weise in der Pfarrgemeinde, *der* Gemeinde gegeben, die auf einer urmenschlichen Wirklichkeit, die gar nicht ganz zu eliminieren ist, beruht, nämlich auf dem räumlich-nachbarlichen Beisammenwohnen. Gerade weil dieses urmenschliche Phänomen trotz aller menschlichen Möglichkeiten, aus anderen Gründen Gemeinschaft und Gesellschaft zu bilden, gar nicht aus der menschlichen Existenz entfernt werden kann und in die Eucharistiefeier eingeht (wie die Materie des sakramentalen Zeichens in das Sakrament in seiner Einheit mit der sakramentalen Gnade), partizipiert die Pfarrgemeinde an der territorialen Struktur der Kirche, die zu ihrem Wesen gehört, weil sie zur gesellschaftlichen, geschichtlichen, inkarnatorischen Natur der Kirche gehört. Pfarrei ist keine bloß profane Angelegenheit einer Religionsgesellschaft, wie ein Polizeidistrikt zum Staat gehört, sondern eine geistliche Wirklichkeit, in der ein Mensch erfährt oder erfahren kann und soll, daß nicht nur sein zeitliches, sondern auch sein kosmisch-räumliches Dasein geheiligt und von der Gnade des Heiligen Gottes als deren Inkarnation umgriffen ist.

Natürlich bedeutet diese theologische These von der geistlichen Potentialität menschlichen Beisammenwohnens nicht bloß einen Indikativ, sondern auch einen Imperativ. So wie der Taufende gehalten ist, Wasser herbeizuschaffen, so muß die Kirche örtliche Nachbarschaft besorgen, um Eucharistie feiern zu können und so sich selbst als Sakrament des Heiles der Welt geschichtlich und gesellschaftlich voll zu verwirklichen. Mit solcher örtlicher Nachbarschaft ist natürlich nicht bloß eine physikalische und geographische Wirklichkeit gemeint, sondern eine eigentlich menschliche Größe eines echt nachbarschaftlichen Zusammengehörens in Gerechtigkeit und Liebe, so, daß diese menschliche Wirklichkeit eingehen kann in die Eucharistiefeier. Und auf diese echt menschliche Wirklichkeit bezieht sich der Imperativ, der sich aus unserer theologischen These von der spirituellen Qualität der territorialen Pfarrei ergibt. Dieser Imperativ wird natürlich zunächst zu erfüllen sein durch alle die anderen Funktionen, die einer Pfarrei als solcher unmittelbar zukommen, auch wenn damit natürlich nicht gesagt sein darf, daß diese übrigen Aufgaben einer Pfarrei als solcher nur Mittel zum Zweck dieser territorialen Gemeindebildung als dem menschlichen Substrat von Eucharistiegemeinde seien. Aber alle übrigen Funktionen der Pfarrei als solcher (religiöse Erziehung der Kinder, religiöse Erwachsenenbildung, Diakonie, Caritas usw.) tragen doch auch zur Bildung solcher örtlicher Nachbarschaft im vollmenschlichen Sinn des Wortes, ja sogar zur Bildung geistlicher Gemeinschaft als solcher bei und dürfen und müssen darum auch unter diesem Gesichtspunkt gewürdigt und gefördert werden.

Soweit dies möglich und notwendig ist, kann und soll daher dieser Imperativ für die Bildung örtlicher Nachbarschaft sich auch auf mehr beziehen, als es durch die spezifischen Aufgaben und Funktionen der Pfarrei unmittelbar angezielt oder impliziert wird. Soweit es möglich und notwendig ist, darf und soll sich die Arbeit der Pfarrei und des Pfarrers auch auf die profane Wirklichkeit örtlicher Nachbarschaft als solche beziehen. Denn wenn Pfarrei und Pfarrer – wo notwendig – nach Kräften sich bemühen, daß ein räumliches Agglomerat von Menschen auch schon im profanen Bereich echt menschliche Gemeinschaft wirklich menschlich-brüderlichen Zusammenlebens in einem gegenseitigen Sichkennen, des Zusammenstehens, des Vertrauens und gegenseitiger Hilfe wird, tragen sie schon so dazu bei, daß die Voraussetzungen dafür gegeben sind, daß in der Eucharistiefeier eine wirkliche spirituelle Gemeinde in gemeinsamem Lobpreis Gottes, in gemeinsamem Bekenntnis der Erwartung des kommenden Herrn, in Einheit im Heiligen Geist sich vollziehen kann, und so die Eucharistiefeier nicht bloß das äußerliche Zusammenlaufen von einzelnen ist, die wie in einem Warenhaus ihre privaten Bedürfnisse zu erreichen suchen. Wenn ein Dorfpfarrer, wo dies noch möglich und menschlich sinnvoll ist, sich u.U. mit seinen Bauern nach dem Gottesdienst am Wirtshaustisch trifft, kann dies immer noch eine Konsequenz aus diesem spirituellen Imperativ sein, der sich aus der angedeuteten theologischen These ergibt.

Wenn wir so die theologische Qualität der christlichen Lokalgemeinde, der territorialen Pfarrei von der Eucharistiefeier her anzuvisieren suchten, dann ist keine kultische Engführung der Theologie der territorialen Pfarrei gemeint; es sollte so nur möglichst einfach deutlich gemacht werden, daß die territoriale Pfarrei eine theologische Qualität hat. Insofern und insoweit die übrigen Funktionen einer Pfarrei einerseits eigenständige theologische Bedeutung haben und nicht bloß Mittel zum Zweck der Eucharistiegemeinde sind, anderseits aber doch mehr oder weniger notwendig eine lokale Basis haben, eignet auch schon von diesen anderen Funktionen her der Ortspfarrei eine theologische, spirituelle Eigentümlichkeit, ist sie nicht bloß eine unvermeidliche profane Wirklichkeit, sondern ist in ihrer menschlichen Räumlichkeit aufgenommen in das Mysterium der Kirche.

36 Imperative für die Gemeinden

1. Lebendige Gemeinde als Kirche ist nur dort gegeben, wo *in Wahrheit und Tat christliche Liebe die Gemeindemitglieder verbindet,* wo einer des anderen Last mitzutragen bereit ist, wo man sich kennt, sich hilft, ein Auge füreinander hat, wo man wirklich zusammensteht, sich aufeinander verlassen kann. Es gibt zwar in der profanen Gesellschaft und auch in der Kirche des Amtes und der amtlichen Institutionen gewiß viele Einrichtungen durch die dem einzelnen in seinen großen und kleinen Nöten geholfen

werden soll. Solche Einrichtungen sind gut, sie dürfen nicht mißachtet werden, der einzelne Christ hat in christlicher Liebe und Verantwortung sie mitzutragen, und ein solcher Beitrag ist auch ein Stück seiner christlichen Tat der Liebe, zu der er gerufen ist. Aber wir alle wissen, wieviel Not von solchen Einrichtungen nicht erfaßt wird und erfaßt werden kann, wieviel an Einsamkeit und Verlassenheit von ihnen nicht erreicht wird, wir alle erfahren, daß man die Verantwortung christlicher Liebe zum Nächsten nicht abgelten kann allein durch die Erfüllungen jener Pflichten den anderen gegenüber, die uns heute die profane Gesellschaft abverlangt, ob wir wollen oder nicht.

Hier beginnt die besondere Aufgabe einer lebendigen Basisgemeinde im Geist und in der Kraft der Liebe Christi. Nicht als ob wir behaupten wollten, nur Menschen einer ausdrücklich christlichen Basisgemeinde würden diese besondere Aufgabe wahrnehmen, die ihnen amtliche Organisationen in Staat und Kirche nicht abnehmen können und dürfen. Es gibt ja, Gott sei Dank, anonyme Christen, Menschen, die ein offenes Auge und ein liebendes Herz für die verborgene Not ihres Nächsten haben, auch für die Not, die nicht durch Geld behoben werden kann, das man gibt, um vom lästigen Nächsten sich loszukaufen. Aber eine christliche lebendige Gemeinde muß in ihren Gliedern, den einzelnen und in je für den gerade anstehenden Anruf der Liebe sich bildenden kleinen Gruppen, in der Gemeinde solche Not sehen und selbstlos helfen. Es können kleine und große Nöte sein. Es kann sich um einsame Alte handeln, die nicht in ihrer Einsamkeit ersticken dürfen. Es kann sich um ganz alltägliche Nachbarschaftshilfe handeln. Es kann sich treffen, daß eine Familie kleinere Kinder für ein paar Stunden mitbetreut, damit eine überlastete Mutter mit ihren Aufgaben fertig wird. Es könnte sein, daß ein Vater oder eine Mutter die private Mitbetreuung eines Kindes mitbesorgt, das zur Erstkommunion vorbereitet werden soll, aber dafür in der eigenen Familie nicht genügend Verständnis oder Hilfe findet. Es kann sein, daß das Haus von Nachbarn ein wenig im Auge behalten werden muß, die ohne Sorge in den Urlaub fahren. Es kann nützlich sein, daß eine Hausfrau mit ihrem Wagen die andere zum Kauf mitnimmt, um Zeit und Kraft zu sparen. Man kann vielleicht einmal seinem Herzen einen Stoß geben und einen Nachbarn zu einem netten Abend einladen, an dem man bisher gleichgültig vorbeigelaufen ist in den Betonkasernen von heute; man findet dann vielleicht einen Menschen mit Herz und mit seinen Nöten, die man mittragen kann, und entdeckt dann, daß die eigene Last leichter wird und ein Stück weit gern einem vom anderen abgenommen wird.

So könnte man noch lange weiterfahren, und was gesagt wurde, sind nur ganz willkürliche und unbedeutende Beispiele für das, was hier eigentlich gemeint ist.

Es handelt sich dabei nicht nur um Taten der Liebe zwischen vereinzelten Einzelnen; eine lebendige Pfarrgemeinde müßte soviel Zusammenhang und Kontakt haben, daß man – paradox gesagt – in ihr das Unorganisierbare organisieren kann. Man müßte Menschen kennen, die helfen können und wollen, wo man selber gerade nicht helfen kann, denen man die Not eines Dritten anzuvertrauen den Mut und die Unbefangenheit haben kann. Die Menschen einer Gemeinde müssen sich kennen, kennenlernen, miteinander reden, beraten, damit verborgene Not wirklich Hilfe finden kann. Solche Not muß ja nicht immer und notwendig als einzelne von besonderer Bedeutung sein und so die Hilfe und Fürsorge amtlicher Stellen herausfordern. Viele kleine Nöte und Bitterkeiten des Alltags zusammen können einen einzelnen Menschen überlasten, ihn verbittern und verkümmern lassen. Ein gutes Wort, eine freundliche Aufmerksamkeit, eine kleine Höflichkeit, zu der man aber nur zu schnell bequem ist, kann die Last des anderen erträglicher machen.

Man sage nicht, das alles sei doch nur selbstverständliche und profane Humanität. Immer und immer wieder geübt, ist solche Alltagsliebe schwer und nur möglich in der Kraft Jesu, ob man diese Kraft von Gottes Gnade her anonym erfährt oder auch ausdrücklich weiß und bekennt.

Über solche tätige Liebe zum Nächsten hinaus, die immer neu die wache Aufmerksamkeit und die schöpferische Phantasie einer Gemeinde anfordert, gibt es aber noch viele Aufgaben und Lebensbetätigungen einer solchen Gemeinde, durch die sie als ganze oder in einzelnen ihrer Gruppen beansprucht wird. Auch diesbezüglich können hier nur ein paar willkürlich ausgewählte Andeutungen gemacht werden.

2. Eine lebendige Pfarrei, die wirkliche Kirche ist, und Kirche von unten aufbaut, müßte eine *Gemeinde des Gebetes* sein. Natürlich sollte der ganz normale Sonntagsgottesdienst, geregelt durch die amtliche Liturgie der Kirche, das Zentrum des Gebetslebens einer Gemeinde sein, natürlich müßte ein solcher Gottesdienst nicht bloß die legalistisch verstandene Exekution der kirchenamtlichen liturgischen Vorschriften sein, sondern so gestaltet werden, daß er trotz aller Institutionalität von oben auch gleichzeitig die lebendige Schöpfung der Gemeinde von unten ist, was eine Verantwortung und aktive Mitbeteiligung der Gemeinde schon bei der Vorbereitung des Gottesdienstes erfordert.

Aber darüber hinaus bleibt doch die Frage: Gibt es oder sollte es in einer lebendigen Pfarrgemeinde einzelne Gebetsgruppen geben, deren Leben zwischen dem amtlichen Gottesdienst der Gemeinde und dem privaten Gebet des einzelnen liegt? Warum gibt es so etwas so gut wie nicht? Wie kümmerlich ist meist schon das Gebet der Familie als solcher geworden, wenn es so etwas überhaupt noch gibt! Man braucht nicht schon Anhänger pfingstlerischer Gruppen und ihrer Praxis zu sein, wie sie sich vor allem in Amerika in den letzten Jahren auch innerhalb der katholischen Kirche gebildet haben und auch schon das Wohlwollen von Bischöfen finden, um eine solche Frage zu stellen. Warum könnten nicht auch bei uns, wenn vielleicht auch etwas diskreter und weniger enthusiastisch, ohne der Glossolalie Raum zu geben, in einer Pfarrgemeinde Gruppen von Christen außerhalb kirchenamtlicher Räume sich zusammenfinden, die in freier, immer neu zu findender Gestaltung miteinander die Schrift lesen, den Mut haben, im freien

Wort zu beten, etwas von ihren Gebetsanliegen und religiösen Erfahrungen sich gegenseitig mitteilen, miteinander singen, unbefangen (das ist gar nicht leicht) einander um Rat und Hilfe bitten? Früher haben doch unter Umständen auch ohne den Pfarrer kleine Gruppen von Christen miteinander den Rosenkranz gebetet. Warum sollte so etwas, in neuer und differenzierter Form und persönlicher Initiative mehr Raum gebend, heute nicht mehr möglich sein?

3. Eine lebendige Pfarrgemeinde muß, weil sie die Kirche am Ort ist, *ein inneres lebendiges Verhältnis zur Diözese und zur Gesamtkirche und deren Amt haben.* Das bedeutet z.B. nicht nur, daß in einer lebendigen Gemeinde Verständnis und Hilfsbereitschaft für die Mission der Kirche in den Ländern bestehen muß, in denen die Kirche noch in den Anfängen ihrer Evangelisation steht, zumal die Aufgabe der „äußeren" Mission auch heute nicht verwechselt werden darf mit der gewiß uns alle anrufenden Entwicklungshilfe. Mitverantwortung der einzelnen Gemeinde für die Gesamtkirche und die eigene Diözese schließt durchaus auch ein kritisches Verhältnis zur konkreten Kirche und ihrem Amt ein. Ein solches Verhältnis ist grundsätzlich ein positives Moment an richtig verstandener Kirchlichkeit. Der mündige Christ von heute hat gar nicht das Recht, bloß das brave Schaf zu sein, das schweigend und gehorsam von weisen Hirten geführt wird.

Konflikte und Opposition gehören, von beiden Seiten in Glaube und Liebe, Gerechtigkeit und selbstkritischer Vorsicht geführt, zum Leben der Kirche. Es schadet gar nichts, wenn eine Gemeinde und ihr Pfarrer nicht immer einer Meinung sind, vorausgesetzt nur, daß sie solche Meinungsverschiedenheiten über die Weise lebendig kirchlichen Lebens fair auszutragen versuchen. Die Christen von heute müssen auch lernen, daß es größere Meinungsverschiedenheiten in der Kirche gibt, daß sie das Recht und die Pflicht haben, dem Amt in der Kirche verständlich zu machen, welche Fragen und Konflikte ihnen das Leben heute stellt, aktiv in Pfarräten usw. Verantwortung für konkrete Entscheidungen in der Kirche mitzutragen, auch deutlich zu machen, wo sie sich in ihren Fragen und dunklen Härten des Lebens nicht wirklich verstanden fühlen und den Eindruck haben, durch den heutigen Denkstrukturen fremde Erklärungen und durch legalistische Normen des Amtes im Stich gelassen zu werden. Es kann natürlich hier nicht die Frage nach den Regeln und Weisen eines wirklich christlichen Austrags von Konflikten in der Kirche beantwortet werden.

Es ist aber wichtig, zu betonen, daß man echte Fragen und Konflikte, die in einer lebendigen Gemeinde aufstehen und zu ihrem echten Leben gehören, nicht dadurch löst, daß man sie mit einem Machtspruch unter Berufung auf die formale Autorität des Amtes *allein* verdrängt oder als gar nicht existierend erklärt. Natürlich gehört zur Mitverantwortung der lebendigen Gemeinde für die Kirche und ihr Amt auch der vertrauensvolle Wille zum Amt in der Kirche, Verständnis und Hilfsbereitschaft gegenüber den Amtsträgern, und zwar nicht nur gegenüber dem Bischof und dem Pfarrer, sondern auch den Pfarrassistenten und anderen Gliedern der Kirche, die hauptberuflich das Leben einer Gemeinde mitzutragen haben, gehört Geduld und ein bißchen verzeihender Humor gegenüber solchen Amtsträgern, die ja unvermeidlich, wie wir alle selbst, beschränkte und sündige Menschen sind.

4. Zum Leben einer lebendigen Gemeinde gehört es auch, daß sie *eine offene Gemeinde* ist. In ihr muß zwar der ganze unverkürzte Glaube der heiligen katholischen und römischen Kirche verkündet und nach Kräften gelebt werden. Der Mut dazu muß in der heutigen Diasporasituation des Christentums noch besser eingeübt werden und wachsen. Die Kirche darf gewiß nicht dadurch zeitgemäß werden wollen, daß sie sich in einen Verein bloß humanitärer und gesellschaftskritischer Tendenzen und Ziele verwandelt. Aber weder die Kirche noch eine einzelne Gemeinde dürfen den Marsch in ein Getto antreten. Sie muß anziehend und einladend bleiben auch für die, deren Menschlichkeit und Christlichkeit sich noch nicht wirklich bis zu einer absoluten Identifikation mit der konkreten Kirche,

ihrem Amt und den von diesem beanspruchten Vollmachten entwickelt hat.

Die Gemeinde müßte offene Türen haben; in ihr müßten grundsätzlich alle leben und mitarbeiten dürfen, die es nur wollen. In ihr müßte es möglich sein, daß auch solche Menschen Aufgaben übernehmen und Initiative einbringen, die nach den Maßstäben strenger und in sich durchaus legitimer Orthodoxie noch nicht im vollen und umfassenden Sinn römisch-katholische Christen sind, vorausgesetzt nur, daß sie nicht die Absicht haben, die Kirche glaubensmäßig oder institutionell zu unterwandern und umzufunktionieren. Diejenigen, die sich als progressistisch einschätzen, haben keinen Grund, gegenüber der konkreten Kirche zu resignieren und verbittert zu meinen, die Frühlingshoffnungen des Zweiten Vatikanischen Konzils seien endgültig verwelkt, diejenigen, die sich konservativ nennen, müssen sich daran erinnern, daß auch ihnen die Pflicht der Liebe, der Geduld und der Weite des Denkens auferlegt ist gegenüber denen, an deren Rechtgläubigkeit sie berechtigte oder vielleicht auch nur unberechtigte Zweifel hegen. Auf jeden Fall ist eine lebendige Gemeinde von heute kein Getto elitär und verschüchtert zugleich Lebender, sondern die Pfingstgemeinde, deren Türen der Geist selber aufgesprengt hat.

5. Es sei zum Schluß noch etwas zu sagen versucht, auch wenn es schwer zu formulieren ist. Eine lebendige Gemeinde ist *im letzten getragen von einer unbekannten Gruppe von Christen*, die in die wahre Freiheit Gottes in Glaube, Hoffnung und Liebe wirklich durchgebrochen sind. Alle Christen sind oder müßten auf dem Weg sein zu dieser Freiheit. Aber manche, die dies sich selber gar nicht zu sagen getrauen und darum auch nicht anderen zu sagen wagen, sie hätten die „Geisttaufe" der radikalen Freiheit der Liebe schon empfangen, müßten doch verborgen als von der Gnade Gottes in der innersten Mitte ihrer Existenz Befreite und Erlöste in einer Gemeinde leben. Solche tragen im letzten die Gemeinde und sogar das Amt in dessen realer Effizienz. Solche können tragen, ohne zu jammern,

daß ihre Last doch die des anderen ist. Solche können geben, ohne zu rechnen, ob ihnen wiedergegeben wird. Solche können Böses mit Gutem vergelten. Solche können schweigen, wo andere leer reden. Solche können lieben, wo ihre Liebe nicht bloß die selbstverständliche Antwort auf ein Geliebtsein ist. Solche können eine nie resignierende und hoffende Liebe zur armen und immer neu gedemütigten Kirche haben, die eben doch die Gemeinde ihrer Brüder und Schwestern in Jesus ist und bleibt. Solche werden nie irre an der Kirche. Gott verlangt vom Menschen letztlich alles, auch wenn er mit ihm langmütig Geduld hat. Er verlangt das Herz des Menschen, um ihm sich selbst, den Heiligen Geist der Freiheit, der Liebe und der unbesiegbaren Hoffnung des ewigen Lebens zu geben, die letztlich nichts mehr braucht als Gott allein.

Wir sollten langsam und immer mehr aus der schon durch Taufe und Firmung begnadeten Mitte unseres Lebens heraus solche Menschen der Freiheit und der Liebe werden, weil der ewige Gott nicht mit weniger sich zufriedengibt in der Eifersucht seiner eigenen Liebe zu uns. Je mehr wir solche Menschen des befreienden Geistes Gottes werden, um so mehr werden wir in unseren Gemeinden die lebendige Kirche Gottes und Jesu Christi, unseres Herrn, auferbauen. Leben wir also miteinander Kirche in Geduld, in Hoffnung, in Glaube und Liebe, die nicht untergeht!

37

Basisgemeinde

Wenn Basisgemeinde insofern eine Selbstverständlichkeit ist, als jede Pfarrei aus einem Verwaltungsbezirk, der vom Amt in der Kirche betreut wird, zu einer echten Gemeinde in Glaube, Hoffnung und Liebe, zu einem wirklich pilgernden Volk in Gemeinschaft werden soll, dann hat das bei uns selbstverständlich große Schwierigkeiten. Es ist zunächst einmal zu sagen, daß wir nicht einfach die Struktur, den Stil, die Vollzugsweise *der* Basisgemeinden übernehmen können, wie sie sich in Lateinamerika gebildet haben und dort die Hoffnung der einen Kirche und des Christentums sind. Das Stichwort Basisgemeinde, das bei uns nun die Gemüter und die Herzen der Christen aufruft, ist gewiß zunächst einmal ein Import aus Lateinamerika. Und somit liegt natürlich die Versuchung nahe, es so machen zu wollen, wie es da, besonders in Brasilien, praktiziert wird. Dort gibt es offenbar zu Tausenden und aber Tausenden lebendige Basisgemeinden, die sich von unten bilden, nicht im Gegensatz zur bischöflichen Amtskirche, sondern aus dem Bewußtsein heraus, daß, wo Christen wirklich im Glauben an Jesus Christus und in der Hoffnung leben, sie selbstverständlich in einer wahren Gemeinschaft solchen Glaubens mit einer Verantwortung für die profane Gesellschaft sich zusammenschließen, Basisgemeinden sein müssen. Das gilt zumal, wenn in jenen lateinamerikanischen Ländern ein großer Priestermangel herrscht und so selbstverständlich nicht jede Gemeinde ihren Pfarrer haben kann, wie das vor dreißig, vierzig Jahren bei uns noch selbstverständlich war, wo auch das kleinste Dorf seine eigene Kirche und seinen eigenen Pfarrer hatte.

Wenn nun aber so Basisgemeinden in Lateinamerika lebendig und groß an Zahl geworden sind, dann kann das für uns in Europa eine Mahnung, ein Ansporn sein, Basisgemeinden lebendiger Art zu bilden, zumal jetzt auch bei uns Priestermangel herrscht. Aber *wie* diese Basisgemeinden bei uns konkret aussehen müssen, das kann man eben nicht einfach aus Lateinamerika unmittelbar übernehmen. Und zwar vor allem aus zwei Gründen nicht: Erstens sind die Pfarreien in ihrer Zahl und in ihrer Organisation, wie sie eben auch heute noch da sind, nicht einfach zu übergehen. Vieles davon fehlt von vornherein in Lateinamerika. Darum stehen die Basisgemeinden dort viel weniger in einer Konkurrenz mit der traditionellen Pfarrstruktur, als es bei uns gegeben wäre. Natürlich kann es auch bei uns noch kleine Basisgemeinden geben, die nicht identisch sind mit einer Pfarrei. Wenn ein Pfarrer religiös uninteressiert und unschöpferisch ist, dann haben ganz gewiß unter Umständen, unter bestimmten Voraussetzungen Christen durchaus das Recht, trotz aller letzten Verbindung zur sakramentalen Kirche, sich zusammenzutun, einander zu helfen, die Heilige Schrift zu lesen, miteinander zu beten, auch wenn sie vielleicht bei solchen Bestrebungen wenig Unterstützung und Verständnis bei diesem oder jenem Pfarrer finden, der vielleicht nur der routinierte Beamte in seiner Kirche ist. Aber trotzdem muß bei uns eine Basisgemeinde möglichst so gebildet werden und leben, *daß die Pfarrgemeinde selber Basisgemeinde* eines ursprünglichen, von unten her verantwortlichen, lebendigen Christentums *wird.*

Mit anderen Worten, Basisgemeinden – wenn sie sich bilden – haben bei uns eine größere und unmittelbar dringlichere Verantwortung, Kontakt und letztlich Einheit mit den entsprechenden Pfarreien und Pfarrern zu suchen und zu finden. Wir können und dürfen nicht so tun, als ob wir hier in Mitteleuropa mit Hilfe von Basisgemeinden eine Kirche erbauen könnten und dürften, die die manchmal etwas arg bürokratische Kirche der Pfarreien, der Bistümer, der sonst schon gegebenen kirchlichen Strukturen links liegen ließe. Solche Bestrebungen könnten zu nichts anderem führen als zu kleinen sektiererischen Gebilden, die im Grunde genommen doch wieder rasch absterben würden.

Es können unter Umständen Christen, wenn sie keinen Priester haben oder finden, oder keinen Priester, der einigermaßen lebendig christlich denkt und wirkt, durchaus eine kleine christliche Zelle, eine Basisgemeinde bilden. Aber gerade bei uns dürften solche echten, lobwürdigen Bestrebungen nicht korrumpiert werden in sektiererischen Kleingruppen, die sich abseits der priesterlichen Kirche, der rechtmäßigen Sakramentenspendung, der bischöflichen Verwaltung und Administration halten. Das ist vielleicht in anderen Ländern zumindest jetzt noch kein Problem, aber bei uns wäre es ein Problem, und deswegen können unsere Basisgemeinden nicht einfach der Abklatsch südamerikanischer Gemeinden werden.

In einer südamerikanischen Gesellschaft, in der es wenig profane, gesellschaftliche Substrukturen gibt, hat zudem notwendigerweise eine echte christliche Gemeinde Aufgaben, die sie erfüllen soll und mit Recht erfüllen kann, die genau so bei unseren christlichen Gemeinden *nicht* gegeben sind. In unserer Gesellschaft ist es nun einmal so, daß viele gesellschaftliche Aufgaben, die für ein menschenwürdiges Dasein erfüllt werden müssen, von der profanen Gesellschaft erfüllt werden, so daß unmittelbar für diese Aufgaben kein Platz für eine christliche Gemeinde als solche gegeben ist. Im südamerikanischen Urwald wird es selbstverständlich sein, daß die Nachbarsfrau die andere Nachbarsfrau, wenn sie krank ist und das nächste Krankenhaus ein paar hundert Kilometer weit entfernt ist, pflegt und für die Kinder der kranken Mutter sorgt. Es ist in einer Gesellschaft, wo es Hungernde oder vielleicht Verhungernde gibt, für die die profan organisierte Gesellschaft nicht sorgt, selbstverständlich, daß hier christliche Nächstenliebe da sein muß, die dafür sorgt, daß diese Menschen nicht verhungern. Aber in einer Gesellschaft, wo es Arbeitslosenunterstützung gibt, wo es Sozialrenten usw. gibt, sind eben viele Funktionen von der profanen Gesellschaft übernommen, die nicht auch noch einmal von der christlichen Basisgemeinde erfüllt werden können.

Basisgemeinden stehen aber in unseren Gegenden und Ländern vor einem ernsthaften Dilemma: Können und sollen sie, damit sie Gemeinden von konkreter, praktischer Lebendigkeit sein können, mehr tun als bloße Gemeinden religiöser Vollzüge im engsten Sinne zu sein? Oder müßten sie, weil sie gar keine Betätigungsfelder anderer Art finden, nur Gemeinden sein, in denen ausschließlich gebetet wird, das Evangelium verkündigt und die Sakramente gespendet werden? Dieses Dilemma müßte unbedingt zugunsten von Basisgemeinden entschieden werden, die mehr sind als nur Träger von Gebet, Kult, Sakrament und einer theoretischen Verkündigung des Evangeliums. Ich bin der Meinung, daß eine Basisgemeinde nur Basisgemeinde sein kann, wenn sie über das abstrakt und rein Religiöse hinaus

eine Gemeinschaft von Menschen bildet, die sich wirklich zueinander gehörend fühlen, die irgendwie in einem wahren Sinne eine Familie, eine Gemeinde, ein Liebesbund, eine Einheit von wahrhaft christlich Glaubenden sind. Diese Gemeinde soll eine Einheit sein, in der christliches Leben, christliche Liebe nicht nur theoretisch verkündet, sondern konkret praktiziert wird. Sonst gibt es keine Basisgemeinden und sie würden wieder zurückfallen in den Stil der Pfarreien, wie wir ihn gerade durch Basisgemeinden zu überwinden suchen. Damit ist das eigentliche Problem der Basisgemeinden bei uns gegeben.
Gibt es Aufgaben und Vollzüge, die über den engsten Kreis des abstrakt und theoretisch Religiösen hinausgehen und trotzdem nicht von den profanen Gesellschaften, ihren Organen und Strukturen okkupiert sind? Ich meine, man müßte und könnte diese Frage mit Ja beantworten. Natürlich braucht und darf eine solche Basisgemeinde nicht für alle Bedürfnisse, Wünsche, Bestrebungen, Lebensvollzüge eines Menschen von heute autark werden wollen. Musik braucht nicht notwendigerweise nur in dieser Basisgemeinde gemacht werden, es kann auch ruhig einen Konzertbesuch geben, der nicht von einer Basisgemeinde organisiert ist. Es gibt tausend Dinge einer heutigen Erwachsenenbildung, die nicht gettohaft von einer Basisgemeinde geboten werden müssen. Eine Basisgemeinde muß sich von einer Sektengemeinde in diesen Dingen deutlich unterscheiden.

Eine Sekte ist ein religiöses Gebilde, das sich nicht nur von religiösen Großorganisationen aus irgendwelchen Gründen absetzt, sondern gleichsam autark alles für seine Glieder bieten will. Da ist man immer und in allen Vollzügen des menschlichen Daseins unter sich, da fürchtet man den Windzug des profanen Lebens, da sucht man im Grund genommen ein Ideal, das bis in unsere letzten Jahrzehnte doch sehr stark das Leben der Kirche und der Frommen geprägt hat. Meine Großmutter ist, wenn sie ihre Romane haben wollte, nicht zu einer städtischen Bibliothek gegangen und auch nicht in einen profanen Buchladen, sondern zur Bibliothek des Borromäusvereins. Die Bücher, die sie zu Weihnachten verschenkte, waren auch verzeichnet und angeboten in einem Gabenverzeichnis des Borromäusvereins. Ich habe nichts gegen Pfarrbibliotheken; warum soll es sie nicht geben, wenn sie vernünftig geführt werden und vielleicht auch echten religiösen Bedürfnissen entgegenkommen, die eine heutige profane Bibliothek nicht erfüllt? Aber das Ideal einer für alle Lebensbereiche und Lebensvollzüge autarken sektiererischen Gemeinde soll eine Basisgemeinde von heute und morgen nicht zu verwirklichen suchen. Das wäre etwas Verkehrtes.

Welche nicht im engsten Sinne religiösen und doch echt menschlichen und von den sonstigen profanen Vereinigungen und Vergesellschaftungen nicht erfüllten Bedürfnisse eines Menschen sind es dann, für die eine echte Basisgemeinde in Frage käme? Natürlich soll eine echte Basisgemeinde eine Gemeinde des gemeinsamen *Gebetes*, des gemeinsamen Lesens und Lernens aus der *Heiligen Schrift* und eine Gemeinde der *Nächstenliebe* sein. Jedoch sollte eine solche Basisgemeinde bei uns auch mehr sein als bloß die Anzahl von Christen, die neben ihrem profanen Leben auch noch ein religiöses Bedürfnis haben und religiöse Vollzüge suchen. Hier wäre noch viel schöpferische Phantasie zu entwickeln, um solche Möglichkeiten einer Basisgemeinde heute bei uns zu entdecken und zu verwirklichen. Man schreit ja überall, daß die Menschen trotz aller sozialen Absicherungen und Netze sich vereinsamt fühlen, keinen wahren, lebendigen Kontakt des Vertrauens, des sich Aufeinander-verlassen-Könnens und der Liebe finden. Es muß also durchaus heute genügend Aufgaben für eine Basisgemeinde geben, die nicht bloß ein Gebetsverein im engsten Sinne sein will.

Es ist gar nicht notwendig, daß ein Christ nur in einer solchen Basisgemeinde das müsse finden können, was die Basisgemeinde in schöpferischer Weise realisiert und dem einzelnen bieten kann. Man kann sich unter Umständen durchaus einen etwas individualistischer gestimmten Christenmenschen denken, der sonntags in die Kirche geht, die Sakramente empfängt, für sich privat die Heilige Schrift liest, sonst unter Umständen theoretisch religiös interessiert ist und auch so dann mit seinem Leben fertig wird, ohne daß er darum notwendigerweise zu einer Basisgemeinde in einem engeren Sinne gehören müßte. Aber es gibt sicher viele Menschen, die eine religiöse Verlassenheit, Einsamkeit und Kälte empfinden, die lebendiger spüren, daß sie mit ihren christlichen Brüdern und Schwestern zusammen Gott loben und anbeten wollen, die ihr Herz gewissermaßen auch gegenseitig öffnen für religiöse Fragen und Probleme. Es gibt sicher Menschen, die eben auch wahre, selbstlose Nächstenliebe in ihrem Leben mit Recht meinen nicht realisieren zu können, wenn sie nicht in einer in engerem Sinne christlichen Gemeinde, also Basisgemeinde, auf den Nächsten zugehen und seine Lasten mittragen.

Es gibt gewiß viele Menschen, die mit Recht der Meinung sind, daß sie ihre menschlichen und christlichen Pflichten selbstloser Liebe noch längst nicht durch die Erfüllung jener Verpflichtungen abgegolten haben, die ihnen heute eine profane Gesellschaft abverlangt; durch Steuern, durch geldliche Opfer, die vom Roten Kreuz oder von anderen solchen löblichen Unternehmungen ihnen abgebettelt werden. Warum sollte, ohne daß nun jeder Christ wieder in einer legalistischen Weise zu all diesen Dingen von oben her verpflichtet wird, es nicht echte christliche Basisgemeinden geben, in denen durch das Band der Liebe, das der Heilige Geist und nicht profane Humanität ist, Menschen miteinander verbunden sind, nicht nur Gott in dieser Einheit zu loben und zu preisen, sondern sich auch gegenseitig überall, wo es sinnvoll und notwendig ist, zu helfen, mit dem Leben fertigzuwerden? Solche Basisgemeinden haben gewiß heute ihre Aufgaben, man muß sie nur mit den Augen der Liebe entdecken und in der Kraft des Geistes zu erfüllen suchen.

38

Hausgemeinde

Bei der Frage der Hausgemeinde wird man vieles im voraus überlegen müssen, bevor man sich mit ihrer Möglichkeit und ihren Formen beschäftigt.

Es besteht eine fundamentale Schwierigkeit beim heutigen Menschen, persönliche religiöse Vorgänge zu äußern oder mit anderen zu vollziehen. Woher dies kommt, wie weit es bedingt ist durch die allgemeine geistesgeschichtliche Situation, in der die Frage der Transzendenz, überhaupt die Frage nach Gott nicht mehr gemeinsam beantwortet wird, wie weit ganz andere Hemmungen für diese religiöse Scheu gegeben sind, lassen wir hier beiseite. Jedenfalls bestehen solche Hemmungen und von da aus ist es gar nicht so verwunderlich, daß eine gemeinsame religiöse Hausandacht – selbst innerhalb einer Familie – vielen heute schwerer fällt als die Teilnahme an einem öffentlichen Gottesdienst, in dem sich der einzelne gewissermaßen immer noch in der anonymen Masse verstecken kann. Da äußert er sich in einem gewissen Sinn nicht, da muß er seine inneren religiösen Emotionalitäten oder deren Fehlen gar nicht bekennen. Da macht auch heute noch im großen und ganzen eben der Pfarrer stellvertretend das, was zu tun ist, für alle anderen.

Anders ist es natürlich, wo Mann und Frau gemeinsam beten sollen, wo die Eltern mit den Kindern beten sollen, wo es um mehr als religiöse Dressur geht, die vielleicht eine Mutter gegenüber einem sehr kleinen Kind noch fertigbringt. Ich glaube, daß eine fundamentale Schwierigkeit für solche Hausandachten gegeben ist.

Nun kann man mit Recht darauf aufmerksam machen, daß es natürlich auch gegenläufige Bewegungen in der Geschichte der Mentalität der Menschen von heute gibt. Es ist vielleicht bei der jüngeren Generation schon wieder in solchen Dingen eine größere Unbefangenheit vorhanden. Man macht „Intensivkurse", die irgendwie auf einem gegenseitigen Dialog aufbauen, der sich selber mit den inneren personalen Vorgängen und den personalen Beziehungen der Teilnehmer untereinander befaßt. Man kann auch auf gewisse Jugendreligionen und ihre Betätigungen hinweisen, an denen man sieht, daß diese Bewegung nicht notwendigerweise irreversibel zu einer immer größeren versteckten Innerlichkeit und Privatheit des Religiösen hindrängt, sondern auch durchaus wieder anders verlaufen kann. Man kann auch darauf hinweisen, daß mindestens in einer Ehe von Christen das Religiöse, das wir einmal bei beiden Partnern als innerlich gegeben voraussetzen können, nicht notwendigerweise etwas ist, was die Ehepartner voreinander verstecken müssen. Ich habe vor vierzig Jahren eine hochstehende Frau gekannt, die mir einmal sagte, daß alle ihre Kinder in einer irgendwie auch religiösen Atmosphäre gezeugt wurden, mehr oder minder bei oder unter Gebet. So etwas will ich heute überhaupt nicht empfehlen, aber die persönliche Intimitätssphäre könnte doch mindestens auch die religiöse Dimension in geeigneter, sinnvoller, spontaner, unbefangener Weise in sich hineinziehen und so auch wieder eine Basis schaffen, daß Ehegatten miteinander beten und dann, wenn sie Kinder haben, diese Kinder in einen solchen gemeinsamen religiösen Vollzug einbeziehen.

In früheren Zeiten, die ich noch erlebt habe, wurde in Ordensgemeinschaften bis zu einem gewissen Grad das religiöse Gespräch bewußt unter den Mitgliedern eines Hauses in zwangloser Weise, aber doch irgendwie ausdrücklich gepflegt. Das ist heute auch schon nicht mehr so leicht der Fall wie früher, aber so etwas ist anderseits nicht von vornherein unmöglich. Warum sollten Mitglieder einer lebendigen Familie nicht auch ihre religiösen Fragen und Probleme, die sie doch sicher haben, in einer unbefangenen Weise miteinander besprechen, manche Hemmungen, die man dabei hat, überwinden, ohne deswegen indiskret zu werden und solche zarten Dinge totzureden? Wenn ein religiöses Gespräch in einer Familie gegeben ist, dann kann das doch auch die Voraussetzung sein für ein gemeinsames Gebet.

Ich erinnere mich, wie wir als Kinder mit unserer Mutter nach dem Tod einer Großtante den Armenseelenrosenkranz miteinander gebetet haben. „Aus der Tiefe rufe ich zu dir, o Herr . . ." – dieser Psalm ist mir von dorther noch geläufig. In meiner Jugendzeit gab es bei uns, die wir religiös als Kinder und Eltern eher zu viel als zu wenig Mut zu religiösen Äußerungen hatten, einmal eine Weihe der Familie, damals an das Herz Jesu vor einem Herz-Jesu-Bild. Solche und ähnliche Dinge wie eine Hausweihe, waren früher doch nichts Ausgefallenes. Kurz und gut, die Basis zu einer Hausgemeinde war leichter und selbstverständlicher gegeben als heute. Aber sie könnte wieder aktiviert und lebendig gemacht werden.

Die Vorstellung, das Religiöse könne nur echt sein, wenn es in einer absoluten Spontaneität gegeben ist, ohne bestimmte Zeiten und Formen, ist letztlich ein Unsinn. Der Musiker muß auch üben, um in großen Augenblicken seiner musikalischen Existenz sich wirklich aussagen zu können in innerster Spontaneität. Und so gibt es auch in religiösen Dingen durchaus Geplantes, Geübtes, Vorbedachtes, in einem gewissen Sinn Organisiertes. Das ist auch nicht gegen das Religiöse in seinem eigenen Wesen. Insofern kann auch eine Hausgemeinde unter Umständen durchaus eine gemeinsam gepflegte und bis zu einem gewissen Grad ruhig auch organisierte Religiosität haben, also so etwas wie eine religiöse Hausgemeinde sein. Natürlich weiß heute jeder, daß das praktisch schwierig ist. Wo versammelt sich denn die ganze Familie heute noch zur gleichen Zeit, wann ist je alles zu Hause, inwieweit hat eine Familie heute noch einen gemeinsamen Sonntag? Alle diese heute mit der normalen Gesellschaft gegebenen Schwierigkeiten machen sich auch da geltend, wo es um die religiöse Praxis einer Hausgemeinde geht.

Man kann von gegebenen Anlässen ausgehen, z.B. vom Geburtstag der Mutter oder Hochzeitstag der Eltern, und dazu einen bestimmten Geistlichen, der durch seine pfarrlichen Aufgaben nicht zu sehr gebunden ist oder sich als gebunden empfindet, einladen, zu Hause einen eucharistischen Gottesdienst zu feiern. Bei einer solchen Gelegenheit läge es natürlich sehr nahe, ein paar Freunde einzuladen. Vielleicht würde durch diesen kleinen offiziellen Anstrich es dem einzelnen wieder leichter werden, unbefangen mitzumachen. Wenn dieser Geistliche liturgisch dann nicht zu sehr legalistisch handelt, sondern eine gewisse schöpferische Phantasie, die ihm in einem solchen Fall zustünde, entfaltet, könnten die Anwesenden einen auch nach außen spürbaren religiösen Mitvollzug unbefangen fertigbringen.

Wenn der Priester zum Beispiel ein Predigtgespräch auf diese Weise in Gang setzen könnte, bei dem die Teilnehmer wirklich, ohne indiskret und massiv zu werden, mitmachen und sich öffnen, also den Mut finden, sich persönlich zu äußern, dann könnte ein solcher Gottesdienst durch die Teilnahme eines Geistlichen einerseits gewisse Hemmungen gegen einen gemeinsamen religiösen Vorgang überwinden und auf der anderen Seite das Gemeinsame einer solchen Hausgemeinde nicht hindern – wozu bei einem amtlichen Gottesdienst in der Kirche doch die Tendenz besteht.

Eine Hausgemeinde müßte und sollte auch zusammenkommen, wenn kein offizieller Vertreter der Kirche dabei ist. Genauso wie in einer Tiroler Bauernfamilie, für die abends sehr oft der gemeinsame Rosenkranz eine Selbstverständlichkeit war – vielleicht zu selbstverständlich –, also zum Lebensritual in einer solchen bäuerlichen Gemeinschaft gehörte. Da war kein Pfarrer dabei und das war auch gar nicht notwendig. Vielleicht haben sich der Hausvater oder die Mutter als die selbstverständlichen Verantwortlichen gefühlt und dafür gesorgt, daß die Kinder nicht schwänzen usw. Mit etwas Phantasie könnten auch Gemeinschaften oder kleine Hausgemeinden, die sich zunächst auf der Basis des Musikalischen oder sonst Musischen treffen, den Ausgangspunkt für etwas Religiöses bilden, wenn hier jemand einmal den Mut findet, Hausmusik religiös ausklingen zu lassen.

Es sollten natürlich nicht nur beinahe folkloristische

Überbleibsel erhalten bleiben, sondern es sollte Neues wachsen können. Das braucht dann eine gewisse reflexe Entschlußkraft. Warum sollen nicht Verheiratete, wenn sie die Ehe schließen, miteinander den ausdrücklichen Vorsatz fassen, nicht nur sonntags miteinander in den Gottesdienst zu gehen, sondern am Abend miteinander ein Vaterunser zu beten? Man könnte doch einsehen, daß dies sinnvoll wäre. Man könnte so etwas dann ausmachen und auf diese Weise, selbst wenn man es ab und zu unterlassen wird, doch gleichsam eine Sphäre der Selbstverständlichkeit dafür schaffen, so daß es nicht Verwunderung erregt, wenn der eine oder andere Teil dazu wieder den Anstoß gibt. Wo sich Leute wirklich gut verstehen, ist vielleicht oft nur der erste Anfang schwierig und dann könnte eine solche Übung bis zu einem gewissen Grad zur Selbstverständlichkeit werden.

Es gibt sicher auch heute viele, die sich durch eine solche gemeinsame religiöse Betätigung auch wieder in dem Sinn entlastet fühlen, daß es ihnen leichter fällt, so etwas mitzumachen, als für sich ganz allein – im neutestamentlichen Kämmerlein – zum Vater im Himmel zu beten. Wenn sie das allein leicht fertigbringen, soll man sie nicht daran hindern; aber ich glaube, es gibt einen nicht kleinen – so merkwürdig das klingt — Prozentsatz von Leuten, die durchaus in die Kirche zu einem Gottesdienst gehen, aber es zu einem privaten Gebet nur sehr schwer bringen, die zu Silvester oder zu Weihnachten oder Ostern den Gottesdienst besuchen und das ziemlich selbstverständlich finden, obwohl sie sich an normalen Sonntagen in der Kirche nicht sehen lassen. Solche Menschen sind vermutlicherweise froh, wenn sie ab und zu auf diese Weise in einer nicht zu überanstrengenden Art zu einer religiösen Betätigung kommen. Man könnte ihnen in einem solchen Kreis einen religiösen Vollzug erleichtern; vielleicht wären sie dafür – ohne daß sie dies genauer reflektieren – sehr dankbar. Wenn eine Mutter in einer Familie die Initiative ergreift, macht der Vater vielleicht ganz gern mit, obwohl er sich sonst in dieser Hinsicht nicht besonders anstrengt.

Man redet heute viel vom Zeugnis geben. Und selbstverständlich hat der Christ grundsätzlich die Pflicht, in seiner eigenen menschlichen, existentiellen Situation, dort, wo es angebracht, tunlich und sinnvoll ist, auch von seinem Glauben Zeugnis zu geben. Aber da ist dieselbe Schwierigkeit, die ich eingangs nannte: wo redet heute einer gerne davon, daß er wirklich an Gott glaubt, zu ihm betet, in einem persönlichen Verhältnis zu Gott seine innere Freiheit und Geborgenheit erfährt? Wo sagt heute einer einem anderen, daß er auf das Kreuz Christi blickt und sich von da her etwas sagen läßt.

Das müßte es natürlich geben, aber da besteht dieselbe Schwierigkeit, daß jemand sich zunächst einmal unbeholfen fühlt, religiöse Dinge zu artikulieren, daß jemand nur schwer Situationen findet, in denen er den Eindruck hat, dieses religiöse Zeugnis könne beim anderen ankommen. Es ist doch merkwürdig, wie Sekten, Sektenanhänger und nichtmitteleuropäische Menschen durchaus unbefangen den Mut haben, sich religiös zu äußern, den wir schwerer produzieren.

39

Eucharistie

Im Abendmahl reicht der Herr den Aposteln seinen Leib und sein Blut als Speise und Trank für das ewige Leben. Er wollte, daß dieses ihn selbst bringende Zeichen seiner Liebe als Ausdruck der Einheit mit ihm bleibe. Schon in der Verheißungsrede am See Genezaret hat er gesagt: „Wer mein Fleisch ißt und mein Blut trinkt, bleibt in mir und ich in ihm" (Joh 6,56). Das „Sein in Christus Jesus" besagt das Eigentliche des christlichen Daseins, es fordert, daß alle, die der Herr zur Teilnahme an seinem Opfer beruft, dieses Opfer und das in ihm eingeborgene Leben in die Mitte des eigenen Wesens aufnehmen und es als Mitopfernde austragen. Wo man als Empfänger des Sakramentes seines Herzens nicht auch das eigene Herz bereitet, in einer falschen Weise auf das *opus operatum* rechnet und die Eucharistie und die Sakramente überhaupt als magische Größen bewertet, ist man immer schon an Christus vorbeigegangen. Kein Sakrament ist dazu da, die persönliche Verwirklichung des geistlichen Lebens zu ersetzen oder auch nur zu erleichtern. Zum Sakrament des Herzens Jesu Christi kann man nur sinnvoll mit offenem Herzen gelangen. Die Gnade der Eucharistie empfängt man nur, insofern man das in ihr ankommende Opfer mitvollzieht. In der Verheißungsrede Joh 6 wird dieser Sachverhalt letztlich durch den kontinuierlichen Übergang des Textes vom Annehmen Christi im Glauben zum Empfangen des Herrn in der Greifbarkeit des Sakramentes als Speise und Trank angezeigt. Darum gehört auch die Vorbereitung und die Danksagung, der persönliche Verkehr mit dem in den Gestalten gegebenen Christus – trotz seiner von uns unabhängigen sachlichen Präsenz – zum echten Sakramentsempfang. (Damit ist freilich nicht gesagt, daß die Vorbereitung oder Danksagung auf die Eucharistie eine bestimmte Andachtsform aufweisen müsse. Unsere Haltung der Eucharistie gegenüber kann da durchaus unter Umständen ein qualvolles Schweigen einer harrenden inneren Leere, eine Unruhe nach Gott sein.)

Nachdem alles Frühere im Leben Jesu auf seinen Tod am Kreuz als den Höhepunkt und die letzte Aufgipfelung seines Lebens hindrängt, bedeutet die Eucharistie für uns insbesondere die Teilhabe an seinem Sterben. „Sooft ihr denn dieses Brot esset und den Kelch trinket, verkündet ihr damit den Tod des Herrn, bis er kommt" (1 Kor 11, 16). Ist das nicht etwas im Grund Ungeheuerliches? Wir machen da den Tod eines Menschen, das dem Menschem am meisten Bekannte und von ihm auch am heftigsten Verdrängte, das Alltägliche und doch immer um so mehr Unheimliche, das höchstens scheu Benannte, das wirklich sinnlos Katastrophale zum zentralen Thema der großen liturgischen Feier, die mit ihrem Glanz die Gotteshäuser füllt.

Durch das Gedächtnis des Verbrechertodes eines Gekreuzigten bekennen wir unseren Glauben an die freudige

Hoffnung und das siegreiche Leben. Im königlichen Heroldsruf des Kultes verkündigen wir diesen Tod, die tödliche Trennung von Fleisch und Blut, als das eigentlich Entscheidende der Weltgeschichte, das immer wieder ausgerufen und gefeiert werden muß. Nicht deswegen, daß uns der Tod billig werde und weil wir uns gleichsam vorzumachen versuchten, im Grunde wäre alles nicht so schlimm. Vielmehr, damit wir begreifen, daß das, was unser aller erbärmliches Los ist, nämlich ein ganzes Leben lang in den Tod hinein abzusinken, daß also gerade dieses grauenhaft Verhüllte und in seiner Hülle unser Leben Aufzehrende in eins der barmherzige Ruf Gottes dazu hin ist, daß unser Sterben ein Mit-Sterben mit Christus sein möge. Wir haben also bei der eucharistischen Feier nicht bloß den Tod Christi zu künden, sondern mit seinem auch den unseren. Damit aber bekennen wir ihn nicht nur als einen letzten Augenblick im Leben – das war er bei Christus nicht und kann er auch von Christus her über alle metaphysische Unsterblichkeit unseres Daseins hinaus bei uns nicht sein! –, sondern als das göttlich Endgültige und selig Erfüllende, das im Leben gegenwärtig ist und aus diesem geboren wird, als jenes, was genau dort anhebt, wo wir ins Dasein treten, und das sich in dem, was wir gewöhnlich als das Sterben bezeichnen, in seiner letzten Gestalt enthüllt.

Wenn wir diejenigen sind, über die tagtäglich der Tod unseres Herrn kommt, und wenn die Eucharistie dessen Sterben über uns mächtig werden läßt, dann gilt es noch zu betrachten, wie Christus, unser Herr, den Tod auf sich genommen hat. Der Tod, den wir anzunehmen haben, ist zunächst etwas, das ungefragt über uns verhängt ist. Wenn Christus wirklich der Menschensohn ist und unser aller Bruder, dann trifft das auch für ihn zu – und weil er den Tod nicht verdient hat, erst recht. Der Herr hat dieses Verhängnis gehorsam als die unbegreifliche Verfügung des Vaters angenommen: Gehorsam durch das Grauen der Agonie hindurch. Ihm in dieser Haltung nachzufolgen, das muß eingeübt werden. Da wir gerade dann, wenn wir gegen unser Herz sprechen, die ganze Wahrheit unseres Daseins sagen, sollte uns die Betrachtung über die Eucharistie dazu bringen, daß wir zu Christus sagen: Ich möchte dich als den Gekreuzigten lieben, möchte die Bereitschaft, die du einmal unerbittlich von mir verlangen wirst – wie, das weiß ich nicht –, jetzt schon einüben, damit ich mir das Leben nicht in der Verzweiflung des adamitischen Sünders entreißen lassen muß, sondern es dir gebe mit einem letzten, schweigenden, indifferenten, von allem Abstand gewinnenden Glauben der Liebe. So allein kann man deinen Tod bestehen. – Jedoch alle Rede von der Bereitschaft zur Kreuzesliebe wäre nichts als eine dünne, scheinaszetische Großtuerei, wäre bloße leblose Phantastik, käme sie nicht aus der Kraft Jesu Christi selbst. So ist die Eucharistie auch die Teilhabe an seiner Macht am Kreuz. Um also unseren Tod so sterben zu können, daß wir ihn echt als unsere Erlösung begehen können, um den Tod Jesu Christi in unserem Tod zu finden, empfangen wir den Leib, den er für uns dahingegeben hat, und das Blut, das aus seinem Herzen geströmt ist.

Freilich meint die Eucharistie auch für uns nicht bloß Teilhabe am Kreuz des Herrn! Es wäre verkehrt, in ihr nur das Zeichen seines bitteren Leidens zu sehen oder sie gar als ein Andauern seiner Ohnmacht aufzufassen. Letztlich ist es ein machtvolles Hingegebensein, das da im Zeichen gegenwärtig ist. Die Eucharistie ist im Grunde das Sakrament der Glorie Christi. Wenn wir an ihr teilhaben, dann sind wir auch in seine Glorie einbezogen. Den Worten der Liturgie gemäß ist sie für uns das „Angeld der künftigen Glorie“. Ignatius von Antiochien nennt sie die „Arznei der Unsterblichkeit“. Durch alles Leiden, Abgenutzt-Werden, Sich-Verbrauchen-Lassen hindurch und gerade darin kommt an diesem Sakrament die priesterliche Sendung und Vollmacht zu ihrem Höhepunkt. Hier können wir ablesen, was wir sein werden, denn Christus entläßt uns nicht aus seinem Schicksal; hier können wir empfangen, was wir brauchen, damit wir sind, was wir sein müssen: Priester, welche die Welt in ihrem Glauben, Hoffen, Lieben überwinden und sie für Gott in Christus gewinnen.

Unsere Einheit mit Christus findet ihre geschichtliche Greifbarkeit in der Einheit der Kirche. Darum ist die Eucharistie auch das Sakrament unserer Kirchlichkeit, Zeichen des Hineingenommenwerdens in die Sendung und das Schicksal der Kirche. Sooft wir die Eucharistie empfangen, besiegeln wir je neu unsere Zugehörigkeit zur Kirche und deren Anspruch auf uns. Noch mehr! Wir identifizieren unser Leben wie mit dem gekreuzigten und glorreichen Herrn, so auch mit seinem mystischen Leib und dessen Erscheinung in der Kirche. Durch den sakramentalen Empfang des Leibes Christi vertieft sich unsere Eingliederung in die Kirche, die das „aufgerichtete Zeichen" seines mystischen Leibes ist. Die Entfaltung und Darstellung der Einheit des mystischen Leibes durch die Eucharistie ist unserer privatisierenden Eucharistiefrömmigkeit kaum mehr bekannt. Bemühen wir uns, diese Glaubenswahrheit für uns und die Menschen, zu denen wir gesandt sind, lebendig zu machen. Paulus schreibt (1 Kor 10, 17): „Weil es *ein* Brot ist, sind wir *ein* Leib, die vielen; denn wir haben alle an dem *einen* Brote teil". Wenn wir den Leib und das Blut Jesu empfangen, werden wir im Grunde von der Kirche empfangen und tiefer eingefügt. Nicht anders weiß es die Eucharistielehre der Didache und der Apostolischen Väter. Wer aber in Christus angenommen ist, kann noch weniger, als dies dem Menschen sonst möglich wäre, für sich allein bleiben. Augustinus nennt die Eucharistie das „Band der Liebe", und noch das Konzil von Trient hebt deutlich hervor, daß die Eucharistie das Sakrament der Kirche ist, ihrer Einheit und Verbundenheit in der Liebe.

Das gilt nun freilich nicht nur im allgemeinen, sondern mit besonderer Dringlichkeit eben für jene Menschen, die hier und jetzt im Namen Jesu Christi zusammengefügt sind. Die große kirchliche Gemeinschaft wie „Liebe im allgemeinen" sind Illusionen, wenn sie nicht zuerst schon unter ganz bestimmten Menschen verwirklicht sind. Das bedeutet keineswegs einen Partikularismus, in dem die Liebe sich selbst verlieren würde. Als Sakrament des Herzens Christi ist die Eucharistie die Quelle unserer Liebe zu den Brüdern und Schwestern, aber auch ihr Gericht. Für immer gilt das Wort des Apostels (1 Kor 11, 29): Gerade durch die Sünden gegen die Nächstenliebe essen und trinken wir uns im Mahl des Herrn das Gericht. Wenn es *eine* Kirche in *einem* Leib des Herrn gibt und geben soll, die durch das Band echter und treuer Liebe verbunden ist, dann muß das hier hinsichtlich der Altargemeinschaft gelten.

Für den Priester ist dieses Sakrament der Liebe zu den Menschen und der Mitverantwortung für ihr Heil nochmals überhöht durch seine spezifische Sendung zu den Menschen. Er ist im priesterlichen Dasein unweigerlich und schlechthin an die Menschen gebunden, die Gott gerade seiner Heilssorge anvertraut. Für diesen Dienst an den Menschen gibt es keinen radikaleren sakramentalen Ausdruck als jenen einen der Eucharistie.

Durch unser priesterliches Dasein sind wir aus dem eigenen Lebenskreis zu den anderen gesandt. Die zentrale Linie unseres Lebens ist die, daß wir ausgesandt sind, wie der Vater den Logos gesandt hat. Das Eigentliche unseres Lebens ist nichts anderes mehr als die Verwiesenheit zu den Brüdern und Schwestern im Namen des Herrn. Wir haben eine drängendere, nicht nur von unserem privaten Geschmack und der je eigenen Lebenssituation herrührende Berufung. Unsere Berufung geht über alles, was vom Christen an sich gefordert ist, hinaus. Die übernatürliche Heilssorge des christlichen Laien hat doch eigentlich nur dort akut aufzutreten, wo er durch die Umstände seines Lebens den anderen begegenet. Als Priester aber besiegeln wir bei der eucharistischen Feier die Gesondertheit unserer Berufung, die tiefere Bindung an die Brüder und Schwestern, wir erklären da, daß wir mehr und anders für ihr Heil verantwortlich sind, weil uns Christus dazu bestellt hat, vor der Gemeinde und als deren Mittler an seinem Altar zu stehen, Wortführer und Repräsentanten der heiligen Gemeinde zu sein und das Gottesvolk Gott darzubringen, wenn wir in seinem und der Kirche Namen die hochheiligen Worte sprechen: „Das ist mein Leib!" und „Das ist der Kelch des neuen und ewigen Bundes, mein Blut . . ."

40

Sonntagsgebot

Wenn man über den Sonntag etwas Vernünftiges und alle Probleme irgendwie Erfassendes sagen wollte, dann müßte man *erstens* einmal fragen, was der alttestamentliche Sinn des Sabbatgebotes, der Heiligung des Sabbats, eigentlich gewesen ist. Zweifellos hatte es religiöse und soziale Gründe. Das Gebot bezieht sich auf alle in Israel, also die Sklaven, soweit es solche gibt, die normalen und gewöhnlichen Leute, die Bessergestellten, und dann hinunter bis zu den Viechern. Über dieses alttestamentliche Sabbatgebot möchte ich aber jetzt nichts weiter sagen.

Zweitens müßte man etwas Geschichtliches und Theologisches über die Übernahme dieses Gebotes in der Kirche Jesu Christi sagen. Hier kommt dann natürlich die Eigentümlichkeit zur Sprache, daß die Kirche – was ja zunächst und unmittelbar mit Israel nichts zu tun hat – die Auferstehung Jesu als einmaliges geschichtliches und fundamentales Heilsereignis immer wieder im Wochenrhythmus neu begeht. Damit ist eine theologische Inhaltlichkeit gegeben, die in der alttestamentlichen Sabbatfeier nicht gegeben war, wenn auch trotzdem eine grundmenschliche Gegebenheit allen diesen Feiern zugrunde liegt, nämlich die Tatsache, daß der Mensch in einem zeitlichen Rhythmus die Anamnese (Gedächtnis) heilsgeschichtlich einmaliger Ereignisse begeht, begehen kann und begehen soll. Das ist freilich ein theologisches Problem für sich, das sich über die genannten Feierlichkeiten gemeinsam erstreckt. Ich weiß nicht ganz genau, wie das im Alten Testament oder in der spätjüdischen Zeit war, wenn und insofern die Sabbatfeier auch etwas mit dem Auszug aus Ägypten zu tun hatte. Jedenfalls könnte man sagen, daß das Sabbatgebot auch in Israel eine heilsgeschichtliche anamnetische (erinnernde) Dimension gehabt hat und sich zumindest auf das Ruhen Gottes am siebten Tag der Schöpfung bezog.

Kurz und gut, auf jeden Fall ist bei der christlichen Sonntagsfeier ein Bezug auf ein ganz bestimmtes heilsgeschichtliches Ereignis gegeben, so daß die Frage entsteht, wie, warum und aus welchen existentialontologischen Gründen der Mensch das Wesen ist, das geschichtliche Ereignisse, die ja scheinbar einfach vergangen sind, feiern kann. Und was bedeutet eine solche Anamnese? Ist das nur das historizistische Nachdenken mit einer gewissen historischen Neugier über ein vergangenes Ereignis, das eigentlich dadurch aus dem Abgrund der Vergangenheit doch nicht heraufgeholt werden kann? Kann durch eine solche Erinnerung so etwas wirklich in einem eigentlichen Sinne gegenwärtig erhalten werden oder gleichsam immer wieder neu wiederholt werden? Auf diesen zweiten Punkt zu der christlichen Rezeption des Sabbatgebotes im Gedenken des Todes und der Auferstehung Jesu will ich jetzt auch nicht eingehen. Aber ich möchte *drittens* etwas ganz anderes sagen. Es gibt nach der allgemeinen Lehre der Kirche, obwohl dies in der durchschnittlichen Verkündigung etwas verschleiert wird, kein alttestamentliches Gebot, das als solches für die Christen noch verbindlich ist. Und zu diesen abgeschafften Geboten gehört auch das Gebot der Sabbatfeier. Wo ein christlicher Prediger das Sonntagsgebot der Kirche mit dem Blitz und Donner des Heiligen Bundes Gottes auf Sinai einschärft, da flunkert er, da behauptet er etwas, was im Grunde genommen gar nicht stimmt. Wir müssen also sagen, das eigentliche Sonntagsgebot ist kein göttliches Gebot, weder vom immerbleibenden Wesen des Menschen her, dem natürlichen oder dem übernatürlich erhöhten, noch vom Alten Testament her, sondern dieses Sonntagsgebot ist und bleibt ein Gebot der Kirche.

Daß die Kirche zum Erlaß eines solchen Gebotes ein Recht hat und daß dieses Recht und die Erfüllung dieses Gebotes durch den einzelnen Christen auch wieder tiefere, allgemeinere Fundamente und Gründe hat, das ist eine andere Sache. Daß der Mensch ein kultisches Wesen ist, daß der Christ sich notwendigerweise immer erneut auf den Tod und die Auferstehung Jesu in seiner religiösen Existenz beziehen muß, daß er – moraltheologisch etwas nüchtern gesagt – ab und zu deswegen auch an der eucharistischen

Gedenkfeier dieses Todes und der Auferstehung Jesu teilnehmen muß, das sind tiefere Gründe der Berechtigung des kirchlichen Sonntagsgebotes, aber das Sonntagsgebot „Du sollst am Sonntag die heilige Messe hören und du sollst dich“ – wie man früher gesagt hat – „von knechtlichen Arbeiten enthalten“, das ist ein Gebot der Kirche und im Grunde genommen mehr nicht. Daß ein solches Gebot dann in seiner Konkretheit, in der Strenge oder Laxheit seiner Auslegung noch einmal in der Geschichte steht, das haben wir in den letzten Jahrzehnten durchaus erfahren.

Viertens: Wenn man einmal nüchtern anerkennt, daß es sich hier um ein positives Gebot der Kirche handelt, dann ist auf jeden Fall klar, daß dieses Kirchengebot unter all den Begrenzungen und berechtigten Interpretationen steht, die einem menschlichen Gebot zugehören, welches eben nicht unmittelbar das ewige Wesen des Menschen beinhaltet und also auch nicht die bleibende übernatürliche Bestimmung des Menschen durch die Gnade als solche. Ein positives Gebot der Kirche hat selbstverständlich viel mehr Möglichkeiten, ausgelegt zu werden, im konkreten Fall durch Entschuldigungsgründe usw. gleichsam ungültig zu sein, als ein eigentliches göttliches Gebot des Naturgesetzes oder der übernatürlichen Ordnung als solcher. Daß also zum Beispiel auch heute ein Mensch nicht nur durch Krankheit, sondern schon aus anderen vernünftigen Gründen konkret im Einzelfall sich vom Sonntagsgebot zur Teilnahme an der Messe dispensiert halten kann, das ist im Grund genommen selbstverständlich. Jetzt brauchen wir nicht in die Kasuistik einzutreten, wie und welche Dispensgründe für die Teilnahme an der Sonntagsmesse gegeben sein könnten. Jedenfalls soll man auf der einen Seite dieses Sonntagsgebot ernst nehmen – auch wenn es ein kirchliches Gebot ist; auf der anderen Seite hat man die Freiheit des Christenmenschen, solche menschlichen Satzungen und Gebote mit einer gewissen Großzügigkeit und inneren Freiheit auszulegen und anzuwenden. Ich weiß nicht, ob das eine praktische Faustregel sein dürfte – darüber sollen die Moralisten nachdenken –, aber ich würde sagen: Dort und dann und in den Fällen, wo nicht auch die innere existentielle und übernatürliche Begründung des Sonntagsgebotes für den einzelnen Fall zwingend wird, ist auch das Kirchengebot als ein solches nicht als ein unter schwerer Sünde im Einzelfall verpflichtendes Gebot zu betrachten.

Es ist doch selbstverständlich, daß ein normaler Christenmensch weiß, daß er nicht selten aus dem Wesen der Sache und seines Christentums heraus an der Feier der Eucharistie teilnehmen muß, egal, ob es ein solches Kirchengebot gibt oder nicht. Eine solche, gleichsam doch von der Sache her kommende Verpflichtung, die noch ganz oder schon ganz unabhängig vom eigentlichen amtlichen Kirchengebot als institutioneller Anordnung gegeben ist, kann man sicher nicht als jeden Sonntag konkret verpflichtend nachweisen. Aber vernünftigerweise wird ein Christ doch sicher sagen, daß er seine innere, grundsätzliche, wesensgemäße, durch die Taufe gegebene Bezogenheit auf die inkarnatorische Struktur des Todes des Herrn (also auch auf seine sakramentale Präsenz in der Eucharistie) im Grunde genommen – wenn vielleicht auch nicht ausdrücklich – leugnen würde, wenn er lange Zeit hindurch sich um die Messe schlechterdings nicht kümmerte. Eine solche Verpflichtung kann natürlich – auch wenn man nicht mathematisch beweisen kann, wann und wo – konkret werden. So wie ich zum Beispiel auch nicht beweisen kann, wann ich mit meiner Mutter, in derselben Wohnung lebend, reden muß. Ich kann nicht beweisen, an welchem Tag und in welchen Zeitabständen ich sie besuchen muß. Trotzdem habe ich als Mensch und als Kind dieser Frau gegenüber die schwere sittliche Verpflichtung, meine personale Bezogenheit auf sie auch konkret durch Besuche zu realisieren. Wie oft das dann ist, das läßt sich nicht mathematisch ausrechnen. Auch bei der Messe kann das von tausend Umständen abhängen: von meiner religiösen Entwicklung, von der Möglichkeit oder auch der Schwierigkeit ihr beizuwohnen, von meiner ganzen subjektiven Eigenart usw. Ein bestimmter Mensch wird vielleicht einen schweren Verstoß gegenüber der Liebe zu seiner Mutter begehen, wenn er z. B. in derselben Stadt wohnt und sie monatelang nicht besucht. Bei einem anderen kann es sein, daß ein vierteljährlicher Besuch durchaus genügt.

So etwas ähnliches ist auch bei der Messe gegeben. Ich würde sagen, ein Christ müsse wissen, daß er – Kirchengebot hin, Kirchengebot her – ein verpflichtendes Verhältnis zur Eucharistiefeier der Kirche als dem Gedächtnis des Todes Jesu und seiner Auferstehung hat, durch die er erlöst ist. Und dort, wo eine solche Verpflichtung sich nach menschlich vernünftigem, ernsthaftem, nicht wegzudisputierendem Ermessen auf eine konkrete Meßfeier an einem bestimmten Sonntag gleichsam konkretisiert und verdichtet, dort wird das Kirchengebot eine sittlich schwer verpflichtende Größe.

Wo das nicht der Fall ist, soll der Christ mindestens jeden Sonntag an der eucharistischen Feier teilnehmen, schon deshalb, weil er auch einmal etwas Christliches tun soll, dessen Unterlassung ihn noch nicht gleich in schweren Konflikt mit Gott bringt. Aber – abgesehen von jener radikalen Verpflichtung – würde ich behaupten, daß das Kirchengebot hier und jetzt konkret nicht unter schwerer Sünde verpflichtet. Es ist ein Richtmaß, ähnlich der Richtgeschwindigkeit auf der Autobahn, an das man sich in christlicher Freiheit und Ernsthaftigkeit gleichzeitig halten soll. Dabei bleibt überhaupt noch die Frage offen, wann und wo in einem normalen Menschenleben die Frage des absoluten Dilemmas zwischen der Erfüllung eines Gebotes und schwerer Sünde (die zur ewigen Verlorenheit führen würde) eintreten kann. Man soll sie nicht gerade am Sonntagsgebot durchexerzieren, weil das ein ungeeigneter Testfall ist.

Fünftens ist die Entwicklung der modernen industriellen Gesellschaft zu sehen: die Fünftagearbeitswoche, die gleitenden Arbeitszeiten, die Tatsache, daß gewisse Berufe (Tramway-Schaffner, überhaupt alle Dienstleistungsberufe) sehr schwer auf das Sonntagsgebot verpflichtet werden können; weiter die Tatsache, daß man ja schon Samstag abends Messen eingeführt hat, die ja im Grunde genommen trotz allen biblischen Analogien doch eine Durchbrechung des Sonntagsgebotes sind; die heutige Möglichkeit sonstiger Abendmessen, die vielleicht religiös und existentiell für einen modernen Menschen an einem anderen Wochentag besser geeignet und opportun sein können als gerade die Sonntags-Messe; die Tatsache, daß das Wochenende Samstag und Sonntag oder nur Sonntag mit Recht vom Großstadtmenschen dazu benutzt wird, aus dem Käfig der Betongroßstadt herauszukommen, eine wirklich länger dauernde Erholungszeit praktizieren zu können usw. Durch solche Tatsachen wird heute an die Kirche die Frage gestellt, wie es grundsätzlich und allgemein mit dem sogenannten Sonntagsgebot steht.

Man könnte kurz folgendes sagen: a) Dieses Sonntagsgebot steht als solches, weil es ein positives Kirchengebot und nicht unmittelbar ein Gebot Gottes ist, unter der pastoralen Ermessensentscheidung der Kirche und könnte so abgeschafft werden. Die Kirche könnte sich zwar nicht davon dispensieren, die Christen immer wieder daran zu erinnern, daß sie eine konkret zu realisierende Bezogenheit auch auf die sakramentale Meßfeier und nicht nur auf den Tod des Herrn in sich haben. Aber die Kirche könnte das eigentliche Sonntagsgebot abschaffen und zum Beispiel den einzelnen Christen anheimstellen, wie sie diese wesenhafte Bezogenheit auf die Eucharistiefeier in ihrem konkreten Leben realisieren, ebenso wie oft sie das machen, an welchem Tag sie das machen usw. Diese Möglichkeit ist wirklich gegeben.

b) Man muß aber gleichzeitig hinzufügen, daß es eine schwierige Frage ist, ob die Kirche ihre pastorale Entscheidung, die ja nicht einfach willkürlich sein kann, in dieser Richtung treffen *sollte* oder auch konkret pastoral gesehen, menschlich gesehen, auch nur *dürfte*.

Zunächst sind auch heute, in unserer modernen Industriegesellschaft, die einzelnen Tage nicht absolut profan nivelliert. Der Montag bis zum Freitag ist eben doch noch etwas anderes als der Samstag und Sonntag. Man könnte sogar sagen, die beiden Wochenendtage haben durch die profane kulturelle und zivilisatorische Entwicklung sogar deutlicher und massiver eine Sonderstellung gegenüber den anderen Tagen erlangt. Sie sind freier, als sie früher sein konnten. Wenn die Bauernfrau heute am Sonntag ihre Milchmelkmaschine relativ schnell in Betrieb gesetzt hat, hat sie auf jeden Fall mehr Freizeit als sie vor zwanzig oder dreißig Jahren noch hatte, als sie die Kühe einzeln melken mußte. Und so gibt es sicher sehr viele Dinge, die zeigen, daß profan das Wochenende deutlicher jenen zivilisatorischen und kulturellen Zustand hat, der es für eine solche auch religiöse Sonderauszeichnung des Samstags und Sonntags oder des Sonntags geeignet macht.

Man könnte natürlich noch viele andere Gründe nennen. Auch in einer modernen Gesellschaft sogenannter mündig gewordener Menschen ist die Stabilität einer allgemeinen Praxis eine durchaus sinnvolle und nützliche Sache. Man könnte sagen, es sei unvernünftig, die Menschen auch hinsichtlich dieser religiösen Dinge zu sehr und allein ihrer eigenen Initiative zu überlassen. Man könnte darauf hinweisen, daß es auch heute profane Feiern gibt, in denen an einem gemeinsamen Tag letzte geschichtliche Bedeutsamkeiten in einer Gedächtnisfeier zum Thema werden. Ob das nationale Feiertage sind oder Jugendweihen, das ist egal. Jedenfalls könnte man die Frage stellen, ob die Kirche nicht trotz der unter a) betonten prinzipiellen Freiheit, das Sonntagsgebot aufzuheben (wenn sie es für besser hält), trotzdem heute an einem richtig verstandenen Sonntagsgebot festhalten sollte.

Es ist ja nicht so, daß alles, was nicht vom Wesen des Menschen her in stringenter Weise als notwendig erwiesen werden kann, überflüssig wäre. Man muß bedenken, daß der Mensch nicht nur aus den Dingen lebt und leben kann, deren metaphysische und transzendentale Notwendigkeit bewiesen werden kann. Man muß bedenken, daß der Mensch sinnvollerweise nicht verlangen kann, daß all das, was er tut oder tun soll und was ihm vielleicht sogar geboten wird, in seiner unaufhebbaren Notwendigkeit nachgewiesen werden kann. Man kann transzendental nicht beweisen, daß man sich, wenn man sich sieht oder sich verabschiedet, die Hand gibt. Trotzdem ist es vernünftig, das zu tun, und einer, der das prinzipiell mit der Erklärung bestreitet, man könnte theoretisch genausogut die Nasen aneinander reiben, der ist ein Esel, der einfach apriori die nicht nachweisbaren und trotzdem faktischen, sinnvollen Gegenheiten des menschlichen Lebens nicht wahrhaben will, ohne deren Respektierung man nicht leben kann. Und so kann es natürlich durchaus sein, daß die Kirche sinnvollerweise, (wie gesagt, bei einer vernünftigen Erklärung, Interpretation und eventuell auch Kasuistik des Sonntagsgebots) am Sonntagsgebot festhält. Ein solches Festhalten würde nach meiner Meinung, wenn das Sonntagsgebot mit christlicher Freiheit interpretiert wird, keine unüberwindlichen pastoralen Schwierigkeiten mit sich bringen, auch nicht in der heutigen Gesellschaft.

Dazu kommt noch c) folgende Überlegung: Es ist an sich richtig, daß die kulturelle und zivilisatorische Entwicklung der modernen Gesellschaft mit ihrer Massengesellschaft, ihrer gleitenden Arbeitszeit usw. eine Situation mit sich gebracht hat, die dem kirchlichen Sonntagsgebot nicht besonders günstig ist. Aber man kann doch mindestens die Frage erheben, ob die Kirche dieser profanen Entwicklung nur gleichsam indifferent oder tatenlos gegenüberstehen muß, um dann in einer bloßen Notifikation dessen, was da wird oder geworden ist, pastorale Konsequenzen aus den profanen Gegebenheiten zu ziehen und sonst nichts zu tun. Man könnte durchaus sagen oder fragen, warum denn die Kirche aus vernünftigen Gründen und ohne sich eine Prädominanz über die säkularisierte profane Gesellschaft anzumaßen, nicht doch eingreifen sollte, um die Entwicklungsrichtung der profanen Gesellschaft als solcher mitzubeeinflussen. Die Kirche könnte doch unter Umständen dazu beitragen, mit einer vielleicht sogar nur profan-humanen Argumentation, daß die Weiterentwicklung der profanen Gesellschaft in einer Richtung läuft, die der Sonntagsruhe, dem Sonntagsgebot, der Sonntagsfeier günstiger ist als diese Entwicklung der Gesellschaft zunächst einmal zu verlaufen scheint. Es wäre doch gut, wenn der Krach in den Straßen mehr oder minder ganz aufhören würde, wenn an einem Tag keine Lastwagen fahren würden usw. – solche und ähnliche Dinge gibt es. Daß die Fußballmeisterschaften am Samstag ausgetragen werden, ist kein Zufall.

Ich wollte jetzt nur kurz andeuten und sagen, daß die Kirche unter Umständen durchaus nicht nur das abstrakte Recht, sondern auch die konkrete Möglichkeit hat, die Entwicklung der profanen Gesellschaft, ohne Vergewaltigung der Nichtchristen, dahin positiv zu steuern, daß das Sonntagsgebot und die Sonntagsfeier besser in den Gesamtrahmen des zivilen Lebens hineinpassen.

41

Priesterliche Spiritualität

Priesterliche Spiritualität ist zunächst einmal einfach christliche Spiritualität, christliches Leben in Glaube, Hoffnung und Liebe. Priesterliche Spiritualität ist nicht – zunächst mindestens einmal – eine Sonderzugabe zu einem normalen christlichen Leben, sondern ist das – natürlich aus der konkreten Lebensaufgabe eines Priesters im Unterschied zu anderen Christen mitbestimmte – geistliche, christliche Leben eines Christen schlechthin. Das ist heute von der Praxis und vom Wesen des Priestertums her eigentlich selbstverständlich. Es ist von der *Praxis* her selbstverständlich, denn wir sind genauso wie die anderen Leute diejenigen, die in einem säkularisierten Milieu leben müssen, die von einer säkularisierten Wertwelt mit ihrem Rationalismus, mit ihrer Technokratie, mit ihrem Massenbetrieb usw. angefochten und in Frage gestellt sind. Wir leben auch immer, wie die anderen Christen heute, in einer Diaspora; für uns sind der Glaube und das christliche Leben und die Hoffnung der Ewigkeit genau so wenig eine Selbstverständlichkeit, über die wir gleichsam als für uns unbedeutend hinweggehen und dann in einem weiteren

Raum eine sublime Spiritualität als unseren Job und unser Hobby entwickeln könnten. Wir sind die Armen, die Gequälten, die Geängstigten, die von der Gesamtwelt, Politik und Wirtschaft usw. Bedrohten; wir sind genau so wie die anderen, die vom Sog der Säkularisierung Erfaßten; uns machen der Glaube an Gott, an ein ewiges Leben, die Überzeugung, daß wir eine absolute Verantwortung unserer Freiheit vor Gott haben, genauso viel Schwierigkeiten wie anderen Leuten. Wenn dies nicht der Fall wäre, wäre das kein Vorzug, sondern ein Zeichen, daß wir nicht nur an unserer Zeit, sondern auch an unserem Amt und unserem eigenen Leben vorbeileben, weil wir ja dieses Amt und dieses Leben anders gar nicht wirklich leben können als in einer echten Konfrontation mit unserer Zeit und Situation, Gesellschaft, Kultur und Unkultur.

Priesterliche Spiritualität ist also zunächst einmal christliche Spiritualität, die an und für sich jedem Christen, wenn er wirklich ein echter Christ ist und nicht nur ein Konventions- und Folklorechrist sein will, abverlangt wird. Aber wenn man das sagt, dann wird man notwendigerweise gefragt, was denn dann christliche Spiritualität ist. Wir können natürlich sagen, sie ist Leben aus Glaube, Hoffnung und Liebe, ist Leben aus dem Heiligen Geist; wir können sagen, sie ist Leben aus dem Geiste Christi, ist Leben aus dem Evangelium; wir können sagen, sie ist Leben aus der Nachfolge Christi; wir können sagen, sie ist Leben aus der Hoffnung des ewigen Lebens aus einer letzten Verantwortung, in der wir wissen, daß wir, ob wir wollen oder nicht, unser Leben in Freiheit auf Endgültigkeit hin für oder gegen Gott leben. Wir können sagen, christliche Spiritualität ist Leben auf das Gericht Gottes hin, ist Rechnen mit der Sünde, die nicht eliminiert werden kann durch Berufung auf soziale oder psychologische Zwänge usw.

Ich möchte nun als Stachel, als Frage, die beunruhigen soll, folgendes zu dieser christlichen Spiritualität, die im Grunde genommen identisch ist mit priesterlicher Spiritualität, hinzusagen: Wenn wir sagen: „Spiritualität" – ob das Wort sehr gut ist und sehr verständlich und pastoral nützlich, ist eine andere Frage –, dann sagen wir „Leben aus dem Geist". Damit entsteht die Frage, was das eigentlich heißen soll. Und der springende Punkt für uns persönlich heute und in unserer Pastoral ist doch der, ob es uns gelingt, diese „pneumatische", geistliche Dimension unserer Existenz nicht nur durch eine abstrakt begriffliche Indoktrination in unseren Kopf oder in den Kopf von anderen Leuten hineinzubringen (was heute mehr oder weniger unwirksam sein wird), sondern ob wir solchen Geist als wirklich erfahren in uns entdecken können. Und das ist doch heute im Zeitalter der gesellschaftlichen Ideologiekritik, im Zeitalter der Naturwissenschaft, im Zeitalter Freuds, im Zeitalter der Tiefenpsychologie und der psychologischen Zersetzung des Menschen eine außerordentlich schwierige Sache. Gibt es denn so etwas? Haben Sie schon einmal Gottes Geist wirklich erlebt? Wenn Sie sagen „ja, ich war einmal angerührt oder ich war einmal fromm oder ich habe den Eindruck gehabt, daß es doch so etwas wie einen ‚Lieben Gott' gibt, der mich ganz gern hat, obwohl er die Kinder in Vietnam durch Napalm-Bomben umkommen läßt", dann müßten Sie alle zersetzenden Momente der Psychologie, der gesellschaftlichen Ideologiekritik, der rationalen Psychologie, Technologie usw. auf diese ihre Behauptung, Sie hätten Geist in sich entdeckt, loslassen und dann fragen: Bleibt dann wirklich noch etwas übrig oder sind dann nur noch Worte wie „lieber Gott, Gnade, heiliger Geist, Einwohnung Gottes" usw. übrig, die wir aus irgendwelchen Gefühlen, daß es ohne so etwas auf die Dauer doch nicht geht, festhalten? Sind das nicht alles Worthülsen, die eigentlich in einem langen geschichtlichen Prozeß seit der Aufklärung irgendwie schon lange ausgelaufen sind?

Ich habe schon gesagt: ich kann jetzt diese Frage nicht beantworten. Warum ich sie doch mindestens als Frage aufwerfe, ist, um doch deutlich zu machen, welche innersten Strukturen eine christliche und damit auch priesterliche Spiritualität haben muß, um mit solchen Fragen wirklich fertig zu werden. Ich kann höchstens noch einige Worte hinzufügen, die noch abstrakter zu sein scheinen, die nicht die Sache selber sind, sondern ein Hinweis auf sie. Letztlich ist Spiritualität die absolute Transzendenz des Menschen über jede kategoriale Wirklichkeit in ihm und außerhalb seiner in das absolute Geheimnis hinein, das wir Gott nennen, und ist letztlich eine mit Christus sterbende, gekreuzigte, sich selbst entrissen werdende Transzendentalität – und das nicht als eine Theorie, sondern als das, was im konkreten Leben bei uns passiert, wenn wir dieses Leben sich vor seine letzte Verwiesenheit in das unbegreifliche Geheimnis Gottes bringen lassen und das Annehmen, das Aushalten dieses Lebens konkret mit Christus durch alle kategorialen Zusammenbrüche, durch allen Tod, durch alle Enttäuschung vollziehen. Natürlich hat eine solche Erfahrung seiner eigenen absoluten und mit Jesus gekreuzigten Transzendentalität in das absolute Geheimnis Gottes hinein in uns eine Geschichte. So etwas wird langsam, man kommt zu solchen Dingen erst allmählich; vielleicht wird es manchem so ergehen, daß er das gar nicht merkt oder, besser gesagt, nicht reflektiert und verbalisieren kann, daß so etwas in ihm passiert. Heutzutage, meine ich, müßte mindestens der Priester merken, daß es so etwas gibt.

Das muß im Augenblick genügen zum Anreißen der Problematik des Satzes, den ich sagen wollte, daß nämlich priesterliche Spiritualität heute mehr als je einfach christliche Spiritualität ist, nicht ein Zusatz zum christlichen Leben. Spiritualität ist dabei als das wirklich christliche Leben aus der innersten Mitte der eigenen Existenz heraus gemeint und nicht nur als Erfüllung religiöser, vorgegebener Konventionen christlicher und kirchlicher Art. Spiritualität, christliche Spiritualität ist der Mitvollzug des Todes Jesu – des, weil er der Auferstandene ist – geglückten und angenommenen Todes in jenes unsagbare, unbegreifliche, nicht verwaltbare, nicht manipulierbare letzte Geheimnis hinein, *quod omnes*, wie Thomas von Aquin sagen würde, *vocant Deum*.

42

Priesterliches Amt und Leben

Im neutestamentlichen Priestertum sind Altardienst und missionarisch-kerygmatisches Prophetentum immer und untrennbar vereint. Eine Beschränkung auf den liturgischen Dienst wäre unvereinbar mit den Aussagen der Schrift. So hat das Priestertum des Neuen Bundes seine Bezeichnungen gar nicht von der kultischen Funktion – diese wird in den Schriften des Neuen Testamentes Christus vorbehalten –, vielmehr sind die Benennungen der Priester und Bischöfe von Funktionen abgeleitet, die das Missionarische und die Leitungsfunktion der Gemeinde gegenüber betonen. Damit ist freilich nicht bestritten, daß die Priester des Neuen Bundes gerade erst recht im wahren Sinn als Träger des Kultes für die Gemeinde vor Gott stehen. Dadurch, daß unser Priestertum wesentlich die Fortsetzung des Hohenpriestertums des menschgewordenen Logos Gottes ist, müssen beide Elemente – die kultische Hinwendung zu Gott und das im engeren Sinn Sakramentale sowie das Sprechen im Namen Gottes, die Verkündigung seiner Offenbarung – eine innerlich gefügte Einheit bilden. Unser kultisches, sakramentales Wirken kann seine Gültigkeit nur vom zugesagten Geheimnis Gottes her haben, das die kultische Anbetung erst in die Tiefen der Gottheit ankommen läßt, und unser prophetisches Kerygma ist letztlich nichts anderes als das Weitertönen des Wortes Gottes, das in das Unsere gekommen ist und damit die Gnade gebracht hat. Seine innere Macht hat das Lehramt des neutestamentlichen Priestertums aus dem Besitz und der Proklamation der sakramentalen Worte. Das lebendige Wort, das der überweltlichen Gnade Gottes ein raumzeitlich bestimmtes Dasein gibt, spricht der zum Gottesdienst des Neuen Bundes Ausgesonderte zunächst am Altar als sakramentales Wort. Weil aber dieses in seiner Gnadenhaftigkeit notwendig hinausdrängt in alle Welt, weil es seinen Sinn nur hat, indem es an alle Menschen gerichtet ist, muß der neutestamentliche Priester das Wort der Gnade den Menschen verkündend und auslegend nahebringen.

Trotz ihrer Untrennbarkeit sind aber Altardienst und prophetische Sendung im Priestertum des Neuen Bundes zwei verschiedene Funktionen, die je nach der konkreten Berufung des Einzelnen mehr oder weniger hervortreten können. Es gibt Priester und darf sie geben, die sehr im liturgisch-kultischen Dienst aufgehen. Andere sind überwiegend zum missionarischen oder zum caritativen Dienen gedrängt. Schon Paulus hat in diesem Sinn hervorgehoben, daß er eigentlich kaum getauft, sondern vielmehr gelehrt habe. Bei aller möglichen Akzentverschiebung darf aber nie das Kultische und Sakramentale im engeren Sinn unter den Tisch fallen und noch weniger das Gehen zu den Menschen, das Gott bringende Eindringen in deren Lebensverhältnisse und ihr Mitnehmen zu Gott. Erst in einer so verstandenen Sendung erreicht das Priestertum des Neuen Bundes die volle, die ganze Existenz in Anspruch nehmende und formende Ausprägung anderen christlichen Daseinsweisen, etwa des Laien oder des Mönches, gegenüber.

Dem Wesen des neutestamentlichen Priestertums entsprechend, fordert zumindest die abendländische Kirche, daß sich in der priesterlichen Existenz das Amtliche und das Persönliche gegenseitig durchdringen. Zwar sind viele amtliche Vollmachten, wie die Sendungsgewalt, das autoritative Wort, das Leitungsrecht und die sakramentale Macht von der persönlichen Würdigkeit und der pneumatischen Begabung des Amtsträgers unabhängig, wenigstens soweit es um die bloße Gültigkeit geht und solche Fälle im Grunde gerade nicht das Ganze der Kirche repräsentieren, wenn sie auch zahlenmäßig häufig vorkommen mögen. Aber total auseinanderfallen können das Amtliche und das Persönliche in der Kirche doch nicht! Im Grunde muß die Kirche die geschichtliche Greifbarkeit der siegreichen Gnade Gottes darstellen. Sie kann niemals zu einer bloßen „Heilsinstitution“ in einem äußerlich juridischen Sinn verflachen. Obwohl sie wirklich auch die Kirche der Sünder ist, bleibt sie doch und erst recht bis an das Ende die heilige

Kirche. Sie hat durch ihr existentielles Zeugnis zu verkünden, daß die in Jesus Christus gekommene Gnade nicht zunichte werden kann, sondern die Welt durch ihn schon in ihre selige Endgültigkeit gelangt ist, wenn auch der einzelne sein Leben noch so vollziehen kann, daß er aus der Gnade Christi herausfällt. Als Ganzes könnte die Kirche nie sagen: ich verkünde die Wahrheit Gottes und spende seine Sakramente, der private Lebensvollzug meiner amtlichen Vertreter hat aber grundsätzlich damit nichts zu schaffen und liegt im allgemeinen auf einer anderen Ebene. Würde Gott ein solches Auseinanderfallen von amtlichem Auftreten und persönlichem Verhalten zulassen, dann wäre die Kirche gar nicht mehr der in der Kraft des Heiligen Geistes fortlebende Leib Christi und mithin die bleibende Epiphanie Gottes in der Welt, sondern die entsetzlichste Lüge und die grauenhafte Sichtbarkeit der endgültigen Niederlage Gottes, der mit seinem Eingehen in die Welt diese nicht bloß zeitweilig aufbrechen wollte, um ihr diese oder jene „Seele" zu entreißen, sondern sie durch die Menschwerdung zu seinem heiligen Lebensraum gemacht hat. Würde die Kirche sich grundsätzlich als eine Verneinung der anhebenden endgültigen Verwandlung der Welt zum Reich Gottes vorfinden, dann hätte sie sich bereits zur Synagoge degradiert, bei der die Gnade Gottes und deren Manifestation tatsächlich auseinanderfallen konnten und die sich durch diese Divergenz auch wirklich selbst aufgehoben hat.

Die Heiligkeit, die der Kirche durch die ihr geschenkte Gnade unverlierbar zu eigen ist, muß für alle ihre Glieder und zumal für ihre priesterlichen Rerpäsentanten die unbedingte Verpflichtung ihres Lebens bedeuten: jeder von uns muß seinen priesterlichen Stand persönlich ratifizieren. Ich muß mein Leben in mein Priestertum möglichst restlos integrieren, und ich muß dieses Priestertum genauso restlos in mein persönliches Leben aufgehen lassen, ich muß ein heiliger Priester sein. Das ist keine Frage der bloßen Dezenz, sondern ein Soll, das aus dem Wesen des neutestamentlichen Priestertums erfließt. Wie die Kirche als Ganzes, muß ich durch meine Existenz die Wahrheit meiner

Verkündigung und die Gültigkeit des sakramentalen Wirkens verbürgen. Auch wenn es gegen allen Donatismus wahr bleibt, daß ich als Priester Gewalten besitze, die trotz persönlicher Unheiligkeit wirksam bleiben, so gilt das doch nur, weil die in Wahrheit heilige Kirche hinter mir steht und ich nur in deren Namen handeln kann. Auch mein unheiligstes amtliches Tun wird daher immer an ihre Heiligkeit appellieren und sie mitbringen.

Vom Amt her haben wir allerdings keine Garantie, daß uns die Integration von amtlicher Bevollmächtigung und persönlicher priesterlicher Existenz tatsächlich gelingt. Wir können uns also nicht schon deshalb, weil wir das Amt besitzen, vor Gott rühmen, sondern können letztlich immer nur in der geheimen Angst existieren, daß wir selbst noch verlorengehen können, auch wenn wir anderen die Predigt und die Gnade Gottes gebracht haben.

In diesem Zusammenhang können wir Priester uns weiter überlegen, wie die persönliche Heiligkeit die vorgegebene priesterliche Daseinsgestalt innerlich zu durchdringen und wie letztere die erstere zu formen hat, wie die persönliche Heiligkeit des Priesters, weil sie sich durch sein Gesandtsein, durch die Verantwortung für das Heil anderer, durch das Umgehen mit dem Wort Gottes und die Vergegenwärtigung des Opfers Christi bestimmt, charakteristisch anders sein muß als jene der Laienchristen. Fragen wir uns auch, ob uns nicht spezifische Fehlformen der priesterlichen Existenz – etwa das bloße Religionsbeamtentum, der klerikale Parteifanatismus, eine religiöse Sterilität, die Resignation und der klerikale Skeptizismus – bedrohen.

Eingehender auch sollten wir über das Verhältnis von neutestamentlichem Priestertum und *Zölibat* nachdenken. Es ist sehr wichtig, daß wir das hier Gesagte auf dieses Opfer anwenden, das die abendländische Kirche zur Vorbedingung des priesterlichen Amtes macht. Wenn es wahr ist, was wir soeben über das Verhältnis zwischen Priestertum und persönlicher Heiligkeit gesagt haben, dann sollte der Zölibat beim neutestamentlichen Priester – auch wenn er kein besonderes Gelübde der Ehelosigkeit abgelegt hat – nicht nur etwas sein, was er wohl äußerlich in Kauf nimmt, sondern doch ein Herzstück des priesterlichen Daseins, dessen persönlicher Vollzug sein Priestertum erst für ihn lebendig fruchtbar macht. Wenn der Priester des Neuen Bundes die Sendung des menschgewordenen Logos fortzusetzen hat, wenn er die Worte des ewigen Lebens zu sagen, den Menschen die Kunde der innigen Liebe Gottes zu bringen hat, wenn er diesen Gott selbst als den dreifaltig lebenden und sich in der Gnade uns hingebenden so künden muß, daß er in der Repräsentanz Christi, des Hohenpriesters, und als dazu amtlich Beauftragter die innergöttliche Zeugung des Logos und seine Menschwerdung sowie die aus ihr folgende Zeugung der Menschen zur wahren übernatürlichen Gotteskindschaft der Welt zu vermitteln hat, dann ist die zölibatäre Lebensweise nicht nur irgendwie angemessen, sondern im Grunde wirksames Zeichen dessen, was Gott selbst uns über alle irdische Lebensmitteilung hinweg eingestiftet hat: nämlich sein eigenes Leben als das Leben des Neuen und ewigen Bundes!

Wir können noch bedenken, wie Jesus selbst das Priestertum betrachtet hat, wie er die ersten Priester seines Bundes herangebildet, was für Menschen er dafür genommen hat. Erinnern wir uns an die Worte, die er zu den von ihm Gewählten und darüber hinaus zu uns über das Priestertum gesagt hat. Bitten wir endlich den Herrn, der uns zum Priestertum in seinem Gefolge berufen hat, daß er uns die Gnade gibt, diesen Beruf treu und redlich zu erfüllen, ihn zu lieben, ihm mit der großen Leidenschaft der Herzen treu zu bleiben – wachsam und unentwegt bemüht, alles zu tun, um ihn als frei gegebenes Geschenk gleichsam nachträglich würdig anzunehmen, damit die Gnade Gottes, sosehr sie immer auf uns, die ihrer nicht würdig sein können und die erst durch sie selbst würdig gemacht werden müssen, fällt, doch nicht zu solchen kommt, die sich der heiligen Berufung durch ihr Leben unwürdig erweisen.

43 Neue Ämter und Dienste in der Kirche

In einem der heutigen Hochgebete wird nicht nur für den Papst, den Bischof, die Gemeinschaft der Bischöfe, die Priester und Diakone, sondern auch „für alle, die zum Dienst in der Kirche bestellt sind", gebetet, und sie werden von dem „ganzen Volk der Erlösten" unterschieden. So ist es wenigstens in der deutschen Fassung dieses zweiten Hochgebetes, während der lateinische Text nur vom „ganzen Klerus" spricht. In diesem deutschen Text spricht sich somit die Überzeugung aus, daß es neben den drei klassischen Dienstämtern (Bischof, Priester, Diakon) noch andere Dienste in der Kirche gebe, die weder identisch sind mit denen der klassischen Ämter, noch mit den Aufgaben, die einem Christen einfach darum zukommen, weil er ein Glied der Kirche ist.

Nun könnte man sagen, das sei doch eine Selbstverständlichkeit, es habe doch immer Küster gegeben und auch sonst noch eine Vielzahl von Menschen, die im Auftrag der Bischöfe und der Priester bestimmte, umgrenze Dienste für die Kirche leisten wie Katecheten, andere Religionslehrer, nichtpriesterliche Beamte in einem bischöflichen Ordinariat usw. Das ist richtig, bringt aber die Frage, um die es hier gehen soll, doch nicht ins Bewußtsein. Man könnte sagen: ob eine Putzfrau eine Kirche fegt oder ein anderes Haus ist für ihre Funktion letztlich gleichgültig. So gibt es natürlich viele Aufgaben und Funktionen in der Kirche, die notwenig oder nützlich sind und die es auch in der Kirche geben muß, die aber nicht eigentlich an dem gnadenhaften Wesen der Kirche teilhaben und darum ihre Träger nicht so von den übrigen Christen unterscheiden, wie sich – wenigstens unter einem bestimmten Gesichtspunkt – Bischöfe, Priester und Diakone von den anderen Christen abheben.

Diese Unterscheidung, die zum katholischen Kirchenverständnis unbedingt gehört, ist zwar vorsichtig zu interpretieren. Die drei klassischen Ämter bedeuten in der Kirche eine Aufgabe und Vollmacht, die den anderen Gliedern der Kirche in dem gesellschaftlichen Ordnungsgefüge der Kirche nicht zukommen. Aber so sind diese Priester doch in einer ähnlichen Position wie die Funktionäre eines Clubs berufener Schachspieler; ihre Funktionen können von den einzelnen Schachspielern nicht wahrgenommen werden, aber sie dienen letztlich nur einem: daß hervorragend Schach gespielt wird.

So zielt auch das Amtspriestertum gerade durch die ihm vorbehaltenen Vollmachten nur darauf hin, daß das Priestertum der Glaubenden und Liebenden, daß Glaube, Hoffnung und Liebe in allen Christen lebendig sei und wachse. Wenn so das Amtspriestertum mit allen seinen ihm allein zustehenden Vollmachten in der Kirche „funktional" als Dienst für das Christsein aller Christen gesehen wird, dann bedeutet das gar nicht, daß der Amtspriester sich nicht als von Christus selbst gesendet, auf die übrigen Menschen von Christus herkommend verstehen könne. Aber diese Stellung hat er ja gerade, insofern er an dem Verhältnis der Gesamtkirche, in der er eine bestimmte Funktion hat, gegenüber dem einzelnen Menschen teilhat. Dieses funktionale Verständnis des Amtspriestertums schließt auch nicht aus, sondern ein, daß das Leben des Amtspriesters selber durch sein Amt mitgeprägt wird, daß er zur Bezeugung seiner amtlichen Sendung selber auch das Christsein in intensivster Weise verwirklichen solle, so ähnlich, wie es wünschenswert ist, daß die Amtsträger in einem Schachclub selber auch gut Schach spielen können, um wirklich ihrer ihnen eigentümlichen Aufgabe gerecht werden zu können.

Das alles ist hier nur angedeutet, um Mißverständnisse und antiklerikale Emotionen von vornherein auszuschließen, wenn das Amt und die Amtsträger einerseits und die Sendung jedes Christen und diese selbst anderseits voneinander unterschieden werden. Die Frage, die hier auch als spirituell wichtige gestellt werden soll, ist vielmehr die, ob es in der Kirche schlechthin nur die drei klassischen Ämter gebe oder ob – wenn auch in einer Stufung, die, wenn man will, *wesentlich* genannt werden mag – auch noch andere

Funktionen in der Kirche gegeben oder denkbar sind, die gleich oder analog sind mit denen des Amtspriestertums in den drei Stufen des Ordo. Es kann natürlich hier nicht die schwierige dogmengeschichtliche und dogmatische Frage behandelt werden, welche Vollmachten die Kirche hinsichtlich der Bildung und Unterscheidung des in ihr notwendigen Amtes in verschiedene Ämter hat oder eventuell im Stadium des Werdens in der Urkirche gehabt hat.

Wie auch diese schwierige Frage entschieden werden mag, (die auch darüber entscheidet, wie die Herkunft – die „Stiftung" – der Ämter von Jesus genauer zu verstehen ist), so kann man doch wohl sagen, daß die faktische Kirchlichkeit der Kirche beweist, daß es außer den drei klassischen Ämtern auch andere Dienste in der Kirche gibt, die nicht nur letztlich weltliche Hilfsdienste für das Amtspriestertum sind, sondern in mindestens analoger Weise wie dieses an der Sendung und Aufgabe des sakralen Amtes in der Kirche als letztlich einem teilhaben. Ein Christ, der den Beruf des Religionslehrers ergriffen hat und durch sein ganzes Tun und sein eigenes Leben hindurchträgt, ist nun einmal nicht einfach ein Laie in der Kirche wie ein Rechtsanwalt und er hat auch nicht dieselbe Funktion in der Kirche wie die Frau, die dem Pfarrer die Kirche putzt; er partizipiert in seiner Weise an dem amtlichen Auftrag der Kirche gegenüber dem christlichen Volk; er ist Lehrer in der Kirche in der Sendung und Verantwortung, die mit der göttlichen und amtlichen Verkündigung des Evangeliums gegeben ist. Solche und ähnliche Ämter in der Kirche gibt es oder sie können entsprechend der konkreten Situation, in der die Kirche ihren Auftrag erfüllen muß, gebildet werten. Die Grenzen solcher anderer Ämter und Funktionen neben dem klassischen Amtspriestertum können gegenüber der (auch missionarischen) Sendung und Aufgabe aller Christen fließend sein. Man kann sich auch unbefangen fragen, ob nicht solche Ämter in irgendeiner Weise an der Sakramentalität der klassischen Ämter teilhaben können, da eine solche Partizipation die Einheit des priesterlichen Ordo nicht aufheben würde (da es ja auf jeden Fall darin

Differenzierungen und Stufen gibt) und da es durchaus in der Kirche schon Sakramentalität gegeben hat, auf die das Glaubensbewußtsein der Kirche noch nicht deutlich reflektiert hatte (Thomas von Aquin leugnete mit den meisten Theologen des Mittelalters die Sakramentalität der Bischofsweihe, und diese war dennoch auch damals gegeben und nicht erst seit der ausdrücklichen Lehre darüber im letzten Konzil).

Von da aus wäre es durchaus möglich, eine Spiritualität zu entwickeln und deutlich zu machen, die solchen neuen oder alten Ämtern in der Kirche neben dem klassischen Priestertum eigentümlich ist. Ein verheirateter Theologieprofessor, der im Auftrag der Kirche Verkündiger der göttlichen Offenbarung heranbildet, sollte nicht so sehr darauf pochen, daß er „Laie sei und sein wolle", sondern müßte die Eigentümlichkeit seines Amtes zum gestaltenden Prinzip seiner christlichen Spiritualität machen. So wären wohl noch andere neue (oder anonym schon immer gegebene) Ämter in der Kirche und ihre ihnen eigentümliche Spiritualität zu bilden oder zu entdecken. Wenn man deutlicher weiß, wer man ist, deutlicher weiß, was man tut, kann auch dieses Sein und dieses Tun besser, reiner und voller verwirklicht werden.

44

Amt und freies Charisma

Bevor hinsichtlich der Träger des Selbstvollzugs der Kirche in ihrer Einheit und Verschiedenheit die grundlegende Unterscheidung göttlichen Rechtes in der Kirche verdeutlicht wird, nämlich die Unterscheidung zwischen Amt und freiem Charisma, Amtsträgern (Hierarchie) und freien Charismatikern in der einen Kirche, ist zunächst noch einmal die wesentliche Zusammengehörigkeit aller dieser verschiedenen Gaben und verschiedenen Träger der vielfältigen Funktionen in der Kirche zu betonen. Es wird dabei davon abgesehen, daß Gottes Geist auch solche Gaben Menschen zuteilen kann, die einerseits der geschichtlich greifbaren Gesellschaft der Kirche nicht angehören (z. B. weil sie nicht getauft sind) und deren geistgeweckte Gabe und Sendung dennoch für die Kirche von Bedeutung sein können.

Weil und insofern die Kirche die quasisakramentale Einheit von Geist und geschichtlicher Greifbarkeit entsprechend dem inkarnatorischen Prinzip der Heilsgeschichte überhaupt ist, sind alle Funktionen der Kirche von dieser letzten Struktur der Kirche bestimmt. Die freien und institutionell nicht verwaltbaren Charismen sind immer die solcher Menschen, die getauft sind, in der einen Kirche auch in der Dimension menschlicher Vergesellschaftung den einen gemeinsamen Glauben bekennen und sich in das gesellschaftlich strukturierte eine Leben der Kirche einfügen und auch ihr freiestes und persönlichstes Charisma in den Dienst dieser konkreten Kirche stellen. Und umgekehrt: Jede Amtsvollmacht ist im Grunde keine Amtsvollmacht gegenüber der Kirche, sondern *in* der Kirche; sie basiert notwendig auf jenem Christsein, das der Amtsträger mit allen Gliedern der Kirche gemeinsam hat; sie ist trotz ihrer Herkunft aus der Beauftragung von oben solcher Art, daß sie nur innerhalb einer Kirche vollzogen werden kann, die als ganze durch den Geist Gottes belebt wird und nur so und durch die damit gegebene Wirksamkeit freier Charismen ein geeignetes Subjekt für die Entgegennahme der Durchführung solcher Amtsvollmachten ist.

Dazu kommt, daß auch der einzelne Amtsträger nur dann wirklich seine Amtsvollmachten konkret auswirken kann, wenn auch in ihm selbst ein gewisses Maß von freiem Charisma gegeben ist. Denn selbst jene Vollmachten, die als sakramentale *ex opere operato* wirken, können diese Wirkweise real nur dann haben, wenn sie *de facto* von einem Subjekt frei angewendet werden und einen für sie geeigneten Adressaten, den Sakramentenempfänger, finden. Beide Voraussetzungen des tatsächlichen Geschehens eines *opus operatum* hängen aber letztlich von freien Charismen ab, wenn diese nur in dem weiten und umfassenden Sinn desjenigen Gnadenwirkens Gottes verstanden werden, das frei und vom Menschen her institutionell nicht verwaltbar bleibt. Schließlich besteht ja das Wesen der Kirche als eschatologischer Heilsgemeinschaft im Unterschied zur Synagoge und anderen vorchristlichen geschichtlichen Erscheinungsweisen des göttlichen Heiles gerade darin, daß die Einheit zwischen göttlicher Gnade und ihrer geschichtlichen (kategorialen) Greifbarkeit nie mehr gänzlich aufgelöst werden kann.

Wird aber dies verstanden, dann ist damit eine letzte und grundlegende Einheit allen göttlichen Heilswirkens an und in der Kirche erfaßt, die alle berechtigten und wesentlichen Unterschiede zwischen den verschiedenen Charismen und deren Trägern umgreift: In der Ordnung Christi kann es kein Gnadenwirken Gottes geben, das schlechterdings unkirchlich wäre; dem kirchlich Institutionellen als ganzem ist die eschatologische Verheißung zuteil geworden, daß es niemals endgültig „geistlos" werden kann. Ist damit der Übergang zwischen Amt und freiem Charisma auch nicht fließend geworden, weil innerhalb der gesellschaftlichen Dimension der Kirche als solcher (also in der Dimension des sakramentalen Zeichens, des amtlichen, die Gemeinde als solche verpflichtenden Wortes und des Rechtes) eine klare Grenzlinie durchaus möglich und unerläßlich ist, so gehören Amt und freies Charisma in der Kirche doch so eng zusammen, daß eines ohne das andere nicht existieren kann und jedes trotz der Verschiedenheit auf das andere angewiesen bleibt.

Unter diesen Voraussetzungen und Vorbehalten ist nun der Unterschied zwischen Amt und freiem Charisma zu sehen und deutlich zu machen, weil nur so Eigenart, Verschiedenheit und Zusammengehörigkeit aller Christen als Träger des Selbstvollzugs der Kirche verstanden werden können. Wir sagen von vornherein: „*freies* Charisma", da biblisch und sachlich auch die Amtsvollmachten in der Kirche Gnadengaben Gottes sind, nicht nur weil sie durch freie, unverdienbare Verleihung Gottes gegeben werden, sondern auch darum, weil die Amtsvollmacht in der Kirche ihrem Wesen nach auf die Heiligung der Glieder der Kirche zielt und auch für den Amtsträger selbst eine Forderung und Verheißung der eigenen Heiligung auch dort noch bedeutet, wo sie von einem Sünder (gültig und wirksam) verwaltet wird.

Die Tatsache einer solchen Unterscheidung kann von einem katholischen Verständnis der Kirche nicht bestritten werden. Denn es gibt in der Kirche einerseits das Amt als (grundsätzlich) dauernde Beauftragung zu bestimmten Funktionen in der Kirche von Christus her, und zwar so, daß diese Beauftragung in der Dimension des Geschichtlichen und Rechtlichen eindeutig greifbar wird (Handauflegung und apostolische Sukzession) und darum das Wirksamwerden dieser Funktion von der Legitimität der Beauftragung her sicher wird und nicht bloß umgekehrt die Gültigkeit der Beauftragung vom tatsächlichen Wirksamwerden der Funktion. Anderseits aber gibt es in der Kirche Gottes Einwirkungen des Geistes Gottes auf die einzelnen Glaubenden, die vom Menschen her nicht erzwingbar, von den amtlichen Organen nicht vorhersehbar und verwaltbar und durch die Setzung der Sakramente allein nicht erreichbar sind und dennoch in der Kirche in verschiedenster Gestalt und Intensität auftreten. Ist aber das Bestehen einer Hierarchie göttlichen Rechtes mit Vollmachten, die nicht jedem Getauften zukommen, definierte Glaubenslehre (DS 944, 1610, 1767 ff., u. ö.) und kann durchaus als selbstverständliche und unbezweifelbare Lehre des ordentlichen Lehramtes angesehen werden, daß es Gnadenwirkungen des Geistes nicht nur in der Kirche (zum individuellen Heil des einzelnen), sondern auch für die Kirche gibt, die nicht mit diesen Amtsvollmachten und deren Ausführungen identisch sind, dann ist die Tatsache dieses Unterschiedes nicht zu bezweifeln. Gehören sie aber beide zu den konstitutiven Elementen der Kirche, dann kann eine praktische Theologie, die den situationsgerechten Selbstvollzug der Kirche zum Gegenstand hat, nicht so tun, als beschränkte sich ihre Aufgabe auf Anweisungen über den rechten Gebrauch allein der Amtsvollmacht.

Ist an der Tatsache eines solchen Unterschiedes auch

nicht zu zweifeln, so ist der eigentliche Grund dieser Unterscheidung und damit auch das Wesen des Amtes und des freien Charismas doch noch einer weiteren Verdeutlichung bedürftig und fähig. Man kommt der Eigenart des Amtes in der Kirche in seinem Unterschied zu den freien Charismen und gleichzeitig in der innersten Zusammengehörigkeit dieser beiden Gaben nicht genügend nahe, wenn man bloß von dem Vorstellungsmodell der rechtlichen Erteilung von bestimmten Vollmachten durch diejenigen ausgeht, die im ursprünglichen und selbstverständlichen Besitz dieser Gewalt sind. Dies auch dann nicht, wenn man den Besitz dieser Vollmachten als dauernden konzipiert und die Übertragung in ein für allemal bestimmten, gesellschaftlich greifbaren und so rechtlich ausweisbaren Formen geschehen läßt. Daß dies nicht genügt, so unerläßlich dieses Modell auch für den Begriff des Amtes in der Kirche sein mag, läßt sich durch eine doppelte Überlegung verständlich machen: Einmal wird dadurch die Eigentümlichkeit des Amtes in der Kirche im Unterschied zum Amt in der Synagoge und auch zu dem eines göttlich autorisierten Amtes in einer profanen Gesellschaft nicht deutlich. Von daher könnte zwar noch ein Unterschied zwischen diesen Ämtern in ihrem materialen Inhalt verständlich gemacht werden, nicht aber in der formalen Struktur des Amtes als solchem; zweitens läßt sich von daher allein nicht verständlich machen, warum es freie Charismen in der Kirche und für sie selbst gibt, da man sich ja denken könnte, daß sämtliche Funktionen in der Kirche auf einer solchen Amtsbeauftragung beruhen könnten, wenn einfach diese Ämter durch eine solche formale Beauftragung mit einer bestimmten Funktion in der kirchlichen Gesellschaft und für sie konstituiert würden. Natürlich werden diese Ämter letztlich konstituiert durch eine Sendung und Beauftragung bestimmter Menschen durch Gott und Christus, der diesen Menschen bestimmte Vollmachten und damit Rechte gegenüber anderen Menschen verleiht. Aber die Eigenart dieses Amtes in der Kirche kommt doch daher, daß es ein Amt in der *Kirche* ist und vom Wesen der Kirche selbst seine Eigenart erhält.

Wir sehen diese Eigenart am besten, wenn wir das Amt in seinen höchsten, d. h. indefektiblen Vollzügen, also als infallibles Lehramt und Sendung der Sakramente *ex opere operato* sehen und uns fragen, *warum* es ein *solches* Amt gibt. In der vorchristlichen Heilsgeschichte gab es solch ein Amt nicht. Denn Sakramente in diesem Sinne und ein Lehr*amt* im Unterschied zu einem nicht institutionalisierten Prophetentum waren nicht gegeben, obwohl es mindestens in der legitimen Religion des Alten Testaments ein von Gott her autorisiertes Amt der Könige und der Priester gab. Die Eigenart des neutestamentlichen Amtes kommt nun aber zweifellos von der eschatologischen Eigenart der Kirche her: Die Kirche im neutestamentlichen Sinne, d. h. im Unterschied zu einer legitimen religiösen Institution vor Christus, ist die bleibende Präsenz Christi (sowohl als Frucht des Heiles Christi wie auch als dessen Vermittlung). In Christus aber und nur in ihm ist die unlösliche Einheit inkarnatorischer Art von Gott und Mensch, von Gnade und geschichtlicher Greifbarkeit gegeben. Wegen dieser unvermischten und untrennbaren Einheit des Göttlichen und Menschlichen in Christus gibt es diese Einheit auch in der Präsenz Christi, die die Kirche ist, gibt es die Indefektibilität dieser Kirche überall dort und nur dort, wo sie als eben diese Präsenz Christi in der Welt sich schlechthin engagiert, gibt es das indefektible Amt in Lehre, Gnadenzusage und im übrigen Selbstvollzug der Kirche, gibt es das Amt in der Kirche überhaupt, insofern dieses gerade für die Kirche als solche charakteristisch ist.

Das will sagen: Weil die Kirche eine *Gesellschaft* ist, gibt es in ihr notwendigerweise ein Amt; weil aber diese Gesellschaft die eschatologische Präsenz des Heiles Christi ist, gibt es in ihr ein Amt, das unter bestimmten Voraussetzungen durch eine besondere Hilfe Gottes in manchen Fällen indefektibel ist. Wäre das Amt in der Kirche nur von der Art, wie es in jeder legitimen, dem Willen Gottes entsprechenden Gesellschaft gegeben sein muß, dann könnte es „von unten" gegründet werden und hätte doch, wie legitime menschliche Autoritäten in einer profanen „gottgewollten" Gesellschaft, die göttliche Autorisation hinter sich, bliebe aber, wie die konkrete Gestalt und Verwirklichung einer solchen Gesellschaft, überholbar und defektibel. Das Amt der Kirche aber ist durch Gott gerade darum und insofern gegründet, als er die indefektible Kirche als die endgültige Repräsentanz der inkarnatorischen Wahrheit und Gnade Christi in der Welt konstituiert. Insofern auf diese Weise Amt entsteht, ist es seinem Wesen nach indefektibel, d. h. umgekehrt: es ist überhaupt nur *juris divini*, wo und insofern es diese indefektible Präsenz Christi als solche repräsentiert und in seinem Handeln absolut engagiert. Wo dies nicht der Fall ist, ist überhaupt kein Amt göttlichen Rechtes gegeben, sondern entweder Amt menschlichen Rechtes, indem sich frei beurteilte Befähigung von unten (also letztlich freies Charisma) in einer immer vorläufigen und wechselnden Weise aus praktischen Gründen institutionalisiert, oder eben freies Charisma selber. Damit ist nicht gesagt, daß der Vollzug des Amtes *juris divini* in jedem Fall *in indivisibili*, also in jedem Fall indefektibel oder gar nicht gegeben sei; denn die einzelnen Vollzüge des Amtes bilden bei der pluralen Verfassung des Menschen und der Kirche eine Einheit von Momenten, bei denen das einzelne Moment das Wesen dieser Einheit nicht auch schon voll in sich tragen muß (so wie z. B. die Freiheit des Menschen von ihrem Wesen her die totale Selbstverfügung des Menschen über sich selbst in Endgültigkeit hinein ist und doch dieses Wesen nicht in jedem Akt freier Art – z. B. in einer läßlichen Sünde – gegeben ist). Wo also Amt in der Kirche schlechthin und d. h. Amt, das dem eschatologischen Wesen der Kirche entspricht, gegeben ist, ist es Amt *juris divini*, an sich indefektibles Amt und totales Selbstengagement der Kirche. Wo solches Amt aber nicht gegeben ist, haben wir es in der Kirche grundsätzlich mit freien Charismen zu tun, die höchstens noch nachträglich und sekundär in etwa institutionalisiert werden, soweit so etwas möglich ist.

Von hier aus läßt sich auch verstehen, daß der Selbstvollzug der Kirche als ganzer nicht durch das Amt in diesem

Sinne allein getragen sein kann und also, weil doch Selbstvollzug der Kirche als solcher gemeint ist, der freien Charismen und der Charismatiker bedarf. Kein geschichtliches und zeitliches Wesen kann sich bloß durch solche Akte vollziehen, in denen es sich je gänzlich und in einem totalen Engagement setzt. So etwas würde der Zeitlichkeit, Geschichtlichkeit und der Pluralität in einem solchen Selbstvollzug widersprechen. Gerade die Kirche aber ist die pilgernde Kirche, die ihrer Vollendung erst entgegenwandert, die ihr eigenes indefektibles Wesen (als eschatologische Selbstmitteilung Gottes an die Menschheit in Christus) zwar besitzt, aber eben in Glaube und Hoffnung und nicht im Schauen. Würde sie also immer schlechthin und in jedem Akt indefektibel handeln (und diese Indefektibilität nicht nur als negative Grenzziehung, sondern als absolute Fülle dieses Selbstvollzuges verstanden), würde sie nicht mehr die zeitliche und geschichtliche und in Hoffnung pilgernde Kirche, sondern die Präsenz des endgültigen Reiches Gottes selber sein. Dies sagt nun nicht einfach, daß der Selbstvollzug der Kirche ein äußerliches Gemenge von indefektiblen und defektiblen Akten dieses Selbstvollzugs sei. Denn in allen ihren Akten muß sich sowohl ihre eschatologische Indefektibilität wie auch ihre pilgerschaftliche Existenz auswirken. Innerhalb solcher Akte braucht und kann das Verhältnis dieser beiden Seiten nicht immer genau dasselbe sein, aber diese beiden Momente können in keinem solcher Akte fehlen. Das Ereignis des freiesten Charismas ist also spezifisch christliches Charisma, in seiner Eigenart mitbestimmt vom Wesen der indefektiblen Kirche, insofern es in spezifisch christlichem Glauben und Hoffen erfahren und angenommen wird und ein Wirksamwerden jener Gnade ist, die sich unwiderruflich in Christus und der Kirche der Welt so geschenkt hat, daß diese „Reuelosigkeit" der Gnade in der geschichtlichen Kirche offenbar geworden ist. Und umgekehrt: Das amtlichste *opus operatum* und die unfehlbarste Lehrentscheidung der Kirche stützen sich zu dem hin, was sie eigentlich meinen wollen, auf das amtlich nicht mehr verwaltbare, freie Charisma, insofern die unfehlbare Zusage der Gnade im Sakrament nur wirksam wird, wo die nichtsakramentale Gnade die Annahme der sakramentalen Gnade durch die von ihr geschenkte „Disposition" bewirkt, und insofern die unfehlbare Lehrentscheidung nur wirklich richtig und heilswirksam verstanden werden kann, wo sie in der amtlich nicht mehr verwaltbaren Gnade des Glaubens und des Glaubensverständnisses gehört wird.

Von da aus läßt sich nun sagen: Der Selbstvollzug der Kirche ist getragen vom freien Charisma aller Glieder der Kirche, insofern der ganze Selbstvollzug in *Glaube, Hoffnung* und *Liebe* geschieht, deren Gnade nicht adäquat von einem „Amt" verwaltet werden kann, und eben dieser charismatisch getragene Selbstvollzug der Kirche wird dort amtlich und vom Amte getragen, amtschaffend und voraussetzend, wo dieser geschichtlich und gesellschaftlich greifbare Selbstvollzug die Kirche als ganze so engagiert, daß sie aufhören würde, die eschatologisch endgültige Präsenz Christi in der Welt und in der Geschichte zu sein, würde dieser ihr greifbare und geschichtliche Akt das nicht sein, was zu sein er beansprucht. Mit diesen Überlegungen ist nicht gemeint, daß das konkrete Amt und die konkreten Bestimmungen seines Vollzugs (in indefektibler oder defektibler Weise) aus diesen abstrakten Prinzipien abgeleitet werden könnten auch dann, wenn dieses konkrete Amt und sein konkreter Vollzug noch nicht bekannt wären. Es ist mit diesen Überlegungen nur gemeint, daß in ihnen das innerste, metaphysische Wesen dieses Amtes berührt wird, weil und insofern es in seiner konkreten Wirklichkeit erfahren worden ist. Und nachdem von der aposteriorischen Erfahrung dieses Amtes aus Schrift, Lehre und Praxis der Kirche sein Wesen einmal reflex erkannt ist, läßt sich von daher durchaus auch wieder eine praktische Norm für dieses Amt in den Fällen ableiten, wo dies bisher in der Praxis nicht ganz klar möglich gewesen war.

45 Ordensleben

Das Zweite Vatikanische Konzil hat in dem großen, bedeutsamen Traktat über die Kirche, in der Apostolischen Konstitution „Lumen Gentium" ausdrücklich erklärt, daß das Ordensleben zur Kirche gehört und gehören muß, zwar nicht in derselben Weise wie das Amt, aber in einer anderen, ebenso entscheidenden Weise. Das Ordensleben gehört nicht deswegen zur Kirche, weil Ordensleute von vornherein die besseren oder die eigentlichen Christen sein wollten. Jene, die am meisten lieben, die am treuesten glauben, die am stärksten hoffen, sind die besten, die entscheidenden Christen. Wo dieses Christentum geschieht, weiß Gott in der Verteilung seiner Gnade, und es ereignet sich in allen Ständen und Berufen des Christentums.

Was Christentum eigentlich soll, soll gemäß der Forderung des Zweiten Vaticanum im Ordensleben lebendig sein und in Erscheinung treten: letztlich *Glaube, Hoffnung* und *Liebe,* Glaube an das ewige Leben, Hoffnung auf die absolute Zukunft, die Gott selber ist, und eine Liebe, die absolut in Einheit die Liebe zu Gott und zum Nächsten ist.

Was ist denn das Wesen des Christentums? Zunächst könnte man einfach sagen: Hoffnung. Hoffnung, daß dieses Schreckliche, Finstere, scheinbar Aussichtslose, das sich in einem Leben ereignet, dennoch einen seligen Ausgang nimmt. Christentum ist Hoffnung. Christentum ist Liebe zum Nächsten, und zwar eine Liebe zum Nächsten, die ihre letzte Kraft aus dem glaubenden Blick auf den Gekreuzigten und Auferstandenen gewinnt. Durch alle diese Erfahrungen wissen wir erst, was gemeint ist, wenn wir „Gott" sagen. Nur der, der durch alle Finsternisse des Lebens hindurch auf einen letzten, seligen Sinn und Ausgang des Lebens hofft, der versucht, den Nächsten selbstlos zu lieben, der den Anschluß an Jesus den Gekreuzigten und Auferstandenen findet, weiß letztlich, wer mit diesem Wort „Gott" gemeint wird; sonst stellen wir uns darunter irgend etwas Seltsames vor, oder es ist nur eine leere

Hülle, die man gebraucht, ohne zu wissen, was damit gemeint ist.

Dieses Wesentliche des Christentums darf nicht Theorie in Köpfen und in Sonntagspredigten bleiben, sondern muß konkretes, unmittelbares, nüchternes, gewöhnliches Leben mitten im sogenannten profanen, weltlichen Alltag werden. Da muß Hoffnung, Glaube, Liebe, Treue zum Nächsten gelebt werden. Diese Forderungen verwirklichen vielleicht andere ebenso, vielleicht sogar vorbildlich. All diese Dinge sind keine Privilegien, die wir Ordensleute für uns allein in Anspruch nehmen könnten. Aber wir haben uns zu diesem letzten Sinn des Lebens bekannt und wollen gewissermaßen diese höchsten Ideale, gerade weil sie mitten in unserem Leben greifbar werden müssen, ganz konkret mitten im Alltag unseres Lebens organisieren und institutionalisieren; wir wollen sie Praxis werden lassen in einer Kirche, in der es Menschen gibt, die bezeugen, daß sie hoffen, daß sie das Leben der Liebe leben, die auch dort noch standhalten, ohne zu verzweifeln, wo das Leben in die Unbegreiflichkeit des Schicksals des Gekreuzigten hineingezogen wird. Diese Menschen bilden die Kirche, und sie bewirken, daß diese Kirche ein Zeichen der Hoffnung, ein Symbol der Liebe, ein Anruf der Verantwortung für den Nächsten wird. Zu diesen Menschen, die so in der Kirche Zeugnis ablegen wollen, konkret und einfach, praktisch, ohne leeres Gerede, in der Tat des Lebens, sollten gerade die Ordensleute gehören. Sie sollen nach dem Wort des Zweiten Vaticanum ein Zeichen dessen sein, was die Kirche für die Welt sein soll: eine Proklamation, eine immer erneute Bestätigung und Bezeugung dessen, daß die Welt im letzten in Gottes Macht, in Gottes Liebe, in Gottes Treue, in Gottes Barmherzigkeit, in Gottes seliger Zukunft geborgen ist.

Selbstverständlich schreiben wir uns nicht das Privileg zu, allein Zeichen der Kirche zu sein. Ein Mann, der mitten im Leben treu und selbstlos seine Pflicht tut, eine Mutter, die sich für ihre Kinder opfert, ein Kranker, der hoffnungslos den Tod vor Augen, daliegt und dennoch sich gelassen und ergeben in die Hände des unbegreiflichen Gottes birgt – alle diese Menschen sind als Menschen der Kirche, die sich zu Jesus Christus bekennen, ebenso Zeugen dessen, was die Kirche sein soll, sind Träger der Funktion der Kirche, Hoffnungssignal für das Heil der Welt inmitten einer Welt, die finster zu sein scheint, trotz aller großartigen Errungenschaften, deren sie sich heute rühmt. Wir nehmen dafür kein Privileg in Anspruch. Wir empfinden uns nicht exklusiv dafür berufen.

Aber warum sollten wir Ordensleute nicht sagen: Wir wollen auf unsere Weise, so wie Gott es uns gegeben hat, so wie es für die Welt auch, wenn auch nicht allein, notwendig, segensreich und nützlich ist, dem Nächsten dienen in Wort, in Tat, in Liebe, in Treue, in Sorge, in Selbstlosigkeit, im Gebete. Wenn andere es anders machen – Gott gibt seine Gnade, seine Gaben, wie er will; sie sind gesegnet. Aber wir nehmen für uns das Recht in Anspruch, es auf unsere Weise zu tun. Und es ist doch wahrhaftig nicht so, daß die Welt gerne auf diese Tat, dieses Zeugnis verzichten würde, am allerwenigsten gerne auf die, die gerade den Kranken und den Sterbenden, den Armen und den Kleinen dienen. Denn da wird die Welt am ehesten noch davon überzeugt, daß es noch etwas anderes als verschleierten Egoismus, als Kampf ums Dasein gibt, daß es wirklich so etwas wie Liebe, wie Glaube, wie Hoffnung des ewigen Lebens gibt und geben kann.

46

Berufung

Wenn es sich um eine Berufung handelt, in der ein bestimmter Beruf im normal-bürgerlichen Sinne gewählt werden soll, dann haben viele Menschen den Eindruck, sie müßten eine irgendwie deutlich greifbare Inspiration spüren. Das gilt für solche, die sich zu einem geistlichen Beruf – Priestertum und Ordensleben – entscheiden wollen, wie aber auch für andere, die bei ihrer Berufsentscheidung für einen scheinbar profanen Beruf doch Wert darauf legen, den Willen Gottes und seine Weisung zu erfüllen. Sie meinen, dieser Wille Gottes sei in den allgemeinen Prinzipien und Normen allein für ihren konkreten Beruf nicht konkret genug enthalten, also müsse Gott ihnen in einer Art Privatoffenbarung, in einer Art himmlischer Inspiration kundtun, welchen Beruf sie wählen sollen. Wo sie eine solche nicht zu spüren vermeinen, glauben sie dann, daß für diesen oder jenen Beruf keine wirkliche Berufung vorliege. Das ist eine Vorstellung, zu der das Wort „Berufung" immer wieder zu verleiten scheint. Das gilt besonders dann, wenn es sich um die Berufung zu geistlichen Berufen handelt.

Anfang dieses Jahrhunderts war hinsichtlich der geistlichen Berufe diese Frage in der katholischen Kirche sehr aktuell und ist ausdrücklich diskutiert worden. Ein französischer Theologe, Lahitton, hat die These vertreten, daß für das Vorhandensein eines geistlichen Berufes, für die Sicherheit, daß Gott diesen Beruf einem bestimmten Menschen zugedacht habe, nichts erforderlich sei als erstens eine wirkliche Eignung für einen solchen Beruf und zweitens die freie Wahl auf Grund der dem Beruf entsprechenden Motive. Bei Vorhandensein dieser beiden Bedingungen sei der Beruf gegeben. Tatsächlich hat Pius X., ohne eine besonders feierliche Erklärung oder Definition abzugeben, diese Auffassung als legitim, als eine Norm erklärt, nach der sich die Betroffenen, die Beichtväter, Seelenführer, spirituellen Berater eines Menschen durchaus richten dürfen, ja sogar sollen.

Vielleicht hat man bei dieser Entscheidung den Menschen etwas zu sehr als aus sachlichem Verstand und freiem Willen und aus sonst nichts zusammengesetzt gedacht. Man hat dabei vielleicht übersehen, daß ein konkreter Mensch mit seinem Unterbewußtsein, mit seinen sonstigen Anlagen, mit seiner nicht veränderbaren, bisherigen Lebensgeschichte usw. ein sehr viel komplizierteres Wesen ist als eben ein rationalistisch interpretiertes Geeignetsein plus einer legitim motivierten freien Entscheidung. Da aber alle diese anderen Dinge, die bei einer vernünftigen Berufswahl noch vorhanden sein müssen, durchaus sinnvoll zur *Eignung* des betreffenden Menschen gerechnet werden können und müssen, ist also auch von einer moderneren Psychologie und Anthropologie her gegen diese Theorie von Lahitton grundsätzlich nichts einzuwenden, wenn auch die Frage, wie man genauer diese erforderliche Eignung und die Legitimität und Reinheit der Motive erkennen könne, schwieriger ist, als man vielleicht damals bei einem sozusagen kirchlichen Rationalismus und Stoizismus anfangs des 20. Jahrhunderts gedacht hatte.

Wenn wir so die Grundidee dieser Theorie als legitim erachten, dann kann man einem, der vor einer Berufswahl steht, ruhig sagen: Lauere nicht auf irgendeine mystische Erleuchtung und Inspiration von oben! Prüfe nüchtern, vielleicht auch mit Hilfe von psychologischen und anderen Beratern, ob du für diesen Beruf angesichts all deiner Anlagen, Erfahrungen, Triebe, inneren und äußeren Verhältnisse geeignet bist. Prüfe, ob du die richtigen Motive hast, also z.B. Priester werden willst, nicht um ein hochgeachteter Bischof zu werden, sondern um den Menschen zu dienen. Und wenn du durch eine solche Prüfung zu einer positiven Entscheidung findest, dann kannst du ruhig und nüchtern sagen: Ich habe eine Berufung für diesen oder jenen Beruf, und ich brauche nicht in einem spirituellen Mystizismus zusätzlich zur Eignung und zum freien, richtig motivierten Entschluß noch irgendwelche andere Erfahrungen ängstlich suchen, um dann sagen zu können, hier ist eine von Gott gegebene Berufung vorhanden. Gott gibt die Berufung eben dadurch, daß er die Eignung dazu gibt und durch seine Vorsehung dafür sorgt, daß richtige Beweggründe für einen solchen Entschluß gegeben sind.

Eine weitere Schwierigkeit, die bei Berufsfragen (besonders hinsichtlich geistlicher Berufe) in den jungen Menschen von heute gegeben ist, besteht darin, daß ein solcher Beruf seinem Wesen nach und in der Interpretation der Kirche eine Dauerbindung bedeutet und daß auf der anderen Seite gerade junge Menschen sich fragen: Weiß ich denn, ob ich auch nach fünf, zehn oder dreißig Jahren noch so bin, daß ich diese Dauerverpflichtung erfüllen kann?

Die Angst, sich auf etwas für das ganze Leben einzulassen, wofür man von sich aus keine genügende Sicherheit, Gewißheit und Garantie hat, diese lebenslängliche Verpflichtung wirklich erfüllen zu können, ist heute sehr verbreitet. Eine solche Angst ist verständlich. Man erlebt, daß die Struktur einer Gesellschaft und ihrer Mentalität sich viel schneller als früher verändern. Die äußeren Stützen durch eine einheitliche öffentliche Meinung für einen geistlichen Beruf sind nicht mehr so gegeben, wie dies früher der Fall war. Rasche Veränderungen hinsichtlich der Mentalität, die dann wiederum den einzelnen beeinflussen, beobachtet man ebenso bei den Ehen, die ja auch auf Lebenszeit eingegangen werden und dann oftmals sehr rasch zerbrechen. Solche und ähnliche Dinge bewirken heute bei der Wahl eines geistlichen Berufes große Unsicherheit und Angst. Man traut sich nicht, eine solche Verpflichtung für Lebenszeit auf sich zu nehmen.

Was ist dazu zu sagen? Vielerlei. *Erstens* muß man sehen, daß dieses Problem eigentlich immer und überall gegeben ist. Es gibt zwar im menschlichen Leben, ganz allgemein gesehen, sehr viele Entscheidungen, die man irgendwie wieder zurücknehmen kann. Man kann sich entschließen, heute in Wien zu wohnen und sich nach zwei Jahren entschließen, von nun an in St. Pölten zu wohnen. Man kann heute diese Krawatte kaufen und morgen eine andere. Es gibt sicher sehr viele Entscheidungen, die revidierbar sind. Aber wenn man genau zusieht, ist das menschliche Leben doch immer wieder unvermeidlicherweise vor nicht revidierbare Entscheidungen gestellt. Selbst wenn man also die Unauflöslichkeit der Ehe ablehnen würde, müßte man doch sagen, daß für jemand, der sich z.B. nach zehn Ehejahren scheiden läßt, trotzdem die Entscheidung, die für diese vorausgegangenen zehn Jahre getroffen worden ist, nicht mehr revidierbar ist. Man kann die eine Lebenszeit nur einmal leben, und hat man sie gelebt, dann ist diese Chance, die man damals hatte, endgültig erledigt.

Das muß sich ein junger Mensch heute sagen: Das Leben ist so, daß man unweigerlich, ob man will oder nicht, Entscheidungen zu treffen hat, die man im eigentlichen Sinne nicht mehr rückgängig machen kann. Und weil man das nicht kann, muß man den Mut haben, sich zu wagen, ins Wasser zu springen, auch wenn man das andere Ufer, auf das man hinschwimmen will, nicht so deutlich sieht und nicht hundertprozentig sicher weiß, ob man die nötigen Kräfte hat, das andere Ufer zu erreichen. *Der Mut zu irreversiblen Entscheidungen ist etwas, was zum Wesen des rechten, tapferen Menschen notwendigerweise gehört.*

Zweitens: Damit ist das Problem allerdings noch nicht gelöst. Man kann natürlich sagen: Solche Entscheidungen gibt es zwar, sie werden vom Leben abverlangt, man ist – wie Sartre sagen würde – „zur Freiheit verdammt", und zwar zu einer Freiheit, die wohl nach vorne weitergehen kann, aber den gewählten Weg davor nicht noch einmal durchschreiten kann. Aber man könnte sagen, besonders bei einem geistlichen Beruf sei die Sache doch noch etwas schwieriger.

Wiederum muß man zunächst zugeben, daß eine andere Berufswahl in einem gewissen Sinn leichter abgeändert werden kann und leichter revidierbar ist. Es gibt jedoch auch im profanen Leben oftmals Berufsentscheidungen, die praktisch nicht mehr revidiert werden können. Einer, der z.B. zwölf Semester Medizin studiert hat und dann drei Jahre Assistent war, kann nachher vielleicht Maler oder Schlosser werden. In manchen Fällen kann das noch gelingen, aber die Richtung, die durch eine solche frühere Berufsentscheidung gegeben ist, die Zeit, die man darauf verwendet hat, die Nachteile, die einem Berufswechsel auch von der Gesamtgesellschaft – und der gesellschaftlichen Situation, in der man lebt – her mitgegeben sind, lassen sich einfach nicht mehr abschaffen.

Dasselbe gilt natürlich, mindestens in der Lehre Jesu und der christlichen Kirche, auch von einer Entscheidung für einen bestimmten Ehepartner. Man kann einsteigen, aber im Grunde genommen nicht mehr aussteigen. Wenn heute so leichthin Ehen geschieden werden, dann wird sich in den meisten Fällen doch zeigen, daß ein solches Aussteigen seine menschlichen, existentiellen Konsequenzen hat, die alles andere als gut und erfreulich sind.

Man wird also mindestens sagen müssen: Wenn geistliche Berufe angetreten werden mit dem Bewußtsein, es sei damit eine unwiderrufliche Entscheidung gegeben, man müsse also auch eine dementsprechende Berufung haben, dann ist das im Grunde genommen doch eine menschliche Sache, die – so schwierig sie unter Umständen sein kann und mit so vielen Belastungen sie auch verbunden sein mag – eben doch auch sonstwo vorkommt und nicht nur beim geistlichen Beruf.

Drittens ist noch weiterhin folgendes zu bemerken: Junge Menschen werden im Hinblick auf geistliche Berufe sehr oft sagen: Ich habe hier und jetzt den guten Willen, diese Aufgabe und Verpflichtungen, z.B. des priesterlichen Berufes und Amtes, auf mich zu nehmen, aber wie kann ich denn für mich garantieren, wie das nach zehn, zwanzig oder dreißig Jahren ausschaut?

Ich meine, man könne einem solchen Menschen durchaus nüchtern und sachgerecht folgendes sagen: Wie du und was du in dreißig Jahren bist, kann dir hier und jetzt völlig gleichgültig sein. Vorausgesetzt nur, daß du jetzt den ehrlichen Willen hast, Priester zu werden, daß du deine priesterlichen Amtspflichten und sonstigen Pflichten, die die Kirche mit dem Priesterberuf verbunden hat, ehrlich und richtig erfüllen willst. Und zweitens daß du, soweit es von dir abhängt, soweit es im Bereich deiner Freiheit überhaupt liegt, so lebst, daß du dieses Priesteramt und seine Verpflichtungen auch morgen erfüllen kannst. Du brauchst gewissermaßen nicht jetzt über deine vierzigsten Lebensjahre entscheiden und verfügen. Aber du kannst jetzt so leben und handeln – soweit es in deiner Freiheit liegt –, daß du auch in deinen vierzigsten Lebensjahren noch ehrlich und gerne Priester sein kannst. *Wenn* und insofern wirklich *ohne* deine Schuld, aus Umständen, die außerhalb deiner freien Lebenssteuerung liegen, deine weitere Individualgeschichte sich so gestalten würde, daß das Priestertum nicht mehr vollziehrbar ist, dann kannst du und sollst du unbefangen von der Kirche die Entpflichtung von deinen priesterlichen Verbindlichkeiten erbitten. Und sie wird sie dir auch geben.

Daß einer durch eigene Schuld seine Individualgeschichte so steuert, daß später das Priestertum für ihn nicht mehr vollziehbar ist –, das ist natürlich auch ein Fall, der vielleicht oft vorkommt; praktisch kann es sogar Mischungen solcher Typen geben. Aber diese Frage gehört nicht hierher.

Das Leben ist so, daß man immer wieder Entscheidungen trifft mit einer Hoffnung, die keine rationale Gewißheit enthält, daß es sinnvoll und gut weitergeht. Wer ein Haus baut, muß vielleicht damit rechnen, daß einmal der Blitz einschlägt und das Haus abbrennt, aber deswegen wird er gewiß nicht auf sein Haus verzichten, sondern wird einen guten Blitzableiter auf dem Dach anbringen. Dann ist nach menschlichem Ermessen die begründete Hoffnung und Voraussicht gegeben, daß das Haus erhalten bleibt. So ähnlich müßte eigentlich ein junger Mensch auch denken: Ich beginne meinen spirituellen priesterlichen Lebensweg, ich versuche – soweit es von meinem guten Willen abhängt – meine innere eigene Entwicklung, die ja nicht nur Zufall oder blindes Schicksal ist, so zu steuern, daß ich immer Priester sein kann. Und im übrigen, kann dieser junge Mensch sagen, vertraue ich auf Gott und auf mein Leben, auch wenn es weithin von Umständen abhängt, die außerhalb meiner Macht und Freiheit stehen. Dann wird mein Leben so oder so einen sinnvollen Verlauf nehmen.

Natürlich haben wir alle eine gewisse Lebensangst. Wir sind innerlich und äußerlich immer auch die Bedrohten, Menschen, deren Leben nicht von vornherein als glücklich und selig vollendbar garantiert ist. Aber diese Lebensangst kann nicht überwunden werden durch eine Flucht vor einer mutigen Entscheidung. Man muß, wie Ignatius von Loyola sagt, mit beiden Beinen in seinen Entschluß hineinspringen. Wenn man nach vernünftiger Selbstbeurteilung und nach dem Urteil vernünftiger geistlicher Berater eine

Eignung für einen geistlichen Beruf hat und sich nüchtern und ehrlich sagen kann: Ich will darin der Kirche und in der Kirche den Menschen und in den Menschen Gott und Jesus Christus dienen und ich bemühe mich, andere Motive, die trotzdem noch mitschwingen können, nicht die Oberhand gewinnen zu lassen, dann soll man wirklich im Vertrauen auf Gottes Führung ruhig glaubend und hoffend eine Berufung zu einem geistlichen Lebensstand in sich erkennen. Der freie Entschluß zu einem sinnvollen Beruf, den man wirklich ausüben kann und will, bedeutet schon eine solche Berufung.

47

Berufsethos

Beruf ist ursprünglich ein biblisches Wort mit einem theologischen Inhalt, auch wenn heute jede Teilfunktion in einer Gesellschaft, die für sie notwendig oder nützlich ist und eine gewisse Dauer hat, mit dem Wort Beruf bezeichnet wird. Für das geistliche Leben eines Christen von heute ist es von großer Bedeutung, daß er seinen „weltlichen" Beruf auch als eine Aufgabe und als bedeutsamen Inhalt seines geistlichen Lebens wiedererkennt, daß sein weltlicher Beruf auch wieder eine göttliche Berufung im biblischen Sinne wird. Heute ist die Gefahr groß, das geistliche Leben nur als außerhalb der Berufsarbeit liegend zu sehen und zu pflegen.

Das geistliche Christsein und die irdische Berufsaufgabe werden nur zu oft als zwei verschiedene Lebensbereiche empfunden, die nichts oder nur wenig miteinander zu tun haben. Ein ernsthafter Mensch wird zwar auch heute noch sehen, daß mit seinem irdischen Beruf auch sittliche Forderungen, „Berufspflichten" wie Ehrlichkeit, Treue, Fleiß usw. gegeben sind. Aber damit ist ein irdischer Beruf doch noch nicht wirklich in das geistliche Leben als solches integriert als ein wesentliches Moment, und der Christ wird im allgemeinen sein geistliches Leben erst dort sehen, wo er betet, die Liturgie der Kirche mitvollzieht, wo er sein eheliches Leben als von Gottes Gnade getragen erfährt, wo er mit den letzten Bitterkeiten und Enttäuschungen des Lebens und schließlich mit seinem Tod gelassen und hoffend fertig wird.

Die Berufspflichten werden heute oft nicht als Teil der himmlischen Berufung durch Gott in Jesus Christus, als Aufgabe und Abenteuer im Heiligen Geist erfahren, und doch wäre dies durchaus möglich. Nicht als ob die Nüchternheit und Mühsal des alltäglichen Dienstes im Beruf glorifiziert werden solle. Das gelassene und geduldige Fertigwerden mit der Banalität und Alltäglichkeit des durchschnittlichen Berufslebens, ohne es gewaltsam zu ideologisieren, gehört selber noch einmal zum Beruf als einer göttlichen Berufung in Jesus Christus. Aber der Christ müßte seinen irdischen Beruf dennoch als himmlische Berufung verstehen können. Eine solche Aufgabe ist in den einzelnen Berufen nicht gleich leicht zu erfüllen. Einem begnadeten Erzieher und Lehrer ist ein solchers Verständnis seines Berufes sicher näherliegend als einem Steinklopfer, der mühsam sein Brot verdient und am Abend froh ist, wenn er seine Berufsarbeit vergessen kann. Aber grundsätzlich ist dieses Verständnis jedes Berufes als göttlicher Berufung möglich. Ein Künstler, ein Forscher, ein Lehrer und Erzieher, ein Staatsmann und Menschen ähnlicher „idealer Berufe" haben es da gewiß leichter, wenngleich auch da der Berufserfolg harte und nüchtern getragene Mühsal erfordert. Aber darum ist es doch nicht unmöglich, in einem harten, von gesellschaftlichen und wirtschaftlichen Verhältnissen aufgezwungenen Brotberuf eine himmlische Berufung zu erkennen.

Wo hinein ist denn jeder Christ immer von Gott berufen? Alle göttlichen Berufungen, wie immer sie gedacht werden, sind Berufungen, den Abstieg des ewigen Gottes in das Fleisch hinein nachzuvollziehen, sind immer Berufungen in irdische Gewöhnlichkeit und Tod, Berufungen, an das Licht in der Dunkelheit zu glauben, Liebe zu verwirklichen, die unbelohnt und unerwidert zu bleiben scheint, sich zu solidarisieren mit den armen und zu kurz gekommenen Brüdern Jesu Christi, die ganz und gar nicht elitär sind, sondern zur gräßlichen Dutzendware der Menschheit zu gehören scheinen. Nur durch die Erfüllung dieser Aufgabe als Sendung nach unten verwirklicht der Christ wirklich seine radikale Übergabe an die Unbegreiflichkeit Gottes als seligmachende, durch Glaube, Hoffnung und Liebe. Anders bliebe er im Kerker seines eigenen Egoismus eingesperrt. Das geistliche Leben ist ein Weg, der am Kreuz Jesu Christi nun einmal nicht vorbeiführen kann, weil alle irdische Erfüllung, so sehr sie als gute Gabe Gottes verstanden, angenommen und genossen werden darf, doch nur Anfang des ewigen Heiles ist, wenn sie der unbegreiflichen Verfügung Gottes im Tode Jesu und darin in unserem Tode hoffend anvertraut wird.

Diese Konstruktur des christlichen Lebens muß nur verstanden und auf den irdischen Beruf angewendet werden, um zu verstehen, daß jeder irdische Beruf eine himmliche Berufung sein kann. Es soll damit nicht gesagt werden, daß die durchschnittlichen irdischen Berufe nur dann, wenn sie harte „Brotberufe" sind, als Berufung zur Nachfolge des Gekreuzigten verstanden werden müssen. Auch bezüglich dieser Berufe hat der Mensch und Christ Recht und Pflicht, sie menschlicher, leichter und erfreulicher zu gestalten, er darf nach „besseren" Berufen streben, soweit ihm dies nur möglich ist. Er kann auch im bescheidensten und mühseligsten Beruf immer noch positiv einen Beitrag, auf den die Gesellschaft gar nicht verzichten kann, zum Leben und Glück der ganzen Gesellschaft sehen; er sollte sich anstrengen, auch noch im bescheidensten Beruf die positiven Seiten zu entdecken, die nur der grämliche und verbitterte Mensch nicht sieht. Aber der Christ hat keinen Grund, einen durchschnittlichen Beruf innerweltlich zu idealisieren und glorifizieren, wie die es tun müssen, die keine ewige Hoffnung haben und darum den mühseligen Beruf, den meist nur die andern tragen müssen, verherrlichen, damit die kleinen Leute geduldig und zufrieden bleiben.

Der Christ muß nüchtern und ehrlich auch im bescheidenen und harten Beruf die Sendung zur Teilnahme am Kreuzesschicksal Jesu erkennen und sie in nüchterner Geduld und in Hoffnung gegen alle Hoffnung annehmen. Nicht nur die angenehmen und „erfüllenden" Seiten, die schließlich doch noch in jedem Beruf entdeckt werden können, sind für das christliche Leben bedeutsam, auch die Härte, die „Frustration", die Langweile, die Banalität eines normalen Berufes (die sogar den idealsten Berufen nicht erspart bleiben) sind als solche Aufgaben und Vollzüge des geistlichen Lebens selber, wenn sie richtig verstanden werden. Nicht nur ein legitimer Kampf gegen die „Frustrationen" eines Berufes, nicht nur das Ausweichen aus der Mühsal des Berufes in Freizeit, Tourismus und sonstiges Privatleben sind christliche Möglichkeiten, sondern alle diese – natürlich immer schrecklich bleibenden – Dinge des normalen Berufes, sind selber als himmlische Berufungen verstehbar. Sie nageln gewiß den Menschen an das Kreuz seines ihn enttäuschenden Lebens, von dem er nicht dadurch herabgenommen wird, daß er ein irdisch seliges Dasein für die kommenden Geschlechter fordert. Aber der betende, in der Leere seines Daseins die unbegreifliche Nähe Gottes erfahrende Christ kann die Frustrationen seines Berufes erkennen, tragen und aushalten in der kurzen Dauer seines Lebens als Teilnahme an dem Tod Christi, der in dieser Finsternis das ewige Licht Gottes endgültig gefunden hat. Das Lichte und das Finstere eines jeden Berufes kann in die Nachfolge Christi führen und himmlische Berufung sein.

48

Ehe

Zwei Getaufte verbinden sich zur *Ehe*. Damit geschieht etwas *in der Kirche*. Wir brauchen hier nicht kirchenrechtlich zu fragen, welche genaueren Bedingungen vom göttlichen oder menschlichen Recht der Kirche und der Natur der Sache her gegeben sein müssen, damit ein solcher Ehebund (nennen wir ihn nicht: „Vertrag"!) *in* der Kirche geschieht und inmitten ihrer „Öffentlichkeit". Aber im Grunde ist das schon durch die Tatsache gegeben, daß es sich um zwei Getaufte handelt und um eine Ehe, die immer eine gesellschaftliche Relevanz hat. Durch den Verweis- und Zeichencharakter der ehelichen Liebe ist die Ehe nie ein bloß „weltlich Ding". Denn diese Liebe selbst ist kein weltlich Ding, sondern das Ereignis der Gnade und Liebe, die Gott und Menschen eint. Wenn *solche* Ehe darum in der Kirche geschieht, ist sie ein Moment des Selbstvollzuges der Kirche als solcher, der von zwei getauften Christen vollbracht wird, die durch die Taufe zur aktiven Teilnahme an diesem Selbstvollzug ermächtigt sind. Sie tun darum als Getaufte gerade das, was der Kirche selbst eigentümlich ist: sie machen das Zeichen der Liebe deutlich, in dem *die* Liebe zur Erscheinung kommt, die Gott und Menschen eint.

Wo aber ein *wesentlicher* Selbstvollzug der Kirche in die konkrete, entscheidende Lebenssituation eines Menschen hinein zur Wirkung kommt, da ist ein Sakrament gegeben. Es bedarf dann dazu keines – historisch nicht nachweisbaren und nicht wahrscheinlichen – *ausdrücklichen* Stiftungswortes Jesu, wie es z.B. beim Abendmahl gegeben ist. Das hier gegebene „Stiftungswort" besteht einerseits in der Anerkennung der religiösen Relevanz der Ehe, wie sie auch durch das Wort und die Tat Jesu erfolgt, und in der Stiftung der Kirche als eschatologischem Heilszeichen für das Reich Gottes (als absolute Nähe Gottes) bis zum Ende. Die Ehe bringt anderseits ihre theologische Tiefendimension schon mit.

Weil man das nicht deutlich sehen konnte, war die Theologie, die sich für die Sakramentalität der Ehe auf Eph 5 berief, immer ein wenig in einer zutiefst gar nicht notwendigen Verlegenheit. Das dort zitierte Wort aus Gen 2,24 schien nämlich die Ehe *überhaupt* – nicht bloß die der Christen – zum Zeichen der Einheit zwischen Christus und der Kirche zu erheben, und man glaubte das nicht leicht zugestehen zu können. In Wirklichkeit ist dies durchaus möglich, wenn genau bedacht wird, was der Zeichencharakter der Ehe in Beziehung auf die eheliche Liebe und deren eigene theologische Dimensionen bedeutet. Wir haben ja in der christlichen Theologie nicht zu behaupten, eine sakramentale Ehe verhalte sich zu einer nicht-sakramentalen Ehe wie ein Sakrament zu einem profanen menschlichen Vollzug. Die beiden verhalten sich vielmehr zueinander wie das *opus operatum* zu einem *opus operantis* das durchaus auch ein Ereignis der Gnade ist. Es ist eine ähnliche Zuordnung wie z.B. eine sakramentale Schuldvergebung zu einer außersakramentalen durch bloße Reue, die auch aus Gnade und in Gnade geschieht. Die Ehe wird nicht erst *Gnadenereignis* dort, wo sie „Sakrament" wird, sondern das Gnadenereignis der Ehe wird *sakramentales* Gnadenereignis als *opus operatum* wo sie als die zweier Getaufter in der Kirche geschieht, genau wie Glaube, der von sich her vor der Taufe rechtfertigt, *opus operatum* in der Taufe wird.

Man hat bisher bei der Ehe, wenn ich recht sehe, in einer seltsamen theologischen Naivität nur jenen Unterschied und jene Einheit nicht reflex herausgearbeitet, die jedem Theologen bei Glaube — Taufe, Buße — Bußsakrament geläufig sind: hier beginnt das gnadenhafte Ereignis der Rechtfertigung auch nicht erst beim Sakrament als solchem, sondern schon bei Glaube und Reue. *Anderseits* erhält dieses Zeichen in der Dimension der geschichtlichen Erscheinung als solcher erst den Charakter einer von *Gott* her *unbedingten* Gnadenzusage, also den des *opus operatum* und so des „Sakramentes", wenn es in der Kirche auftritt und konkret an der geschichtlichen Erscheinung solcher Zusage teilnimmt, die die Kirche als Grundsakrament selber ist. Weil die Ehe der Getauften in der Kirche ein partizipatives Moment des Grundsakramentes der Kirche ist, da beide die einende Liebe der Gnade Gottes zur Erscheinung bringen und solche Ehe es tut *als* Moment an der gesellschaftlichen Einheit der Kirche selbst, darum wird aus der Ehe als Gnadenereignis ein *sakramentales* Gnadengeschehen, in welchem dieses Zeichen teilnimmt an der unwiderruflichen, stets gültig, reuelos bleibenden Erscheinung der Gnadenzusage Gottes an die Menschen, welche Erscheinung die Kirche selbst ist.

Von einer solchen Vorstellung der „Stiftung" dieses Sakramentes her kann auch der dogmengeschichtliche Befund hinsichtlich der Lehre von der Ehe als Sakrament unbefangener gewürdigt werden. Man braucht nicht mit Gewalt eine ausdrückliche Lehre von Anfang an zu postulieren oder zu konstruieren, in der die Ehe immer ausdrücklich als „Sakrament" unter einen allgemeinen Sakramentsbegriff subsumiert worden wäre. Je weniger man einen solchen Begriff braucht und doch das „sakramentale" Wesen eines Heilszeichens in der Kirche erfaßt und erlebt, um so besser ist es. Wenn also dies auch dogmengeschichtlich sich bestätigt, dann ist es nicht verwunderlich oder anstößig.

Das Gesagte ist aber noch etwas auf das hin zu verdeutlichen, was uns vom Katechismus her als Formulierung für die Ehe als Sakrament bekannt ist. Man sagt gewöhnlich, die Ehe sei ein Abbild der Einheit von Christus und Kirche und darum sei sie ein Sakrament. Wenn man Eph 5,22 – 33 liest, erhält man zunächst vielleicht den Eindruck, der entscheidende Gleichheitsgrund zwischen Christus-Kirche einerseits und Ehe anderseits liege darin, daß der Mann Christus repräsentiere und die Frau die Kirche; die Einheit der Ehe als solche selbst wäre dann eine relativ sekundäre Spiegelung der Einheit von Christus und Kirche, die auf einer Spiegelung basiert, in der die Ehepartner gerade mit verschiedenen Rolle getrennt betrachtet werden. Aber man wird doch wohl sagen dürfen, daß auch bei Paulus selbst diese Betrachtungsweise sekundär ist, vielleicht durch den paränetischen Kontext bedingt und in etwa auch sozialgeschichtlich eingefärbt. So wäre nicht einfach der ganze zitierte Text theologisch zentrale Aussage, sondern darin vor allem 5,29 – 33, in der die Einheit der Liebe als solche in *einem* Fleisch und Leib die Parallele zwischen Christus-Kirche und Ehe konstituiert. Das Verhältnis der Überordnung und Unterordnung durch sorgende, helfende Liebe einerseits und durch Gehorsam, Untertänigkeit und „Furcht" anderseits ist nicht die entscheidende Sach-Parallele.

Setzen wir dies hier voraus, dann braucht hier nur verdeutlicht zu werden, wo genauer in der in dieser Überlegung vorgetragenen Grundkonzeption Christus einzutragen ist. Zunächst ist bei Paulus deutlich, daß er in Gen 2 die Schöpfungsordnung in die Gnaden- und Erlösungsordnung einbezogen sieht, so daß jene von Anfang an und so auch von der Ehe Adams an eine Vorbedeutung für diese hatte. Das ist bei uns – wenn auch von ganz anderen theologischen Ansätzen her – mitgesagt, wenn vorausgesetzt werden darf, daß alles sittliche Verhalten des Menschen (und somit auch dessen Voraussetzungen) immer und überall getragen und umfaßt ist von der Gnadenmitteilung Gottes an die Kreatur. „Bund" ist das Höhere und Letzte, das gegenüber der Schöpfung als Setzung nicht-göttlicher Kreatur nochmals den Charakter der ungeschuldeten Gnade hat. Aber gerade so ist „Bund" das Ziel und das Umfassende, das die Schöpfung als Setzung der Bedingung der Möglichkeit, als Setzung des möglichen Bundespartners trägt und umfaßt. Damit hat objektiv alles sittlich-menschliche Geschehen eine verborgene Beziehung auf Christus, in dessen Sein und Tun eben diese Gnadenmitteilung ihre eschatologische Kulmination und Erscheinung findet. Er ist als Ziel Grund der ganzen durch die Gnade gegebenen Dynamik menschlicher Geschichte auf die Unmittelbarkeit Gottes hin.

Wo sich also Einheit in Liebe zwischen zwei Menschen ereignet, in einer Liebe, die nicht bloß eine Zweckeinheit zu irdischen Zielen ist, sondern die Personen selbst in ihrer ewigen End-Gültigkeit meint, da ist Wirkung und Erscheinung jener Gnade, die die eigentlichste Einheit der Menschen bildet. Aber auch umgekehrt: Eben diese selbe Gnade als einheitstiftende zwischen Gott und Mensch erscheint in der Einheit zwischen Christus und der Kirche, und zwar in einer Erscheinung, die absolut, eschatologisch und als Ziel der Grund aller übrigen Gnade und deren einheitstiftender Funktion in der Welt ist. Darum besteht nicht nur eine äußere Ähnlichkeit zwischen der Einheit in der Liebe zweier Menschen und der Einheit Christus-Kirche, sondern auch ein Bedingungsverhältnis zwischen beiden Einheiten: Jene ist, *weil* diese ist. Ihr gegenseitiges Ähnlichkeitsverhältnis ist nicht beiden nachträglich, sondern ein echtes Partizipationsverhältnis durch ursächliche Herkunft der Eheeinheit von der Christus-Kirche-Einheit her.

Von da aus ist es auch verständlich, daß die genauere Eigenart des Verhältnisses zwischen Christus als dem *übergeordneten Haupt* und Kirche als der *gehorsamen*, untertanen *Braut* nicht einfach in genau demselben Sinn übergeht auf die Einheit der ehelich in Liebe Geeinten. Die Einheit zwischen Christus und Kirche ist der Grund der Einheit zwischen Mann und Frau im voraus zur Frage, ob und wieweit diese bewirkte Einheit auch alle Eigentümlichkeiten der bewirkenden Einheit an sich trägt. Insofern die Einheit Christus-Kirche selbst dem gnadenhaften Willen Gottes zur Selbstmitteilung entspringt, gründen *diese* Einheit *und* die Einheit der Ehe in derselben Gnade Gottes, die die Menschen mit Gott und die Menschen untereinander eint. Insofern die Ziele dieses *einen* Gnadenwillens untereinander ein Verhältnis von „Ursache" und „Wirkung" haben, weil *im* Willen zu Christus und der Kirche alles andere gewollt ist, ist die eine Wirkung dieses Gnadenwillens (eheliche Einheit) auch Wirkung des anderen Effekts (Einheit von Christus-Kirche).

Weil aber eben wegen dieses Beziehungsverhältnisses der beiden Einheiten die eheliche Einheit gerade in der Einheit Christus-Kirche zur *vollen* Erscheinung kommt, so läßt sich vieles, was sonst vielleicht an der ehelichen Liebeseinheit undeutlich und unerkannt bliebe, an der Einheit Christus-Kirche ablesen – trotz der Vorsicht, die dabei nötig ist. So hat ja schon Paulus ein gewisses Über- und Unterordnungsverhältnis zwischen Mann und Frau in der Ehe von daher mit Recht begründet, selbst wenn die zu begründende Beziehung teilweise eine *damals* und so nicht immer in gleicher Weise *sittliche Forderung* gewesen sein mag.

Aber es könnten vom gleichen Ansatzpunkt her auch noch andere solche Parallelen bedacht werden: der Charakter des Kreuzes, der beide prägt: die Unwiderruflichkeit des Bundes; die Vorläufigkeit beider, gemessen am Endgültigen, auf das Kirche und Ehe noch warten.

Die Ehe ragt also in einem noch viel radikaleren Sinne in das Geheimnis Gottes hinein, als wir es schon aus der Unbedingtheit der menschlichen Liebe ahnen können. Zwar ist alles noch verborgen unter den Schleiern des Glaubens und der Hoffnung, und dies alles mag noch nicht aufgestiegen sein aus den heimlichen Tiefen unseres Daseins in unseren Alltag. Keine Frage, daß solche Wahrheit auch nicht geschieht über den Menschen und seine Freiheit und sein inneres Ja hinweg. Kein Zweifel also, daß die ehelich Liebenden diese Wirklichkeit im selben Maße erfahren, wie sie dafür ihr Herz glaubend und liebend auftun. Es ist deutlich geworden, daß eine solche Theologie der Ehe nicht in einem introvertierten und „privatisierten" Sinne aufgefaßt werden darf, daß vielmehr die echte christliche Ehe zu allen Zeiten eine wirkliche Repräsentanz der einenden Liebe Gottes in Christus zur Menschheit darstellt. In der Ehe wird die Kirche präsent: sie ist die kleinste Gemeinschaft, die kleinste aber noch wahre Gemeinde der Erlösten und Geheiligten, deren Einheit noch auf demselben Grund aufbauen kann, auf dem die Einheit der Kirche gegründet ist, also die kleinste, aber wahre Einzelkirche. Wenn wir solches in der ganzen Bedeutung zu bedenken und zu leben vermöchten, dann könnten wir etwas getroster und mutiger in wahrhaft christlicher Freiheit zu unseren drängenden und fast zu Tode geredeten „Ehefragen" zurückkehren.

49

Abstand zu den Dingen

Bevor wir die „Indifferenz" als moralische Forderung, als aszetische Norm für uns lesen, ist es gut, sie zunächst einmal als essentiale Struktur des geistigen Daseins zu sehen.

Denn wenn der Mensch immer der ist, der das einzelne Endliche in seiner Erkenntnis und seiner Freiheit erfaßt in einer Grundbewegung auf die absolute Wirklichkeit, auf die absolute Wahrheit und Güte hin, dann transzendiert er immer im notwendigen Vollzug seines geistigen Daseins das Einzelne, er setzt sich von ihm ab, er setzt das einzelne Endliche in einen größeren Horizont ein, er übersteigt es, er macht sich von ihm unabhängig, er ist „indifferent" gegen das Einzelne. Man könnte sagen: Die Transzendenz des geistigen menschlichen Daseins in der Erkenntnis und der Freiheit ist schon jene naturale und übernatürliche Grundindifferenz, die in das Wesen des Menschen eingeschrieben ist und der gegenüber nun an ihn die Frage gerichtet ist, ob er sich in seiner Freiheit mit dieser seiner Wesensindifferenz, die im Grund seines geistigen Daseins vollzogen wird, identifiziert oder nicht. Überall, wo wir das Endliche als endlich, das Gute als vorläufig, das Einzelne als kontingent erkennen, überall dort, wo wir die kleine Wahrheit eines assertorischen Urteils in der Kraft der Bejahung der absoluten Wahrheit sagen, wo wir frei sind, sagen wir eigentlich: es ist im Grunde unseres Wesens eine Indifferenz gegenüber dem einzelnen Endlichen gegeben, die wir, wenn wir nicht indifferent werden, verleugnen und so gegen unser eigenes Dasein zerstörerisch handeln.

Ignatius von Loyola sagt in den Exerzitien, daß es notwendig ist, sich indifferent zu machen. Das, was wir *sind*, ist für das Wesen, das *wir* sind, das bei sich ist, das in Freiheit über sich verfügt, auch unsere *Aufgabe*. Die Wesensindifferenz ist die wesentliche Aufgabe unseres Daseins, ist das, was zu übernehmen ist. Wir müssen uns indifferent stimmen, uns indifferent machen. Das heißt zunächst: Wir müssen in allem, was wir sind im Erfahren, Erleiden, „Erlieben" die Offenheit und das Offenwerden für die größere Wirklichkeit bejahen, annehmen, durchführen. Wir müssen uns für das Größere offenhalten; wir müssen die Transzendenz, die wir sind, sein wollen. Wir sind nie am Ende, wir können nirgends endgültig ruhen, wir sind die Offenen auf die Unendlichkeit Gottes – und das müssen wir sein wollen. Nicht nur in der Theorie, sondern in der Realität der kleinen, bitteren Wirklichkeit unseres Lebens. Da wird es schwer. Da verfallen wir dem Einzelnen, da wollen wir das Einzelne, das wir ergreifen können, zu unserem Gott machen, zum Götzen unseres Lebens; da wollen wir uns nicht aus dem Ort vertreiben lassen, an dem wir uns angesiedelt haben; da werden wir spießbürgerlich; da kommt uns die lächerliche Lappalie unseres normalen Daseins groß, wichtig und bedeutsam vor; da können wir uns nicht etwas nehmen lassen, da können wir nicht opfern, da können wir das Kleine nicht als klein und das Vorübergehende nicht als vorübergehend erkennen. Indifferenz als Aufgabe bedeutet zunächst ein Offenwerden für die größere Wirklichkeit, letztlich für Gott. Das aber ist keine Selbstverständlichkeit, etwas, was von selbst geht. Es ist nun einmal so, daß die Indifferenz als essentiale Struktur unseres geistigen Daseins, wenn sie in der Freiheit der Person übernommen werden soll, etwas ist, was einen geheimnisvollen Widerstand erfährt, der, wenn er überwunden werden soll, Schmerz bedeutet, der so erfahren wird, als ob er der Tod der Person sei. Das Geheimnis der Schuld, der Sünde, des Egoismus, gibt es nun einmal. Vielleicht begreifen wir nicht, wie so etwas möglich ist; verstehen wir nicht, woher eigentlich dieser Widerspruch gegen unsere Wesensindifferenz als Wesen der Transzendenz kommt, aber dieses Sich-indifferent-Stimmen, dieses Sich-und-die-endliche-Wirklichkeit-Lassen, diese Gelassenheit hat in uns in einem tiefen, radikalen Egoismus ihren Gegner. Den gilt es zu überwinden. Darum ist diese Aufgabe nicht eine Selbstverständlichkeit, sondern Schmerz; bedeutet so etwas wie ein dauerndes Sterben in unserem Leben. Die Eroberung der Indifferenz, das immer neue Sich-indifferent-Machen ist schwer, ist hart, ruft immer wieder den Protest von etwas in uns hervor, was sich als das Eigentliche in uns ausgeben will. Wir haben immer wieder den freilich falschen und trügerischen Eindruck, als ob wir doch nur mit diesem oder jenem Bestimmten in unserem Leben die Freien, die Beschwingten, die Seligen sein könnten; wir identifizieren uns immer wieder mit etwas Bestimmtem; wir wollen dieses nicht transzendieren, d.h. loslassen und opfern. Die Indifferenz ist eine Aufgabe, die mindestens aussieht wie Opfer, Entsagen, Verzicht und Tod. Wo und gegenüber welcher Wirklichkeit diese Erfahrung von jedem von uns gemacht werden muß, muß jeder sich selbst fragen.

Dieses Sterben des sündigen Egoismus im Mut zur Indifferenz als dem Mut zu unserem eigentlichen Wesen ist im Grunde ein Mitvollzug des Daseins mit dem fleischgewordenen Logos Gottes. Denn er ist die reine Empfänglichkeit und das reine Empfangen vom Vater und die reine Rückgabe der Wirklichkeit an den Vater. Und er, der Menschgewordene, ist der, der die Herrlichkeit seines Vaters in der Dimension seines menschlichen Lebens durch den Tod empfängt. So ist diese scheinbar so philosophische Indifferenz im Grunde unseres begnadeten Daseins und als Aufgabe unserer Freiheit Mitvollzug des Daseins mit Christus. So ist diese Indifferenz immer auch das Geheimnis. Denn man gibt sich in dieser Indifferenz vom Verstandenen ab an das Unbegreifliche, vom Genossenen an die Verheißung, vom Gegenwärtigen an das Künftige, vom Umgreifbaren an das Unbegreifliche. Man erklärt in dieser Indifferenz, daß man wirklich im Abgrund Gottes allein seinen Stand haben will, daß alles andere, sosehr es von Gott gewollt ist und darum von uns auch bejaht, angenommen, genossen, geliebt werden soll, doch immer nur das ist, was in seiner Endlichkeit aus einem unendlichen Grund und Abgrund aufsteigt und was immer in das Größere und Unbegreifliche Gottes selbst zurückverborgen werden muß. Dieses Sich-indifferent-Stimmen ist darum auch das täglich neu Aufgegebene.

Wir sind nie indifferent, wir werden es immer aufs neue. Denn jedes neu und unvorhergesehen Begegnende als das, was wir in der Odyssee unseres geistigen, religiösen und christlichen Daseins erfahren, ist ein Neues und Unvorhergesehenes und muß immer neu und anders überstiegen werden. Das ist die immer neue Aufgabe, die immer neue Überraschung, der immer neue Schmerz, das tägliche Sterben mit Christus und auch das Großartige unseres Daseins: wir sind nie am Ende. Immer neu geht uns im Überstiegenen, im Gelassenen, im frei Angenommenen der größere Gott auf.

Ignatius von Loyola zeichnet die Grunddimensionen, die letzten zentralen Dimensionen des Vollzugs dieser Indifferenz, wenn er von Gesundheit und Krankheit, von Reichtum und Armut, Ehre und Schmach, langem Leben und kurzem Leben spricht. Drei Dimensionen sind genannt: Die Leibhaftigkeit der Existenz im Gesund- und Kranksein, das Biologische, das Triebhafte, diese innere Selbstbehauptung der leibhaftigen Existenz: alle Triebe und Antriebe unseres inneren Menschen. Demgegenüber sollen wir in Gott einen Grund haben; sollen ein Mensch sein, der, sosehr er das alles annimmt und durch es hindurch sich vollzieht, demgegenüber indifferent ist, d.h. alles immer schon in den größeren Gott hineingeborgen hat. – Die andere Dimension ist die Selbstbehauptung gegenüber der personalen Umwelt, der ausdrücklich geistig-intentional erfaßten Werte: Ehre und Schmach, Reichtum und Armut. Auch diese Selbstbehauptung gegenüber der Umwelt soll durch diese Indifferenz umfaßt, überstiegen werden. – Das letzte und dritte Moment, das mit dem langen und kurzen Leben genannt ist, ist eigentlich die Totalität des Daseins als solche. Wir gehören uns selbst nicht. Die Verfügung der Freiheit über uns selbst besteht, wenn sie richtig getan wird, gerade in dem Über-sich-verfügen-Lassen, so daß wir selbst uns als die Verfügten, als die Nicht-in-sich-selbst-Gründenden, als die Nicht-sich-selbst-Überschauenden arglos und frei annehmen, und in diesem Sinne uns selbst gegenüber indifferent sind. Wir spüren, daß wir erst dort, wo wir von uns abspringen, Stand gewinnen; daß wir erst dort, wo wir uns loslassen, uns besitzen und anders nicht.

50
Mut zur Welt

Das Christentum als die absolute Religion des Heiles schlechthin, das von dem Schöpfer, Erlöser und Heiliger aller Wirklichkeiten geschenkt wird, kann nicht darauf verzichten, zu erklären, daß schlechthin jede Wirklichkeit und jedwedes menschliche Tun umfaßt sein müssen von dem Heilshandeln des Menschen auf sein einziges und letztes Ziel hin, auf die unmittelbare Gottesgemeinschaft, in die alles – jedes freilich auf seine Weise – einbezogen wird. Von hier aus gibt es keinen Bereich, der nicht grundsätzlich *sub ratione peccati et salutis* steht, der nicht heilsbedeutend ist. Von da aus ist die Gefahr gegeben zu meinen, darum sei alles zunächst „Profane" auch schon unmittelbar religiös manipulierbar, alles könne gewissermaßen abgeleitet, in seiner Eigenart verstanden und gehandhabt werden von dieser letzten Zielsetzung aus. Es liegt die Gefahr nahe, das Geheiligte auch als das Sakralisierte oder wenigstens Sakralisierbare zu behandeln. Dort, wo die Wirklichkeit des Menschen, seiner Umwelt und des Materials seines Handelns und Leidens einfach statisch vorgegeben war, lag diese Identifizierung des Geheiligten und des Sakralisierten besonders nahe, war aber praktisch auch „ungefährlich": Die vorgegebene, „natürliche" Wirklichkeit des Daseins war weitgehend der Macht des Menschen entzogen, bloße Tatsache, und bildete darum kein eigentlich religiöses Problem. Das, was der Mensch vor einer solchen Wirklichkeit über das von ihr ihm unmittelbar Aufgezwungene hinaus tun konnte (jenseits der schlichten Lebensfristung und einer primitiven, sich nur sehr langsam und darum fast unmerklich wandelnden „Kultur" und Gesellschaftlichkeit), war das Religiöse selbst in religiöser Innerlichkeit und Kult. Ein Bereich, in dem der Mensch in einer sehr deutlichen und mächtigen Weise schöpferisch tätig sein konnte und der dennoch nicht religiös war, bestand eigentlich nicht, zumal ja auch die Wissenschaften vor Beginn der Neuzeit weithin einen unmittelbar religiösen Ursprung und eine religiöse Zielsetzung hatten. Man wußte zwar *theoretisch* von einem ursprünglichen Pluralismus der menschlichen Erfahrung, des Wissens und der Tat, aber diese theoretische Erkenntnis implizierte noch keine sehr praktischen Konsequenzen.

Dazu kommt eine zweite, *geschichtlich* bedingte Schwierigkeit für den Mut, die „weltliche Welt" auch wirklich weltlich sein zu lassen, ohne dadurch zu leugnen, daß diese weltliche Welt gerade als solche eine eigentümliche Aufgabe für das christliche Heilstun darstellt. Von der „konstantinischen Wende" und vom Mittelalter her sind Kirche und Christenheit faktisch daran gewöhnt, daß alles unmittelbar christlich geprägt und unmittelbar in den Dienst des christlichen Heilswirkens gestellt werden kann oder wenigstens den Eindruck macht, dies sei möglich. Natürlich hat die Auseinandersetzung zwischen Kirche und Staat zu Beginn der Neuzeit die Kirche theoretisch schon lange darüber belehrt, daß es einen wirklichen Unterschied zwischen der weltlichen Gesellschaft und der Kirche gibt; langsam ist die Kirche zu der Einsicht gebracht worden, daß der Staat nicht einfach der verlängerte Arm der Kirche in eine objektiv vorgegebene Welt hinein ist und daß es eine relative Autonomie der Kultursachgebiete gibt. Aber bis in die jüngste Zeit hinein war gewissermaßen einfach zu wenig „Material" gegeben, an dem Christenheit und Kirche eine wirklich deutliche Erfahrung der Weltlichkeit der Welt machen konnten. Bis in die Neuzeit hinein war die Wissenschaft von der *Kirche* aus religiösen Gründen und Zielsetzungen entwickelt und gepflegt, das Schulwesen war bis zu den Universitäten hinauf von der Kirche getragen, die Kunst stand im Dienste der Religion, der Ausgleich sozialer Spannungen war eine Sache christlicher Caritas; kurz, wo der Mensch die Welt nicht nur als vorgegebene hinnahm, sondern in schüchternen Anläufen selbst schuf, handelte es sich zum größten Teil – wenigstens in der bewußten Zielsetzung – um Schöpfungen des religiösen Geistes. Wenn es, wie es selbstverständlich ist, darüber hinaus auch schon anderes, eben Weltliches gab, dann gab es dies in so geringem und so langsam wachsendem Umfang, daß es für das Bewußtsein der Kirche fast unmerklich bleiben konnte. So erfuhr sich Kirche bis heute auch als die fast alles selbst und unmittelbar besorgende und gestaltende Macht der Welt. Darum aber hat sie nicht so leicht, wie es an sich scheinen könnte, den Mut, die weltliche Welt auch unbefangen weltlich sein zu lassen.

Heute aber ist dieser Mut notwendig. Er bedeutet natürlich nicht, daß das Christentum in die abstrakte Innerlichkeit einer „reinen" Gesinnung flüchten, also auf jede Institutionalisierung des Religiösen verzichten sollte; in eine solche Institutionalisierung müssen auch weltliche Wirklichkeiten und Vollzüge einbezogen sein, weil sie ohne diese gar nicht möglich ist. Es kann und soll also, wo real möglich, z. B. spezifisch christliche Kunst, eine im rechten Sinne religiös geprägte Wissenschaft, evtl. katholische Universitäten, erst recht „Bekenntnisschulen", moderne Kommunikationsmittel im Dienste einer explizit religiösen Zielsetzung, christliche „Standesvereine" in der *richtigen* Form und Gestalt usw. geben. Aber dies wiederum darf nicht bedeuten, daß alles profan Weltliche bloß eine widerwillig geduldete Konzession, ein an sich Nichtseinsollendes wäre.

Dieser Mut impliziert auch unter Umständen die Bereitschaft eines „Rückzuges" der Kirche aus weltlichen Bereichen und Aufgaben, die sie bisher durchaus berechtigt und erfolgreich wahrgenommen hat. Ein solcher Rückzug wird faktisch meist als durch die Verhältnisse, ja sogar durch eine Kirchenfeindlichkeit weltlicher Größen erzwungen erscheinen. Aber auch unter dieser empirischen Erscheinung kann dieser Rückzug nicht selten in seinem eigentlichen Wesen freiwillig von der Kirche durchgeführt werden. Die Aufgabe des päpstlichen Kirchenstaates war im Grunde ein solcher historischer Prozeß, der in seinem letzten Wesen eben doch freiwillig war, weil von der Sache selbst her geboten, da heute doch gewiß niemand mehr der Meinung ist, in der heutigen Situation müsse der Papst „an sich" einen solchen Staat haben und er könne dessen Verlust nur protestierend hinnehmen.

Dieser Mut, der unter Umständen solche „Rückzüge" impliziert, ist aus einem doppelten Grund gefordert. Zunächst einmal gibt es einen natürlichen Pluralismus menschlicher Erfahrung, menschlicher Aufgaben und Möglichkeiten, der es dem Christen und der Kirche verwehrt, alle diese pluralen Wirklichkeiten vom christlichen Glauben und durch eine spezifisch christliche oder gar kirchliche Manipulation verwalten zu wollen. Das explizite und reflexe Christentum und die Kirche sind – unbeschadet der Heilsbedeutung aller menschlichen Dimensionen – partikuläre Wirklichkeiten innerhalb des Ganzen aller Wirklichkeiten, die nur von dem Schöpferwillen und der Heilsprovidenz Gottes, nicht aber von einer anderen Instanz (auch nicht von einer kirchlichen) in *direkter* Leitung umgriffen werden. Je mehr die Welt, in der der Mensch lebt, eine Welt wird, die der Mensch selbst aus dem von ihm nicht wieder adäquat durch ein reflexes Prinzip integrierten Pluralismus seiner Bedürfnisse, Möglichkeiten und Bestrebungen heraus schafft, um so weltlicher wird notwendig diese Welt sein, um so deutlicher werden die Grenzen, die für die Amtskirche sogar hinsichtlich der unmittelbaren moralischen Beurteilung dieser Welt gegeben sind.

Damit ist auch schon der zweite Grund für die Notwendigkeit dieses Mutes gegeben. Würde ihn die Kirche nicht aufbringen, wäre sie dauernd überfordert, und das Versagen gegenüber einer Aufgabe, die sie fälschlich als ihre betrachten würde, ließe sie auch vor der profanen Welt hinsichtlich ihrer wirklichen Mission unglaubwürdig erscheinen.

Die Kirche in ihrer Mission und Aufgabe als *Amts*kirche darf auch unbefangen diesen Mut aufbringen, weil er nicht impliziert, daß die weltlich bleibende Welt kein Bereich des Selbstvollzugs des Christen als solchen, keine an sich geheiligte Welt, keine eigentümliche Chance für das Eigentliche des christlichen *Daseins* sei. Da *alles*, was der Mensch in Freiheit tut (auch sein weltliches Tun), die Konkretheit seiner auf Gott bezogenen und durch die Gnade Gottes auf die Unmittelbarkeit zu Gott hin eröffneten Freiheit darstellt, ist solches freies Tun (wenn richtig getan) immer und überall geheiligtes, heilsbedeutsames Tun. Das gilt, auch wenn diese Konkretheit nicht unmittelbar von der letzten religiösen Zielsetzung her deduziert und besorgt werden kann; wohl aber kann und muß sie die Sache einer im letzten auch religiösen Entscheidung sein, wenn sie den einzelnen Menschen und der profanen Gesellschaft in ihrer Konkretheit auch nicht unmittelbar von der Amtskirche zugesprochen werden kann, sondern von den einzelnen Christen selbst in einer existentialen Ethik gefunden werden muß.

Damit ist aber auch schon ein Zweites berührt, was die Haltung der Kirche gegenüber einer bleibend säkularen Welt angeht. Die Amtskirche, die den Mut haben muß, die bleibend säkulare Welt weltlich sein zu lassen, ist nicht einfach identisch mit der Kirche schlechthin; die weltliche Welt anderseits, die nicht sakralisiert werden kann, ist dennoch keine heil-lose, sondern geheiligte und zur Heiligkeit berufene Welt. Somit muß die Kirche, insofern sie die Gemeinschaft aller geheiligten Christen ist, eine spezifische Aufgabe der Kirche als solcher gegenüber dieser Welt erkennen und übernehmen, auch wenn diese Welt die Schöpfung des Menschen selber ist, im wachsenden Maße eine solche wird und so den Umfang des Weltlichen in der Welt mehrt. Diese aktive Schöpfung einer weltlichen Welt ist eine positive christliche Aufgabe. Sie kann zwar nicht von der Amtskirche als solcher übernommen und ausgeführt werden, weil diese Amtskirche ganz konkrete Imperative für die Gestaltung dieser Welt nicht geben kann, sosehr sie auch eintreten muß für die letzten christlichen Prinzipien, die bei der Erfüllung dieser Aufgabe zu respektieren sind. Diese Aufgabe ist aber dennoch nicht einfach sittlich und religiös neutral, sondern bedeutet auch einen Anruf an das gläubige Gewissen der Christen, die (mit allen Menschen zusammen) diese Aufgabe erfüllen müssen.

Die Findung der konkreten Imperative für diese Aufgabe ist Sache einer existentiellen Logik, des Gewissens der einzelnen Christen und der christlichen Träger geschichtlicher Mächte (politischer Parteien, wirtschaftlicher Verbände usw.), die sich von christlichen Prinzipien und einer christlichen konkreten Inspiration leiten lassen wollen. Die Amtskirche hat den Auftrag, bei aller Freilassung der weltlichen Welt die Christen auf diese ihre christliche Aufgabe und Verantwortung hinzuweisen. Die Erfüllung dieser Aufgabe ist nämlich nicht bloß Sache zwangsläufiger naturwissenschaftlicher, technischer und gesellschaftlicher Ursachen, sondern bedeutet auch freie Entscheidung, die immer auch eine christlich-sittliche Relevanz hat.

Wenn solche sittlichen Entscheidungen in dieser Sphäre der weltlichen Welt von Christen richtig getroffen werden (mag auch diese Richtigkeit immer unter dem Wagnis und der Undurchsichtigkeit einer Entscheidung in eine offene Zukunft hinein verdeckt bleiben), dann ist auch dies ein Selbstvollzug der Kirche, auch wenn in diesem Gebiet eine genaue Grenze zwischen dem, was Kirche, und dem, was nur Welt ist, nicht mehr eindeutig gezogen werden kann. Die geheiligte Welt in ihrer bleibenden Weltlichkeit ist Auftrag der Kirche als der Gemeinschaft aller Gläubigen.

Man kann dieser Einsicht nicht dadurch entgehen, daß man erklärt, die übernatürlich-sittliche Entscheidung der Christen und die innerweltliche, geschichtsmächtige und profan vorteilhafte Richtigkeit dieser Entscheidung hätten nichts miteinander zu tun. Gewiß besteht keine einfache materiale Identität unlöslicher Art zwischen diesen beiden Aspekten des menschlichen Tuns. Eine Entscheidung kann guten Gewissens getroffen werden, insofern eine positive Heilsbedeutung vor Gott haben und dennoch – innerweltlich gesehen – verkehrt sein. Dieses Auseinanderfallen zwischen subjektiver Sittlichkeit und objektiver Sachgemäßheit ist bei der Irrtumsgefährdung des Menschen durchaus möglich. Ein solcher Fall wird sogar auf dem Gebiet, das uns hier beschäftigt, besonders häufig vorkommen. Aber da eine katholische Theologie des menschlichen Tuns die subjektive Gesinnung des Menschen vor Gott und die materiale Sachgemäßheit des menschlichen Handelns nie als zwei grundsätzlich disparate Größen betrachten kann, ist zu sagen, daß die von Gott, seiner Offenbarung und seiner Gnade her inspirierte Richtigkeit der sittlichen Entscheidung auf Gott hin auch die größere Gewähr oder Chance bietet, daß auch die materiale Inhaltlichkeit einer solchen Entscheidung sachgemäß ist.

Von diesem Grundansatz her ergibt sich wohl auch, daß viele Institutionen kirchlicher Art, die früher mehr oder weniger eine direkte Manipulation der Welt und der Gesellschaft zum Ziel hatten, nicht notwendig einfach abgeschafft, sondern nur auf die neue Aufgabe und Zielsetzung hin umorganisiert werden müssen. Viele solche Organisationen in den verschiedensten Bereichen können nämlich auch dort noch, wo die Kirche den Mut hat, die Welt weltlich sein zu lassen, einer Aufgabe größter Bedeutung dienen: die Christen auszurüsten mit jener christlichen Glaubenserkenntnis, jener Unterscheidung der Geister, jenem Mut, eine weltliche Aufgabe als christliche zu sehen, wo sie von der Amtskirche konkret nicht befohlen werden kann.

In der konkreten Durchführung all dieser Aufgaben wird der Christ natürlich mit allen anderen Menschen, die guten Willens sind, zusammenarbeiten müssen, auch in Organisationen profaner Art, die die Träger unmittelbarer Art für die Erfüllung dieser Aufgaben sind. Aber eben dies schließt nicht aus, daß Christen *untereinander* überlegen, wie ein solches christliches Konzept solcher weltlichen, Aufgaben aussehen muß. Denn sosehr solche Aufgaben und Unternehmungen in größtem Umfang bestimmt werden durch profane Gesetze und Überlegungen weltlich-empirischer Art, die nichts spezifisch Christliches an sich tragen, so wird dennoch das Ganze solcher schöpferischen, Konzeptionen auch davon abhängen, ob es unter einem christlichen Horizont, in Gehorsam gegenüber den christlichen Werttafeln, von Gottes Eingebung her konzipiert wurde oder nicht.

Eine dritte Aufgabe spezifisch religiöser Art hat die Kirche dieser weltlich bleibenden Welt gegenüber: Sie muß ihr mit der Entschiedenheit und dem Freimut ihres Glaubens sagen, daß die weltliche Welt bleibend unter dem Gesetz der Sünde, des Irrtums und der Vergeblichkeit steht, daß sie grundsätzlich von ihr selbst her unvollendbar ist, nie identisch werden kann durch ihr eigenes Mühen und Planen mit der absoluten Zukunft des Menschen, mit dem Reiche Gottes, das letztlich Gott selbst ist und das von ihm unter Aufhebung der zeitlichen Geschichte und des menschlichen Planens geschenkt wird. Die Kirche muß jedwede weltliche Ideologie, die sich absolut setzt (und damit eigentlich auch erst Ideologie im strengsten Sinne des Wortes wird), entlarven als menschliche Hybris und Utopie, die dem Menschen nicht bloß den Blick auf die absolute Zukunft, die ihm von Gott her entgegenkommt, versperren, sondern sich auch innerweltlich verhängnisvoll auswirken.

Gerade dem Menschen, der mit Recht zur schöpferischen Eroberung einer von ihm selbst entworfenen Zukunft aufgebrochen ist, muß die Botschaft von der Sünde, dem Tod, dem Kreuz und dem Gericht gepredigt werden. Diese „kritische" Aufgabe darf die Kirche aber nicht bloß dadurch zu erfüllen suchen, daß sie dem Menschen in seiner Bewegung auf seine eigenschöpferische Zukunft hin gewissermaßen von außen her diese „Kritik" vorträgt, sie muß ihm vielmehr zeigen, wie diese Kritik aus der eigenen Erfahrung des Weges in die eigene innerweltliche Zukunft hinein sich ergibt. Sie muß ihm sagen, daß das Wachstum des Geplanten immer auch eine Zunahme des Ungeplanten und Unvorhergesehenen ist, daß die Aufopferung für die Zukunft der kommenden Generationen ihren Sinn und ihre Würde und so auch ihre Kraft auf lange Zeit hin verliert, wenn diese Aufopferung die augenblicklich lebenden Menschen nur als Material und Mittel für den Aufbau der Zukunft ohne Rücksicht auf den absoluten Wert, das Recht und die Würde der gegenwärtig lebenden Menschen betrachtet.

Die Kirche muß warnen vor jenen Utopien, die nicht Anfang einer wirklichen Zukunft, sondern das Programm einer Zukunftsgestaltung sind, das unrealistisch ist und darum beim Versuch seiner Verwirklichung dazu zwingt, falsch Geplantes langsam (wegen der Wahrung des „Gesichtes" einer solchen falschen Ideologie) unter großen Opfern und Verlusten wieder zu korrigieren (Beispiele dafür würde die Geschichte der Wirtschafts- und Kulturpolitik des Kommunismus genügend bieten). Eine solche kritische Entideologisierung der „Ideale" und Programme in der weltlichen Welt kann deshalb in besonderem Maße Aufgabe der Kirche und der Menschen der Kirche sein, weil dort, wo wirklich an das ewige Leben, an die absolute Zukunft, die Gott gewährt und nicht der Mensch herstellt, geglaubt wird aus ganzem Herzen, allein ein Standort gegeben ist, der das Dilemma des Menschen zwischen einer Verabsolutierung seines Zukunftswillens, seiner Möglichkeiten einerseits *und* der Verzweiflung über die Unvollendbarkeit seines Daseins durch ihn selbst anderseits überbietet.

Allerdings setzt nun die Möglichkeit einer solchen Kritik einen Glauben voraus, der nicht bloß zusätzlich Trost und Verheißung ist, die einem nach rein innerweltlichen Prinzipien entworfenen Dasein hinzugefügt werden, sondern eine Haltung echter und ursprünglicher Entsagung und „Askese" (in einem wirklich theologischen Sinn), eine Haltung der „evangelischen Räte", der Bergpredigt und der „Armut" bedeutet.

Nur einer solchen Haltung wirklichen Glaubens kann es immer wieder – wenigstens ein Stück weit – gelingen, die dämonische und schuldhafte Verabsolutierung innerweltlicher Ideologien zu überwinden. Freilich darf sich dieser Protest des Christentums nicht nur kritisch gegen das Absolutheitspathos *neu* aufkommender Ideologien und Zukunftsprogramme richten. Es ist ja durchaus so, daß die Christenheit selbst sich an die sündige Verzerrtheit traditionell überkommener Haltungen und Institutionen gesellschaftlicher und kultureller Art gewöhnt haben kann, deren geheimes Absolutheitspathos nicht bemerkt oder nicht genügend radikal darauf reagiert. So kann es kommen, daß die Christen zwar empfindlich sind gegenüber dem Unchristlichen und Unhumanen neu aufkommender Zukunftsprogramme und Ideologien, aber diese Kritik im

Grunde nicht getragen ist von der echt christlichen Haltung eines weltüberwindenden Glaubens, sondern von einem Konservativismus, der aus Gewohnheit und aus einem faulen Kompromiß mit der Unchristlichkeit der Vergangenheit entspringt.

Wie vieles wäre anders verlaufen, wenn die Christen gegenüber den Zuständen zu Beginn der industriellen Epoche genauso kritisch hart und unerbittlich sich verhalten hätten wie gegenüber dem Utopischen des klassischen Marxismus! Freilich setzt die gleichmäßige Unerbittlichkeit der christlichen Kritik gegenüber allen – alten und neuen – Ideologien ein Maß von Distanz im Menschen voraus, das ihn, den geschichtlich immer bedingten, überfordert. Aber der Mut, sich so überfordern zu lassen, gehört zum Wesen des Christentums.

Bei dieser Kritik als Aufgabe der Kirche gegenüber einer bleibend weltlichen Welt ist noch folgendes zu beachten: Diese Kritik kann sich, soll sie wirksam werden, nicht damit begnügen, sich nur in einer theoretisch dialektischen Weise zu Wort zu melden, also immer nur ein Einerseits-Anderseits zu sprechen, die „goldene Mitte" abstrakt zu fordern und von ihr zu „erzählen". Eine Kritik, die nur das täte, bliebe im Grunde steril. Die Kritik einer geschichtlichen Entscheidung, die noch im Kommen ist und von dieser Kritik mitbestimmt werden soll, muß mehr wagen als bloß eine dialektische Schwebe zwischen mehreren Prinzipien, die gleichzeitig beachtet werden müssen. Sie muß den Mut haben, Akzente zu setzen, zu sagen, was hier und jetzt vordringlicher ist, sie muß den Mut haben, „einseitig" zu sein, nicht alles auf einmal tun zu wollen; sie muß sich dem immer einseitig bleibenden Gang der Geschichte anvertrauen, in der die Dialektik der Prinzipien selber ein zeitliches Hintereinander impliziert.

Es ist schon öfters betont worden, daß der Mut zu solcher Einseitigkeit, die jeder geschichtlichen Entscheidung eigen ist, nicht oder höchstens in sehr beschränktem Maße Sache der Amtskirche sein kann, solange es sich nicht unmittelbar um geschichtliche Entscheidungen der Kirche selbst für ihr eigenes Leben, sondern um Entscheidungen der weltlichen Welt handelt. Aber die Christen müssen diesen Mut der „Einseitigkeit" bei der positiven und negativen Kritik geschichtlicher Entscheidungen in der Welt wagen. Natürlich hat die Entscheidung, die die Christen bei einer so verstandenen Kritik im Namen des Christentums üben, nicht ohne weiteres und sicher die absolute Verheißung, daß sie richtig ausfällt. Auch wenn die Christen bei solcher Kritik die Logik einer existentiellen, christlichen Entscheidung, die Inspiration von oben, den christlichen Instinkt der Unterscheidung der Geister walten zu lassen versuchen, können sie sich – innerweltlich gesehen – „blamieren": sie können sich „reaktionär" gegen eine doch fällige Entwicklung sperren, und sie können sich „progressistisch", unkritisch mit einem Zukunftsprogramm identifizieren, das – auch innerweltlich gesehen – auf einen Irrweg führt.

Solche *Fehl*kritik an der weltlichen Welt ist nach beiden Seiten immer wieder möglich. Die Christenheit und die Kirche müssen mehr, als bisher geschehen ist, lernen, mit solcher Fehlkritik bei sich selbst zu rechnen und, wo sie offenbar wird, sie nicht zu vertuschen, sondern sie mutig und rasch aufzugeben, ohne zu meinen, dadurch werde die Autorität des kirchlichen Lehr- und Hirtenamtes kompromittiert. Aber die Möglichkeit einer solchen Fehlkritik reaktionärer oder progressistischer Art entbindet die Kirche und die Christen nicht von dem Mut zu solcher Kritik, die sich nicht in eine bloße Wesensdialektik zurückzieht, sondern geschichtliche Entscheidungen „einseitiger" Art impliziert.

Nur so kann die Kirche wirklich gegenüber einer weltlichen Welt das *Gewissen* dieser Welt bleiben, das vom Evangelium Christi her die Sünde entlarvt, die immer wieder auch in den scheinbar weltlichsten Ereignissen und Entscheidungen geschieht.

51 Prinzipien und Imperative

Im christlichen Leben von heute haben wir viele *Prinzipien*, allgemeine Normen und wenig *Imperative*, Forderungen und Weisungen für die konkrete Situation. Nicht als ob es an sich zuviel Prinzipien geben könnte. Wenn sie richtig sind, dann sind es ihrer nie zu viele, und sie werden mit Recht verkündet. Es ist auch klar, daß vieles sehr viel besser wäre, wenn die verkündigten Prinzipien befolgt würden, und daß diese nicht dadurch falsch werden, daß ihre Befolgung Unglück bringt. Aber: die Verkünder der Prinzipien müßten doch auch darüber nachdenken, warum diese gepredigten Prinzipien so wenig Gehör finden. Sagen sie: weil es eben die Stunde der Finsternis und der Macht des Bösen ist, dann müßten sie sich fragen lassen, warum diese auf einmal größer sein solle als bisher und ihr gegenüber die „alten Wahrheiten" und die „unwandelbaren Grundsätze" weniger verschlagen. Erklären sie (was doch praktisch wichtiger und richtiger ist), der geschichtliche Wandel der Zeit mit ihren neuen Verhältnissen schaffe eben neue Probleme und Schwierigkeiten, die erst langsam mit Geduld bewältigt werden müßten, dann müssen sie sich fragen lassen, ob sie auch wüßten, wie man diese neuen Verhältnisse und Situationen so gestalten könne, daß sie ein erträgliches Milieu für die Verwirklichung dieser Prinzipien abgeben, oder ob sie *dafür* auch wieder nur Prinzipien hätten statt Imperative. Und so gesehen, bleibt es wahr: die mehr doktrinäre Verkündigung der Prinzipien sollte gepaart sein mit einer Proklamation von Imperativen.

Dabei muß man sich aber deutlich klarmachen: diese Imperative können nicht wieder in Prinzipien bestehen, wie es bei unserem Predigen und Verkünden, der Stellungnahme der Kirche und der Christen zu den unmittelbaren Fragen und Entscheidungen im Leben des Einzelnen und des Volkes an sich der Fall ist. Darum klingen unsere Worte oft zu altgewohnt und einschläfernd, zu billig und fast hohl. In sich sind sie es nicht. Denn Prinzipien müssen verkündigt werden. Aber die Menschen horchen meist nach Imperativen und hören diese Verkündigung unwillkürlich, als ob sie die der Imperative sein wolle (und oft auch von den Verkündern fälschlich so aufgefaßt wird). Sie haben an sich recht mit dieser Erwartung. Die Hörer sollen ja handeln, also Konkretes tun, in dem allein das Grundsätzliche, Wesenhafte und „ewig Wahre" realisiert werden kann. Und da hören sie dann meist die Idee statt des konkreten Modells, den abstrakten Satz statt der bildhaft anschaulichen Verwirklichung. Wir machen darum einen „restaurativen" Eindruck (und verteidigen dies noch mit dem Satz, daß nun eben einmal die Zeit der „Bewegungen" der zwanziger Jahre vorüber sei). Unser Reden macht einen zu vorsichtigen, schrecklich abgeklärten und ausgewogenen Eindruck. Es ist alles richtig und alles – ein wenig steril. Es gibt keinen einfach-deutlichen Ton. Es ist zu sehr die goldene Mitte. Man ist gut auf der Mitte der Straße, hütet sich ängstlich vor beiden Straßengräben, aber der Karren geht nicht weiter. Man ist stolz auf die katholische Synthese der schwer zu vereinenden, manchmal fast sich auszuschließen scheinenden Prinzipien. Man vergißt leicht darüber die Frage, wie nun dieses ausbalancierte System der versöhnten Prinzipien konkret aussieht. Da können nämlich beim besten Willen gar nicht alle richtigen und zu berücksichtigenden Seiten unserer Weltanschauung in völlig gleicher Weise zum Zug kommen. Da müßte man sich entscheiden, müßte in einem ganz bestimmten Stil „dosieren".

Es ist nämlich nicht so, daß der endliche Mensch alles aus *einem* einzigen Prinzip ableiten könnte, was er zu tun und zu verwirklichen hat (sosehr er sich bestrebt, die Vielheit seines Wesens, seiner Aufgaben und seiner Prinzipien in immer höheren und reicheren Einheitsprinzipien „aufzuheben"). Er hat unüberwindlich eine Vielzahl von Prinzipien. Ihre gleichzeitige Respektierung ist nur durch Entscheidung möglich, und dafür bedarf es der Imperative. Und diese fehlen uns oft, oder es werden nur die alten angeboten, die schon zu abstrakten Prinzipien oder – falsch, d. h. geschichtlich ohnmächtig geworden sind (im Schielen nach der guten alten Zeit, die ja wohl *diese* Zeit nicht aus sich hätte werden lassen, wenn sie so ideal gewesen wäre). Und dabei gehen wir so unübersehbar neuen und schwierigen Möglichkeiten entgegen, daß es die scharfen Denker und die starken Herzen unter den Christen reizen müßte (jeden auf seinem Gebiet), nicht nur Prinzipien, sondern Imperative zu haben, nicht bloß einen katholischen Glauben, sondern auch eine christliche „Weltanschauung", wenn wir einmal unter diesem letzten Wort nicht die bloße Summe richtiger Prinzipien (vor allem des Naturrechtes), sondern die geeinte Summe der richtigen und geschichtsmächtigen Imperative verstehen wollen.

Die Christen sind (eigentlich ist es gar nicht selbstverständlich) in den letzten Jahrhunderten die Vertreter des konservativen Prinzips geworden. Kein Wunder also, daß sie die Imperative, die sie faktisch leben, für zu selbstverständlich halten, als daß darüber viel im einzelnen geredet werden müßte, und daß sie die bleibenden Prinzipien den umstürzlerischen Gegnern vorhalten, weil man diese sicher beweisen kann und – weniger sicher – meint, damit auch schon die alten Imperative verteidigt zu haben. Die Christen sind in der Defensive, und da ist man eben versucht, sich in den festesten Stellungen zu verteidigen. Imperative aber lassen sich leichter bezweifeln als Prinzipien. Außerdem hat die Kirche in der Mehrzahl der Fälle nicht die Aufgabe und Vollmacht, diese Imperative zu liefern. Sie hat zwar zum Beispiel auch die grundlegenden sittlichen Prinzipien einer jeden Volkswirtschaft zu verkündigen, aber kein konkretes Modell anzupreisen für eine konkret besser funktionierende Volkswirtschaft, als es die vorhandene ist. Die Vertreter der offiziellen Kirche sind sich dieser Sachlage (mehr oder weniger deutlich) bewußt. Die Kirche hat auch schon schlechte Erfahrungen mit dem Preis oder der Verteidigung konkreter Imperative (zum Beispiel „Bund von Thron und Altar"; „Weg mit dem Familienbad!" usw.) gemacht und ist vorsichtig geworden; sie fürchtet, Parolen auszugeben, die man später zurücknehmen müßte. So zieht man sich auf die Prinzipien zurück.

Damit ist aber nicht gesagt, daß die Christen und vor allem die christlichen Laien, die auch „Kirche" sind, von der Aufgabe dispensiert seien, solche Imperative zu haben, die mit dem Evangelium und der Lehre der Kirche übereinstimmen und, darüber hinausgehend, ein konkretes Programm christlichen Handelns bilden. Darum, weil die Kirche ihnen diese Imperative nicht fertig ins Haus liefern kann, ist noch lange nicht ausgemacht, daß die Christen selbst auch dann ein gutes Gewissen haben könnten, wenn sie solche Imperative nicht besitzen und von der Kirche in *dieser* Hinsicht das Gewissen nicht geschärft werden kann, weil die unmittelbar *kirchliche* Gewissensschärfung in den meisten Fällen nur auf die Widersprüche des Handelns gegen die Prinzipien, nicht aber gegen die falschen oder nicht vorhandenen Imperative im Leben des Einzelnen oder der Gemeinschaften sich richten kann (die Kirche kann zum Beispiel einem Einzelnen nur sehr indirekt oder überhaupt nicht von einer falschen Berufswahl oder Heirat abraten, obwohl eine solche viel verheerender sein kann als eine Sünde, gegen die sie protestiert).

Man könnte ziemlich genau formulieren: die Findung und Propagierung der Imperative ist in erster und letzter Linie Sache der Laien und ihres ihnen als solchen eigenen Apostolats, der Aktion der Katholiken (im Unterschied von der „Katholischen Aktion"). Hier sind sie nicht und können sie nicht bloß Befehlsempfänger der Hierarchie sein. Sie sollen solche Befehle da nicht erwarten und sollen nicht meinen, das Laienapostolat fange erst dort an, wo solche Befehle oder konkrete Wünsche (zum Beispiel in der Katholischen Aktion) geäußert werden. Hier können sie (meist) kein direktes „Mandat" von der Kirche erwarten, wohl aber von ihrem Gewissen und von Gott. Die Unterscheidung zwischen Prinzipien und Imperativen könnte vielleicht auch die Frage nach der Stellung und Aufgabe der Laien in der Kirche, nach dem Laienapostolat und dem Unterschied zwischen Katholischer Aktion und Aktion der Katholiken beantworten helfen. Wenn christliche Laien diese zeitgerechten Imperative finden und durchsetzen, dann handelt die Kirche (oder die Christenheit) in ihnen, denn sie sind ja auch Kirche, und dennoch braucht die Kirche (als autoritatives Lehr- und Hirtenamt) sich nicht zu engagieren. Diese muß aber (eben zum Beispiel durch die Schulung der Christen in den Gliederungen der Katholischen Aktion) dafür sorgen, daß die Christen nicht meinen, sie hätten ihre Pflicht schon ganz erfüllt, wenn sie im Frieden mit den autoritativ verkündigten Prinzipien der Kirche leben.

Die Laien müßten noch mehr als bisher angeleitet und erzogen werden, den Willen Gottes auch dort zu finden, wo die Kirche ihn ihnen nicht in seiner materialen Konkretheit sagen kann. Sie müßten darauf aufmerksam gemacht werden, daß wir Christen eine Pflicht haben können, uns (obzwar vielleicht mit Opfer und geistiger Selbstverleugnung) auch einmal auf einen Imperativ zu einigen und nicht nur auf Prinzipien, auch wenn ein solcher Imperativ nicht vom Lehramt autoritativ auferlegt werden kann. Wir müßten lernen, daß es taktisch klüger sein kann, einige wenige Imperative herauszustellen, als immer alle richtigen Prinzipien auf einmal zu predigen. Es gibt die Demut (weil man sich dabei natürlich eher blamieren kann als bei der Vertretung von Prinzipien) zum Mut einer gesunden „Einseitigkeit". Die Imperative dürften dann von uns ruhig mit mehr Zuversicht, Schwung und Sendungsbewußtsein vertreten werden, als es gewöhnlich (außerhalb der großen Programmreden) geschieht. Imperative wachsen nur da in Geist und Herz heran, wo die richtige Freiheit im Meinen und Suchen, im Propagieren und Diskutieren vorhanden ist. Die „öffentliche Meinung" in der Kirche *soll* nach Papst Pius' XII. Worten vorhanden sein, weil ihr Fehlen ein Schaden für Hirt und Herde wäre. Man kann der Meinung sein, daß sie nicht sehr rege ist, wenn es auch erfreuliche Ausnahmen geben mag. Das Erbe der Vergangenheit wird nur verteidigt in der Eroberung einer neuen Zukunft. Dazu braucht es aber (neben vielem anderen, das noch viel wichtiger ist) auch Imperative, nicht nur Prinzipien.

52

Innerkirchliche Kritik

Als erstes ist zu sagen, daß es in der Kirche Opposition und Kritik grundsätzlich, und zwar als inneres Moment der vollen und glaubensmäßigen Kirchlichkeit selbst, geben kann und geben soll. Natürlich ist eine solche kritische, zur Kirchlichkeit selbst gehörende Opposition sofort zu differenzieren je nach den einzelnen Wirklichkeiten, um die es sich bei dieser Kritik handelt. Eine kritische Rückfrage über den Sinn eines definierten Dogmas im Glauben der Kirche hat ein anderes Wesen als eine Opposition gegen rechtliche, pastorale oder liturgische Praxen, von denen die Kirche selbst erklärt, sie seien geschichtlich bedingt und veränderlich. Ein grundsätzliches Infragestellen kirchlicher Leitungsvollmachten überhaupt und im ganzen ist etwas anderes als der Protest gegen eine konkrete Maßnahme, die zum Beispiel ein Bischof in Berufung auf seine Amtsautorität trifft.

Alle diese notwendigen und sehr wesentlichen Differenzierungen sollen zunächst zurückgestellt werden. Sie dürfen die Grundthese nicht verdunkeln, daß ein kritisches und zumindest in diesem Sinn oppositionelles Verhältnis des Katholiken zu seiner Kirche vom Selbstverständnis und vom Glauben der Kirche her nicht nur erlaubt oder unvermeidlich, sondern an sich geboten ist.

Der Christ ist zunächst auch als Christ ein Mensch. Als solcher ist er unvermeidlich und rechtens ein kritisches Wesen, bei dem die Weite seiner „Kritik" sich grundsätzlich mit der Weite seiner Existenz überhaupt deckt. Er muß sich zwar immer bewußt sein, daß die kritische Reflexion die Vorgegebenheiten, aus denen er lebt, nie adäquat einholt und daß darum der Mensch in einer gewissen legitimen Naivität und Ursprünglichkeit das Recht behält, auch aus dem zu leben, was er noch nicht adäquat kritisch reflektiert hat. Aber trotzdem ist und bleibt der Mensch und somit auch der Christ ein kritisches Wesen. Das gilt auch hinsichtlich jenes Glaubens, in dem er ein absolutes Engagement setzt. Absolutes Glaubensengagement und kritisches Befragen dieses Engagements können in der Konkretheit des einen Menschen durchaus zusammen existieren und müssen sich nicht gegenseitig ausschließen – so große theoretische und praktische Schwierigkeiten eine solche Koexistenz in sich birgt.

Die Kirche will von sich selbst her durchaus eine kritisch zu befragende Größe sein. Ihr Glaube und ihr damit gegebenes Grundwesen können nur in einer freien Zustimmung ergriffen werden. Eine solche freie Zustimmung ist nur möglich, wenn auch die konkrete Existenz des Zustimmenden eingebracht wird.

Der Glaube der Kirche und die konkrete Existenz des Menschen stehen darum in einem dauernden Dialog des Angerufenseins durch den Glauben und der kritischen Befragung dieses Glaubens durch den Glaubenden. Erst auf diesem Weg kann der Glaubende den Glauben existentiell ergreifen – angesichts der Geschichtlichkeit des Menschen eine immer neue Aufgabe. Dieses kritische Unternehmen bleibt bei dem wirklich Glaubenden ständig von einer absoluten Glaubenszustimmung unterfangen. Es wird von der immer neuen Hoffnung getragen, daß dieser kritische Prozeß auch in der Zukunft das letzte Glaubensengagement nie aufheben wird.

Erst recht sind andere Wirklichkeiten der Kirche auf Grund ihres eigenen Selbstverständnisses kritisch befragbar, weil sie die Kirche selbst als geschichtlich bedingt, auf menschlichen Entscheidungen beruhend und deswegen als veränderlich betrachtet. Jedes Mitglied der Kirche ist – entsprechend seiner Funktion und seinen Möglichkeiten – zur Mitwirkung an diesem geschichtlichen Prozeß der Kirche ermächtigt und verpflichtet. In ihrem Grundwesen ist die Kirche die Gemeinde des Glaubens an Jesus als den Gekreuzigten und Auferstandenen und an die eschatologisch bleibende geschichtliche Präsenz dieses Glaubens (natürlich auch in einer grundsätzlich institutionellen Verfaßtheit). Von diesem Grundwesen abgesehen, ist die Verfassung der Kirche veränderlich und darum kritisierbar.

Dasselbe gilt in weitem Maß von ihrer Liturgie und ihren Sakramenten. Es gilt erst recht von ihrem konkreten Verhältnis zu der geschichtlichen, kulturellen und gesellschaftlichen Situation, in der sie lebt. Es gilt natürlich auch gegenüber den konkreten Einzelentscheidungen ihrer Amtsträger.

Kurz, vom Selbstverständnis der Kirche her ist eine kritische Haltung des katholischen Christen zur Kirche ein inneres Wesensmerkmal und keine Abschwächung oder gar Infragestellung seiner Kirchlichkeit. Das gilt sowohl für den einzelnen wie auch für Gruppen in der Kirche, die keiner Ermächtigung „von oben" bedürfen, um sich bilden zu können. Selbstverständlich darf bei dem allen nicht übersehen werden, daß Kritik weder im menschlichen Leben noch in der Kirche das Erste und Letzte sein kann, und daß Kritik, um innerkirchlich zu sein, auf der Grundlage einer letzten Zustimmung zur Botschaft der Kirche und zu ihrem eigenen Selbstverständnis beruhen muß.

Bei der Frage nach möglichen Stoßrichtungen innerkirchlicher Kritik muß bedacht werden, daß Kritik nicht notwendig explizit und formell als Kritik auftreten muß. Sie muß auch nicht immer von Gruppen getragen sein, die sich formell gebildet haben. Sie kann auch unter ganz anderen Titeln und gewissermaßen diffus auftreten.

Eine erste Stoßrichtung solcher Kritik kann in der Forderung an die amtliche Glaubensverkündigung bestehen, sie solle die Ungleichzeitigkeit zwischen dem heutigen Bewußtsein und der konkreten Art, wie der Glaube verkündet wird, besser überwinden. Es handelt sich also um eine Kritik an der Theologie und der von dieser abhängigen Glaubensverkündigung. Eine solche Kritik ist selbstverständlich nur sinnvoll, wenn ihre Forderungen den Glauben der Kirche, seine bleibende Identität und historische Kontinuität respektieren. Die Grenze zwischen dem bleibenden Glauben und einer veralteten Aussage dieses Glaubens kann jedoch nicht immer sofort und eindeutig gezogen werden. Auch auf diesem Gebiet ist ein verhärteter Konservativismus ebenso möglich wie ein modischer Progressismus. Daher sind Kritik und Gegenkritik oft langwierige und bitter empfundene Prozesse auf allen Seiten. Sie müssen mit gegenseitiger Toleranz, Geduld und Hoffnung durchgestanden werden, in einem eindeutigen Bekenntnis aller zu dem einen und bleibenden Glauben der Christenheit an Gott in Jesus Christus.

Eine weitere – fundamental wichtige, aber oft modisch verzerrte – Stoßrichtung legitimer Opposition und Kritik geht auf ein fehlendes, zu geringes oder falsch ausgerichtetes Engagement der Kirche bei ihrer Aufgabe gegenüber der „Welt", der modernen Gesellschaft mit ihren Strukturen und Tendenzen. Solche Kritik ist schon deswegen berechtigt und notwendig, damit die Kirche ihre kritische Funktion der Welt und der Gesellschaft gegenüber echt und entschieden wahrnimmt. Auf diesem Gebiet ist niemand in der Kirche – weder das Amt noch der Kritiker – vor Fehlhaltungen und Fehlentscheidungen geschützt, die unabsehbare geschichtliche Folgen haben können. Es müssen ständig Ermessensurteile und Ermessensentscheidungen getroffen werden. Die Kirche kann sich von dieser Aufgabe nicht dispensieren und ist doch ständig der Gefahr von Mißgriffen und Fehlern ausgesetzt. Das erklärt die Notwendigkeit und die Schwierigkeit jeder Kritik.

Aus diesen beiden, etwas willkürlich herausgegriffenen Stoßrichtungen von Opposition und Kritik ergibt sich, daß deren Adressaten sehr verschieden sind. Wenn wir von Kritik und Opposition sprechen, denken wir oft etwas zu selbstverständlich an das Amt in der Kirche, an Pfarrer, Bischof, Bischofskonferenzen, Papst. Natürlich sind solche Ämter und Amtsträger Adressaten von Opposition und Kritik. Aber wir dürfen nicht übersehen, daß Kritik sich auch auf andere richten kann und muß. Die Kirche als ganze in ihren verschiedenen formellen und informellen Gruppen kann Adressat solcher Kritik sein. Es ist ja nicht so, als ob nur die Amtsträger kritisierbare Haltungen und Entscheidungen vollzögen. Eine spießbürgerliche Mentalität in den Gemeinden, eine traditionalistische Theologie, die mehr ihrer historizistischen Wissenschaftlichkeit als den Fragen einer menschlichen Existenz heute lebt, auch von Laien getragene Institutionen, die nur das Bestehende verteidigen, kurz, das falsche und ungleichzeitige Bewußtsein der Menschen oder Gruppen in der Kirche sind mindestens ebenso wichtige Adressaten von Opposition und Kritik, zumal es ja nicht so ist, daß ein reaktionäres Amt mit seiner Beschränktheit einem erleuchteten Kirchenvolk und dessen zukunftsträchtigem Willen gegenüberstünde. Mindestens ebensooft reflektieren die Amtsträger in ihrer Mentalität und den daraus erwachsenden Entscheidungen nur die Meinungen und Haltungen eines großen Teils des Kirchenvolks. Und es ist auch nicht von vornherein ausgemacht, daß die Kritiker immer recht haben. Kritik ruft daher notwendig auch Gegenkritik hervor.

Welche möglichen – oder abzulehnenden – Gestalten innerkirchlicher Kritik gibt es? Da ist zunächst der abzulehnende Versuch zu nennen, die Kirche zu unterwandern und umzufunktionieren. Wir sehen hier von der Frage ab, ob es in der Kirchengeschichte, wenn auch unter anderen Bezeichnungen, solches schon gegeben hat. Heute jedenfalls kann man da und dort, und zwar nicht nur in Westeuropa, sondern zum Beispiel auch in Lateinamerika, beobachten, daß man nicht aus der Kirche auszieht, obwohl man ihr eigenes Selbstverständnis und die überlieferte Substanz ihres Glaubens ablehnt, sondern in ihr bleiben will, um sie zu unterwandern und umzuformen. Man geht dabei von der Überzeugung aus, daß die Kirche mit ihrer beträchtlichen Mitgliederzahl und mit ihren außerordentlich starken und differenzierten Institutionen auch in der heutigen profanen Gesellschaft immer noch ein großes Machtpotential darstellt. Man will diese Kirche nicht einfach in einem langen Prozeß geduldig absterben lassen, sondern so verändern, daß die Kirche und ihr gesellschaftliches Machtpotential eindeutig und allein in den Dienst profangesellschaftlicher Ziele und Zwecke gestellt werden, die man selber als die richtigen und zukunftsverheißenden erachtet. Man will mit anderen Worten die bisherige Dynamik einer vertikalen eschatologischen Hoffnung umformen in eine ausschließlich horizontal gerichtete utopische Kraft zu innerweltlichen und profanen Veränderungen der Gesellschaft, wobei es hier gleichgültig ist, ob diese Ziele evolutionär oder revolutionär verwirklicht werden sollen.

Solche Tendenzen finden sich nicht nur und in erster Linie dort, wo totalitäre sozialistische Staaten die Kirche, solange sie eben noch nicht abgestorben ist, in den Dienst ihrer eigenen politischen Ziele stellen und ihr höchstens von daher noch eine vorläufige Existenzberechtigung zuerkennen und dabei lieber mit einer zu kurzschlüssigen Kompromissen neigenden Amtskirche paktieren als mit den lebendigen und kritischen Kräften in der Kirche. Unterwanderungstendenzen und Umfunktionierungsversuche gibt es auch in einem „kritischen Katholizismus" bei uns im Westen. Es ist selbstverständlich, daß der wirklich christlich Glaubende solche Tendenzen ablehnen wird und ablehnen muß; denn der christliche Glaube ist der Glaube an Gott und an ein eschatologisches Heil aller, und nicht nur eine Hoffnung auf eine zukünftige emanzipierte Menschheit in einem utopischen Transzendieren ohne Transzendenz.

Ein solcher Versuch hat schon im voraus zu einer letzten christlichen Glaubensentscheidung keine echte Chance. Eine Kirche, die in dieser Konzeption doch nur die altmodische Vorläuferin einer säkularisiert emanzipierten Gesellschaft wäre, ist zu uninteressant und wäre geschichtlich tot, bevor man sie auf diese neue Linie gebracht hätte; und dabei wäre sie doch nur Vollstreckungshelferin einer profanen Gesellschaft, die einer solchen Kirche gar nicht bedarf. Menschen, die – letztlich doch nur aus Gründen ihrer individuellen Herkunft – in der Kirche bleiben und sie zu einem Humanitätsverein oder zum Prellbock gegenüber Trägern einer zementierten gesellschaftlichen Macht umgestalten wollen, sollten ihre Absichten sinnvoller und wirksamer außerhalb der Kirche verfolgen. Die Kirche ist für diese Ziele kein geeignetes Mittel. Man kann vielleicht Parteien unterwandern und ihr Selbstverständnis zu ändern versuchen; die Kirche ist für ein solches Unternehmen, auch rein innerweltlich gesehen, kein taugliches Objekt.

Fragt man nach möglichen Gestalten innerkirchlicher Kritik und Opposition, dann darf nicht übersehen werden, daß es in der Kirche auch informelle, nicht institutionalisierte Formen von Opposition und Kritik geben kann und gibt. Diese sind im letzten vielleicht entscheidender als Kritik und Opposition, die sich ausdrücklich als solche verstehen und institutionalisieren. Mentalitäten und Bewegungen, die, ohne sich ausdrücklich „gegen" etwas zu richten, in ihrer werbenden, auf positive Ziele ausgerichteten Art neue, lebendige Kräfte entfalten, können faktisch eine sehr kritische Funktion ausüben, weil das von ihnen angestrebte Bessere und Lebendigere eine stillschweigende, aber wirksame Kritik an dem bloß Traditionellen bedeutet.

Man könnte hier Beispiele aus der Geistes- und Theologiegeschichte nennen bis auf die jüngste Zeit. Mentalitäten und Konzeptionen haben sich in einer Art metahistorischem Prozeß fast lautlos durchgesetzt und sind in das Gesamtbewußtsein der Kirche eingegangen, ohne daß heftige kritische Fragen und Kontroversen vorausgegangen sind, die der Bedeutsamkeit und Tiefe solcher Veränderungen entsprochen hätten. Man denke zum Beispiel an den Einzug griechischer Metaphsik in die Theologie seit Origenes, an den Sieg des Aristotelismus in der westlichen Theologie im 13. Jahrhundert oder auch an einen heutigen Heilsuniversalismus gegenüber einem augustinischen Pessimismus. Solche Veränderungen waren mit Kämpfen und Krisen verbunden. Aber am Umfang und an der Tiefe des Vorgangs selbst gemessen blieben diese letztlich geringfügig.

Informelle Kritik und Opposition von großer Tragweite in der Kirche gibt es also, und zwar nicht nur auf dem Gebiet der Theologie, sondern erst recht in der kirchlichen Mentalität, im christlichen Leben, in der Liturgie, im Verhältnis zur Welt usw. Man darf immer die Hoffnung haben, daß lebendige Kräfte in der Kirche Veränderungen erreichen, auch wo sie sich nicht ausdrücklich als Kritik und Opposition deklarieren.

Natürlich kann und darf es in der Kirche auch formelle

Kritik und Opposition geben. Sie wird sich nicht notwendig und ausschließlich, so doch in den meisten Fällen gegen das Amt in der Kirche richten und die veränderlichen Strukturen oder die konkreten Entscheidungen und Handlungsweisen des Amts in Frage stellen. Schon um reale Aussichten auf Erfolg zu haben, wird eine solche Kritik meist nicht von einzelnen, sondern von Gruppen getragen sein.

Die konkrete Gestalt solcher kritischer Gruppen kann natürlich sehr variieren. Es kann Gruppen geben, die eine erhebliche kritische Funktion ausüben, obwohl ihre eigentliche und primäre Absicht nicht auf Kritik, sondern auf positive Ziele ausgerichtet ist. Man denke zum Beispiel an die verschiedenen Orden, die mindestens in ihrer ersten Zeit eine solche kritische Funktion hatten. Man denke heute an gewisse „enthusiastische", „pfingstlerische" Bewegungen, wie sie in den USA schon einen verhältnismäßig großen Umfang erreicht haben. Sie verstehen sich nicht kritisch, sind aber vermutlich von nicht unerheblicher kritischer Bedeutung für die Kirche. Man denke an Gruppen von Arbeiterpriestern in Frankreich, an ähnliche Gruppen mehr gesellschaftskritischer Art in Spanien und Lateinamerika: Sie verfolgen unmittelbar positive Ziele in der profanen Gesellschaft und haben doch in der konkreten Situation der Kirche eine kritische Aufgabe.

Es ist weiter denkbar, daß sich kritische Gruppen in kirchlichen Institutionen bilden: in Pfarrgemeinderäten, in Pastoralräten und Priesterräten der Diözesen, auf Synoden usw. Bei solchen Gruppen innerhalb der Institution wird im allgemeinen die kritische Absicht im Vordergrund stehen. Denn nur so haben sie eine spezifische Aufgabe, zumal vorauszusetzen ist, daß sie die Ziele dieser institutionalisierten Beratungs- und Entscheidungsgremien grundsätzlich bejahen.

Soll oder muß man solche Gruppen Parteien oder Fraktionen nennen? An dieser Frage ist vieles eine Sache der Terminologie. Aber sie hat doch auch einen sachlichen Inhalt. Orientiert man den Begriff „Partei" an der politischen

Partei in einer parlamentarischen Demokratie, versteht man also Partei als eine Gruppe, die nach der politischen Macht strebt, die Ziele realisieren will, die nicht von allen Staatsbürgern geteilt werden, und die eine ständige Organisation hat, dann sollte man in der Kirche nicht von Parteien sprechen und sollte auch keine kritischen Gruppierungen anstreben, die ähnlich politischen Parteien auf ein Machtmonopol tendieren.

Denn aus verschiedenen Gründen, die hier nicht weiter entfaltet werden sollen, passen solche Parteien schwer zum Wesen der Kirche, obwohl man sagen könnte, die Bildung von Parteien in der Kirche sei keine dogmatische, sondern eine primär politische Frage. Organisierte Parteien in der Kirche würden religiöse Differenzen institutionalisieren, verabsolutieren und für dauernd verfestigen. Personen und Gruppen würden bleibend verfeindet. Kirchliche Parteien würden mit den politischen Parteien und den verschiedenen politischen Systemen vermischt. Die Folge wäre nichts weniger als die Gefahr eines Schismas im eigentlichen Sinn. Darum kannte man auf dem Zweiten Vatikanischen Konzil keine organisierten Parteien, so profiliert einzelne Richtungen gewesen sein mögen. Bei allen Entschlüssen legte man Wert darauf, eine größere Mehrheit zu erreichen, als eine einzelne Gruppe sie stellen konnte, selbst wenn diese für sich allein schon eine Mehrheit bildete.

Mit einer solchen Warnung vor Parteibildung in der Kirche soll natürlich kein Zustand empfohlen oder legitimiert werden, in dem einzelne oder einzelne Gruppen gegenüber den Trägern der Macht in der Kirche überhaupt keinen Einfluß hätten. Das wäre im Grund die Etablierung einer bestimmten Partei, die allein herrscht, obwohl sie den Namen „Partei" ablehnt und den Schein erwecken will, sie allein sei der Repräsentant der ganzen und echten Kirche.

Es ist darum nicht nur nichts dagegen einzuwenden, sondern auch empfehlenswert, daß sich innerhalb der kirchlichen Institutionen Gruppen mit profilierter Mentalität und Zielsetzung bilden, gewissermaßen Fraktionen, die für einen weiteren und umfassenderen Informationsfluß unter ihren Gliedern sorgen können, bessere Gelegenheit zu eingehender Diskussion bieten und eine geregelte, transparente Lösung von Konflikten innerhalb der betreffenden Institution gewährleisten. Nur darf es bei solchen Fraktionen vom Wesen der Kirche her keine Parteidisziplin und keinen Abstimmungszwang geben. Sie sollten offene Türen haben, selbstkritisch sein, den Gegner nicht als Feind betrachten, die auf Grund der Mentalitätsverschiedenheiten in der Kirche immer notwendigen Kompromisse nicht in einem Gruppenfanatismus ablehnen, sollten keine Anbeter einer bloß formalen Demokratie sein, umstrittene Fragen auch offenlassen können, Persönlichkeiteswahl der Listenwahl vorziehen. Sonst könnten solche Fraktionen der Kirche in ihrem Wesen schaden. Die Kirche soll ja gerade der Ort sein, an dem die gesellschaftlichen Antagonismen überstiegen und umgriffen und nicht noch durch kirchliche vermehrt werden.

Auch im Bereich des Institutionellen muß sich die Kirche darstellen als Gemeinschaft des Glaubens, der Liebe und des Gebets in geistiger Einheit, in freier Einmütigkeit und gegenseitiger Offenheit. Daß man diese Ziele nicht durch Institutionen und deren Macht erzwingen kann, sondern daß nur die kühne Machtlosigkeit des Geistes und der Hoffnung dorthin gelangt, das gehört zur Grundüberzeugung der Kirche, die sich zu Jesus als dem im Untergang Siegreichen bekennt. Fraktionen in der Kirche sollten auch das Amt nicht hochmütig als bloßen Widerpart des Geistes betrachten, den man sich selber zuerkennt. Sie sollten vielmehr das Hoffnungspotential (wenn man so formulieren darf) zu aktivieren und auszuschöpfen versuchen, das bei den Amtsträgern auch heute oft viel größer ist, als gereizte Kritiker an der konkreten Kirche denken. Man muß es nur versuchen. Würden sich Fraktionen ausdrücklich oder stillschweigend in eigentlich organisierte Parteien verwandeln, dann wäre auch zu befürchten, daß der gerade in der Kirche notwendige lebendige Enthusiasmus und die auf eine unbekannte Zukunft ausgreifende schöpferische Phantasie samt dem Mut zum Ungewohnten verkümmern würden.

53

Aszese

„Geistliches Leben" ist Leben mit Gott und auf ihn hin. Ein solches Leben führen wir dort, wo wir uns selbst über Gott vergessen, wo wir ihn lieben, ihn loben, ihm danken. „Geistliches Leben" in der Gnade heißt, das innergöttliche Leben selbst mitvollziehen. Es bedeutet Warten auf die Ewigkeit in Glaube, Hoffnung und Liebe, Ertragen der Finsternis dieses Daseins, das Sich-nicht-mit-der-Welt-Gemeinmachen, Leben nach dem Gebet der Didache: „Es vergehe die Welt und komme die Gnade!"

Alles das ist gewiß ein unerzwingbares Geschenk der freien Gnade Gottes: zunächst im Bezug auf die Voraussetzungen und Verhältnisse, in die wir von Gott einfach hineingestellt sind und die uns erst den Raum unserer Freiheit eröffnen, aber von ihr selbst nicht verfügt werden können: unsere Zeit und Anlagen, unser Charakter, die uns gegebene Erbmasse, unsere Mitmenschen, das soziale und religiöse Milieu, in das wir hineingeboren wurden, eben die „übrigen Dinge", die uns von Gott verhängt sind, damit wir ihn fänden; es ist weiter ein ungeschuldetes Geschenk als Vollzug selbst: das von uns aufgenommene, getane „geistliche Leben" ist in sich nochmals freieste Gnade Gottes.

Aber damit – das dürfen wir über dem Lob der Gnade nicht vergessen – ist keineswegs gesagt, daß diese Gnade immer über uns käme wie im Brausen des Pfingststurmes: sieghaft, begeisternd, mitreißend; auch nicht, daß sie jedenfalls selbstverständliches und unbehindertes, gleichsam spielendes Wachsen und Reifen wäre; auch nicht, daß sie als Gnade des Kreuzes unser „geistliches Leben" nur insofern in die Schule nehme, als wir unter dem Leid, das sie uns macht, gleichsam bloß stillzuhalten, alles andere aber

Gott anheimzustellen hätten. Auf weite Strecken ist das „geistliche Leben" gerade darin Gnade, daß man es im Alltag sehr mühsam pflegt und über das man angestrengt wacht und zu dem hartes Training, sogar Dressur gehört. Kurz: das „geistliche Leben" ist auch (wenn auch nicht ausschließlich oder auch nur überwiegend) Arbeit, planmäßige Übung und bewußte Entfaltung des göttlichen glaubenden, hoffenden und liebenden Lebens in uns nach den Gesetzen der Natur und der Gnade und den Motiven einer totalen Ausgerichtetheit auf Gott hin. Dieser Aspekt des „geistlichen Lebens" ist es, den wir „Aszese" in einem weiteren Sinn nennen.

Jeder von uns sollte sich fragen, ob es so etwas auch bei ihm gebe oder ob er bisher sozusagen wie ein Amateur des Christentums geblieben sei, vielleicht bewahrt durch die Gnade, vielleicht durch die Umwelt und die Moralkenntnisse einigermaßen richtig gesteuert (die aber im allgemeinen doch nur über zufällige Einfälle und Stimmungen, von dem her, was einem wie von selber anfliegt, wirksam werden). Unter Umständen kann das das Wichtigere sein. Vielleicht kommen die größten Geschenke der Gnade dort, wo wir sie gar nicht gesucht haben, vielleicht gibt sie uns Gott, obwohl wir uns nicht sehr darum bemühen, vielleicht läuft er uns nach, verfolgt er uns durch die Schicksale unseres Lebens in einer Weise, daß wir später einmal zu Gottes Barmherzigkeit sagen können: alle die Dummheiten, die ich gemacht habe, hat Gott eben doch zum Besten gelenkt, meine Faulheit und Trägheit, meine Widerwilligkeit und Lauheit, mein störrisches Benehmen haben ihn nicht davon abgehalten, mir zur Seite zu bleiben, dem faulen und bequemen Knecht in mir nachzugehen, mich weiter und weiter zu ertragen. Das kann sein, aber es entbindet uns nicht von der Pflicht, selber planmäßig etwas zu tun. Dieses Etwas kann in der Jugend und im Alter verschieden groß sein, es muß jedoch seinen Raum im religiösen Leben des Menschen einnehmen. (Ein alter Priester, der gewissermaßen durch seine Erfahrungen in der Gnade Gottes reif geworden ist, mag sich vielleicht in der Systematik seines „geistlichen Lebens" vieles schenken können, was von uns weggelassen sehr gefährlich und schädlich sein müßte).

Die Aszese im engeren Sinn greift nur einen Teil – aber den spezifisch christlichen – aus der bisher besprochenen Aszese heraus. Bei ihr geht es um die christliche Entsagung im eigentlichen Sinn, die positive, innerweltliche Werte dahingibt, und zwar nicht nur Nutz- und Vitalwerte, die bloß Mittel zum Zweck sein können („bona utilia"), sondern auch (bei aller Relativität und Untergeordnetheit unter höhere Werte) in sich geltende, persönliche Güter („bona honesta"), etwa die eheliche Gemeinschaft oder die Freiheit in der Entfaltung des menschlichen Daseins durch Verfügenkönnen über dessen materielle Verhältnisse und Selbständigkeit (Besitz und Unabhängigkeit).

Die Sinnhaftigkeit der Aszese. – Sie läßt sich, zumindest in ihrem Kern und im Umfang ihrer konkreten Praxis, aus einer bloß natürlichen Ordnung gar nicht ableiten. Das naturale Sittengesetz legt sie nicht dem Menschen nahe. In sich sinnhafte Werte dürften in einer solchen Ordnung nicht aktiv und ohne Zwang besonderer Umstände geopfert werden. Ihre Aufgabe wäre ontologisch letztlich unmöglich und ethisch im Versuch pervers. Jede ressentiment-geladene Abwertung solcher Güter von einem bloß innerweltlichen Standpunkt aus, indem sie für eine natürliche Ethik als minderwertig, gewöhnlich oder gefährlich eingeschätzt würden, ist darum objektiv falsch und in ihrer tieferen Motivation psychopathologisch verdächtig. Außerdem würde sie den wahren Sinn und echten Vollzug der christlichen Entsagung aushöhlen. Von einem bloß natürlich-sittlichen Standpunkt aus gesehen, könnte es höchstens vorkommen, daß jemand durch besondere Umstände (zu denen auch die Notwendigkeit gehört, ein bestimmtes Gut zu erreichen, welche Notwendigkeit die gleichzeitige Erlangung eines anderen Wertes ganz konkret ausschließt) gehindert würde, den inkompatiblen Wert tatsächlich zu erreichen. Ein Beispiel dafür wäre die Aufgabe verschiedener Werte des Lebensstandards zur Eintrainierung einer

Harmonie der menschlichen Natur, als Angriffstaktik gegen die Begierlichkeit. So aber dürfte man den Sinn der spezifisch christlichen Aszese gar nicht auffassen.

Zum Versuch einer solchen Begründung könnte man zunächst die Frage stellen, ob die Wahl der „evangelischen Räte" für die meisten Menschen wirklich der „bessere Weg" zur Ordnung der Triebe im personalen Ganzen ist. Es ist doch eine schlichte Tatsache, daß die „evangelischen Räte" neue Gefahren schaffen. Man wäre jedenfalls zu recht peinlichen Fehldeutungen gezwungen, wollte man so die in der Geschichte des Christentums vorkommenden „Kraftleistungen" und „Exzesse" deuten. Was sich an Buße im Leben der Heiligen findet, läßt sich in seinem Radikalismus und der erschreckenden Maßlosigkeit so nicht erklären, auch nicht, wenn man „fromme Torheit" oder „Einflüsse allgemein geistesgeschichtlicher Art", die mit dem Christentum nichts zu tun hätten, in Rechnung stellt. Dann aber müßte man gegen jeden solchen Versuch der Begründung der Aszese vorbringen, daß so gar keine spezifisch christliche Aszese, wie sie von den „evangelischen Räten" gemeint ist, grundgelegt werden kann: die so aufgefaßte Aszese ist Wesensstück des Christentums, an dessen Charakter sie als Ärgernis und Scheidung der Welt gegenüber notwendig teilhaben muß. Sie kann also in ihrem Sinn auch nur vom Wesen des Christentums selbst erfaßt werden. Als tugendliches Verhalten auf die christliche Vollkommenheit hin, das von der Caritas konstituiert sein muß, kann sie nur von dieser her gedeutet werden. Dabei würde jedoch weder die einfache Berufung auf die Schwere des Verzichtes noch auf das Beispiel Christi genügen, sondern die Frage bloß verschieben. Zum Beispiel wäre ein selbstmörderisches Opfer des eigenen Lebens bestimmt „schwer" und kann als radikal unsittlich doch nie als Realisation der heroischen Gottesliebe in Frage kommen. Und warum hat Christus gerade Armut, Ehelosigkeit und Gehorsam als konkrete Weisen dieser Realisation gewählt?

Zwischen Entsagung und Liebe muß ein objektiver innerer Zusammenhang bestehen. Er liegt darin, daß der Verzicht auf Werte, die innerweltlich gesehen unaufgebbar wären, die einzig mögliche Repräsentation der Liebe zum eschatologisch-transzendenten Gott besagt: zu dem Gott, der nicht nur Sinn und letzte Garantie der Welt ist, sondern der uns unmittelbar, als er selbst, in Liebe begegnen wollte. Die Offenbarung einer solchen Liebe, die zugleich Frage nach Wiederliebe sein muß, ist notwendig ein Aufbrechen der Gerundetheit, in der die Welt in sich ruhen möchte, ist Abbruch, in dem die Welt, auch insofern sie als von Gott gewollte und verfügte gut ist, zu einem Ding zweiter Ordnung, zur Vorläufigkeit herabgedrückt wird und der existentielle Mittelpunkt für uns aus ihr als dem Bereich des Greifbaren und Zugänglichen herausverlegt wird.

Nun kann zwar jeder natürlich-gute Akt tatsächlich von der Gnade erhöht, von der Caritas informiert werden und so ein Mitvollzug der erlösenden und bewahrenden göttlichen Liebe sein. Aber darum „erschcint" diese Liebe in ihrer Transzendenz noch nicht am natürlich-sittlichen Akt. Gerade weil er natürlich-sittlich gut ist, hat er seinen innerweltlichen Sinn, seine Berechtigung und Verständlichkeit in sich selbst. Gottes überweltliche Andersheit kann an ihm an sich gar nicht sichtbar sein. Er ist darum stumm hinsichtlich der Ordnung der Gnade und ihrer die irdischen Dimensionen übersteigenden Sinn- und Zielsetzung. „Erscheinen" kann unser Bekenntnis zum transzendenten Gott und zu der durch seine unmittelbare Selbstgabe an uns geschehenen Relativierung der Welt allein durch die Opferung dieser Welt selbst: als Glaubensgeste jener Liebe, die über die Welt und ihre Güter, auch wenn diese persönlicher Art sind, hinauslangt.

Die so gefaßte christliche Aszese ist wahrhaft ein Der-Welt-Absterben. Damit aber ist sie nichts anderes als das Vorgreifen auf den christlichen Tod, dessen Bejahung und Einübung. Im Tod wird ja von Gott der Gesamtbestand menschlicher Wirklichkeit absolut in Frage gestellt. Da wird der Mensch in radikalster Weise gefragt, ob er über sich ins verhüllt Unübersehbare hinein verfügen lasse und sich selbst lassend entsage, ob er vom Kreuz Christi her das radikale Opfer aller „übrigen Dinge" verstehen wolle als das Fallen in die Liebe Gottes.

Wenn die christliche Aszese im engeren Sinn so bloßer Vorgriff auf den christlichen Tod ist, sichtbar wird das Sich-Werfen in die gnädigen Hände des transzendenten Gottes doch nur an dem freigewählten Vorgriff allein. Denn zwar ist der Tod, und nur er, das totale Opfer der Welt und damit die radikalste Möglichkeit von Glaube, Hoffnung und Liebe. Aber er ist zugleich von Gott verhängtes „Müssen". Unsere Freiheit kann ihn in Sünde oder Erlöstheit nur bestehen, ohne daß dieses irgend etwas an seinem phänomenalen Bestand ändern könnte, ohne daß damit seine „Verhülltheit" aufgehoben wäre. Dann aber ist die Aszese als freies Opfer innerweltlich unaufgebbarer Werte die einzige Weise, in der unser Bekenntnis zum eschatologisch-transzendenten Gott greifbar „erscheinen" kann.

Die Notwendigkeit der Aszese. – Daß wir nun tatsächlich die Entsagung innerweltlich unaufgebbarer Werte zum Ausdruck unserer Gottesliebe machen und so auf unseren Tod vorgreifen dürfen und sogar müssen, ist letztlich nur durch einen positiven Anruf Gottes (allgemeiner und privater Art) erklärbar. Die übernatürliche Liebe könnte ja auch bei einer Realisation in den naturalverhüllten und so unscheinbaren sittlich guten Taten (als erlösende Liebe) und im gleichfalls schweigenden geduldigen Ertragen von Leid und Tod (als transzendente Liebe) verbleiben. Allerdings wäre Aszese zumindest sinnvoll, wenn auch nicht unbedingt notwendig, als „Einübung" solchen Tuns und Ertragens, damit dann der Tod – wie bei Christus – absoluter Höhepunkt unserer Freiheit gerade in der absoluten Ohnmacht werden kann. Der eindeutige, positive Wille Gottes ergibt sich aus der Struktur der Kirche. Sie ist die ursakramentale Greifbarkeit der eschatologischen Gegenwart des Heiles Gottes in der Welt. Dementsprechend will Gott, daß sie die eschatologische Transzendenz der Liebe, die ihr inneres Wesen ausmacht, greifbar zur Erscheinung bringe. Sakramental-kultisch geschieht das vor allem in Taufe und

Eucharistie, wo der Mensch, dem Tod Christi eingefügt, diesen verkündet, bis er wiederkommt, und existentiell in der spezifisch christlichen Entsagung.

Christliche Aszese ist also ein unaufgebbares Wesensstück der Kirche. Sie ist nicht nur als Leben nach den „evangelischen Räten" die ständisch verfaßte, dauernde und existenzbestimmende Lebensnorm für Einzelne, sondern wird immer in irgendeiner Form von allen Gliedern der Kirche verlangt. Weil die Kirche letztlich kein Rezept dafür ist, daß die Welt großartig und verschönt weitergehe, weil sie vielmehr jene ist, die ihre Grundposition in dem einnimmt, was noch am Kommen ist, weil sie die Gemeinde von Menschen ist, die den Mut haben, nicht nur gezwungen, sondern in glaubender und hoffender Liebe das Eigentliche als das Zukommende zu erwarten, die das Reich Gottes nicht in dieser Welt zu konstruierem suchen, sondern auf es als ein über die Welt kommendes Geschenk Gottes harren, das die eschatologische „Auf-Hebung" dieses Äons bedeutet, die darüber hinaus ihre glaubende und hoffende Liebe vor aller Welt und vor sich selbst sichtbar austragen und so bezeugen und verbürgen müssen – deswegen gibt es auch im Leben eines jeden von uns die entsagende, spezifisch christliche Aszese. Jeder von uns hat manches zu opfern, was zu behalten an sich keine Sünde wäre, was durchaus sinnvoll und schön, durchaus eine Bereicherung seines Daseins sein könnte, weil er – besonders, wenn er Priester ist – repräsentierend für die Kirche einzutreten hat, weil er der Welt exemplarisch vorleben muß, daß er wirklich an das ewige Leben glaubt, daß er im Grunde doch nicht zu den Kindern dieses Äons gehört, die sich vielleicht – warum auch nicht? es tut ja nicht weh – „auch" noch ein jenseitiges Leben versprechen lassen.

Schauen Sie sich die Heiden von heute an, die den Großteil der sogenannten christlichen Völker ausmachen! Für sie sind wir bestenfalls Menschen mit einer gewissen weltanschaulichen Theorie, von der wir vielleicht überzeugt sein mögen, denn „jedenfalls ist es ihr Beruf; sie predigen, weil sie davon leben, dafür sind sie angestellt und bezahlt".

Wie können wir die Menschen davon überzeugen, daß wir im Ernst glauben, daß das, was wir predigen, die Mitte unseres Lebens und nicht ein in-existentieller, phantastischer Überbau ist, wenn nicht dadurch, daß man an uns sieht, mindestens, wenn man uns ein wenig ehrlich anschaut, daß wir auf etwas verzichten, worauf zu verzichten wir verrückt sein müßten, wenn wir nicht wirklich glauben würden, was wir predigen. Machen wir uns nicht vor, wir könnten auf diesem Gebiet die anderen täuschen. Es wird uns nichts geschenkt. Es wird ein gerütteltes Maß an Aszese brauchen, bis wir das Vertrauen der heutigen Menschen gewonnen haben.

54

Neue Aszese des selbstgesetzten Maßes

Dem Menschen von früher war weithin ein Maß in seinem Tun durch den harten Zwang von außen, aus einer Lebenssituation heraus, gesetzt. Seine Laster wurden sehr schnell bestraft, sie rächten sich selbst. Wenigstens bei den meisten Menschen in ihrem kurzen bedrohten Leben, das für Luxus, Laune, Freizeit, Tourismus, Genuß usw. wenig oder nichts bot. Die christliche Aszese war darum die geduldig getane Hinnahme dieser Kärglichkeit und Mühsal des Lebens oder eine gewissermaßen von außen kommende zusätzliche Aszese, wie z.B. im Mönchtum, weniger aber der positive Anruf zu einer Aszese, die aus dem Leben in dessen Alltäglichkeit selbst kam; sie hatte daher – wenn als solche zusätzlich angenommen – das „image" des Außergewöhnlichen und Heroischen. Christliche Aszese war so Passion oder zusätzliche, außergewöhnliche Aktion. Heute kann der Mensch, der die Natur durch Technik, Medizin und alle sonstige Planung weithin beherrscht, immer mehr, als er vielleicht – von seinem wahren Wesen aus – soll. Er kann maßlos sein, ohne daran von den Vorgegebenheiten des Lebens gehindert zu werden. Die geschlechtliche Ausschweifung wird nicht mehr durch Kinder oder Krankheit

„bestraft". Der Mißbrauch der Macht läuft sich nicht so rasch tot wie früher, wo ein maßloser König leicht den Tyrannenmörder fand. Die Faulheit wird nicht mehr auf dem Fuß durch Hunger zur Ordnung gerufen. Der Genußsucht hilft die Medizin von heute mehr, als daß sie ihr wehrt. Das Maß kommt nicht mehr von außen. Der Mensch muß es sich selbst frei setzen. Und das ist eine neue Weise der christlichen Aszese, die – gerade weil sie „vernünftig" auftritt – das heroisch Spektakuläre der früheren Aszese-Aktion nicht mehr so deutlich an sich trägt. Die aktive Aszese hatte früher den Charakter des außergewöhnlich Zusätzlichen, heute aber eher den Charakter der verantwortlichen Freiheit gegenüber dem Gesollten. Sie ist aber fast noch schwerer, gerade weil sie in der Gestalt an sich selbstverständlicher „Vernünftigkeit" auftreten muß.

Diese „Konsumaszese" (aber auf allen Gebieten!) ist schwer. Sie wird im Grunde, aufs Ganze der Menschen und dort, wo nicht eine gewisse Antriebsschwäche dem Menschen die Last freier Entscheidung teilweise abnimmt und ihn gegen den Trend einer konsumgierigen Gesellschaft mit ihrer Suggestion neuer Bedürfnisse immun macht, auf allen Gebieten des menschlichen Lebens nur von dem geleistet werden, der *auf Gott hin* offen ist und darum ernsthaft einen Verzicht annehmen kann, der für den vom Tod geängstigten Menschen scheinbar unwiederbringlich ist. Gott und die Offenheit auf ihn hin sind gewiß keine psychologisch manipulierbaren Analgetika, um die notwendige Konsumaszese zu erleichtern. Würden sie so aufgefaßt und anzuwenden versucht, würden sie sofort versagen. Nur wo man *Gott* um seiner selbst willen *liebt*, wird er auch zum Segen; wo einer auf die absolute Zukunft Gottes hin *offen* ist, wird er auch die maßlose Gier überwinden, sein Leben mit dem höchst möglichen Genuß (auch Macht ist darunter zu verstehen) zu erfüllen und so im Grund sich selbst durch das Übermaß zu zerstören. Umgekehrt: Wo der Mensch *wirklich unbelohnt* die Maße seines Wesens wahrt, da ist schon ein geheimes Ja zum Gott der absoluten Zukunft gegeben, auch wenn man das nicht reflektiert.

Solche neue Aszese gehört zur christlichen Frömmigkeit von morgen. Sie kann die neue Art der Einübung in das radikalere Mysterium jener christlichen Aszese sein, die in der Teilnahme am Tod des Gekreuzigten besteht und uns angeboten wird, weil auch heute das Leben noch die unbegreifliche Passion ist und bleibt. Dieses selbstgesetzte Maß ist heute im Unterschied zu früher weithin nicht mehr allgemein institutionalisierbar. Aber es darf doch nicht bloße Theorie und abstraktes Gebot bleiben. Es muß *leitbildliche, produktive, konkrete* Gestalt annehmen, aus Sittlichkeit eben „Sitte", „Ethos" und gute Gewohnheit werden. Das ist z. B. eine große Aufgabe für solche Säkularinstitute, deren Glieder wirklich Weltleute bleiben: Vorbilder zu schaffen, die zeigen, wie man echt, unbefangen, mild und zugleich streng gegen sich, ein Leben von heute maßvoll, zuchtvoll, von reiner Gestalt leben kann, als Sieger über jene verzweifelte Todesangst im Grund des Herzens, die gierig macht und so letztlich auch unfähig, die echte Verantwortung der welthaften Tat für das Wohl der anderen selbstlos auf sich zu nehmen, auch unter schweigend lächelnden Verzichten.

Hoffnung

55

Hoffnung

Die Theologie redet von der theologischen *Tugend* der Hoffnung. Paulus zählt die Hoffnung zusammen mit Glaube und Liebe zu den drei Grundvollzügen der christlichen Existenz, die „bleiben", also jetzt und in Ewigkeit das konstituieren, was den Christen ausmacht (1 Kor 13,13). Es soll hier nicht darüber nachgedacht werden, wie sich diese drei theologischen Tugenden zueinander verhalten, wie sie voneinander sinnvoll unterschieden werden können, so daß für Paulus die Liebe im Unterschied von den beiden anderen die höchste sein kann, wie diese drei theologischen Tugenden dennoch eine Einheit bilden, so daß sie im konkreten Vollzug der christlichen Existenz sich gegenseitig mehr bedingen und mehr zusammenhängen, als die schulmäßige Unterscheidung zunächst erkennen läßt. Es soll auch hier die an und für sich nicht unerhebliche Frage nicht erwogen werden, ob nicht doch im Gegensatz zur traditionellen Auslegung von 1 Kor 13,13 auch die „Elpis", die Hoffnung selber zu den eschatologisch bleibenden, auch in der Vollendung noch betätigten Grundvollzügen des ewigen Lebens gehören. Es ist auch nicht möglich, in Kürze die biblische Theologie der Hoffnung selbst darzulegen. Wir müssen uns auf einige Aussagen beschränken, die in der gängigen Schultheologie schon gegeben sind. Sie scheinen mir gewichtig, ja aufregend genug zu sein. Auch wenn sie zunächst über etwas zu reden scheinen, was von unserem Alltag unendlich weit entfernt ist, so wird sich hoffentlich doch zeigen, daß sich daraus sehr praktische Konsequenzen ergeben.

Die Tugend der Hoffnung als eine *göttliche* Tugend (im Unterschied von den sogenannten *moralischen* Tugenden, die sich auf endliche sittliche Werte beziehen) bestimmt zusammen mit Glaube und Liebe unser unmittelbares Verhältnis zu Gott selbst. So sagt die katholische Theologie. Was heißt das?

Wir setzen hier als selbstverständlich voraus, daß Gott als Schöpfer – von der Welt unterschieden – die Welt und uns selber in ihre eigene Wirklichkeit gesetzt hat. Alle diese geschaffenen, endlichen Wirklichkeiten, zu denen wir selber gehören, haben eine Beziehung zu ihrem schöpferischen Grund, Gott. Aber wenn wir in dem unserer natürlichen Erkenntnis zugänglichen Bereich etwas über unser Verhältnis zu Gott erfahren und denken, ist dieses immer durch eine endliche Wirklichkeit vermittelt. Gott selbst ist nur als der in sich selber bleibende, sich durch endliche Wirklichkeiten vermittelnde Grund dessen, was wir selbst sind, was wir ergreifen und u. U. als unsere Vollendung erreichen können, gegeben. Gott selber ist in Wahrheit fernebleibend und indem er sich kundtut, errichtet er auch immer gleichzeitig durch diese ihn kundtuende Wirklichkeit eine Barriere, die ihn von uns trennt, entsteht ein unendlicher Abstand, der Gott und uns auseinanderhält.

Die christliche Offenbarung verkündet aber nun das Unerhörte, das für die endliche Kreatur eigentlich von ihr selbst aus Undenkbare, daß der Mensch über diesen Abgrund und unendlichen Abstand hinweg nach Gott selber greifen kann; die Hoffnung verlangt Gott selber, sie will nicht eine wenn auch noch so wunderbare, so doch endliche Gabe Gottes, durch die Gott sich kundtut und repräsentiert, sondern Gott selber. Er soll nicht nur in seiner großartigen Schöpfermacht sich etwas ausdenken, was uns beglückt und vielleicht selig macht; er soll sich selber geben. Das ist der ungeheuerliche Anspruch der göttlichen Tugend der Hoffnung. Sie verlangt das scheinbar Undenkbare, daß Gott selbst durch seine eigenste Wirklichkeit und nicht durch ein Geschaffenes und von ihm Unterschiedenes unsere Bestimmung wird; sie erhebt eine Forderung, die, wenn sie uns nicht von Gott selbst geboten wäre, von einer nüchternen und demütigen Metaphysik des Unterschiedes zwischen dem unendlichen Gott und der endlichen Kreatur als frevlerischer Pantheismus oder Panentheismus verworfen werden würde, mit der Erklärung, daß das Endliche das Unendliche nicht als es selber in sich aufnehmen und seine innerste Bestimmung sein lassen könne.

Aber eben dies sagt die christliche Offenbarung. Sie sagt, daß Gott sich im eigentlichsten Sinn des Wortes selber dem Menschen zumutet, daß er in dem, was die Theologie die „ungeschaffene Gnade" nennt, durch sich selbst die innerste Bestimmung und Erfüllung des Menschen ist und dies in der unmittelbaren Schau der göttlichen Wirklichkeit in der Ewigkeit zur Vollendung bringt. Nach diesem Gott selber in sich selber greift die Hoffnung, wenn sie wirklich eine theologische, göttlich Hoffnung ist. Sie ist der radikale, unbedingte Anspruch, der fast absurd anmutende Optimismus. In der göttlichen Hoffnung gibt sich der Mensch mit nichts mehr zufrieden, als mit der unbegreiflichen Unendlichkeit Gottes selber. Diese Hoffnung weiß, daß Gott unbegreiflich ist und bleibt, daß er das ewige Licht ist, das für die irdischen Maßstäbe kreatürlicher Erkenntnis immer wie eine alles nichtigende Finsternis ist. Aber eben nach dieser scheinbar alles Endliche unerbittlich sprengenden Unbegreiflichkeit Gottes greift die Hoffnung, stürzt sich in das unauslöschliche Feuer der ewigen Gottheit in der Überzeugung, darin gerade nicht zu verbrennen, stürzt sich in den unendlichen Abgrund des unsagbaren Geheimnisses in der Überzeugung, so den einzigen Grund der eigenen Existenz für alle Ewigkeit zu finden, der nicht mehr weicht. Die Hoffnung wagt es, nach Gott selber zu greifen. Natürlich weiß sie, daß ein solches Unterfangen schlechthin absurd wäre, wenn es nicht von dem schon getragen wäre, wonach sie greift, wenn Gott nicht von der innersten Mitte unserer Existenz her selber mit uns nach sich verlangend ausgriffe, wenn er mit seiner Gnade nicht – wie die Theologie trocken sagt – uns gewähren und ermöglichen und ermächtigen würde, ihn selber zu hoffen. Die Hoffnung hofft Gott durch Gott, in Gott.

Aber diese Hoffnung, die so, weil sie ja Gott selber hofft, das Unbegreifliche und Unmögliche zu wagen scheint, ist damit auch die dauernde Überforderung unserer selbst. Wir wären doch so gerne bei uns selber; wir wären doch nur zu gerne glücklich und verwirklicht durch das, was wir begreifen, selber errechnen und verwirklichen können, was zu unserer Endlichkeit paßt, was man als einen verstehbaren Posten in die Rechnung unseres Lebens einstellen könnte. Wir wollen Fortschritte machen, die sich gleichmäßig an das anfügen, was wir schon haben; wir wollen ein Glück, das die Vergrößerung des Behagens ist, das wir jetzt schon genießen; wir verlangen nach Freizeit, die noch etwas länger ist, als wir sie schon haben, nach Genüssen, die noch etwas intensiver sind, als die uns schon geläufigen; unsere Erfolge und Entdeckungen sollen noch etwas größer werden, als sie schon sind. Die Spießbürger des Westens und des Ostens (die im letzten gar nicht so verschieden sind, wie sie tun) verlangen nach einem irdischen Paradies, das, wenn man genau hinsieht, im Grunde doch nicht viel von dem Lebensraum verschieden ist, in dem wir uns schon mühsam eingerichtet haben.

Da aber kommt die Offenbarung Gottes, des lebendigen freien und unbegreiflichen Gottes und verlangt von uns, daß wir statt dieses letztlich so schönen und doch banalen Glükkes, das wir trotz aller Enttäuschungen immer wieder eigensinnig hoffen und erstreben, den unendlichen Gott erhoffen sollen. Ihn und sonst eigentlich nichts. Ihn, den Namenlosen und Unbegreiflichen. Wir wollen ihn nicht respektvoll auf sich beruhen lassen mit der Erklärung, man solle das Unerforschliche auf sich beruhen lassen und am besten gar nicht davon reden. Nein, gerade diesen unbegreiflichen, unkalkulierbaren Gott und eigentlich im letzten ihn allein sollen wir suchen, hoffen, zum einzig entscheidenden Thema unserer Existenz machen. Diese göttliche Hoffnung tröstet zunächst einmal gar nicht, sie ist gar nicht das aus frommen Sprüchen gebraute Analgetikum für die Mühseligen und zu kurz Gekommenen im Leben und in unserer Gesellschaft, sondern eine ungeheuerliche Überforderung. Sie verbietet uns, uns unser eigenes Glück selber auszudenken und uns ein Paradies erkämpfen zu wollen, das zu uns paßt. Sie scheucht uns aus allen Selbstverständlichkeiten, Plausibilitäten und behaglichen Absicherungen unseres Lebens hinaus und stößt uns in die unendliche Finsternis Gottes, die man eigentlich nur mit Gottes Augen selber als Licht erblikken kann.

Das christliche Prinzip der Hoffnung ist zunächst gar nicht beruhigend und tröstend. Die christliche Hoffnung macht erst selig, wenn man im Ernst und eben aus einer Kraft, die nicht mehr unsere ist, sich selber auf Gott selbst eingelassen hat, kapituliert hat vor Gottes Unbegreiflichkeit und seiner unbegreiflichen Freiheit, wenn man (man nennt das in harmloser religiöser Sprache die Liebe zu Gott um seiner selbst willen) letztlich nicht mehr fragt, was Gott für uns als Lückenbüßer und letzte Absicherung unserer Ansprüche ist, sondern ihn wirklich bedingungslos und schweigend im Verstummen unserer Ansprüche angenommen hat. Dann und nur dann greift die Hoffnung nach Gott selber; dann allerdings macht sie frei und selig; dann wird Gottes Finsternis das ewige Licht; dann geht im Untergang von allem Einzelnen und Endlichen Gott selber auf; dann ersteht sie in diesem Tod aller irdischen Wirklichkeit selber noch einmal in ewiger Gültigkeit, jetzt aber in einer für uns hier unbegreiflichen Weise, erfüllt mit der Unendlichkeit Gottes selber. Von dieser Hoffnung wider alle Hoffnungen, der einen Hoffnung ohne Grenzen und Bedingungen, die durch Gott Gott hofft, spricht der christliche Glaube, wenn er sich selber richtig versteht; er verheißt kein menschliches Paradies, auch nicht für die Ewigkeit (ein Paradies nämlich, das von Gott noch einmal verschieden wäre), sondern Gott selber.

Bei solcher ungeheuerlichen Botschaft als Verheißung und als Forderung kann man sowohl fragen, wie sie denn in der banalen Kümmerlichkeit unseres normalen Lebens verwirklicht werden könne, als auch, ob sie für dieses normale Leben hier auf dieser Erde eine Bedeutung haben könne, wo sie doch den Menschen in die stille Unbegreiflichkeit Gottes hineinreißt.

Was die erste Frage angeht, so könnte man ja denken, daß dieser Akt der Hoffnung als Ausbruch in die Unbegreiflichkeit Gottes hinein nur wenigen gelingen könne. Man könnte meinen, eine solche theologische Hoffnung gelinge vielleicht ein paar Heiligen, ein paar schweigenden Gurus in ihrer großen Erleuchtung, komme aber doch nicht in Frage für uns armselig durchschnittliche Menschen, die sich mit der alltäglichen Notdurft des Lebens und mit den Freuden begnügen müssen, die man so am Rande eines irdischen Wüstenmarsches als kleine Blumen pflücken könne. Man könnte denken, daß die Evolution der Welt in der schwindelerregenden Selbstüberbietung der einzelnen Weltwirklichkeiten auf Gott hin zwar grundsätzlich sogar in der höchsten Aufgipfelung in Geist und Freiheit bis zu Gott selbst gelange; aber dieser Sturm der Evolution auf Gott selbst hin lasse doch die meisten, auch geistig personalen Einzelwirklichkeiten hinter sich zurück im wesenlosen Scheine, so wie auf diesem Marsche die großen Dinosaurier stecken blieben und vergangen sind. Man könnte elitär empfinden und den Großteil auch der Menschheitsgeschichte nur als den Humus betrachten, aus dem heraus ein paar wenige das eigentlich letzte Ziel aller kosmischen und geistigen Entwicklungsgeschichte, Gott selbst, erreichen.

Aber diesen elitär skeptischen Hochmut verwirft das Christentum radikal. Wo und wann ein Mensch zu seinem Menschsein erwacht ist, erreicht er auch die unbegreifliche Unbedingtheit Gottes selbst, außer wenn er durch sein freies Nein sich gegen die Gabe, die Gott selbst ist, verschließt. Wenn wir auch mit dieser ungeheuerlichen Möglichkeit ewiger Verlorenheit, mit dieser in Freiheit Endgültigkeit gewordenen Hoffnungslosigkeit immer rechnen müssen und keine theoretisch sich absolut gebärdende Aussage eines sicheren endgültigen Heiles jedes Menschen in Gott machen dürfen, so haben wir dennoch das Recht und (gegen Thomas von Aquin gesagt) die Pflicht, trotz aller Fürchterlichkeiten der Menschheitsgeschichte zu hoffen, daß alle Menschen so *hoffen*, daß sie Gott selbst wirklich erreichen.

In dieser antielitären Haltung war und ist das Christentum trotz allem in seiner Geschichte praktizierten autoritären Zwang im letzten Grunde so demokratisch, wie sonst keine Weltanschauung in der Geschichte, da es ja allen das ewige Leben, Gott selber verheißt, durch den jeder alles hat. Damit aber ist die Frage noch nicht beantwortet, wie denn beim Durchschnittsmenschen, dem solche Würde zuerkannt wird, die Hoffnung möglich sein kann, die Gott selbst ergreift. Zur Beantwortung dieser Frage muß zunächst ganz abstrakt gesagt werden, daß sich diese unendliche Hoffnung, in der der Mensch aus seiner versperrenden Endlichkeit ausbricht, immer an einer konkreten Aufgabe dieser Erde entzündet, von einem irdisch Gegenständlichen vermittelt wird. Darum kann es eine Mystik der Hoffnung mitten im banalen Alltag geben. In ihm und nicht nur in der mystischen Einsamkeit hoher Kontemplation und Versenkung geschehen die Erfahrungen des Geistes und geschehen so die Taten der letzten Hoffnung.

Solche Taten letzter Hoffnung sind oft unscheinbar. Wir haben sie oben unter der Überschrift „Geisterfahrung" (Text 16) angesprochen, denn wir erfahren in ihnen das, was wir Christen den Heiligen Geist Gottes nennen. Dort ist eine Erfahrung gemacht, die im Leben – auch wenn sie verdrängt wird – unausweichlich ist, die unserer Freiheit mit der Frage angeboten wird, ob wir sie annehmen wollen oder ob wir uns in einer Hölle der Freiheit, zu der wir uns selber verdammen, gegen sie verbarrikadieren wollen. – Das alles ereignet sich im normalen Alltag auch des gewöhnlichsten Menschen. All das aber sind Taten der Hoffnung im Keim oder in der Vollendung. Es gibt eine Mystik der Hoffnung des Alltags. Die göttliche Hoffnung ist keine elitäre Sache, sondern von Gott auch dem scheinbar nur durchschnittlichen Menschen ermöglicht. Und darum kann er sie von uns fordern.

Es bleibt nun noch die Frage, ob eine solche göttliche Hoffnung, die alle irdischen Wirklichkeiten hinter sich läßt, auch wenn sie sich im Alltag ereignet, doch auch eine sehr reale Bedeutung für diesen Alltag selber habe. Der unmittelbaren Beantwortung dieser Frage muß eine Vorbemerkung vorausgeschickt werden. Ob man es Hoffnung nennen will oder nicht, es gibt im menschlichen Leben Planungen individueller und kollektiver Zukunft, die mit einer Ungewißheit des Gelingens, mit einem nicht völlig beherrschbaren Risiko verbunden sind, die doch getan werden mit einer Zuversicht, daß sie gelingen werden, mit einer größeren oder kleineren Zuversicht, die man Hoffnung nennen kann. Bei solchem Tun, das dem Menschen abverlangt ist, weil er nicht in absoluter, risikofreier Handlung leben kann, kann eine solche riskierte Handlung gelingen oder mißlingen, kann das Erlebnis des Erfolges oder der Enttäuschung die Folge sein. Wille zum Erfolg und Erfahrung des Mißerfolges sind dem Menschen auferlegt; er muß mit beidem rechnen. Das Risiko des Handelns kann größer oder kleiner sein; ebenso Erfolg und Mißerfolg.

Wenn nun aber das Wesen der theologischen Hoffnung richtig verstanden wird, und wenn dabei nicht vergessen wird, daß diese göttliche Hoffnung, so sehr sie Gott und nichts anderes meint, durch die Ereignisse des Alltags vermittelt wird, durch das ganze Leben hindurch verwirklicht werden muß, und nicht bloß eine einzelne kultische Spezialleistung des Menschen ist, dann kann verständlich gemacht werden, daß die zuversichtliche Tat des Lebens um irdisches Glück und das Fertigwerden mit dem enttäuschenden Mißerfolg zugleich legitimiert und getragen werden können durch diese göttliche Hoffnung. Die konkrete Tat, in der der Mensch sein irdisches Leben in allen Dimensionen verteidigt, vollzieht und entfaltet, kann so die konkrete Vermittlung für seine göttliche Hoffnung sein, daß er auch seine göttliche Hoffnung verraten würde, wenn er sich dieser irdischen Aufgabe versagen würde. Wenn er sich nämlich einer Aufgabe seines eigenen oder des politischen Lebens versagen würde, weil sie Risiko bedeutet, ihn gefährdet und im Mißerfolg enden kann, dann würde er insgeheim durch diese feige Enthaltsamkeit, die kein Risiko wagen will, bekennen, daß er nicht davon überzeugt ist, daß jede, auch die irdisch scheiternde Tat der Vollzug einer Hoffnung sein kann und sein muß, die in Gott hinein wirklich gelingt. Für den Christen kann es Kraft seiner absoluten Hoffnung bei einer sittlich nicht verwerflichen Tat gar kein Risiko geben, das in einem endgültigen Mißerfolg und einer endgültigen Enttäuschung endet. Wer sich also angstvoll und in einer geheimen Skepsis einer ihm im eigenen Leben oder im öffentlichen Leben abverlangten Tat versagt, gibt auch seine göttliche Hoffnung auf. Er rechnet mit einer absoluten und endgültigen Enttäuschung. Diese will er vermeiden oder wenigstens aufschieben, er will sich und sein Leben nicht wagen, weil er insgeheim mit einer endgültigen und unwiderruflichen Katastrophe seiner Existenz rechnet. Er gehört zu denen, von denen Paulus sagt, sie hätten keine Hoffnung. Der auf Gott Hoffende kann alles wagen, weil er Gott nicht verlieren kann. Auch wenn es dabei gleichzeitig wahr sein mag, daß der, der sich selbstlos für andere von sich wegwagt, die Hoffnung Gottes hat, selbst wenn er dies nicht ausdrücklich weiß.

Die göttliche Hoffnung ist die Kraft und die Legitimation des irdischen Tuns des Menschen mit dessen Risiko und Zuversicht. Aber diese göttliche Hoffnung trägt auch dort, wo irdisch bei nüchterner Kalkulation kein Erfolg mehr erwartet werden kann, trägt auch in Mißerfolg und Enttäuschung. Es ist zwar heute eine billige Mode, den Trost der Hoffnung auf Gott im Scheitern irdischer Anstrengungen als „Opium für das Volk" den Menschen zu verleiden. Man soll den Trost der Ewigkeit, der in der göttlichen Hoffnung gegeben ist, wahrhaftig nicht dort verkünden wollen (wie es gewiß in der Kirche oft geschehen ist), wo irdische Anstrengung geboten, möglich und auch nur einigermaßen aussichtsreich ist. Aber es gibt nun einmal Elend, Mißerfolg, Tod, die dem einzelnen nicht abgenommen werden können. Der, der solches gerade nicht leidet, kann billig erklären, der Trost der Ewigkeit in der Hoffnung Gottes sei ein Opium in solchen Situationen eines irdisch nicht mehr überwindbaren Scheiterns. Der aber, der von solchem irdisch ausweglosen Scheitern selber getroffen wird, kann doch nur entweder verzweifeln, kann sich nicht einfach trösten mit dem Gedanken, daß die, die nach ihm kommen und nach ihm auch sterben werden, es ein wenig besser haben werden, oder er läßt den Trost zu, den die Hoffnung auf Gott selbst gibt, auch dort, wo Scheitern und Sterben geschieht. Göttliche Hoffnung ist also von sich her sowohl die Kraft der Tat bei allen Risiken und Gefahren, wie auch die tröstende Erlösung dann, wenn einem der Mißerfolg und die Enttäuschung auferlegt werden oder als den Menschen treffend nüchtern vorausgesehen wird. Der Sieg und die Niederlage, das Leben und der Tod sind von dieser einen Hoffnung umfaßt, erlöst und vergöttlicht.

56

Hoffnung als Mitte der theologischen Tugenden

Die Trias der theologischen Tugenden – Glaube, Hoffnung, Liebe – braucht nicht so aufgefaßt zu werden, als stelle sie notwendig unter einem streng einheitlichen Einteilungsprinzip drei Tugenden zusammen, die *untereinander* genau das *gleiche* Verhältnis haben. Es braucht nicht notwendig gegen die Berechtigung der Trias als solcher zu sprechen, wenn die „Hoffnung" doch als Mitte und das Gemeinsame der beiden anderen Tugenden gemeint ist, vorausgesetzt freilich, daß sie dabei nicht nur als *vorübergehende* Modalität der beiden anderen Tugenden und der diesen entsprechenden „Vermögen" erscheint, sondern als deren bleibende und beide zugleich verbindende Eigentümlichkeit. Die Hoffnung darf nicht bloß „zwischen" den beiden anderen Tugenden erscheinen, sondern muß deren ursprünglich einende Mitte bilden. Läßt sich das zeigen, dann ist die Trias gerechtfertigt, ohne daß aus ihrem Bestehen gefolgert werden müßte, die Hoffnung müsse zu Glaube und Liebe genau dasselbe Verhältnis haben wie diese beiden untereinander. Es ist auch im Grunde nicht entscheidend, ob die so verstandene Grundmodalität des Verhältnisses zu

Gott im durchschnittlichen Sprachgebrauch „Hoffnung" genannt wird oder sich hinter diesem Wort eher verbirgt, aber doch durch dieses Wort angezeigt wird, weil es kein besseres dafür gibt.

Die Sicht auf diese dunkel angezielte Eigentümlichkeit der Hoffnung ist in der üblichen Schultheologie verstellt durch das Denkmodell, demzufolge die Hoffnung durch „Besitz", durch „Erreichung des Zieles" abgelöst wird. Dieses Denkmodell bietet sich durch die Alltagserfahrung und durch das profane Erlebnis der „Hoffnung" an: Man „hofft" z.B. zuerst auf eine noch nicht gegebene Anstellung; wenn diese erfolgt ist, „hat" man sie, braucht man nicht mehr zu „hoffen", sondern höchstens das Erlangte noch festzuhalten, was man aber als gänzlich anderes Verhalten denn als „Hoffnung" erfährt oder deutet. Wie ist es aber bei *jenem* Grundakt, der – theologische Hoffnung genannt – sich nach Gott ausstreckt? Läßt sich dieser Grundakt auch als bloß vorläufiges Verhalten verstehen, der durch jenen „Besitz" abgelöst wird, welcher selbst dann durch „Schau" und einigende „Liebe" konstituiert wird? Die Hoffnung wird dann als das Vergangene abgetan, weil jetzt nichts mehr „gehofft" werden muß, sondern alles im Besitz ist und selbst ein Verlust des Erlangten nicht mehr befürchtet werden muß, also nicht einmal das Bleiben des Erlangten erhofft zu werden braucht. Ist das aber richtig gedacht?

Die Endgültigkeit des Menschen unter dem Denkmodell des „Besitzes" zu verstehen und von daher die Hoffnung als das bloß Vorläufige zu begreifen, ist aber tatsächlich höchst fragwürdig, d.h. im Grunde unzureichend; dieses Denkmodell verstellt die Eigentümlichkeit der Endgültigkeit des Menschen in Schau und Liebe und damit auch jene Grundmodalität dieser Endgültigkeit, die sich unter dem Wort „Hoffnung" zugleich meldet und verbirgt; diese Grundmodalität macht erst das eigentliche Wesen der theologischen Hoffnung aus, wie sie jetzt vom Pilger – hier freilich unter einer bestimmten Vorläufigkeit – gelebt wird. Der Akt der Ergreifung Gottes als Wahrheit in der „Schau" Gottes läßt in der Tat diesen Gott als den Unbegreiflichen aufgehen; dieses Geschehnis ist als das von Gottes Selbstmitteilung getragene nicht der Akt, in dem das absolute Geheimnis, das Gott ist, endlich überwunden und aufgelöst wird, sondern der Akt, in dem die Endgültigkeit und tödliche Schärfe dieses wahrhaft abgründigen Geheimnisses nicht mehr verdrängbar ist, sondern an sich selbst getragen und ausgehalten werden muß, ohne die Möglichkeit des Ausweichens in das Durchschaubare und so dem Subjekt und dessen eigenem apriorischen Wesen Verfügbare und Untertänige. Der Akt der Ergreifung als Liebe in Liebe ist die Entgegennahme einer Liebe, die, völlig ohne Grund in uns selbst, vielmehr radikalste unberechenbare Freiheit ist, in keiner vorgegebenen „Liebenswürdigkeit" unserer selbst (obzwar die Liebe diese gibt) ihre Verständlichkeit findet, immer restlos und ewig an dieser durch nichts anderes als in ihr selbst begründeteten Freiheit Gottes hängt, in diesem radikalen Sinn „Gnade" ist und ewig bleibt.

Der „Besitz" Gottes – wenn man das Wort jetzt noch gebrauchen mag – ist die radikale Selbsttranszendenz und Selbstentäußerung des Ausgriffs auf Wahrheit in das abgründige Geheimnis hinein und die radikale Selbstentäußerung und Selbsttranszendenz der Liebe, die durch keine Selbstgabe die Liebe des Geliebten aus ihm hervorlokken kann, sondern gänzlich von dessen durch nichts als durch sie selbst begründeteten Liebe lebt. Sie ist reine Empfängnis und trägt so das *commercium* der gegenseitigen Liebe, ist aber nicht selbst durch dieses *commercium* getragen.

Diese Eigentümlichkeiten der Entgegennahme Gottes als Wahrheit und als Liebe haben eine innere Einheit und eine Ursprünglichkeit in dem einen radikalen „Von-sich-weg" in das schlechthin Unverfügbare hinein. Dieses Sich-selbst-Loslassen ist gewiß das richtig verstandene, *konkrete*, die „Gnade" schon in sich tragende Wesen des Menschen. Der Mensch ist, wo er dieses sein Wesen findet und frei bejaht, zu wirklicher Freiheit gelangt, bei sich und bei der Erfüllung seines Lebenssinnes. Aber eben diese Wesenserfüllung ist das „Von-sich-weg" des endlichen Subjektes in die Unbegreiflichkeit und Unumgreiflichkeit Gottes als Wahrheit und als Liebe. In dem Wort „Hoffnung" meldet sich dieses eine, einigende „Von-sich-weg" in die eine Unverfügbarkeit Gottes hinein; „Hoffnung" steht darum als diese einigende Mitte zwischen Glaube bzw. Schau und Liebe (auf dem Weg und auch noch am „Ziel").

„Hoffnung" sagt daher im allerletzten nicht eine Modalität von Glaube und Liebe, solange das Vorläufige ist, sondern ist die bleibende Wegräumung des Vorläufigen auf die radikale und reine Unverfügbarkeit Gottes hin, ist die ständige Zerstörung des Scheines, die absolute und letzte Wahrheit sei das umgriffen Begriffene und die Liebe sei das durch unsere Liebe Bewirkte. Wir wären die, die Gott für uns herstellten durch das, was wir als Erkennende und frei (sittlich) Handelnde selber tun und so zu unserer Verfügung haben. Hoffnung aber ist das Wort für das Wagnis des in beiden Grunddimensionen des Menschen radikal Unverfügbaren, das gerade dort sich ereignet, wo das Verfügbare endgültig überholt ist, d.h. in der Endgültigkeit des ewigen Lebens. So verstanden ist die Hoffnung das, was „bleibt", und sie teilt damit auch der Endgültigkeit des Verhältnisses zur absoluten Wahrheit diesen ihren Charakter des „Bleibens" mit, so daß Paulus sagen kann, der Glaube selbst „bleibe" auch in der Schau. Überdies ist dann auch klar, daß die Liebe der Ewigkeit nur richtig verstanden ist, wenn sie als durch die „Hoffnung" charakterisiert begriffen wird, so daß man ebenso wahr von einer „fides" und „caritas *spe* formata" sprechen kann, wie von einer „fides" und „spes" „caritate formata". Hoffnung besagt den einen Grundcharakter der Entgegennahme von Wahrheit und von Liebe: das bleibende „Von-sich-weg" in die Unverfügbarkeit Gottes. Umgekehrt kann man sagen: Wo Hoffnung als das radikale Sicheinlassen auf die absolute Unverfügbarkeit getan wird, da erst ist eigentlich begriffen, was, oder noch besser: *Wer* Gott ist: Er ist die seiende Ermöglichung des radikalen Sicheinlassens auf die absolute Unverfügbarkeit im Akt der Erkenntnis und der Liebe; fast möchte man sagen: des radikalen Sicheinlassens auf die „Absurdität" der Wahrheit und der Liebe, weil beide ihr wahres Wesen haben – ganz anders als man zunächst meinen sollte – aus der unumgriffenen Unverfügbarkeit der Wahrheit und der Liebe an sich selbst.

Somit ist die Hoffnung ursprünglich nicht die Modalität des geschichtlichen Gehens durch die Zeit auf die Endgültigkeit zu, sondern die Grundmodalität des *Verhältnisses zum Endgültigen,* die so den wahren Gang erst „in Gang bringt". Von da aus sind im Grunde Vermessenheit *und* Verzweiflung in gleicher Weise die Verweigerung des Subjekts, sich von der Unverfügbarkeit ergreifen und von sich wegreißen zu lassen. Mit all dem Gesagten über das Grundwesen der Hoffnung ist natürlich auch nicht geleugnet, daß es selbst im „status viatoris" Eigentümlichkeiten an sich trägt, die ihm im ewigen Leben der Vollendung nicht mehr zukommen. Aber diese Eigentümlichkeiten – das Trachten nach dem Endgültigen *innerhalb* der noch geschehenden Begegnung mit dem Vorläufigen – verbergen eher das innerste Wesen der Hoffnung, als daß sie es enthüllen. Diese Begegnung, auch wo sie hoffend auf Zukunft überstiegen wird, erzeugt nämlich immer den Schein, es werde auch das Endgültige einmal so besessen, wie man jetzt die vorläufigen Güter durchschaut, beherrscht und so darüber verfügt.

57

Die gesellschaftliche Dimension der Hoffnung

Es ist hier nicht möglich, all das nachzuvollziehen, was die heutige Theologie und Existentialontologie über die kosmische und die gesellschaftliche Dimension der Hoffnung sagt, über die Hoffnung des pilgernden Volkes Gottes als solchen auf seiner Wanderung, über seinen immer neuen Exodus aus jeder verfestigten Situation in allen Dimensionen des menschlichen Daseins. Es sei nur auf einen kleinen, wohl meist unbeachteten Text in der dogmatischen Konstitution über die Kirche „Lumen gentium" (vgl. Kap. IV, Nr. 35) aufmerksam gemacht. Da wird von den Laien gesagt, sie dürften ihre eschatologische Hoffnung nicht im Inneren des Herzens (in interioritate animi) verbergen, sondern müßten sie real werden lassen (exprimant) in der Verfaßtheit und in den Strukturen (per structuras) des profanen Daseins (vitae saecularis). Diese Mahnung steht im Kontext der prophetischen Aufgabe der Laien in Kirche und Welt. Man würde sie wohl mißverstehen, wollte man sie bloß auffassen als eine moralische Konsequenz sekundärer Art aus dem Wesen der Hoffnung, die die „Söhne" *der* „Verheißung" (ebd.) schließlich doch auch ohne diese „Einbildung" ihrer Hoffnung in die profanen Strukturen der Welt leben könnten. Die Mahnung enthält vielmehr eine Aussage über ein Wesensmoment der Hoffnung selbst. Diese wird real vollzogen in der dauernden Umbildung der Strukturen des profanen Lebens. Wenn man einmal davon absieht, daß „Revolution" ein sehr unbestimmter und vieldeutiger Begriff ist, so könnte man sagen, hier werde die christliche Hoffnung zum Grund einer stets revolutionären Haltung der Christen in der Welt erklärt. Wenn man das Christentum recht deutet und wenn die Christen sich selbst recht verstehen, dann ist es also gerade umgekehrt, wie man innerhalb und außerhalb der Christenheit meist meint: Die Hoffnung auf die absolute Zukunft Gottes, auf das eschatologische Heil, das der absolute Gott selbst ist, ist nicht die Legitimation eines Konservatismus, der – alles versteinernd – angstvoll die sichere Gegenwart einer unbekannten Zukunft vorzieht, nicht das „Opium des Volkes", das im Gegenwärtigen beruhigt, auch wenn dieses leidvoll ist, sondern die Ermächtigung und der Befehl zu einem immer wieder aufgenommenen, vertrauenden Exodus aus der Gegenwart in die (auch innerweltliche) Zukunft.

Der leibhaftige, geschichtliche Mensch vollzieht auch die letzten transzendentalen Strukturen seines Wesens in der Tat nicht in der abstrakten „Innerlichkeit" einer bloßen Gesinnung, sondern im Umgang mit der Welt, der Um- und Mitwelt. – Wirkliche „Praxis" in Gegensatz und radikaler Differenz zur Theorie ist außerdem nicht die bloße Exekution des Geplanten und also des Nur-Theoretischen allein, sondern ist Eröffnung des Handlungsbereiches überhaupt und Wagnis der Ungeplanten, so daß erst in der Praxis selbst die echte Möglichkeit des Gewagten hervorkommt. Alle notwendige und berechtigte Planung in der Manipulation der Umwelt (Technik), der Mitwelt (Sozialisation) und des Menschen selbst vermindert nicht das andrängende Ungeplante und macht es nicht zum bloßen vorgegebenen, „noch nicht" aufgearbeiteten Restbestand. Sie vermehrt dieses Ungeplante und läßt es noch schärfer als Ergebnis der Praxis selbst hervortreten: der Mensch selbst baut im Abbau des *vor*gegebenen Unübersehenen das von *ihm selbst* produzierte Unübersehbare auf.

Aus diesen beiden Momenten aber ergibt sich, daß im so verstandenen praktischen Wagnis der innerweltlich unvorhergesehenen und unverfügbaren Zukunft der Mensch seine eschatologische Hoffnung als „Von-sich-weg" auf das absolut Unverfügbare realisiert und realisieren muß. Der Christ muß also seine Hoffnung den Strukturen der Welt einprägen. Das bedeutet natürlich gerade nicht, daß bestimmte, feste Strukturen seiner profanen Welt einmal so sein könnten, daß sie – einmal und für immer hergestellt – die bleibende Objektivation seiner eschatologischen Hoffnung wären. Im Gegenteil. Jede, die gegenwärtige *und* auch die *kommende* Struktur des weltlichen Lebens ist durch die Hoffnung als Ausgriff auf das Unverfügbare in Frage gestellt, und in dieser Infragestellung realisiert sich der geschichtliche und gesellschaftliche Akt der Hoffnung.

Freilich geschieht dies nicht nur auf diesem Weg. Der Christ nimmt auch das ungetane und erlittene Vorübergehen der „Gestalt der Welt" im individuellen Geschick seines eigenen Lebens, im Tod und in der ihn einübenden Entsagung an und vollzieht darin nicht minder seine Hoffnung. Ein wildes Revoluzzertum allein ist entweder die

Verabsolutierung der nächstens kommenden Gestalt der Welt und so das Gegenteil der Hoffnung, nämlich eine Form der Vermessenheit, die nur das Verfügbare kennt oder das Unverfügbare als Verfügtes setzt, oder es ist Verzweiflung, die nichts mehr hofft und darum alles schlechthin verneint, weil es nichts Endgültiges ist oder es solches überhaupt nicht gibt. Aber die ständige Kritik auch der weltlichen Strukturen ist *eine* der konkreten Gestalten der christlichen Hoffnung, die als sich lassender Mut zum Unverfügbaren nichts in diesem weltlichen Dasein so festhalten muß, als ob der Mensch ohne es in eine absolute Leere stürzte. Die Hoffnung gebietet dem Menschen in dem Augenblick, wo er sehr viel deutlicher als bisher auch der Täter seiner Welt wird, nicht nur zu lassen, was ihm entrissen wird, sondern auch aktiv aufzugeben, was er im Blick auf die unbegrenzte Zukunft der Hoffnung als vorläufig durchschaut und so auch als schon in der Zeit ablösbar erfassen kann.

Es ist seltsam, daß wir Christen, die das radikale Wagnis der Hoffnung in das Unverfügbare der absoluten Zukunft hinein zu tun haben, bei anderen und bei uns selbst in den Verdacht gekommen sind, daß für uns der Wille zur Bewahrung die Grundtugend des Lebens sei. In Wirklichkeit ist aber die einzige „Tradition", die das Christentum gerade als *pilgerndes* Volk Gottes auf den Weg bekommen hat, das Geheiß, die absolute Verheißung zu hoffen und – damit dieser Auftrag nicht billige Gesinnungsideologie bleibe – immer neu auch auszuziehen aus den Versteinerungen alt und leer gewordener gesellschaftlicher Strukturen. *Woran* konkret bei solch immer erneutem Exodus diese Hoffnung zu vollziehen ist, woran – was ja auch möglich ist – der Christ festhält, weil seine Hoffnung auch das zeitlich Künftige des falschen Scheins des Absoluten entkleidet, das kann der „theoretische" Glaube nicht als einfache Deduktion aus ihm selber sagen. Dieser konkrete Imperativ ist nicht das bloße Ergebnis der angewandten Theorie des Glaubens; genauso wenig, wie der Glaube als solcher allein die allgemeine Verheißung in die spezielle verwandelt, die nur die unableitbare, ursprüngliche Hoffnung ergreift. Aber diese Hoffnung heißt den Christen und die Christenheit, diese je unableitbaren Imperative immer neuer Entscheidung zwischen der Verteidigung der besessenen Gegenwart und dem Exodus in die unvorhersehbare Zukunft zu wagen. Die Hoffnung kann dies. Denn sie selbst hat ja schon immer das Größere getan. In ihr hat der Mensch sich losgelassen in das absolut und ewig von ihm Unverfügbare hinein. In der Kraft dieser größeren Hoffnung hat er auch die kleinere Hoffnung, den Mut nämlich zum Wandel der „weltlichen Lebensstrukturen", wie das Konzil sagt. Auch das Umgekehrte ist nicht minder wahr: In der kleineren Hoffnung wird die größere real.

Es bleiben also Glaube, Hoffnung, Liebe, diese drei. Das Größte aber ist die Liebe, sagt Paulus. Wir könnten auch übersetzen: Glaube, Hoffnung und Liebe machen das Endgültige aus. Vielleicht hat sich gezeigt, daß Hoffnung nicht einfach das Verhalten des Schwachen und doch Begehrenden gegenüber einer ausständigen Erfüllung ist, sondern der Mut, sich in Denken und Tat der unbegreiflichen Unverfügbarkeit anzuvertrauen, die unser Dasein durchwaltet und als dessen offene Zukunft trägt. Vielleicht hat sich auch gezeigt, daß solcher Mut die Kraft besitzt, mehr zu wagen als was bloße berechnende Planung eingeben kann. Vielleicht hat sich gezeigt, daß in der Endgültigkeit noch die bleibende Hoffnung waltet, weil diese Endgültigkeit Gott ist.

58

Mut

Was Mut ist, ist schwer zu sagen. Nicht weil man es nicht weiß, sondern weil er als eigentümlicher Existenzvollzug des ganzen Menschen letztlich nicht als partikuläres Vorkommnis neben vielen anderen eingrenzend bestimmt werden kann, weil er auf das Ganze der menschlichen Existenz bezogen ist, weil er die Unmöglichkeit einer adäquaten Reflexion und Definition dieser Existenz teilt; weil der Mut – den wir hier eigentlich meinen – nicht Mut zu diesem oder jenem, was man tun kann, sondern Mut zu sich selbst in der einen Ganzheit der menschlichen Wirklichkeit ist.

Aber dennoch kann Mut in etwa mit vielen Hinweisen beschrieben und vor das reflexe Bewußtsein des Menschen gebracht werden. Mut hat etwas mit Unsicherheit, Gefahr des Verfehlens einer von der Freiheit zu realisierenden und angestrebten Wirklichkeit, mit Entscheidung zu tun. Mut kann zwar und soll sogar koexistent sein mit Planung, Berechnung von Chancen. Aber dort, wo Mut wirklich erfordert wird, bleibt offenbar ein Abstand für die rationale Überlegung zwischen der Kalkulation der Erfolgsmöglichkeiten und der tatsächlich gesetzten Tat, die vor ihrem Gelingen nicht mit Sicherheit weiß, ob sie gelingen wird. Das Defizit in der Vorauskalkulation des Ziels und seiner Erfolgsaussicht wird bei einer Tat ausgefüllt durch eben das, was wir den hoffenden Mut, den Mut der Hoffnung nennen. Der Abstand zwischen der nicht adäquat vorauskalkulierbaren Tat und der wirklichen Tat wird durch das überbrückt, was wir Mut nennen.

Der rationale Mensch von heute hat zwar durchaus das Recht und die Pflicht, bei seinen Unternehmungen und Taten möglichst genau und auf Sicherheit hin vorauszukalkulieren. Er muß die genannte Distanz möglichst im voraus zur Tat schon verringern, bis dahin, wo praktisch kein Mut für die Tat mehr notwendig ist. So weiß zum Beispiel der Statiker vor der Vollendung einer Brücke mit praktisch voller Sicherheit, daß die Brücke halten wird und es also keines Mutes mehr bedarf, um an den Brückenbau zu gehen. Aber bei tausend menschlichen Handlungen bleibt die genannte Distanz, ist der angezielte Effekt als verwirklichter nicht adäquat vorauszuberechnen, ist kein adäquat durchschauendes Wissen um sämtliche Faktoren einer Handlung möglich, bleibt, wenn doch gehandelt werden muß, Mut unerläßlich. Das gilt schon im Alltagsleben mit seinen abertausend partikulären Unternehmungen. Das gilt vor allem, wenn es um *die* Tat und *den* Mut zur Tat geht, die sich auf das *Ganze* der einen menschlichen Existenz beziehen. Und von diesem Mut ist hier im folgenden nur noch die Rede.

Daß es einen solchen radikalen und totalen Mut gibt und unvermeidlich geben muß, setzt natürlich voraus, daß der Mensch als Freiheitssubjekt in seinem Leben nicht nur mit diesem und jenem, mit den tausend partikulären Gegenständlichkeiten seiner Existenz, mit diesem Partner, mit jener Berufsaufgabe, mit diesem Urlaub und jener einzelnen Schwierigkeit usw. zu tun hat, sondern mit sich als einem und ganzen. Diese Voraussetzung, die wir für den Begriff des Mutes, der hier gemeint ist, machen, kann hier nun nicht mehr genauer begründet werden. Wir setzen voraus: Der Mensch als Subjekt hat es nicht bloß mit einer riesigen Menge von Einzelheiten seines Lebens zu tun, durch die er sich hindurchtreibt oder treiben läßt, er ist *sich* in und durch alle diese Einzelvollzüge seines Lebens hindurch selber als *ganzer* und einer aufgegeben, ob er es reflex weiß oder nicht. In der eigentlichen Freiheit ist der Mensch auf Endgültigkeit hin in einem selber Subjekt und Gegenstand. Er hat nicht nur vieles und vielerlei zu besorgen in seinem Leben, er hat Sorge für sich selbst als einen, eine Aufgabe, die wir in einer theologischen Sprache *Heilssorge* nennen. Diese eine und letzte Aufgabe kann er in dem vielfältigen Betrieb seines Lebens vergessen oder verdrängen. Er kann aus einem „ich" ein „man" werden. Aber auch als verdrängtes und vergessenes ist dieses Sich-selbst-aufgegeben-sein, das Zur-Freiheit-verurteilt-sein, das letzte Immer-für-sich-selbst-verantwortlich-sein gegeben und tritt deutlich in Stunden der Einsamkeit und letzter Entscheidungen, im Anruf einer letzten, von niemandem applaudierten Verantwortung usw. hervor.

Wenn wir dieses eben nur Angedeutete hier voraussetzen dürfen, dann wird deutlicher, was mit jenem totalen und radikalen Mut gemeint ist, von dem wir sprechen wollen. Der Mensch ist sich in seiner Freiheit als einer und ganzer aufgegeben, ist selbst seine eine und letzte Aufgabe. Er weiß aber zugleich, daß die Erfüllung dieser einen und ganzen Aufgabe von tausend anderen Bedingungen und Ursachen abhängt, die er nicht durchschaut und die nicht in seiner eigenen Macht stehen. Und darüber hinaus erfährt er seine eigene Freiheit selber noch einmal als gesetzt und in sich selber bedroht, das Eigenste seiner Subjekthaftigkeit noch einmal als sich selber geheimnisvoll fremd.

Aus beiden Gründen besteht hier in radikalster und unaufhebbarer Weise jene Distanz zwischen dem handelnden Subjekt mit seinem Vermögen, seiner Macht, seinen vorauskalkulierbaren Mitteln einerseits und dem anderseits, was in dieser einen Lebenstat getan werden soll: die letzte und endgültige Selbstbestimmung in einer Vollendung der unbegrenzten Möglichkeiten, die dem Menschen als Geist und Freiheit vorgegeben sind, das letzte Selbstverständnis, das ein Mensch nicht bloß passiv entgegennimmt, sondern in Freiheit selbst schaffend sich gibt. Er erfährt diese Distanz, weil er sich gleichzeitig als das Wesen unbegrenzter Ansprüche, als den Menschen erfährt, der bei einem begrenzten Ziel nie endgültig haltmachen kann, *und* als den Ohnmächtigen, den Menschen des Todes, den immer fragmentarischen, das unglückliche Bewußtsein. Diese Distanz wird nur überbrückt durch die absolute Hoffnung, durch den Vorgriff auf eine Erfüllung, die nicht mehr die eigene Leistung ist, durch eine Hoffnung einer absoluten Zukunft als möglich und real angeboten, die wir Gott nennen, und ursprünglich und eigentlich nur *in* dieser Hoffnung wissen.

Der freie Entschluß zu solcher Hoffnung bedeutet aber nun auch denjenigen Mut, um den es hier geht. In diesem Mut wird das Ganze der menschlichen Existenz als glükkend erhofft; der Grund dieser Hoffnung ist keine empirische Einzelheit, die man durchschauen und derer man habhaft werden könnte; diese Hoffnung baut auf den unbegreiflichen Gott, und zwar als den freien. Der Mensch muß sich also einer anderen Freiheit anvertrauen und diese als nicht gefährdend, sondern als rettend sich geben lassen. Diese Hoffnung hat nicht eigentlich etwas außer sich, das außer ihr Boden und Sicherheit gäbe, weil ja der Grund der Hoffnung, Gott genannt, nur in ihr selbst erfahren wird. Solche Hoffnung aber ist darum der Mut schlechthin.

Bevor wir nun diesen hoffenden Mut als Glauben im eigentlich theologischen Sinn nachweisen können, ist noch etwas Wichtiges vorauszuschicken. Man kann natürlich Wesen, Inhalt und Grund dieses hoffenden Mutes, so wie wir es eben getan haben und wie es unter den verschiedensten Formulierungen jede Religion tut, objektivieren und verbalisieren und auf diese so verbalisierte Wirklichkeit hin einen freien Akt mutiger Hoffnung vollziehen. Man kann m. a. W. ausdrücklich in einem explizit religiösen Akt mutig zu hoffen – versuchen. Aber so gut, ja unter den nötigen Voraussetzungen geboten ein solcher Akt auch sein mag, er ist nicht einfachhin das, was wir mit solcher mutigen Hoffnung meinen. Denn zunächst ist es für das reflektierende Bewußtsein des Menschen gar nicht sicher, ob ein solcher ausdrücklicher religiöser Einzelakt aus jener letzten Mitte des handelnden Subjekts kommt, von der her das Ganze der menschlichen Existenz wirklich gewagt und dem letzten Geheimnis, Gott genannt, als rettend und versöhnend übergeben wird. Nicht jeder noch so deutliche und gut gemeinte religiöse Akt verfügt schon wirklich über die ganze Existenz auf Endgültigkeit hin. Auch wenn jemand ehrlich sagt: „Gott, auf dich hoffe ich, dich liebe ich", ist noch lange nicht sicher, daß sich wirklich ereignet, was da gedacht und gesagt wird, daß die ganze Existenz des Menschen in freier Entscheidung aus ihrer innersten Mitte heraus sich auf Gott hin bewegt.

Noch wichtiger aber ist folgendes: Solcher hoffender Mut kann sich sehr unthematisch und unreflex in den verschiedensten freien Taten des Lebens vollziehen, ohne daß sein Wesen verbal und explizit religiös thematisiert wird. Wenn jemand eine letzte Treue zu seinem Gewissen durchhält, auch wenn sie nicht belohnt wird; wenn es jemandem gelingt, Liebe so selbstlos zu verwirklichen, daß es sich in Wahrheit nicht mehr um einen bloßen Ausgleich oder ein Bündnis von Egoismen handelt; wenn jemand gelassen und ohne letzten Protest in der Nacht des Todes sich selbst sich nehmen läßt; wenn das eine Leben eines Menschen trotz aller bösen Erfahrungen und Enttäuschungen ohne Aufhebens für das Licht und das Gute votiert; wenn jemand – vielleicht in scheinbar totaler Hoffnungslosigkeit und Verzweiflung – dennoch hofft, daß er hofft (weil ja auch die Hoffnung selbst nicht noch einmal als fixe Tatsache sicher festgestellt werden kann, von der aus man dann sicher weiter kalkulieren könnte, sondern Hoffnung gehofft werden muß) usw.: da wird schon jene mutige Hoffnung vollzogen, auch wenn sie nicht ausdrücklich und religiös thematisiert wird. Da identifiziert sich schon die Freiheit des Menschen mit jener Hoffnung, die die Grundstruktur menschlicher Existenz ist und sich der Freiheit des Menschen dauernd durch alle Einzelereignisse des Lebens hindurch anbietet. Da ist in solcher Hoffnung unthematisch schon erfahren und gewußt, was eigentlich mit „Gott" gemeint ist, auch wenn diese Vokabel im alltäglich gebrauchten Wortschatz eines solchen Menschen nicht vorkommen sollte.

Das Mutige und Letzte solcher freien Hoffnung in Mut ist gewissermaßen anonym über das Ganze der menschlichen Freiheitsgeschichte ausgebreitet. Damit sind natürlich solche ausdrücklichen und religiös verbalisierten Vollzüge der mutigen Hoffnung nicht für überflüssig oder wertlos erklärt. Im Gegenteil, sie können ein volles Zu-sich-selber-kommen dieser meist anonymen Hoffnung sein. Sie sind Einübung dieser letzten Grundhoffnung in Freiheit in der Mitte der Existenz. Sie bewahren den Menschen tunlichst vor der Gefahr, daß er in entscheidenden Augenblikken seiner Geschichte von Finsternis und drohender Verzweiflung sich der letzten Tat der Hoffnung versagt.

Diese mutige Hoffnung ist aber nun schon im eigentlich theologischen Sinn *Glaube*. Viele Theologen allerdings werden diesem hoffenden Mut zwar gerne den Charakter einer „Gläubigkeit" als einer Art menschlicher Vorform des eigentlichen Glaubens zugestehen, aber davor zurückschrecken, diese mutige Hoffnung schon Glaube, Offenbarungsglaube zu nennen. Sie werden sagen, daß solcher

Mut unbedingter Hoffnung, so wesentlich er für die Existenz des Menschen ist, noch nicht Glaube genannt werden dürfe, weil Glaube im streng theologischen Sinn des Wortes ein Ja zu der personalen Offenbarung Gottes sei, diese aber doch in einer solchen Hoffnung des Menschen „von unten her" noch nicht gegeben sei und also auch nicht glaubend angenommen werden könne.

Umgekehrt aber wird der theologische „Laie" vielleicht zu schnell geneigt sein, diese Hoffnung als rettenden Glauben zu betrachten in dem Empfinden, daß ein Mensch, der Gott sucht in Hoffnung, ihn gewiß auch finden müsse. Das ist zwar richtig, beantwortet aber noch nicht die Frage, die der Theologe stellt, wenn er eigentlichen Offenbarungsglauben als heilsnotwendig erklärt in Berufung auf die Schrift und die christliche Überlieferung und wenn er nicht recht zu sehen meint, wie solche Hoffnung, solch totaler Mut schon Antwort des Glaubens auf den sich personal offenbarenden Gott sein könne.

Aber es kann durchaus gesagt und dem nur scheinbar naiven Laien recht gegeben werden, daß solche Hoffnung schon Offenbarungsglaube sei, wenn auch nur in einer rudimentären Gestalt, die sich noch zu ihrem vollen Wesen entfalten muß. Warum? Zunächst ist zu bedenken, daß Freiheit immer auch Annahme dessen ist, was unreflektiert in einer Freiheitsentscheidung steckt. Freiheit ist immer Annahme eines „Risikos", wagt immer mehr, als was ausdrücklich und reflektiert durch sie angezielt wird. Das gilt vor allem für *den* Akt mutiger Hoffnung, um den es hier geht. Hier wird ja die eine ganze, nie adäquat reflektierbare Existenz des Menschen in die Unbegreiflichkeit und Freiheit Gottes hinein gewagt. Es wird das Äußerste, alles, eben Gott selber, gehofft in einem Überstieg über alle partikulären Einzelwirklichkeiten und Einzelgüter, die dem Menschen auf dem Weg seiner Geschichte begegnen. Daß so nicht bloß vieles und immer neues Einzelnes gehofft werden kann; daß Gott in sich selber gehofft wird; daß die Bewegung des Geistes und der Freiheit über jedes Einzelne, das nacheinander ergriffen werden kann, sich nicht letztlich ins Leere verläuft oder bei einer, wenn auch noch so bedeutenden, einzelnen Wirklichkeit als einziger wirklich möglichen Erfüllung, bei einem „kreatürlichen" Gut schließlich doch haltmachen muß, sondern bei Gott selbst ankommen wird, der ursprünglichen Fülle und dem schöpferischen Grund aller einzelnen Wirklichkeiten; daß Gott selbst die absolute Zukunft unserer Hoffnung ist: das ist nun nicht einfach unsere eigene, selbstverständliche Möglichkeit, sondern Geschenk, das uns auch versagt werden könnte, ist schon Gnade. Gott selbst ist die innerste Dynamik dieser unbegrenzten Bewegung der Hoffnung auf ihn selbst hin.

Indem aber Gott so in Gnade sich selbst zur Dynamik und zum Ziel unserer Hoffnung macht, geschieht schon Offenbarung. Gnade, an Geist als solchen gegeben, die gnadenhaft gegebene Möglichkeit der Hoffnung, die auf Gott selbst als ihr Ziel vorgreift, ist schon Offenbarung. Sie braucht nicht *als* solche reflex erfaßt und von der sonstigen Erfahrung des geistlichen Freiheitssubjekts reflex unterschieden zu werden oder vom Einzelnen allein je für sich ausdrücklich als unterscheidbar erfaßt zu werden. Das ändert aber nichts daran, daß es sich um eigentlich personale göttliche Offenbarung handelt. Sie erfolgt hier zwar nicht unmittelbar in der Mitteilung bestimmter Sätze, sondern setzt im innersten Kern der freien Geistperson an, sprengt diese auf in ihrer Dynamik auf die Unmittelbarkeit Gottes und gibt ihr so den Mut, alles, d. h. Gott selbst, zu erhoffen. Wo diese innerste geistige Dynamik des Menschen in Freiheit angenommen wird, wo sie nicht in einer falschen Bescheidenheit, die eine letzte geheime Lebensangst bedeuten würde, auf ein partikuläres Gut als letztes Lebensziel hin abgebremst wird, ist darum schon das gegeben, was wir theologisch Glaube nennen.

Und noch einmal: Diese Annahme der unbegrenzten und unbedingten Hoffnung in Freiheit muß ursprünglich nicht als ein einzelnes, explizit religiöses Einzelvorkommnis gedacht werden. Überall, wo der Mensch in einer letzten Unbedingtheit dem Spruch des Gewissens treu ist, wo er in letzter Entscheidung trotz aller Enttäuschungen und Untergänge seiner irdischen Erfahrung eine letzte Hoffnung unbedingter Art nicht verwirft, da überläßt er sich der unbegrenzten, nicht mehr duchkalkulierten Bewegung seines Geistes in Hoffnung. Da geschieht Offenbarung und Glaube. Da ist, christlich gesprochen, Heiliger Geist, gleichgültig, ob man sich das noch einmal ausdrücklich verbalisiert sagen kann oder nicht. Diese mutig hoffende Annahme der eigenen Existenz, die sich in die rettende Unbegreiflichkeit Gottes und seiner Freiheit losläßt, kann sich mitten im nüchternen Alltag des Durchschnittsmenschen ereignen, weil auch dieser alltägliche Durchschnittsmensch solche letzten Entscheidungen nicht vermeiden kann, auch wenn sie meistens noch so unauffällig geschehen. Darum ist solcher Glaube in mutiger unbedingter Hoffnung durchaus etwas, was sich auch dort ereignen kann, wo Religion nicht oder kaum thematisiert vorkommt. Solcher Glaube kann sich auch dort ereignen, wo ein Mensch, aus welchen Gründen immer, sich scheut, das Unbegreifliche und Namenlose seiner Existenz mit Namen zu nennen. Mutige Hoffnung, die eigentlicher Glaube ist, ist überall abverlangt und findet sich auch bei solchen, die nur anonyme Christen sind. Der eigentliche Glaube im vollen Sinn des Wortes ist nur in freier Hoffnung möglich, die absoluter Mut ist; und umgekehrt ist solcher absoluter Mut unbedingter Hoffnung schon Glaube im christlichen Sinne.

59

Glaubenszuversicht

Glaube ist das Wandeln auf dem Wasser, das keine Balken hat, das Stehen, obwohl immer Grund genug da ist zu fallen. Glaube ist das Rechnen mit dem Gott, den man nicht in seiner Gewalt und seiner Berechnung hat; Bauen auf die Gnade, die eben Gnade, also ungeschuldetes, immer bloß aktuelles, an Gottes Huld hängendes Ereignis bleibt. Sind wir Christen, so sind wir geheißen, ohne eine Chance, die wir im voraus zu unserem Glauben feststellen könnten, auf Gott, auf ihn allein zu vertrauen.

„Hat das Christentum noch eine Chance?", so kann man eigentlich als Christ (wenn man ein solcher schon ist) gar nicht fragen. Im selben Augenblick, da man dies ernsthaft tut, in dem Maß, in dem man es tut, hat man den Glaubensboden schon verlassen. Man will eine von Gott verschiedene, für sich allein ausreichende und wirksame Garantie von Gott – nicht Gott und seine Gnade – greifbar in den Händen halten, bevor man glaubt und vertraut; man will erst kämpfen, wenn der Sieg eigentlich schon verbürgt ist. Man will zu Gott ja sagen, nachdem man schon zu sich und seiner Situation hat ja sagen können. Man will im tiefsten als Gerechtfertigter schon zu Gott kommen, anstatt als zu Rechtfertigender sich ohne Anspruch Gott, ihm selbst, ihm allein auszuliefern. Es ist nur die allgemeine Situation des Glaubens, die sich heute für uns in unsere Frage konkretisiert; sie wird aber nicht anders oder besonders verwunderlich. Glaube ist – ohne Gottes erhebende und heilende Gnade – immer das Unmögliche. Denn so sehr es „an sich" objektive und an sich nachweisbare Gründe des Glaubens gibt, so sehr sie der Glaubende auch sieht und sagen kann, und so sehr die Glaubensgnade jedem angeboten wird und darum die sinnvolle Möglichkeit eines Glaubensgespräches mit dem noch nicht Glaubenden besteht, faktisch wird doch nur geglaubt aus jener Gnade Gottes, die dem konkreten, erbsündlich, intellektuell und willentlich verwundeten Menschen die unumgängliche Hilfe bietet, die „Gründe" zu überwinden, aus denen heraus ihm das Nichtglauben berechtigt erscheint. Ist aber diese Gnade Gottes notwendig und doch von den rationalen objektivierbaren Glaubensmotiven innerweltlicher Art verschieden, dann ist mit dieser Notwendigkeit solcher Glaubensgnade gesagt, daß dort, wo von der Glaubensgnade abgesehen wird, es faktisch immer so aussehen muß, als ob es gescheiter und vorsichtiger wäre, nicht zu glauben, als ob durchaus Gründe vorhanden wären, die diese Klugheit der Welt berechtigt erscheinen lassen. Was dergestalt zeitlos gilt und feststeht, das wird uns Heutigen (neben anderem) gerade in unserer Frage dringlich: Wir glauben erst dann, wenn wir nicht im voraus fragen, ob das Christentum heute noch eine Chance habe. Wäre das innerlich spezifizierende Motiv unseres Glaubens seine innerweltliche Glaubwürdigkeit, also in unserem Fall die innerweltlich, empirisch feststellbaren Erfolgsaussichten des Christentums und der Kirche, dann wäre unser Glaube Menschenwerk, brüchig und auf Vorläufigkeit und Abruf gestellt wie alles Menschenwerk, und nicht die Tat Gottes selbst an uns und durch unsere Freiheit hindurch. Und darum umgekehrt: ist der Glaube Gottes Tat an uns aus Gottes Kraft, dann darf er nicht sich selbst davon abhängig machen, ob ihm im voraus einleuchtend vorgerechnet wird, daß unabhängig von Gottes Wort und Gottes Verheißung, die sich nie adäquat in dieser Welt in „Tatsachen" realisieren, die Chancen des Christentums günstig stehen.

Die Frage unseres geheimen Defaitismus enthüllt sich so als die simple, aber radikale Frage nach dem Glauben überhaupt, als die Frage, ob wir wahrhaft glauben. Wenn wir es tun, dann folgt aus den Tatsachen, die wir als Gründe unserer versteckten Angst anführen, selbst wenn sie Tatsachen sind – gar nichts. Wir mögen nicht wissen, wie wir weiterkommen werden, aber wir haben zu glauben, daß wir weiterkommen, nicht *obwohl* wir es wider Erwarten nicht wissen, wie, sondern *weil* der Glaube gerade darin besteht, zu erwarten, daß wir im voraus nicht wissen, wie, und daß wir auf Gottes Wort allein zu bauen haben und dieses Wort uns als gültiger und realistischer gelten muß als alle „Tatsachen", die uns erschrecken. Diese zwingen uns, richtig, d.h. glaubend, in die Entscheidung, *entweder* zu glauben genau so, wie der Glaube von sich selbst aus sein will und sein muß, *oder* ungläubig zu sein; sie zwingen aber nicht zu einem defaitistischen Halbglauben, der weiterkämpft und doch nicht recht glaubt, daß er siegen wird. Wir sind gefragt, ob wir jene Menschen sind, die glaubend wissen, daß in der Ohnmacht des Menschen Gottes Macht – und sie allein und sie, ohne daß im voraus berechnet werden kann, wie sie sich durchsetzt – zum Siege kommt, ob wir die Finsternis der Welt ernster nehmen als Gottes Licht, die Eile der Geschichte ernster als Gottes Geduld und Langmut, ob wir die Torheit des Kreuzes für weiser halten als die Weisheit der Welt, das altmodische Christentum für moderner als die Modernität unserer Zeit. Die „ungünstigen" Tatsachen sind nicht ein Hindernis und eine überraschende Enttäuschung für den Glauben, sondern das von vornherein zu erwartende Material, an dem sich der Widerstand betätigt, entzündet und bewährt.

Fällt darum im wahrhaft und tapfer auf Gott allein gestellten Glaubenden die Angst, von der wir ausgingen, einfach dahin? Ist sie so überwindbar, daß sie gar nicht mehr gespürt wird? Sollen wir so tun, als ob sie nicht tief in den Knochen unseres „Fleisches" säße? Müssen wir sie wenigstens als eine bedenkliche Krankheitserscheinung unseres Glaubens betrachten? Das alles läßt sich nicht mit einer einfachen Formel beantworten. Wir haben uns ehrlich um einen frischen und frohen, einen unbekümmerten und spürbar optimistischen Glauben, um echte *Glaubenszuversicht* zu bemühen. Wenn wir das nicht täten, soweit es in unseren Kräften und Möglichkeiten liegt, hieße das Gott versuchen. Aber der Glaube kann auch *in* der bleibenden Anfechtung der große und siegreiche, der bedingungslose Glaube sein. Ob seine Gnade uns in der einen oder anderen Form geschenkt wird, das bestimmt im letzten Gott, nicht wir. Es kann sein, daß uns heute mehr als anderen Zeiten die Gnade – Gnade ist es! – geschenkt wird, im Gefühl der Ohnmacht stark zu sein, in der Bekümmertheit hochgemut, in der Angefochtenheit siegreich. Warum sollte nicht der Christ auch – angenagelt an das Kreuz seiner geschichtlichen Lage – mit dem Herrn beten müssen: Gott, mein Gott, warum hast du mich verlassen!? Warum sollte er nicht auf den Boden niedergeworfen in blutigem Angstschweiß die Agonie seines Erlösers teilen dürfen? So sehr wir darum Müdigkeit, Feigheit und uneingestandene Verzagtheit in uns und unter uns bekämpfen und verleugnen müssen, so sehr dürfen wir gelassen bekennen (weil das die

Gnade Gottes preist): Ja, wir sind die, die oft und in vieler Hinsicht nicht wissen, wo aus und ein, die nicht schon immer alle guten Rezepte auf Lager haben, die nur für heute das Brot des geistigen Lebens und der Gestaltung der Zukunft im Beutel haben und noch nicht wissen, wie Gott ihnen das morgige Brot gewähren wird. Die Welt muß auftrumpfen und sich selbst Mut machen; sie muß ihre Heeresberichte zu ewigen Siegesmeldungen auftakeln. Der Christ hat das nicht nötig. In seinem Credo steht der Satz vom Kreuzesgalgen; die Blätter der Kirchengeschichte brauchen deshalb keine Sammlung von Siegesbulletins zu sein. In der Welt werdet ihr Trauer haben, ist uns gesagt worden vom Herrn der Geschichte, warum sollten wir also nicht auch gestehen dürfen: wir haben Trauer? „Es geht uns schlecht" heißt für den Glaubenden, der immer eine Dimension mehr hat als die Welt: es geht *uns* in der Welt für sich genommen schlecht, nicht: es steht mit Gott und seiner Sache schlecht. „Es geht uns gut": in der Logik des Glaubens, die Gott einrechnet, aber so wie es eben nur der Glaube kann, ist dieser Satz mit dem ersten Satz durchaus verträglich.

60

Beharrlichkeit

Im Rechtfertigungsdekret des Konzils von Trient ist die kirchliche Lehre über die Beharrlichkeit folgendermaßen zusammengefaßt (DS 1541, NR[10] 810/811):

„Ebenso darf sich keiner mit bedingungsloser Sicherheit etwas Bestimmtes betreffs der Gnade der Beharrung versprechen, von der geschrieben steht: ‚Wer ausharrt bis ans Ende, der wird gerettet' (Mt 10,22). Man kann sie nur von dem empfangen, der dem, der steht, festen Stand zu geben vermag (Röm 14,4), so daß er beharrlich steht, und den, der fällt, wieder aufrichten kann. Doch sollen alle ihre feste Hoffnung ganz und gar auf Gottes Hilfe setzen. Denn wenn sie nicht selbst seine Gnade vernachlässigen, dann wird

Gott das gute Werk vollenden, wie er es begonnen hat (vgl. Phil 1,6), da er nicht nur das Wollen, sondern auch das Vollenden wirkt (Phil 2,13).

Indessen: Die zu stehen glauben, sollen achthaben, daß sie nicht fallen (1 Kor 10,12), und sie sollen ihr Heil in Furcht und Zittern wirken (Phil 2,12), in Mühen, Wachen, Almosen, Gebeten und Opfergaben, in Fasten und in Keuschheit (vgl. 2 Kor 6,3f.). Da sie nämlich wissen, daß sie zur Hoffnung auf die Herrlichkeit und noch nicht zur Herrlichkeit selbst wiedergeboren sind, so müssen sie mit Bangen dem Kampf entgegensehen, der noch zu kämpfen ist mit dem Fleisch, mit der Welt und mit dem Teufel, in dem sie nicht Sieger sein können, wenn sie nicht mit Gottes Gnade dem Apostelwort gehorchen: ‚Schuldner sind wir, aber nicht dem Fleisch, daß wir nach dem Fleische leben. Denn wenn ihr nach dem Fleische lebt, werdet ihr sterben. Wenn ihr aber im Geist die Werke des Fleisches ertötet, werdet ihr leben' (Röm 8,12.13)."

Die Worte des Konzils brauchen wir nicht weiter zu kommentieren. Sagen wir uns aber: das Ausschauhalten nach der verborgenen Zukunft, zu welchem das Problem der Beharrlichkeit jedenfalls gehört, besagt ein Wesensmoment eines endlich-geistigen Daseins. Wir leben unsere Gegenwart gewiß nicht nur im Vorgriff und Entwerfen der Zukunft. Diese ist uns aber in unserer freien, jedoch als frei in Gottes Verfügung stehenden Kreatürlichkeit notwendigerweise verborgen und muß aus dieser Verborgenheit angenommen werden. Verborgen wäre die Zukunft für uns aber nicht, wenn wir für sie einfachhin keine Augen und somit keine Sorge hätten. Vielmehr ist sie es nur, wenn wir irgendwie wissend in die für uns verhangene Zukunft als die unsere hineinschreiten. Wenn wir das nicht nur in Bezug auf dieses oder jenes Einzelmoment unseres Weiterlebens tun, vielmehr hinsichtlich der ganzen über uns aufgehenden Zukunft, die ausständig und dunkel – obwohl im Grunde aus unserer Freiheit wachsend – nicht in unserer Verfügung steht und doch bestimmend ist, dann stellen wir uns über uns selbst eine Frage, die theologisch die Frage nach der Beharrlichkeit einschließt. Theologisch nach der Beharrlichkeit fragen heißt nichts anderes als fragen, ob man in seiner Freiheit endgültig der sein werde, der man jetzt, da man Gott sucht, ist oder zu sein hofft.

Wesen und Ursprung der christlichen Beharrlichkeit. – Einen ersten Aufschluß darüber gibt die schon zitierte Lehre des Tridentinum: Sie kann nur von dem kommen, der da mächtig ist, um den, der steht, zu halten und wieder aufzurichten den, der fiel.

Bei der Frage nach dem Wesen und dem Ursprung der Beharrlichkeit kommt zunächst das Seltsame zum Vorschein, daß unsere Zukunft einerseits gewiß von unserer Freiheit heraufgeführt wird und daß wir anderseits als frei Werdende, indem und obwohl wir frei sind und damit wir es seien, ganz und gar in der Hand Gottes stehen. Erst wenn wir Gott in der absoluten Hingegebenheit des ganzen eigenen Wesens, also auch des uns noch Zu-kommenden, erfahren, geglaubt, gefürchtet und geliebt haben, kann uns erst aufgehen, was Macht und Freiheit Gottes bedeuten. Mit ihm kann der Mensch nur dann gleichsam Wand an Wand leben, wenn er an ihn als die treue Liebe glaubt und seiner Zukunft als einer Gegebenheit entgegengeht, die als Werk und Ergebnis der eigenen Freiheit Gott gehört.

Wenn wir das erwägen, merken wir erst, wie ganz anders Gott ist. Mit niemandem sonst könnten wir unsere Freiheit gleichsam teilen. Sonst gilt mit unerbittlicher Strenge: entweder bestimmt das andere über mich oder ich selbst. So aber ist es bei Gott gerade nicht. Und darum verhält sich der Mensch richtig, wenn er die Frage nach der Zukunft als der Tat seiner Freiheit hochkommen läßt, indem er sieht, daß sich diese Frage von ihm aus letztlich gar nicht beantworten läßt, und zumal das unbegreiflich Unbestimmbare der Zukunft doch als das Eigene entgegennimmt. Der da gibt, was angenommen das von uns frei Getane sein wird, ist Gott. Man könnte sagen, dem geben wir den Namen Gott, denn es ist nicht so, als wüßten wir schon vorher etwas von ihm, um dann erst noch nebenbei zu sehen, daß er so unsere Freiheit gründet.

Theologisch gesehen ist die Beharrlichkeit wirksame Gnade, an der keine Offenbarungstheologie vorbeigehen kann. Auch die protestantische nicht, obwohl die Protestanten oft nicht verstehen, wie es bei uns so etwas geben kann, daß wir von Gott erbeten, was wir selber tun müssen, daß wir dort in Freiheit zu uns gelangen, wo wir uns in der Liebe samt dieser Freiheit an Gott abgeben. Indem wir das immer wieder neu und allen Ernstes zu tun suchen, darum ausharrend beten, in diesem Sinn Gott dienen, in echter Indifferenz die Dinge und uns selbst annehmen und lassen, bereit sind für die über alles hinausgehende Verfügung Gottes, wirken wir unsere Beharrlichkeit.

Freilich bedeutet dieser Sachverhalt die radikale und unabweisbare Unruhe unseres Daseins. Schon Augustinus hat von da her gefragt, wie er vor Gott eigentlich ruhig sein könnte, um sich mit der Gegenfrage zu antworten, ob er denn ruhiger wäre, wenn er sich allein in der Hand hätte, oder doch mehr Vertrauen haben dürfe, wenn er sich in Gottes Verfügung wisse. Das glaubende und liebende Annehmen dieses Sachverhaltes ist unser Heil, und der Verlorengehende geht nicht zugrunde, weil er in Gottes Hand war und unter der souveränen Bestimmung seiner Gnade, sondern das nicht angenommen und geglaubt hat. Wer sich in Gottes Macht weiß und sich ihm hoffend und vertrauend in Demut übergibt, der liebt Gott. Solange er dies aber tut, ist er geborgen in Gottes Gnade. Jede Sünde ist im Grunde ein sich von Gott und seiner Verfügung Zurücknehmen, weil man sich mehr traut als Gott. Und das Mißtrauen Gott gegenüber ist es, das verlorengehen läßt.

Das erste, was wir uns also hinsichtlich der Beharrlichkeit sagen müssen, ist: ruhig sein kann unser Herz nur in Gottes Gnade, und das nur, wenn es ruhelos ist in der Gottesliebe. Vor jemand, den man wirklich liebt, hat man keine mißtrauische Angst. Die vollkommene Liebe treibt die Furcht aus. Wir können auch sagen: die vollkommene Liebe bewirkt jene heilig keusche Furcht vor Gott, die uns selig, gelassen und vertrauend macht.

Anzeichen der göttlichen Auserwählung. – Auf die Frage, ob es Vorzeichen dafür gibt, daß jemand zu den „Erwählten" Gottes gehört, ist zu sagen, daß es keine Zeichen gibt, die man gleichsam neben sich stellen könnte, um sie zum Nachweis einer Gesichertheit in der Gnade heranholen zu können. Wenn es Vorzeichen für die Auserwähltheit gibt, dann sind es nur solche, die erst im Vollzug durch uns Zeichen dafür sind, daß Gott in uns wirkt. Solche Zeichen sind das beharrliche Beten, das unentwegte Weitermachen im Guten, das Gott in uns begonnen hat, die ernste, gottesfürchtige Sorge um das Heil, die selbstlose, reine Liebe, außerdem vielleicht noch je besondere Erfahrungen, die der Mensch im Leben macht, die ihn sacht und unwiderstehlich lenken, so daß er sich manchmal erschrocken und erstaunt fragt, wie er an diesem oder jenem Absturz vorübergelangen oder Dinge erreichen konnte, die eigentlich doch nicht durch die Situation seines Lebens vorgezeichnet waren.

Thompson vergleicht die auserwählende Liebe Gottes, die um den Menschen wirbt und ihm auf allen Wegen nachgeht, so daß er ihr allmählich nicht mehr entrinnen kann, mit edlen Jagdhunden, die ein Wild einkreisen, es immer wieder stellen, bis es zur Strecke gebracht wird. In diesem Sinn gibt es also durchaus Vorzeichen für die Auserwählung, aber sie sind nicht da, um genossen, sondern um getan zu werden. Der Laufende darf hoffen, daß er ankommt, der sich Mühende, daß Gott in ihm das ewige Werk seiner Barmherzigkeit erwirkt.

Mittel zur Erlangung der Beharrlichkeit. – Die Frage, ob es Mittel gibt, mit denen man – anthropomorph ausgedrückt – die Gnade der Beharrlichkeit zu erwirken und zu bewahren vermag, könnte, nach meiner Meinung, auf die soeben erhobene Frage über Vorzeichen der Erwähltheit zurückgeführt werden. Es wäre dann zu sagen, daß der Mensch nur im Tun ein solches Mittel haben kann. Man könnte auf diese Frage aber auch so eingehen, daß man die verschiedenen Dinge, die unser geistliches Leben gestalten, daraufhin prüft, ob sie von sich aus mehr oder weniger dazu geeignet erscheinen, daß man mit ihnen die Gnade der Beharrlichkeit verdient. Bei einem solchen Vorgehen werden sich jedenfalls alle jene Formen des religiösen Lebens als nützlich erweisen, die aus sich heraus am wenigsten in Gefahr sind, institutionell zu verholzen, die im großen und ganzen unseres Daseins entweder gar nicht oder aber richtig und echt getan werden und die von ihrer Beschaffenheit her das seltsame, seichte Niemandsland, in dem sie zwar legal praktiziert, aber innerlich doch nicht echt vollzogen werden, kaum dulden. Von den verschiedenen Dingen, die auf dem Programm eines geistlichen Lebens stehen, kann man unschwer eine ganze Reihe herausgreifen, deren Übung zur Dissoziation von der Personenmitte neigt. So kann jemand aus seinem ordnungsgemäßen Frühaufstehen ziemlich leicht eine bloße Gewohnheit machen, so daß man schließlich sagen kann: das, was da am frühen Morgen aus dem Bett steigt, ist gar nicht der geistlich lebendige Mensch, sondern ein Schemen, der sich dann noch zugute hält, daß er ordnungsgemäß die Betrachtung absitzt. Auch das Breviergebet kann leicht zu einer bloß institutionellen, sachhaft-legalen „Ableistung" werden. Hingegen wird man von anderen Formen des geistlichen Lebens sagen müssen: wenn ich sie überhaupt anwende, dann ist die Chance, daß ich sie auch gut vollbringe, doch relativ groß; wenn ich sie übe, merke ich gleichsam nicht nur, daß sie mir doch einigermaßen echt gelingen, sondern zugleich auch, daß ich mich in ihnen auf Gott hin bewege.

Auf Grund dieser Überlegung können unter den allgemein üblichen Andachten zwei ohne weiteres als bedeutsam für die Erlangung der endgültigen Beharrlichkeit angesprochen werden und werden als solche auch von der christlichen Tradition empfohlen. Es sind dies die Verehrung der Mutter Gottes und der Kult des Herzens Jesu. Das sind doch Andachten, die wirklich persönlich vollzogen werden müssen, wenn sie überhaupt praktiziert werden sollen. Um so mehr in einer Zeit, da beide Andachtsformen beim Klerus und beim Volk an Anziehungskraft eingebüßt haben. Wenn uns also die christliche Überlieferung versichert, daß die Liebe zu Maria und die Verehrung des Herzens Jesu so etwas wie Vorzeichen oder Mittel der endgültigen Beharrlichkeit sind, dann ist das im Zug der vorgelegten Erwägung ziemlich leicht verständlich. Es mag sein, daß diese Begründung ein wenig nach theologischem Rationalismus schmeckt. Vielleicht müßte man dazu noch sagen: die Kirche, die den Geist Gottes in sich trägt, weiß durch ihren übernatürlichen Instinkt, daß Gott aus seiner souveränen Verfügung heraus an beide Andachtsweisen besondere Gnaden geknüpft hat.

Wenn ich mich ernsthaft und in einem wahrhaft christlichen Sinn besorgt frage, ob ich mein Leben lang bis in den Tod Gottes Gnade treu bleiben werde, dann muß ich wissen, daß die letzte und eigentliche Garantie dafür immer nur die Gnade Gottes selbst ist, er allein, der Getreue, dessen Liebe reuelos ist. Wenn ich weiter frage, ob es etwas gibt, an dem ich in etwa ablesen kann, ob noch die Liebe in mir wach ist, die zum Ausharren bis ans Ende notwendig ist und die über alles institutionelle Bejahen der Glaubenslehre, der Kirche, ihres Ansehens, unseres Amtes, der sachhaften Pflicht, der Gebote hinausgeht, dann kann ich diese Frage dahin konkretisieren, daß ich mich prüfe, ob ich die Mutter Gottes eigentlich wirklich liebe und ob mir das Wort vom Herzen Jesu nicht im Grunde abstoßend und so abgeschmackt vorkommt, wie das Wort einer wahren Liebe eben von jedem nicht Liebenden empfunden wird, sondern doch als etwas, wofür ich Verständnis habe, was ich im Grunde meines Herzens eigentlich suche und vor dem ich wenigstens manchmal still bei mir sage: Herz Jesu, des Sohnes des ewigen Vaters, erbarme dich meiner, – Herz Jesu, königlicher Mittelpunkt aller Herzen, erbarme dich meiner! Suche ich in Liebe etwas von dieser Mitte der Welt und ihrer Geschichte zu verstehen, vom durchbohrten Herzen, das seine Liebe in die tödliche Nacht der Welt verströmt hat? Wenn ich mir dann antworten kann: doch, ich gebe mit Mühe, den Herrn wirklich zu lieben, und das zeigt sich irgendwie in meinem religiösen Leben – wenn ich solches auch von der Verehrung der Mutter Jesu sagen kann, dann mag ich getrost sein: irgendwo ist die wahre Gottesliebe noch lebendig in mir, noch flüssig, noch nicht ausgedorrt im täglichen Betrieb, noch nicht verstockt in der Amtlichkeit und Gewöhnung. Dann bin ich eben doch noch unterwegs und dann hat mich der getreue Gott nicht verlassen. Er wird mich dann auch weiterführen von Gnade zu Gnade, bis diese endgültig geworden ist.

61

Glück und Segen

Wenn wir von Segen reden, meinen wir einfach irgendeinen Hulderweis Gottes. Wir unterscheiden mit Recht gut und böse, nützlich und schädlich, erfolgreich und erfolglos, glückbringend oder Unglück bringend. Ob wir wollen oder nicht, teilen wir so alle Vorkommnisse in unserem privaten und öffentlichen Leben; die einen scheinen uns positiv zu sein und andere betrachten wir als negativ, als unglücklich. Wenn wir Ereignisse als günstig, nützlich und glückbringend erleben und so beurteilen, können wir natürlich solche Vorkommnisse einfach als schlichte Tatsachen hinnehmen. Wir können sie auch als hervorgerufen erkennen durch Ursachen, die wir selber wieder kennen, analysieren oder verändern können. Wir können aber schließlich solche Vorkommnisse, wenn sie positiv sind, auch – mindestens in letzer Hinsicht – als von Gott bewirkt und gewollt erkennen und sie so als Segen, als huldreiche Hilfe Gottes verstehen. Der Zusammenhang zwischen unmittelbar greifbaren irdischen Ursachen und dem Segen Gottes darf nicht notwendig so aufgefaßt werden, daß solche glücks- und segensvollen Ereignisse durch ein unmittelbares zusätzliches Eingreifen Gottes geschehen müßten, wenn sie als „Segen Gottes" angesehen werden sollen. Denn auch die innerweltlichen und segenbringenden Ursachen sind letztlich von Gott geschaffen, ihr Zusammenwirken steht letztlich unter dem Willen und der Fügung Gottes, der sogenannten Vorsehung. Es ist also kein Grund vorhanden, nur dort vom Segen Gottes zu sprechen, wo in einer irgendwie wunderbaren, unerwarteten Weise Gott als einer gedacht wird, der in das Gewebe der irdischen Ursachen zusätzlich eingreift. Es kann etwas durchaus Segen Gottes sein und dennoch zunächst einmal durch innere oder äußere Ursachen der Natur und auch durch die freie Betätigung des Menschen hervorgerufen sein. Auch wenn der Segen so gesehen wird, kann er trotzdem Segen Gottes sein.

Wenn wir Gott um seinen Segen bitten, wenn wir uns im Bittgebet an Gott wenden, er möge unser privates oder öffentliches Geschick zu unserem Segen ordnen und wenden, dann bedeutet das nicht notwendig eine Bitte um ein wunderbares, fast mirakulöses, zusätzliches Eingreifen Gottes. Mit einem solchen Gebet bekennen wir gleichsam von vornherein, daß auch diejenigen glückhaften Vorkommnisse in unserem Leben, die irdischen Ursachen verdankt werden, dennoch von uns als Geschenk, als Segen Gottes entgegengenommen werden.

Hier ist allerdings eine Überlegung anzufügen, die uns in subtilere aber doch echte Tiefen unserer menschlichen Existenz hineinführt. Es ist nämlich eine merkwürdige Sache um diese äußeren glücklichen Ereignisse, etwa daß wir mehr Geld verdienen, daß wir nach einer Krankheit wieder gesund werden, daß uns andere Menschen in einer freundschaftlichen und positiven Weise entgegenkommen. Alle diese von uns als Glück, als Segen Gottes interpretierten Wirklichkeiten haben zunächst eine merkwürdige Zweideutigkeit. Schon im Alten Testament wird einmal ein Junger glücklich gepriesen, weil er früh gestorben ist. Und es gibt sicherlich bis heute Reiche, die ihren Reichtum zu ihrem Verderben benützen. Umgekehrt gibt es Krankheiten, die einen Menschen in seiner inneren Haltung Gott und dem Leben gegenüber ernsthaft und gewissenhaft machen können. Manchen wird vielleicht auch durch ein äußeres Mißgeschick der Blick für Tieferes eröffnet. Schließlich können wir sagen: Alle Zustände und Vorkommnisse unseres Lebens haben einen merkwürdigen

Doppelcharakter. Alle können uns letztlich zum Segen, aber auch zum Unheil gereichen.

Wenn wir sagen, das und das ist eine glückliche Wendung in meinem Leben, da und da habe ich den Segen Gottes erfahren, dann müssen wir gleichsam fast ein wenig erschreckt anhalten und uns fragen: Ist das, was wir als Glück und auch als Segen Gottes interpretieren, wirklich ein Segen? Was uns so geboten wird, ist nicht einfach schon, wenn es uns gut zu sein scheint, Glück und Segen, sondern ist zunächst einmal eine Frage an uns und eine Aufgabe. Was uns von außen in den Zufällen unseres Lebens entgegenkommt, wird im Grunde genommen zur Frage, wie wir es interpretieren, wie wir es benützen wollen, wie wir es erst – wenn wir es richtig machen – zum Segen werden lassen. Was uns angeboten wird durch die äußeren und inneren „glücklichen" Umstände und Zufälle des Lebens, über die wir nicht einfach verfügen können, ist nicht schlechthin Glück und Segen, wie wir das oft etwas unvorsichtig und töricht meinen, sondern ein Material, das wir zum Segen oder zum Unheil für uns erst werden lassen, je nachdem wie wir es in freier Verfügung selber interpretieren und genauerhin bestimmen. So kann dann letztlich alles, was uns begegnet, zum Segen oder zum Unheil werden. So kann das, was uns zunächst einmal schwer, dunkel, bitter erscheint, auch und vielleicht noch viel mehr zum Segen werden, wenn wir es richtig bestehen. Gerade dadurch, daß wir es im Vertrauen auf Gott in Gelassenheit und Geduld annehmen, können wir zunächst Dunkles und Unverständliches zum Segen machen.

Wenn das so ist, dann ist – so könnten wir sagen – eigentlich alles Segen, was uns in unserem Leben begegnet, ob es Gesundheit oder Krankheit ist, Reichtum oder Armut, Lust oder Schmerz, Leben oder Tod. Alles kann Segen sein. Wir dürfen aber trotzdem in unserem Bittgebet gleichsam auswählend sagen: „Mache mich gesund und segne mich so . . ." Aber wahrhaft gebetet haben wir nur dann, wenn wir in dieser Differenzierung unsere Lebenswirklichkeiten, die wir selber vornehmen, letztlich eben doch wissen, glauben und annehmen, daß alles in unserem Leben so oder so uns zum Segen gereichen kann. Das Heitere und das Schwere, das Harte und das Leichte, alles kann Segen sein oder kann Segen werden. Und überall dort, wo wir um den Segen Gottes bitten, auch in einer ganz bestimmten Bitte, bitten wir immer auch, daß uns das Licht und die Kraft gegeben werde, all das, was auf uns zukommt, auch das Unerwartete und Schwere, als Segen Gottes entgegenzunehmen, es gleichsam in Segen zu verwandeln. Wir erklären in jedem Bittgebet, daß wir bereit sind, all das, was Gott uns schickt, all das, womit er uns vielleicht ganz entgegen unseren eigenen Berechnungen zu erhören, beabsichtigt, dadurch, daß wir es richtig entgegennehmen, zum Segen für uns werden zu lassen.

62

Neue Aufgaben der Gerechtigkeit

In der letzten Generalkonkregation des Jesuitenordens, auf der Ziele und Orientierungspunkte der seelsorglichen Arbeit neu umschrieben wurden, war davon die Rede, daß der Orden bei seiner Evangelisation in der ganzen Welt für Glaube und Gerechtigkeit einzutreten habe. Dieses Doppelziel mag nun ein wenig Verwunderung erregen. Und es hat auch tatsächlich innerhalb und außerhalb des Ordens nicht nur breite Zustimmung gefunden, sondern auch Einwände hervorgerufen. Man kann ja leicht sagen, der Orden habe als religiöse Institution für die Seelsorge, für die Verkündigung des Evangeliums und für die Missionen nur *einen* umfassenden Zweck, eben die Verbreitung des Glaubens. Nun kommt plötzlich als gleichberechtigtes, anderes Ziel das Eintreten für die Gerechtigkeit dazu. Was bedeutet dies? Haben die Jesuiten als Orden außer ihrem eigentlichen religiösen Ziel auch noch ein anderes, nämlich ein gesellschaftskritisches Ziel? Sie sind Apostel und (oder) Revolutionäre? Was ist in diesem Orden geschehen? Man hat auch tatsächlich die Jesuiten schon verdächtigt, sie würden von ihren eigentlich spirituellen, glaubensmäßigen, übernatürlichen Zielen abweichen und in einem Sakularisierungsprozeß des Ordens selbst nun plötzlich auch eine eigene innerweltliche Aufgabe für sich in Anspruch nehmen, die sogar letztlich überwiegt und insgeheim ihre einzige ernsthafte Aufgabe wäre. Es ist gewiß nicht so. Aber da ist doch offenbar eine Frage gestellt, und zwar nicht nur eine Frage für die Jesuiten – was ja nicht so wichtig wäre –, sondern eine brennende Frage für die christliche Existenz heute überhaupt. Denn überall in der Kirche haben wir Tendenzen zu beobachten, die den Vorwurf – zurecht oder auch unrecht – erfahren, sie seien Säkularisationsprozesse; man hätte im Grunde genommen keinen Glauben an die übernatürliche Welt Gottes und seiner Gnade mehr, man ersetze Gott durch gesellschaftskritische und gesellschaftspolitische Imperative.

Was ist nun zu diesem allgemein christlich gewiß interessanten Problem zu sagen? Natürlich kann in einer so kurzen Überlegung die Antwort nicht sehr genau und bis in die letzte Tiefe gehend gegeben werden. Es ist selbstverständlich, daß der Christ zu allen Zeiten sich irgendwie für die Welt verantwortlich fühlte und trotzdem, wie Paulus sagt, sein ‚Politeuma', seine Heimat, seine Vaterstadt, die eigentliche Mitte seiner Existenz im Himmel hat (Phil 3,20), von wo her er die Wiederkunft dessen erwartet, der als fleischgewordenes Wort Gottes, als Heiland der Welt, im Grunde genommen durch und bei seiner Wiederkunft die Geschichte und damit natürlich auch die irdischen Gesellschaften aufheben und vollenden wird. Diese eine, totale und umfassende Bestimmung des Menschen, die durch den Glauben an Christus gegeben ist, wird aber doch zu verschiedenen geschichtlichen Zeiten unter sehr verschiedenen Verhältnissen realisiert werden müssen, und damit wird dieses konkrete, auf die Erfüllung in Gott ausgerichtete Leben auch jeweils ein neues Gesicht erhalten.

Nun könnte man, etwas simplifizierend und typisierend, vielleicht folgendes sagen: erst in der sogenannten Neuzeit und besonders eben in der Zeit, in der wir selbst leben, ist die gesellschaftliche Situation nicht nur eine *Vorgegebenheit* für den Menschen und sein Leben, auch nicht bloß etwas, das sich langsam und unmerklich durch die Jahrhunderte hindurch immer wieder ändert, teilweise durch äußere Umstände bedingt, teilweise durch das, was der Mensch selbst an Erfindungen und Techniken einbringt, sondern diese gesellschaftliche Situation und ihre Veränderung ist selber ein Gegenstand menschlichen Tuns und menschlicher Reflexion geworden. Die gesellschaftliche Situation ist nicht nur eine Situation für die Aufgaben, die ein Mensch als Mensch oder als Christ hat, sondern die Situation ist selbst noch einmal eine ausdrückliche, bewußt erfaßte und wissenschaftlich irgendwie reflektierte Aufgabe des Menschen geworden. Der Mensch tut heute nicht nur etwas *in* einer bestimmten Situation, sondern diese Situation, in der er lebt und wirkt, ist selbst noch einmal Gegenstand reflexer und rasch sich vollziehender Veränderung *durch den Menschen* selbst.

Damit ist eine ganz neue Situation für den Christen gegeben. Während man früher im christlichen Leben, auch wenn man nicht weltflüchtig war, nur eine gewisse gesellschaftliche *Aufgabe* hatte, Arzt war oder Schuhmacher oder vielleicht auch Politiker oder Soldat, und in diesen sich nur sehr unmerklich und unreflex verändernden, praktisch – auf die Lebenszeit eines einzelnen Menschen bezogen – stabilen Berufen christlich zu leben hatte, ist jetzt auch für den einzelnen Menschen als solchen die (sogar innerhalb eines kurzen Lebens sehr merklich wahrnehmbare) Veränderung seiner Situation eine Aufgabe des christlichen Lebens selbst geworden. Früher mußte man einen Fürstenspiegel schreiben oder der heilige Franz von Sales schrieb eine Lebensanweisung für eine gebildete Dame oder einen gebildeteten Herrn seiner damaligen Gesellschaft. Er gab Anweisungen, wie man sich *in* der Situation jener Zeit christlich verhält. Heute müssen Anweisungen gegeben werden, wie man unsere Situation selber verändert. Man muß also gewissermaßen einen Christenspiegel für den Christen als gesellschaftlich verpflichtetes, auch zu

Änderungen der Gesellschaft verpflichtetes, menschliches Subjekt schreiben.

Damit ist nun eine Eigentümlichkeit für das christliche Leben gegeben, die es in dieser Weise früher nicht gegeben hat. Das ist im Grunde genommen gemeint, wenn bei den Jesuiten, aber auch bei jedem anderen ernsthaften Christen, die Forderung erhoben wird, er habe nicht nur seinen Glauben zu leben, zu bekennen, zu entfalten, sondern er habe auch eine Aufgabe hinsichtlich der Gerechtigkeit in der Welt. Daß ein Christ seinen Mitmenschen in Gerechtigkeit und christlicher Nächstenliebe gegenübertreten müsse, das ist natürlich immer und in jeder geschichtlichen Epoche des Christentums eine Aufgabe, eine fundamentale christliche Forderung gewesen, nach der jeder Christ am Ende seines Lebens vor dem Gericht Gottes beurteilt wird. Wie man immer schon gesagt hat, die erste Frage Gottes beim Jüngsten Gericht sei: wie bist du mit deinem Nächsten ausgekommen?

Was mit dem Stichwort Gerechtigkeit neben Glauben gemeint ist, ist die Aufgabe, an der konkreten Gesellschaft in ihren Strukturen gestaltend und verantwortlich mitzuarbeiten. Natürlich ist eine solche Aufgabe, die man als „neu" bezeichnen kann, den Christen erst langsam zugewachsen. Aber sie ist jetzt doch in einer dringlicheren Weise gegeben als früher. Im 19. Jahrhundert, also nach der Französischen Revolution, hat man vielleicht betont, daß der Christ bei den Wahlen seine Stimme einer christlichen Partei geben solle; damit habe er dann sein gesellschaftspolitisches Soll erfüllt und könne alles übrige der so christlich gewählten Obrigkeit gehorsam und bescheiden überlassen und im übrigen eben sein privates, auch beruflich privates Leben in Frieden und Geduld leben. Heute ist das zweifellos anders. Gewiß wird der durchschnittliche Mensch in einer westlichen Demokratie wie bei uns immer noch einen entscheidenden Teil seiner gesellschaftspolitischen Aufgabe, die ihm langsam zugewachsen ist, durch seine Wahlpflicht erfüllen. Aber während ein guter normaler Christ im 19. Jahrhundert oder noch am Anfang des 20. Jahrhunderts leicht wußte, was eine christliche Partei ist und wen er wählen müsse, ist das heute jedenfalls viel komplizierter. Auch innerhalb der Parteien kann er nicht einfach alles den christlichen Absichten und dem Sachverstand von einigen Parteiführern überlassen. Die einzelnen großen Entscheidungen werden vielleicht heute sogar quer durch die etablierten und vorläufig nicht wesentlich veränderbaren Parteien getroffen werden. Jedenfalls hat der Christ, auch der einfache Christ, heute eine größere gesellschaftspolitische Aufgabe, die in einem wahren Sinne so, wie sie heute ist, früher nicht gegeben war und die deswegen doch sein christliches Leben wesentlich mitprägt.

Natürlich könnte man das alles konkreter theologisch und denkerisch vertiefen. Man könnte und müßte dann z.B. von einer Einheit von Gottes- und Nächstenliebe sprechen, die viel radikaler ist und gar nicht so einfach, wie sich der normale christliche Spießbürger das denkt. Der normale Katechismusschüler (wenn ich so sagen darf) denkt sich die Sache doch so: da ist der liebe Gott, den muß man lieben, ihm gehorchen, seine Gebote beachten; und zu diesen Geboten gehört auch, daß man sich anständig, gerecht, vielleicht sogar liebevoll gegenüber dem Nächsten verhält. Das Gebot der Nächstenliebe ist für diese vulgärchristliche Auffassung eben ein Stück der Anwendung oder ein kleines Teilstück dessen, was Gott vom Christen verlangt, damit sein Verhältnis zu Gott selber friedlich, glücklich, heilbringend sei. Wenn wir der Sache aber theologisch genauer nachgehen, müßten wir sagen: das, was ich eben gesagt habe, ist zwar auch wahr, aber tiefer gesehen ist das rechte Verhältnis zu Gott nicht nur die Voraussetzung, sondern auch die Konsequenz eines echten Verhältnisses des einzelnen zu seinem Nächsten. Die Nächstenliebe ist nicht nur ein partikuläres Gebot, das Gott mit dem Gebot der Gottesliebe verbunden hat, sondern die Nächstenliebe ist im Grunde genommen die Weise und der ursprüngliche Ort in der Existenz des Menschen, an dem ihm erst aufgeht, wer eigentlich Gott ist und wie er geliebt werden muß. Man könnte ruhig sagen, auf die Frage, wer Gott sei, müsse man nicht nur und nicht zuletzt mit theoretischen Beweisen der Existenz eines überweltlichen Seins, Gott genannt, antworten, sondern müßte sagen: liebe du deinen Nächsten – wie Johannes sagt: „den du siehst" — so, daß du wirklich über dich hinauskommst in einer eigentlich unbegreiflichen Selbstlosigkeit, und dann gerätst du, selbst wenn du nie zu dem Namen und Wort Gottes kämest, an das, was mit Gott gemeint ist. Nicht als ob Gottesliebe nur ein altmodisches Wort für Nächstenliebe wäre, wie es gewisse Theologen der „Gott-ist-tot-Theologie" oder dergleichen in den letzten Jahrzehnten da und dort in Deutschland und in Amerika behauptet haben, aber Gott in seiner absolut uns von uns selbst wegfordernden Bedeutsamkeit geht eben dem Menschen nur konkret auf, wenn er den Nächsten wirklich liebt, wenn er nicht bloß den anderen in einem Kompromiß der Egoismen duldet und in Ruhe läßt, damit er selber in Ruhe gelassen wird, wenn er nicht nur gibt, damit ihm gegeben werde: Dann erst beginnt jener Auszug der eigenen Existenz aus sich selbst auf Gott hin, bei dem der Mensch allein glücklich werden kann.

Wenn man so die innere Einheit von Gottes- und Nächstenliebe theologisch und für die existentielle Erfahrung deutlicher machen und vertiefen würde, wenn einsichtiger würde, daß man den Nächsten nur wahrhaft selbstlos lieben kann, wenn man Gott liebt, und umgekehrt, und wenn man dann einsetzt, was wir über die aktive Verantwortung für die Umgestaltung einer Gesellschaftsordnung gesagt haben, dann müßte verständlich werden, warum man heute durchaus mit Recht sagen kann: der Christ hat in seinem Leben seinen Glauben mit Liebe auf den ewigen Gott hin zu vollziehen und hat für die Gerechtigkeit in Nächstenliebe einzutreten.

Man kann das alles vielleicht noch durch den Hinweis etwa deutlicher machen, daß es nicht nur im Handeln des einzelnen auf seinen Nachbarn und Nächsten hin Sünden der Ungerechtigkeit gibt, sondern daß es auch gesellschaftliche Strukturen bleibender Art gibt, die ungerecht sind.

Wenn z.B. heute jemand beim nächsten Obststand eine Banane kauft, dann bekommt er sie vielleicht so billig, weil von der Bananengesellschaft irgendwo in Südamerika den armen Teufeln von Bananenpflückern ungerecht niedrige Löhne bezahlt werden, die sie auf ein Lebensniveau herabdrücken, das unmenschlich ist. Das ist allerdings von den wirtschaftlichen Organisationen und Strukturen so eingerichtet, daß kein Mensch merkt, was eigentlich dahinter steckt. Wir müssen aber zugeben, daß wir die Nutznießer solcher ungerechten Strukturen sind, die für einen Christen zweifellos eine Aufgabe, eine Anfrage, eine Verpflichtung bedeuten, wenn er für die Gerechtigkeit eintreten will. Hier liegen neue Aufgaben der Gerechtigkeit, die es früher nicht so gegeben hat und die bei der Einheit von Gottes- und Nächstenliebe in einem gegenseitigen Bedingungsverhältnis eben unsere christliche Existenz als ganze mitbestimmen.

63

Das Problem des Friedens

Wenn wir *theologisch* vom Frieden sprechen, dann müssen wir sprechen vom Frieden mit Gott, vom Frieden mit sich, vom Frieden in den zwischenmenschlichen Beziehungen und innerhalb dieser Beziehungen vom Frieden zwischen den Generationen, den Klassen, den Lebensaltern, den Geschlechtern. Wir müßten auch – weil das auch den Theologen interessiert – zum Frieden im zwischenstaatlichen Bereich alten Stils etwas zu sagen haben. Und wir müßten schließlich etwas von jenem *politischen* Frieden *theologisch* bedenken, der die heutige Situation einer absolut zusammenwachsenden einen Weltgeschichte meint. Die Frage, wie diese verschiedenen Arten des Friedens – mit Gott, mit sich selbst, in zwischenmenschlichen, mehr privaten Beziehungen und auf der staatlich-politischen Ebene – sich zueinander verhalten, ist selbstverständlich nochmals eine eigene Frage für den Theologen, denn er hat offenbar den Eindruck, auch nach der Lehre der Schrift, daß diese verschiedenen Friedensrealisierungen untereinander eine innere Beziehung und Einheit haben und im Grunde genommen eines das andere fordert. Nur der Mensch, der irgendwie von innerer Befriedung weiß und der – so sagen wir Christen – im letzten im Frieden mit Gott lebt, kann eigentlich jene Haltung radikal haben, die auch dem Frieden unter den Menschen dienen kann.

Dieser Friede in all seinen Dimensionen hat dann – das macht eine weitere theologische Vielschichtigkeit dieses Begriffes aus – sehr wechselnde Gestalten. Wir werden später noch deutlicher zu sehen haben, daß der Begriff des „Kampfes" und „Krieges" in einem metaphysisch-existentialontologischen und wohl auch theologischen Sinn nicht so einfach und selbstverständlich ist, daß man demgegenüber ein einfaches Nein zugunsten des Friedens als einer Selbstverständlichkeit setzen könnte. Insofern gibt es notwendigerweise echte Gestalten des Friedens und wahre Formen des Kampfes, und darum wird auch von daher der Theologe hinsichtlich der Frage des Krieges, des Kampfes einerseits und des Friedens anderseits mit großer Vorsicht arbeiten müssen. Es hat sicher schon Zeiten gegeben, wo die Christen mehr oder minder für eine Friedhofsruhe eintraten, wo auch mit einer pseudo-*christlichen* Ideologie die These vertreten wurde, daß die Ruhe des Bürgers erste Pflicht sei. Und es gibt eine moderne antichristliche Ideologie, wonach die einzig mögliche realistische Gestalt des Friedens im Gleichgewicht des Schreckens besteht. All das zeigt, wie wechselvoll eigentlich die Gestalt dessen sein kann, was man so üblicherweise als Frieden bezeichnet. Das Christentum und die Kirchen haben sich immer, von den Zeiten der Kirchenväter her, in sehr wechselnder Weise und mit sehr wechselnden Ergebnissen lebhaft beschäftigt mit der Frage des Verhältnisses des Christentums zum Soldatenstand, zum Krieg im konkreten Sinne, zum Nationalismus, zur Frage der Kriegsdienstverweigerung. Heute ist innerhalb der Christenheit die Parole der Gewaltlosigkeit sicher im Kommen oder Vordringen. Auch das zeigt wieder, wie viele theologische Probleme mit der Frage des Friedens verbunden sind.

Ein wichtiger, dem Verständnis des Friedens ganz unmittelbar zugeordneter Begriff liegt in dem, was man „Macht" nennt. Es zeigt sich, daß die Christen oder die Theologien hinsichtlich der Beurteilung der Macht nicht einfach einig sind. Ist die Macht etwas, das im Grunde genommen schon von vornherein und notwendigerweise in den Bereich der Sünde hineingehört? Beruht Macht nur und allein auf der Basis einer sündigen Welt und der Tatsache dieser Sündigkeit, oder gibt es schon eine, wenn auch in der Konkretheit der Welt immer gleichsam sündig verderbte Macht, die doch ihrem Wesen nach eigentlich eine andere Funktion und eine wirkliche Berechtigung in der Welt hat?

Eine solche Frage müßte zunächst klären, was unter Macht gemeint ist. Aber wenn wir unter „Macht" die Beeinflussung und die Möglichkeit der Bestimmung eines Menschen durch einen anderen verstehen, welche Bestimmung der Entscheidung der Freiheit des Bestimmten vorausgeht – und ich glaube, daß das ungefähr der richtige Begriff der Macht ist –, dann werden wir vielleicht sagen müssen, daß es so etwas wie Macht notwendigerweise in der Welt gibt und daß eine solche Macht zu den wesentlichen Existentialien des menschlichen Daseins gehört, sie zwar – wie der Theologe sagen wird – immer auch sündig mißbrauchte Macht ist, aber deswegen doch nicht durch die Parole eines absoluten Machtverzichtes restlos überwunden werden kann. Von einer solchen Konzeption der Macht aus wäre dann die Frage der unweigerlichen Existenz des Kampfes und – in einem metaphysisch-theologischen Sinne – des Krieges gegeben. Die eigentlich *christliche* Frage wäre dann mehr die nach den konkreten Formen und Gestalten der Macht und des Kampfes, wie sie von einem Christen allein einigermaßen verantwortet werden könnten. Die Frage, wie der Christ dieses unumgängliche Existential von Macht und Kampf langsam in der Geschichte zu überwinden suchen könnte oder mindestens der Geschichte eine Tendenz auf eine solche Überwindung hin geben könnte durch jene Liebe, die im Grunde genommen nur der haben kann, der sich von Gott geliebt weiß – diese Frage muß noch eigens gestellt werden. Hier sollte nur deutlich werden, wie sich die theologische Problematik des Friedens in einen noch sehr viel weiteren Kreis von Fragen hinein verliert.

Eine weitere Frage ist die Gewinnung des rechten Zugangs zum theologischen Phänomen des Friedens. Will man darin nicht einfach ein falsches, utopisches und romantisches Bild absoluter Ruhe und permanenter Ausgeglichenheit postulieren, das freilich in unserem konkreten Leben zwar ein hohes Ideal, aber nicht viel Kraft zur Verwirklichung bietet, dann muß zugleich auch der theologisch sinnvolle Gegenbegriff zu Frieden gesucht werden. Wenn man zum Beispiel den theologischen Begriff der Konkupiszenz bedenkt, dann ist ja damit eine innere Unbefriedetheit des Menschen – auch schon je für sich – genannt, eine innere Zerrissenheit, eine Pluralität seiner Tendenzen, die er letztlich nicht verwaltet und nicht in eine definitive Integrität bringen kann. Es ist also von einem „Krieg" und „Kampf" des Menschen in sich selbst die Rede, und damit ist auch der Gegenbegriff eines Friedens mit sich durch Gott und von Gott her mitgegeben.

Das theologisch-christliche Problem des Friedens hängt weiterhin zusammen mit der Frage, was man sich unter „Friede" eigentlich denken soll. Was heißt es, daß dieser als „Ordnung der Gerechtigkeit" aufgefaßt wird, wenn „Ordnung" und „Gerechtigkeit" in einem gewissen Sinne sehr dunkle Begriffe sind und bleiben? Was bedeutet ein solcher Friedensbegriff, wenn wir die Frage nach einer *Dynamik der Geschichte* stellen, die gar nicht an einem bestimmten Punkt eines ganz bestimmten Gleichgewichtes der Macht, der gesellschaftlichen Verhältnisse usw. verharren will? Was müssen wir hinsichtlich des Friedens sagen, wenn die Frage einer Theologie der Revolution gestellt werden kann und gerade junge Völker auch in ihren christlichen Vertretern heute geneigt sind, eine christliche Parole der unter Umständen gegebenen Notwendigkeit der Revolution auszugeben? Damit ist schon die Frage des Verhältnisses einer Theologie der Geschichte einerseits und der Theologie des Friedens anderseits angedeutet – zwei Dinge, die als notwendig zusammenhängend verstanden werden können und so zeigen, in welche weitere theologische Problematik die Frage des Friedens hineinführt.

Wenn heute der Friede, den wir im zwischenstaatlichen Bereich suchen, außerordentlich abhängig ist von der wachsenden Einheit der Weltgeschichte, von einer Profanität der Kultur, der Gesellschaft, des Staates und der Politik, auch von der Rationalität und Technisierung der Welt, dann bedeutet natürlich eine Frage nach der Theologie des Friedens auch immer so etwas wie eine Frage nach der Theologie der Weltlichkeit der Welt, der Einheit der heutigen Weltgeschichte überhaupt, nach einer Theologie der Analyse der heutigen weltgeschichtlichen Situation und des Rationalen und Technischen im Menschen. Auch damit ist wieder ein beinahe unübersehbares Feld der Problematik gegeben, das mit der Frage der Theologie des Friedens zusammenhängt.

Der Theologe müßte eigentlich, wenn er über den Frieden nachdenkt, über seine Theologie der Gerechtigkeit und seine Theologie der Liebe, seine Theologie des gegenseitigen Verhältnisses von Gerechtigkeit und Liebe nachdenken. Er müßte einem Problem nachgehen, das in der heutigen Theologie wieder sehr deutlich wird: wie nämlich nach einer ursprünglichen, echten, christlichen Konzeption Einheit und Verschiedenheit von Gottes- und Nächstenliebe zu denken sind. Zweifellos hat die Frage nach dem Frieden etwas mit der christlichen Botschaft von der Nächstenliebe zu tun. Und diese Nächstenliebe hat etwas zu tun mit dem, was wir die Liebe Gottes zu uns und unsere Liebe zu Gott nennen. Im biblischen Begriff der „Agape" sind schon die Aspekte beider Lieben unauflöslich miteinander verbunden. Je nachdem der Theologe die Gottes- und die Nächstenliebe in einer Einheit sieht, wandelt sich zweifellos auch sein Begriff vom Frieden, der durch diese eine Gottes- und Nächstenliebe gegeben ist.

Weiter ist ja heute in der Theologie das Problem eines christlichen und profanen Humanismus gegeben, und auch das hängt wiederum zusammen mit einer Theologie des Friedens. Gibt es so etwas wie eine Einheit unter den Menschen in einer Humanität, in einem Humanismus? Gibt es eine materielle Inhaltlichkeit eines solchen Humanismus, in dem sich Christen und Nichtchristen einig sein könnten, so daß sie von da aus einen gemeinsamen Begriff haben könnten dessen, was sie eigentlich unter Frieden verstehen? Auch das sind Probleme und Fragen, die offenbar nicht so leicht gelöst werden und wiederum die ganze Vieldimensionalität einer Theologie des Friedens deutlich machen können.

64

Zur Theologie des Friedens

„Frieden" ist im *Alten* und *Neuen Testament* einer der wichtigsten religiösen Begriffe. „Schalom" im Alten Testament bedeutet im Grunde genommen das Heilsein, das Überwundensein eines Übels jedweder Art, bedeutet deswegen Wohlbefinden, eben Heilsein, so daß man den anderen mit „Schalom", „Friede sei mit dir" grüßen kann. Und erst von da aus bekommt das Heilsein eben dort, wo es auf einen zwischenmenschlichen Bereich angewendet wird, auch den Sinn des Friedens und wird deshalb in der Septuaginta mit „Eirene" übersetzt. Dabei müssen wir uns aber immer klar darüber bleiben, daß dieser eigentlich alttestamentliche Begriff ursprünglich eine viel weitere, tiefere und umfassendere Bedeutung hatte als die, die wir heute in einem politischen oder bloß zwischenmenschlich beruhigten Sinn mit „Frieden" benennen. Dieser Friede ist von vornherein im Alten Testament schon dasjenige, was von Gott erbeten werden muß, weil es ohne Gott keinen Frieden gibt. Und dieser Friede wird dann eben in der alttestamentlichen Prophetie bei Jeremia und Hesekiel das Stichwort für das zentrale, umfassende Heilsgut und wird so auch bei Jesaja das Stichwort für die messianische Heilserwartung. Friede bedeutet deswegen unter Umständen – gleichsam in einer Zusammenschau von Protologie und Eschatologie – schon so etwas wie die Wiederherstellung des durch die Ursünde zerstörten paradiesischen Friedens. Und der Messias ist dann der Princeps Pacis, der Friedensfürst. Aber auch da ist Friede wieder als das umfassende Heilsgut verstanden.

Darum kann dann auch im Neuen Testament die christliche Botschaft (Eph 6,15) das „Evangelium des Friedens" genannt werden; des Friedens, dessen Urheber Gott und dessen Mittler Jesus Christus ist. Das ist dann Friede, der im Geist durch eine Neuschöpfung als Frucht des Pneumas von Christus her vermittelt wird, so daß *er* unser Friede ist. Und dieser Friede wird gesehen als der Friede zwischen Gott und den Menschen (Röm 5,1). Darum entsteht dann Friede zwischen den Menschen, aber so, daß dieser Friede auch wirklich die innere Befriedung des in sich durch die Schuld zerrissenen Menschen ist.

Man könnte von da aus den Friedensbegriff durch alle theologischen Traktate hindurch verfolgen. Wenn wir die Schöpfungslehre betrachten, dann müßte man gleichsam die Heilsoffenheit der Kreatur, die Heilbarkeit, die Möglichkeit ihrer „Vergöttlichung" als Frieden sehen und umgekehrt. Wenn wir in der Christologie von der Gnadenfülle des Christus sprechen, dann ist Christus eben der, der dieser Friede zwischen Gott und der Welt in Person ist und von dem aus die Neuordnung der mit Gott versöhnten Welt geschieht. In einer Ekklesiologie könnte mit dem Zweiten Vaticanum durchaus die Kirche als das gleichsam sakramentale geschichtliche Zeichen, als die geschichtliche Erscheinung dieser die Welt mit Gott und in sich einenden und so befriedenden Selbstzusage Gottes gesehen werden. Friede könnte in einer Moral als das Ziel der Reichgottesarbeit gesehen werden, und wenn wir in einer Eschatologie von einer Hoffnung auf die ewige Ruhe sprechen, dann ist noch einmal dieser Friede als der Inhalt der eschatologischen Hoffnung gesehen.

Es soll nun in einem weiteren Punkt einiges zur *Theologie des Friedens* und der *Friedensgesinnung* zu sagen versucht werden. Man könnte – so unzeitgemäß es klingen mag – eine These formulieren, die nicht sehr christlich klingt und doch vielleicht sehr christlich ist: Der *„Kampf"*, *der „Krieg", ist – solange diese Welt, in der wir leben, andauert, solange also nicht das „Reich Gottes" durch die Tat Gottes selbst da ist – eine bleibene Wirklichkeit, ein unüberwindliches Existential des menschlichen Daseins.* Trotzdem ist es eine *bleibende*, immer notwendige und wesentliche *Aufgabe des Christen* – genauso wie des Menschen überhaupt – *Frieden zu schaffen*, und so muß eben die Forderung nach Humanisierung beider ständig erhoben werden.

Diese These entspringt einem christlichen und antiideologischen Realismus. Wie schon gesagt, kann und soll eine wirkliche christliche Theologie die Unausweichlichkeit und die Notwendigkeit dessen sehen, was *Macht* heißt und ist. Jeder ist gewissermaßen schon durch sein Dasein und durch seinen Selbstvollzug in dem gemeinsamen Daseinsraum aller Menschen einer, der die Freiheitssituation, den Raum der Freiheit des anderen verändert, diesen bis zu einem gewissen Grade vor dessen Zustimmung einschränkt. So etwas ist aber Macht, so etwas stellt eine unausweichliche Macht dar. Der Christ wird natürlich immer sehen, daß dieses naturale Existential des menschlichen Daseins, das unvermeidlich ist und das deswegen, weil der Mensch nicht bloße Sünde ist, durchaus ein Recht hat, de facto immer auch von der Sünde, also von einem sündhaften Gebrauch dieser unvermeindlichen Macht mitbestimmt wird. Aber wenn eine solche Macht nicht nur in der privaten Sphäre der gegenseitigen Einengung des Freiheitsraumes gegeben ist, sondern auch in der Dimension der Gesellschaft und der Völker, dann ist für einen solchen antiideologischen christlichen Realismus so etwas wie Krieg – Kampf oder Widerspruch – gar nicht vermeidbar. Denn dieser plurale Selbstvollzug vieler und vielschichtiger Existenzen, die in einem endlichen Freiheitsraum leben und so sich diesen Freiheitsraum notwendigerweise gegenseitig eingrenzen, ist die Ausübung einer solchen Macht, die letztlich nicht von einer irdischen Instanz geleitet und verwaltet werden kann, weil eine solche zentrale, totalitäre Administration und Verteilung dieses einen Daseinsraumes die größte Ausübung der Macht, ja die radikalste Vergewaltigung des Menschen wäre.

Der christliche Realismus antiideologischer Art erkennt also auf der einen Seite Macht und damit Kampf nüchtern an. Er ideologisiert und verabsulutiert diese Macht nicht, er will gerade nicht, daß diese Macht von einer letzten innerweltlichen Instanz und Zentrale verwaltet wird. Er ist deswegen gegen jede ideologische und gegen jede praktische Monopolisierung dieser Macht, aber er erkennt damit auch an, daß es unvermeidlich so etwas wie Kampf, Widerspruch und Krieg gibt. Der Christ steht also gewissermaßen realistisch in einer prinzipiellen Mitte zwischen einer Verteufelung, einem absoluten Kampf *gegen* Macht einerseits und einer Absolutsetzung, Ideologisierung und Monopolisierung von Macht anderseits.

Beide Extreme, gegen die sich der Christ *prinzipiell* wendet, sind im Grunde genommen das gleiche. Denn die absolute Abschaffung der Macht und des aus ihr resultierenden Kampfes bzw. Widerspruches, die Abschaffung einer agonalen Situation überhaupt, wäre nur möglich durch eine absolute Monopolisierung der Macht – und das wäre eben gerade die absolute Tyrannei. Der Christ kann nicht einen faulen Kompromiß, sondern eine echte Mitte zwischen diesen beiden Extremen einhalten, weil er eben in der Erkenntnis seiner eigenen Kreatürlichkeit von vornherein weiß, daß er, der Mensch, gar nicht der absolute Repräsentant Gottes in der Welt sein *darf*, weil er es nicht sein *kann* und insofern eben weder die Kirche oder der Staat noch eine Partei, die Wissenschaft oder sonst etwas Endliches, Konkretes in der Welt gleichsam sich zum absoluten Platzhalter Gottes und so zur absoluten Instanz einer Freiheitsraumverteilung unter den Menschen machen darf und machen kann.

Der Christ ist der Meinung, daß die Ideologisierung eines absoluten innerweltlichen Friedens den Tod, das Ende der Geschichte, eine Fellachenkultur (oder vielmehr -unkultur) und eben die absolute Tyrannei bedeuten würde. Mit anderen Worten: Gerade der nüchterne antiideologische Realismus des Christen, der mit Kampf, Widerspruch und Krieg rechnet, ist die einzige echte Möglichkeit, mit dem Krieg und dem Kampf überhaupt auf eine *humane* Weise fertig zu werden, weil der Versuch einer radikalen Überwindung von Kampf und Krieg gerade die letzte Tyrannei, die äußerste Gewalt bedeuten würde.

Dennoch hat der Christ die ernsthafteste, die auch über sein Heil radikal mitentscheidende Pflicht und Aufgabe, diesen unvermeidlichen Kampf zurückzudrängen, zu humanisieren und nach Kräften zu vermeiden. Er hat selbstverständlich auch als Wissender um die Sünde, ja um die eigene Sünde, ein kritisches Verhältnis zur Macht und Gewalt. Er weiß, daß diese Gewalt eine der Mächte ist in der Welt, die zwar von Gott geschaffen, die dennoch eben gleichzeitig zur größten Versuchung, zur Pervertierung und sogar zum Nein Gott gegenüber werden können. Insofern hat er immer die Aufgabe, den Kampf zu humanisieren, so wie etwa „Blutrache" und individuelle Verteidigung gegen den privaten Feind ja auch heute aus unserer Gesellschaft ausgerottet sind.

Wenn also festgestellt wird, die Theologie eines antiideologischen, nüchternen, christlichen Realismus behaupte die Unüberwindbarkeit der Macht und deswegen auch des Kampfes – im abstrakten Sinne des Krieges –, so bedeutet das selbstverständlich nicht, daß die üblichen alten, massiven Formen der Gewaltanwendung, des Kampfes und des Krieges in der Dimension der Gesellschaft und der Völker immer so bleiben müssen oder auch nur dürfen. Das Gegenteil ist wahr. Gerade der Kampf gegen diese Formen des Krieges, diese noch unmenschlichen Formen, dieser Kampf muß gerade mit dem kritisch-nüchternen, antiideologischen Realismus des Christen geführt werden.

Wenn wir als christliche Theologen fragen, wie und wodurch denn dieser Kampf oder diese Aufgabe für eine Humanisierung des Kampfes und der Gewalt durchgeführt werden müßte, dann bieten sich zunächst – zumindest für den Katholiken – die beiden christlichen Stichworte *Gerechtigkeit* und *Liebe* an. Es ist ja in einer merkwürdigen Weise im Zweiten Vaticanum gesagt worden, daß der Friede nicht aus menschlichem Machtgebot, aus dem Gleichgewicht entgegengesetzter Kräfte entspringe, sondern in einem wahren und eigentlichen Sinne das Werk der Gerechtigkeit sei. Nun kann hier natürlich nicht der Versuch unternommen werden, eine Theologie des Wesens der hier gemeinten Gerechtigkeit und Liebe als der Mittel der Humanisierung des Kampfes zu bieten. Das übersteigt die hier gegebenen Möglichkeiten und Grenzen. So sollen nur ein paar Andeutungen gemacht werden.

Man könnte ja sagen: Friede ist dort, wo in Gerechtigkeit „jedem das Seine" gegeben wird. Sicher könnte man irgendwie die Gerechtigkeit umschreiben, indem man erklärt „suum cuique". Aber was ist denn „jedem" recht und billig? Die Frage bleibt weiter: Wie kann man in dem einen endlichen Freiheitsraum *für alle* jenen *Gleich*klang erreichen, in dem *keiner* zu kurz kommt? Die Gerechtigkeit ist immer in Gefahr, ein organisierter Egoismus zu bleiben und damit eben den zu überwindenden und zu humanisierenden Kampf und Krieg wieder heraufzubeschwören. Während die Gerechtigkeit gewissermaßen sagt: „Jedem das Seine", „laß mir das Meine und behalte das Deine" – wird die christliche Liebe sagen: „Meines ist Deines."

Nun müssen wir sicher, wenn wir realistische Christen bleiben wollen, uns immer über die bleibende Gezweitheit von Gerechtigkeit und Liebe klar bleiben. Man kann in dieser konkreten Welt des Pluralismus auch der Tugenden die Gerechtigkeit nicht einfach in die sich selbst verschwendende, sich selbst vergessende Liebe hinein aufheben, so daß der Christ – ach, wie schön wäre es, wenn es so sein könnte! – nur jene selbstverströmende, sich selbst loslassende, sich nicht mehr selbst behauptenwollende Liebe üben müßte, und damit wäre alles gut. Es bleibt auch ein

Pluralismus der christlichen Haltungen, der selber wieder nicht adäquat in eine höhere Synthese – eben z.B. der Liebe – integriert oder aufgehoben werden kann. Ein Pluralismus, der in einem wahren Sinne vom Christen, solange dieser Äon besteht, ausgehalten werden muß. Das klingt abstrakt, ist aber eine ganz praktische Angelegenheit.

Sicher gibt es und muß es jene Liebe im Leben des Christen geben, wo er sich losläßt, wo er verzichtet, wo er sein Recht preisgibt, wo er den anderen über sich dominieren läßt, wo er die Torheit der Gewaltlosigkeit fertigbringt, wo er wirklich über den organisierten Egoismus in der Torheit der Selbstpreisgabe hinauskommt, so wie es Gott ihm in Jesus Christus vorgemacht hat. Aber die Konkretheit des christlichen Lebens in ihrem vom Menschen, auch von der Tugend des Menschen, nicht verwaltbaren Pluralismus bedeutet eben doch auch, daß der Mensch nicht nur die Möglichkeit, nicht nur die sittliche Erlaubnis, sondern unter Umständen die Pflicht haben kann, für jene Gerechtigkeit einzustehen, die eben an einem bestimmten Punkt die heilige Torheit der Liebe nicht exekutiert, sondern in vernünftiger, empirischer und nüchterner Verteilung der Rechte für alle Platz zu schaffen sucht. Das ist das entsetzlich Schwierige und auch wieder sehr realistisch Nüchterne dieser christlichen Haltung.

Sie kann, wenn ich so sagen darf, Liebe nicht auf Gerechtigkeit reduzieren. Liebe ist – christlich gesehen – wirklich etwas anderes als die vernünftige Organisierung des menschlichen Daseins, so daß jeder von dem einen Kuchen des Glücks der Welt wenigstens ein Stück abbekommt. Liebe ist wirklich so etwas wie das Verrückte, das Unwahrscheinliche, dasjenige, das sich nicht rentiert, dasjenige, wodurch man der Dumme bleibt, worin man sich ausnützen läßt. Es ist also auch das, wo man den Mut hat, Vorleistungen zu machen – vor denen zum Beispiel unsere Politiker immer so zurückschrecken.

Auf der anderen Seite aber kann man das christliche Dasein nicht zu einem wunderbaren, seligen Paroxysmus der Liebe, der Gewaltlosigkeit machen. Diese unverrechenbare, jeweils von Situation zu Situation sich ändernde Aufgabe, mit beidem *für den Frieden* fertigzuwerden, das ist die Aufgabe des Christen, für die ihm am Ende die Kirchen und auch der Buchstabe des Evangeliums kein unmittelbares, materiales Rezept geben können. Freilich wird der Christ sich immer wieder sagen müssen – im Geist und im Sinne der Bergpredigt –, daß eigentlich und im letzten, in der konkret-geschichtlichen, ihn herausfordernden und bei allem doch zweideutig bleibenden Situation des menschlichen Daseins, individuell-persönlich und kollektiv-politisch im Zweifelsfalle die Option für die Torheit der Liebe im Blick auf die Torheit Gottes am Kreuz fallen müßte. Solange jedoch diese Weltzeit besteht, kann im privaten und im öffentlichen Leben gerade diese nüchtern-sachliche, harte, auch Gewalt anwendende Gerechtigkeit die irdische Gestalt der sehr selbstlosen Liebe sein, die vielleicht auch zugunsten des anderen den Mut haben muß, so auszusehen, als ob sie lieblos sei.

Dazu muß noch gesagt werden: Die Erfahrung des Menschen wird immer wieder zeigen, daß eine bloße Gerechtigkeit, sosehr sie ihr Eigenrecht hat, scheitert, sich selbst ad absurdum führt und allein keinen Frieden stiften kann.

Wenn der Freiheitsraum unseres Daseins immer enger wird und soziologisch immer kompliziertere Verteilungssysteme erfordert, dann wird gewissermaßen die Ideologie einer sachgerechten Verteilung dieses Freiheitsraumes, um Frieden zu stiften, allein für sich immer weniger ausrichten. Die Welt, in der alle Menschen gleichsam ihr eigenes berechtigtes, rechthabendes Dasein und sogar ihren sündigen Egoismus durchsetzen würden, wird immer mehr der Gefahrenherd eines hochexplosiven Gemisches werden. Und es wird immer weniger Frieden sein, je mehr man diesen engen Daseinsraum gerecht verteilen will. Dort, wo dieser Daseinsraum immer enger wird und wo ein wahnsinniger Wille, gerecht zu sein, sich absolut setzt, wird natürlich dann notwendigerweise die Ideologie lebendig werden und so mit Intoleranz immer wieder neu verkünden, es sei nichts zu wollen, es sei kein Friede und es sei keine Gerechtigkeit zu schaffen – außer es werde einer einzigen, absoluten, autonomen und totalitären Spitze die Macht und das „Recht" gegeben, darüber zu bestimmen, was bei jedem das Seine sei, um so dann das eine Glück der Erde gerecht zu verteilen.

Es braucht notwendigerweise schon in der empirischen Welt des Menschen, der kein Tier ist, jene Torheit und Unbegreiflichkeit der Liebe. Und hier an diesem Punkt fragt der Christ, wie man es eigentlich berechtigterweise fertigbringen könne, auf etwas zu verzichten, worauf man ein Recht hat oder mindestens zu haben meint. Ich weiß, daß ich leider sehr abstrakt reden muß, aber ich glaube, daß damit wirklich ein zentraler Punkt erreicht ist. Ein Mensch kann auf vieles verzichten, nur weil er z.B. seine Ruhe haben will, weil er unter Umständen den Egoismus zu zweit oder zu vielen als vorteilhafter empfindet als in einer primitiven Weise solipsistisch und individualistisch egoistisch zu sein. Aber es wird im einzelnen menschlichen Dasein und auch im Leben der Politik und der Völker immer wieder Augenblicke geben, wo man auf etwas verzichten sollte und müßte, was herzugeben für den, der es hergibt, nicht mehr lohnt, wo er sich gleichsam in seiner eigentlichsten Daseinsbehauptung bedroht und geschädigt empfindet. Gerade in der evangelischen Theologie der Reformationszeit wurde das sehr betont und vielleicht in der katholischen Naturrechtstheologie zu wenig beachtet, daß hier in diesen Dingen ein – jetzt nicht genauer anvisierbarer – Unterschied zwischen der privaten Sphäre und der politisch-staatlichen Sphäre besteht. Aber in diesem Fall ist es so, daß man jene Liebe haben müßte, die es fertigbringt, auf das zu verzichten, was notwendig, lebensnotwendig und sogar heilsnotwendig zu einem zu gehören scheint. Die Frage ist, woher man das eigentlich tun kann.

Ich kann in letzter Instanz innerweltlich auf scheinbar Lebensnotwendiges nur verzichten, wenn ich mich von jemand so radikal geliebt weiß, daß dessen unendliche Lebensfülle die meine ist und so gleichsam in ihm und in seiner Liebe der einzige Ort ist, in den ich ausweichen und dem anderen innerweltlich sein Recht lassen kann. Ein rational organisierter, vernünftiger Egoismus reicht eben da nicht mehr aus. Auf der anderen Seite kann eigentlich der Mensch den anderen auch nicht in einer reinen Paradoxie ernster nehmen als sich selbst, und er kann sich und den anderen radikal nur ernst nehmen und ihm etwas einräumen, was eigentlich das Seine wäre, wenn er weiß, daß beide schon in dem unendlichen Land, in der Unendlichkeit der Liebe und der Freiheit, im Frieden mit Gott ruhen und umfaßt sind. Dann nur kommt es nicht mehr darauf an, ob ich dieses oder jenes habe, ob ich ein bißchen mehr oder weniger glücklich bin, mehr oder minder einsam. Hier wird der Friede mit Gott, seine Liebe in dem Ereignis seiner Selbstzusage Möglichkeit und Voraussetzung für jene Liebe, die eben auch Voraussetzung des zwischenmenschlichen Friedens ist.

Damit ist natürlich kein Rezept gegeben, das ein für allemal die Welt, wenn es so angewendet würde, in einen Zustand des Friedens, das heißt der reinen Ausgeglichenheit versetzen würde. All das geschieht ja in einer sich wandelnden Geschichte. All das geschieht in einer immer neu und immer anders zu findenden Synthese zwischen sich selbst wagender und opfernder Liebe und einer sich auch mit Recht selbst behauptenden Gerechtigkeit, so daß diese Liebe unter Umständen auch die Gewalt, sogar die Revolution und einen „Nichtfrieden“ gebieten kann. So kann es richtig sein, daß Unruhe des Bürgers erste Pflicht sei. All das ist möglich, wenn die Liebe die Gerechtigkeit in ihr eigenes Recht einsetzt, in diesem Recht beschränkt und über sie herrscht. Wenn der gerechte Mensch weiß, daß er der sich selbst wagende und vergebende, Vorleistungen wagende Mensch sein kann und soll, dann wird das nur möglich sein in der Hoffnung, daß in diesem noch laufenden Prozeß einmal – nicht durch Menschen, sondern durch Gottes Tat – das Reich Gottes und damit der Friede schlechthin gegeben ist, der alle Begriffe übersteigt, ein Friede, der nicht mehr aufgebaut ist auf einer solchen immer labilen, immer neu zu suchenden Synthese und einem labilen

Gleichgewicht all der Momente, die das menschliche Dasein jetzt ausmachen, solange die Geschichte noch läuft.

Es ist selbstverständlich, daß man auf diesem Hintergrund theologischer Überlegungen als Mensch und als Christ darangehen müßte, bestimmte Probleme zu bedenken, die in einer konkret-empirischen Welt des Hungers, des Analphabetismus, der Atomwaffen, der immer größer werdenden Verflechtung der Staaten und ihrer Geschichte, der heutigen Technik und Kommunikationsmittel, der heutigen Bedürfnisse des Menschen, der Bevölkerungsexplosion notwendig sind, um so etwas wenigstens zu bewahren und herzustellen, was einigermaßen nach einem erträglichen Frieden aussieht. Wenn also der konkrete Christ gerade aus solchen theologischen Überlegungen am Schluß den Eindruck hat, er könne sie wieder auf sich beruhen lassen und er müsse dann eben, gerade weil er der selbstlos Liebende, der Dienende sein soll, der sein Heil in der konkreten Wirklichkeit seines Daseins wirken muß, sich nun den konkreten Fragen des Friedens von heute zuwenden, dann sind wir einer Meinung mit ihm. Nach solchen Überlegungen tritt der Theologe als solcher wieder in die Reihe und überläßt den Christen als Menschen des konkreten Daseins ihren Platz und ihre Aufgabe, die er natürlich für seinen Teil auch als die eigene erkennt.

65

Charisma und Leid

Das Charisma ist immer mit Leid verbunden. Denn, in dem einen Leib bleibend, den Auftrag seines Charismas, seiner Gabe erfüllen und den (unter Umständen ebenso berechtigten) Gegendruck der Tätigkeit des andern aushalten, das ist Leiden. Immer ist die eigene Gabe begrenzt und gedemütigt durch die Gabe des andern. Sie muß unter Umständen warten, bis sie zur Entfaltung kommen kann, bis ihr Kairos kommt, wenn der eines andern vergangen ist oder abklingt. Diese schmerzliche Tatsache ist nüchtern zu sehen als unvermeidliche Folge davon, daß es eine Kirche und viele Gaben gibt. Viele Gaben (wenn man dieses Wort ernst nimmt und nicht verharmlost) heißt nämlich: der eine hat eine Gabe, die der andere nicht hat. Wie sollte dieser zweite dann jenes Verständnis für diese Gabe haben, das man dafür eben nur haben kann, wenn man die Gabe selbst hat, wenn man berufen ist, diese bestimmte Funktion selbst in der Kirche auszuüben? Selbst wenn man alles Wohlwollen, alle Duldung voraussetzt, die man haben kann oder haben sollte – man wird dem andern und seiner Gabe und seinem Auftrag nicht jenes Verständnis, jenen Enthusiasmus entgegenbringen, den er erwartet, den er für seine Sendung für berechtigt und erfordert in Anspruch zu nehmen versucht ist.

Außerhalb der Kirche kann der Berufene (obzwar er auch der Mißverstandene und Verfolgte sein kann) doch zu denen flüchten, die ihn schätzen und seine Sendung anerkennen, man kann die Gemeinschaft gründen, in der man sich um diese Sendung schart. In der Kirche kann man es nur in einem viel begrenzteren Maß (z.B. durch eine Ordensgründung und ähnliche soziologische Gebilde in der Kirche, die legitim sind und von dieser Notwendigkeit der gesellschaftlichen Resonanz einer neuen Sendung einen Teil ihrer Berechtigung beziehen). Im allgemeinen muß der Mensch der Kirche, auf dem die Last eines Charismas an die Kirche und für die Kirche liegt, im Kreis der Brüder bleiben, die ihn dulden, wenn es gut geht, ihn vielleicht ablehnen, jedenfalls wenig Verständnis für ihn zeigen. Die Echtheit eines Charismas, das ja eine Sendung an die Kirche und in sie hinein, nicht aus ihr heraus ist, zeigt sich darin, daß der so Gesendete diese Unvermeidlichkeit des Leides seiner charismatischen Begabung demütig und geduldig erträgt, keine Winkelkirche in der Kirche baut, um es leichter zu haben, sich nicht verbittern läßt, sondern weiß, daß es der eine Herr ist, der die Kraft und den Widerstand dagegen, den Wein der Begeisterung und das Wasser der Nüchternheit in seiner Kirche schafft und keinem seiner Knechte den Auftrag gegeben hat, ihn allein zu vertreten.

Zwei Überlegungen müssen zu diesem Thema des Leides des Charismas in der Kirche gemacht werden. Einmal: das Leid des Widerspruchs gegen das Charisma in der Kirche ist kein Beweis gegen die Sendung von oben und die Echtheit des Charismas. Die Kirche hat zwar das Recht und die Pflicht der Prüfung der Geister bis zu der völligen Ablehnung des Anspruchs, daß dieser Geist von Gott sei. Aber darum ist noch nicht jeder Widerspruch, jedes Zögern, jedes Mißtrauen, die sich in der Kirche oder bei ihren Autoritäten gegen ein Charisma regen, schon ein Zeichen, daß dieser Prophet nicht von Jahwe gesendet sei. Die Kriterien der Unterscheidung zwischen dem legitimen Widerspruch der Kirche gegen einen „Lügengeist" und „Schwärmertum" einerseits und jenem leidschaffenden Widerstand der Kirche gegen die Sendung ihres eigenen Geistes in einem wahren „Propheten" anderseits sind in ihren Grundzügen bekannt und brauchen hier nicht näher dargelegt zu werden: es sind die Regeln, die die Kirche und ihre Theologie hinsichtlich ihrer Lehrautorität, deren verschiedenen Graden und ihrer verpflichtenden Kraft aufstellen und die ebenso differenzierten Regeln über den kirchlichen Gehorsam. Hier muß diesbezüglich nur noch eines gesagt werden: Diese Regeln richtig anzuwenden ist in schwierigeren Fällen selbst wieder ein Charisma. Denn wer kann einem immer sofort, genau und bestimmt sagen, wo die Selbstverteidigung der charismatischen Sendung gegen das Mißtrauen, die Gleichgültigkeit oder das Zögern kirchenamtlicher Stellen oder selbst gegen deren eigentlichen Widerstand Zeichen höherer charismatischer Einsicht und Treue zur eigenen Sendung oder Geist unberechtigter Auflehnung gegen die kirchliche Autorität ist? Warum z.B. haben die Jesuiten, die sich dagegen wehrten, als Pius V. ihnen das feierliche Chorgebet auferlegen wollte, recht gehandelt? Warum haben sie nicht gegen ihre eigenen Regeln der kirchlichen Gesinnung gefehlt? Warum haben die Vertreter der Herz-Jesu-Andacht löblich gehandelt, als sie sich durch die Ablehnung beim Heiligen Stuhl, auf die sie zunächst stießen, nicht abschrecken ließen? Wie oft darf man eigentlich bei der kompetenten

Obrigkeit mit Eingaben, Drängen usw. vorstellig werden, ohne durch ein solches Vorgehen selbst schon gegen den kirchlichen Geist zu verstoßen? Wann ist eine möglichst eng begrenzte Auslegung eines kirchlichen Verbotes, um einem scheinbar entgegengesetzten Bestreben noch möglichst viel Raum und Bewegungsfreiheit zu retten, mit kirchlicher Gesinnung noch durchaus zu vereinigen (wie auch die Praxis der Heiligen zeigt) und wann nicht mehr? Solche Fragen zeigen (und darauf kam es hier an), daß es selbst wieder ein Charisma sein kann, das nur der demütige und mutige, der gehorsame und doch selbstverantwortliche Heilige erhält, zu unterscheiden, wo das Leid des Widerspruchs gegen seine Sendung das Kreuz ist, mit dem eine echte Sendung gesegnet ist, und wo es ein Beweis ist, daß er mit seiner Bestrebung nicht von Gott kommt. Auch da sieht man, daß man die Lebensregungen der Kirche nicht absolut in rechtlich eindeutige Regeln einfangen kann, daß ein charismatischer Rest bleibt.

Das zweite, was zum Leid des Charismas zu sagen ist, ist dies: Die innere Notwendigkeit, mit der Charisma und Leid in der Kirche verbunden sind, bedeutet natürlich für die Autoritäten und die sonstigen Nichtcharismatiker keinen Freibrief, gegen diese charismatischen Regungen unverständig und eigensinnig zu sein. Man kann manchmal den Eindruck haben, es gebe Leute in der Kirche, die aus dem Wort des Gamaliel (Apg 5,38f.) den Schluß ziehen, die Echtheit des Geistes zeige sich darin, daß er auch durch die oberflächlichste und böswilligste Bekämpfung durch andere nicht ausgelöscht wird, man also das Recht habe, auf möglichst „massive" Weise den Geist zu „prüfen". Man kann zwar den Geist in der Kirche nicht auslöschen. Dafür sorgt Gott. Aber es ist dem Menschen, seiner Trägheit, Gleichgültigkeit und Herzenshärte durchaus möglich, einen wahren Geist im andern auszulöschen. Eine Gnade kann nicht nur unfruchtbar sein in dem, der sie für sich erhält durch den Widerstand eben dieses Menschen, sie kann einem für einen andern gegeben werden (dann wird sie *gratia gratis data,* Charisma genannt) und unfruchtbar bleiben durch die Ablehnung von seiten dessen, für den sie gegeben wurde, obwohl sie derjenige, der sie für den andern empfing, in Treue aufgenommen hatte. Wir dürfen auch in der Charismenlehre keine Jansenisten sein und meinen, alle Charismen müßten als *gratiae efficaces* gegeben werden. Es gibt auch Charismen, die durch die Schuld der Menschen für die Kirche unwirksam bleiben. Übrigens hat Gamaliel aus seinem Satz gerade den gegenteiligen Schluß gezogen wie die Leute, die wir im Auge haben. Er hat daraus gefolgert, daß man möglichst tolerant gegenüber einem Geist sein müsse, dessen Herkunft man noch nicht klar durchschaut. Kirchliche Obrigkeiten können also nicht darauf setzen, daß ein Geist sich schon durchsetzen werde, auch gegen ihren Widerstand, wenn er wirklich von Gott komme. Sie schaffen sonst Leid über das Unvermeidliche hinaus, tun Unrecht gegen Gott, die Charismatiker und die Kirche.

Wer ein wenig die Kirchengeschichte kennt, weiß der Beispiele genug von solchem Leid der Charismatiker: ein heiliger Johannes vom Kreuz wird von seinen eigenen Mitbrüdern in einen gräßlichen Kerker geworfen, eine Jeanne d'Arc stirbt auf dem Scheiterhaufen, ein Newman lebt Jahre lang „unter der Wolke", ein Sailer wird von einem andern Heiligen in Rom angeschwärzt und wird erst Bischof, als es eigentlich zu spät war, eine Maria Ward war lange im Gewahrsam der Inquisition und hatte ja doch Recht mit ihrer Sendung; Fénelon wurde im Streit um das Wesen der Gottesliebe von Rom desavouiert (mit viel Recht), aber sein Gegner Bossuet, der gesiegt zu haben schien, war nicht viel näher an der Wahrheit als sein weniger mächtiger Widersacher; die heilige Theresia von Jesus mußte (sicher zu ihrem großen Schmerz) bei ihren Klostergründungen auch von kirchlicher Seite viel Verfolgung auf sich nehmen und viel Schlauheit und List anwenden, um sich schließlich doch durchzusetzen; solche und ähnliche große und kleine Fälle des Leides des Charismatikers hat es von Anfang der Kirche bis auf unsere Tage gegeben und wird es weiter geben. Sie sind unvermeidlich; sie gehören zu jenem unvermeidlichen „Muß" des Leides, das Christus in seinen Gliedern in der Kirche fortleidet bis zum Ende. Und er hat gewollt, daß diese seine Glieder auch aneinander leiden.

66

Abgründigkeit des Leids

Man kann zunächst das Leid als eine mehr oder weniger unvermeidliche Begleiterscheinung bei einer pluralistischen und in Entwicklung befindlichen Welt zu verstehen suchen. So wird dann gedacht:

Es ist, genau besehen, gar nicht so schlimm in der Welt. Sie besteht nun einmal aus vielen komplexen Wirklichkeiten, die sich nicht von vornherein reibungslos ineinanderfügen. Im Biologischen gehört nun einmal der Kampf ums Dasein hinzu; er ist unvermeidlich, und es gibt keinen ernsthaften Grund zu lyrischen Trauergesängen, weil der Karpfen den Stichling schluckt und u.U. bei Insekten das Weibchen nach der Begattung das Männchen frißt. Leid ist hiernach nur eine alberne Interpretation *des* Biologischen, das notwendig ist, und von sich aus mit solcher Interpretation nichts zu tun hat. Was wir in diesem Bereich Schmerz und Tod nennen, sei nur der Trick der Natur, ihre List, um mehr Leben zu haben. So sei im letzten Verstand aber auch das moralische Böse und das mit ihm gegebene Leid zu verstehen. Es sei letztlich doch nur auf das sonstige sogenannte Leid in der materiellen Welt zurückzuführen, aus Vererbung, gesellschaftlichen Verhältnissen, psychischen Fehlleitungen, schlechter Erziehung usw., restlos zu erklären. Durch eine adäquate Aufklärung könne im Grunde das physische und moralische Leid so verstanden und erklärt werden, daß ein ernsthafter Protest dagegen entlarvt werde als törichte Überziehung der Ansprüche, die ein materiell bedingter Geist ernsthaft an die Wirklichkeit stellen könne. Man müsse eben nüchtern die Grenzen des Möglichen sehen und nicht zu anspruchsvoll sein. Dann lasse sich schon begreifen, daß Gott eine sehr gute Welt geschaffen habe, und man könne dann die Frage, ob diese Welt die denkbar beste sei, auf sich beruhen lassen.

Was ist zu dieser ersten Deutung des Leides in der Welt, die gleichzeitig eine Rechtfertigung des Schöpfer-Gottes sein soll, zu sagen? Es ist nicht alles einfach oberflächlich und dumm, was da gesagt wird. Und mancher, der von Protesten gegen diese finstere Welt und das eigene schreckliche Dasein gequält wird, sollte diese Antwort ernsthafter bedenken und sich fragen, ob sein Protest nicht durchwaltet sei von einer egoistischen Selbstüberschätzung, die selber Leid schafft, indem sie meint, ein ihr auferlegtes Leid zu beklagen.

Aber letztlich ist diese erste Antwort doch ungenügend und sogar oberflächlich. Sehen wir entsprechend der Begrenzung unserer Fragestellung von der Frage ab, wie Schmerz und Tod in der Dimension des rein Biologischen an sich selber zu beurteilen seien, selbst wenn uns das Seufzen der außermenschlichen Kreatur, von der Paulus spricht, zu denken geben und zur Vorsicht mahnen kann. Aber schon insofern diese physisch-biologischen Widersprüche in die Dimension der geistigen Personalität und Freiheit hineinragen, scheitert diese erste Antwort.

Natürlich ist vieles im Bereich der Freiheit und der personalen Geschichte bedingt oder mitbedingt durch das Materielle und Biologische, und zwar in einem Ausmaß, das man kaum überschätzen kann. Aber eben daß der Vollzug des Geistes, der Freiheit und der personalen Entscheidung so materiell bedingt ist, ist doch ein Problem, das mit der Feststellung dieser Bedingtheit noch nicht gelöst ist. Es soll Freiheit sein, Selbstbestimmung, unwiederholbare Einmaligkeit. Was so sein will, gerät, um so zu sein, in den anonymen Zwang des biologisch Notwendigen und allgemein Gesetzlichen, will Geist in einmaliger Freiheit sein und wird Materie unter allgemeinem Zwang. Dieser Schmerz wäre nur dann beseitigt und erklärt, wenn sich der Geist als sekundäre Erscheinungsform des Materiellen verstehen könnte. Das aber ist unmöglich.

Fernerhin läßt sich das Leid aus der Geschichte der Freiheit nicht verharmlosen. Es kann nicht adäquat zurückgeführt werden auf jene Härten, die aus dem Materiellen selber kommen. Die Freiheit erzeugt als solche selber Leid und Schmerz und Tod. Man mag sich Sein und Würde der Freiheit auch ohne Leid in paradiesischer Harmonie denken können. Aber die faktische Freiheit als solche hat unermeßliches und namenloses Leid erzeugt, das sie nicht auf das Materielle und Biologische abwälzen kann.

Die Schuld, die den Marsch in die Gaskammern von Auschwitz zu verantworten hat, läßt sich nicht auflösen in die Phänomene, durch die der Zug von Wanderameisen, der in einen Abgrund stürzt, hervorgerufen wird. Das Böse ist nicht nur ein komplizierter Fall des biologischen Unangenehmen und desjenigen Sterbens, das überall herrscht. Der ungeheuerliche Protest, der aus der Weltgeschichte sich erhebt, ist nicht einfach der verstärkte Lärm, der ein im Grunde selbstverständliches Leben und Sterben immer und überall begleitet.

Wer so den Schmerz in der Weltgeschichte verharmlosen würde, verrät die Würde der Person, der Freiheit und des absoluten Imperativs des Sittlichen und wird nur so lange auf diese billige Weise mit dem Leid und Tod in der Menschheitsgeschichte fertig, als ihn dieses Leid doch noch erst von Ferne berührt. Es gibt gewiß Stoiker, die einer solchen verharmlosenden Theorie des Schmerzes und des Todes anhangen und doch mit gefaßter Würde in den Tod gehen. Aber dann leben sie, ob sie es reflektieren oder nicht, aus einem tieferen Daseinsverständnis, als es diese Theorie ergreift.

Eine *zweite,* für sich allein nicht genügende Deutung des Leides in der Welt sucht dieses ausschließlich aus der kreatürlichen Freiheit herzuleiten und zu erklären. Leid, Schmerz und Tod seien immer und überall und in jeder Beziehung *Wirkung und Erscheinung der bösen Entscheidung der kreatürlichen Freiheit und sonst nichts.* Eine kühne Theorie. Sie ist dann nicht von vornherein absurd, wenn man eine kreatürliche Freiheit mit einkalkuliert, die nicht identisch ist mit der menschlichen Freiheit, und eine Geschichte geschaffen hat, die *vor* der Menschheitsgeschichte, ja vor der biologischen Naturgeschichte dieser Erde liegt und die Eigenart dieser Naturgeschichte und der Menschheitsgeschichte von vornherein mitbestimmt und leidvoll gemacht hat. Ohne diese Hypothese, die in verschiedenen Variationen in der christlichen Denkgeschichte oft gemacht wurde, wäre wohl eine adäquate Herleitung allen Leides aus der kreatürlichen Freiheit allein nicht denkbar.

Freilich gibt es auch einen Versuch, mindestens alles menschliche Leid aus der menschlichen Freiheit allein ohne Rekurs auf eine über- und vormenschliche Freiheitsgeschichte abzuleiten, insofern traditionell gesagt wird, daß vor einer menschlichen Freiheitsentscheidung am Anfang der Geschichte der Mensch nicht habe sterben müssen und in einer paradiesischen Leidfreiheit existiert habe, so daß doch die These aufrechterhalten werden könne, daß alles Leid bei uns letztlich restlos aus der Freiheit (eben des Menschen) stamme.

Wenn wir zunächst einmal von der Problematik all der Voraussetzungen absehen, die von diesen beiden Spielarten einer solchen Grundtheorie gemacht werden, dann hat diese Theorie etwas großartig Verführerisches an sich. Sie stellt sich gewissermaßen vor die Herrlichkeit und Güte Gottes und sagt dem Menschen (oder der freien Kreatur überhaupt): Du allein, du ganz allein, bist an all dem Entsetzlichen der kreatürlichen Geschichte schuld, du, durch deine Freiheit; durch deine Freiheit, deren Entscheidung du per definitionem auf niemand anderes und erst recht nicht auf Gott abwälzen kannst. Kreatürliche Freiheit wird so irgendwie als schlechthin absolut und in ihrer Entscheidung unableitbar gesetzt. Und dann ist es klar, daß die heilige Güte Gottes nicht in ihrem seligen Glanz gefährdet ist durch den Verzweiflungsschrei, der der bösen Entscheidung kreatürlicher Freiheit unvermeidlich nachfolgt.

Aber die Freiheit der Kreatur ist für ein wirklich christliches Verständnis nicht so absolut und unableitbar, wie in dieser stolzen Konzeption der Freiheit der Kreatur vorausgesetzt wird. Solche Freiheit will sich nicht nehmen lassen, daß es in der Welt nicht doch etwas von Gott letztlich Unabhängiges gäbe, nämlich ihre Entscheidung selber, die sie ganz allein in einer absolut ungeteilten Verantwortung auf sich nehme. Eine solche Freiheit gibt es aber nach christlichem Verständnis nicht.

Die Freiheit der Menschen und der Engel ist eine geschaffene Freiheit, in ihrer Existenz und ihrem Sosein immer und überall getragen von der souveränen Verfügung Gottes, im Vermögen und im Akt, im Können und in der konkreten Entscheidung. Wir mögen nicht durchschauen, wie wahre kreatürliche Freiheit so gegeben sei mit ihrer Unabwälzbarkeit ihrer Entscheidung *und* zugleich mit der Unentrinnbarkeit dieser Freiheit aus der Souveränität Gottes, in der Gott diese kreatürliche Freiheit trägt und in ihre Freiheit setzt, aber so gerade nicht seine Souveränität mit der kreatürlichen Freiheit teilt. Das ändert nichts daran, daß unsere Freiheit restlos in Gottes souveräner Verfügung umfangen ist.

Man wird mit Recht die bleibende Herkünftigkeit unserer Freiheitsentscheidungen differenzieren, je nachdem diese gut oder böse sind. Man kann innerhalb der katholischen Theologie die verschiedensten Theorien entwikkeln, wie diese Rückbezogenheit unserer Freiheitsentscheidungen auf die Verfügung Gottes genauer begrifflich zu fassen und zu deuten sei. Man kann aber auch von vornherein, und zwar grundsätzlich, vor solchen Versuchen verstummen und eine grundsätzliche Unmöglichkeit einer weiteren Auflösung dieses Problems für uns hier und jetzt behaupten. All das ändert nichts an der Grundüberzeugung aller christlichen Theologie davon, daß eine reine Absolutsetzung und Autonomie unserer Freiheit dem christlichen Gottesverständnis widerspricht.

Wir sind frei, wir können die Verantwortung für unsere Freiheitsentscheidungen nicht auf Gott abwälzen. Aber eben diese unsere Entscheidungen sind noch einmal restlos umfaßt von der Verfügung Gottes allein, die nur in ihm und in sonst gar nichts ihren Grund hat. Es gelingt uns nicht – wie alle Versuche der verschiedenen katholisch zulässigen Gnadensysteme zeigen –, die Aussage, daß wir unsere Freiheitsentscheidungen als unsere eigenen nicht auf Gott abwälzen können, und die Aussage, daß auch diese noch einmal innerhalb der Verfügung Gottes stehen (mag man diese Verfügung Bewirkung oder Zulassung heißen müssen), in eine höhere Synthese hineinzuversöhnen. Das ändert aber nichts daran, daß auch unsere Freiheitsentscheidung als solche nochmals in jeder Hinsicht bis in ihre letzte Faser von Gott abhängig ist.

Wenn aber dem so ist im Namen des christlichen Gottesbegriffes als solchen, dann *ist der Satz, das Leid stamme aus der Freiheit,* kein letzter und endgültiger Satz, sondern *eine Auskunft, die, so wichtig sie sein mag, selber wieder hineinverschwindet in das Geheimnis der souveränen Freiheit Gottes selbst.* Und wenn wir in Wahrheit bekennen müssen, daß wir verantwortlich sind, ohne aus dieser Verantwortung uns noch einmal herausstehlen zu dürfen, dann bleibt es eben doch noch einmal wahr, daß diese unsere bleibende Verantwortung von Gott selbst verantwortet werden muß und verantwortet werden wird, auch wenn wir nicht wissen, wie das möglich ist. Antworten wir also mit dem Hinweis auf unsere Freiheit auf die Frage, warum Gott uns leiden lasse, dann ist, mindestens weiterhin, diese Antwort richtig und darf nicht abgeschafft werden, ist aber keine letzte.

Eine *dritte* traditionelle Antwort auf unsere Frage sagt, *daß Gott uns leiden lasse, um uns zu prüfen und um uns reifen zu lassen:* Leid ist die notwendige Situation, in der erst der reife Mensch der Geduld, der Hoffnung, der Christusförmigkeit, der Weisheit heranreifen könne. Wir brauchen hier diese dritte Antwort nicht weiter zu entfalten. Sie hat eine große Wahrheit in sich, die gewiß nicht bagatellisiert oder verdunkelt werden soll. Und unter der Voraussetzung, daß es eben nun einmal Leid in jedem und in der Umwelt von jedem gibt, kann und muß diese dritte Antwort als echter und verpflichtender *Imperativ* an den einzelnen verstanden werden: Lebe so, daß das dir und deiner Umgebung auferlegte Leid dich in deiner letzten Haltung auf Gott nicht zerstöre in Verzweiflung hinein, sondern dich vollende, auch wenn dieser Reifungsprozeß durch alle Abgründe des Sterbens und des Todes mit Jesus führen sollte.

Aber diese dritte Auskunft beantwortet unsere eigentliche Frage eben doch nicht. Nicht nur nicht, weil es in der Welt entsetzlich viel Leid gibt, dem nur ein frommer Schwindel von ferne einen solchen humanen Effekt andichten könnte. Die von Napalbomben verbrannten Kinder haben dadurch keinen humanen Reifungsprozeß durchgemacht. Auch sonst gibt es in unzähligen Fällen Leid, das bei allem guten Willen, es human und christlich zu bestehen, zerstörerisch wirkt, den Menschen einfach überfordert, seinen Charakter verbiegt und beschädigt, ihn nur noch mit der primitivsten Daseinsnot beschäftigt sein läßt, ihn dumm oder böse macht. Man könnte beinahe verzweifelt sagen, Leid als Mittel der menschlichen und christlichen Reifung könne sich nur die schöne Seele leisten, die ferne von *eigentlicher* Not introvertiert eine solche Seelenkosmetik betreiben könne. Das ist auch wieder einseitig und ungerecht gesagt und verkennt die Weite der Möglichkeiten der Bewältigung eines schrecklichen Daseins in Glaube, Hoffnung und Liebe.

Aber das alles ändert eben doch nichts an der Tatsache, daß es unendlich vielfältiges, entsetzliches Leid in der Geschichte der Menschheit gibt bis zu dem dunklen Los der unmündig sterbenden Kinder und den in Altersschwachsinn verdämmernden Greisen, das nicht in einen Prozeß der Reifung und personalen Bewährung integriert werden kann. So bleibt auch diese dritte Auskunft unzureichend.

Hinzu kommt, daß man sich nüchtern und ehrlich fragen kann, ob denn nicht doch eine weniger leidvolle Situation die Menschheit auch sittlich besser würde reifen lassen. Wie könnte man beweisen, daß wirklich echtes Glück zwangsläufig den Menschen verweichlichen und verderben lassen müsse? Grundsätzlich gesehen ist leidfreie Situation an sich die auch sittlich bessere. Die christlichen Aszeten sind da oft nicht ganz konsequent: sie sagen, daß das Leid aus der Sünde entspringe, und preisen emphatisch – und ein wenig vom grünen Tisch her – diese leidvolle Situation als das echte Klima, in dem die christlichen Tugenden gedeihen. Natürlich sind solche christlichen Imperative unter der schon gegebenen Voraussetzung, daß es Leid gibt, durchaus sinnvoll und heilsam und verweisen mit Recht in die Nachfolge des gekreuzigten Christus. Aber damit ist die Frage, warum Gott uns auch in Leiden leiden lasse, die diese human-pädagogische Funktion gar nicht haben können (und solche gibt es unzählige), nicht beantwortet. Die schrecklichsten Leiden haben eine solche Funktion überhaupt nicht, sind Grausamkeiten der Natur, die unsere moralischen Möglichkeiten weit übersteigen.

Ein *vierter* Versuch, unsere Grundfrage zu beantworten, besteht im *Verweis auf das ewige Leben nach dem Tod und unserer leidvollen Geschichte.* Es soll gewiß dieser Verweis nicht abgewertet werden durch die törichte Behauptung, er beinhalte nur ein zweifelhaftes Analgetikum, das Opium des Volkes und für das Volk.

Wir Christen sind gewiß die, die in einer tapferen Hoffnung, die nur Gottes Gnade geben kann, Ausschau halten nach dem ewigen Leben ohne Tod und Leid. Aber dieser Verweis ist keine Antwort auf unsere Grundfrage. Niemand kann beweisen, daß dieses Leid das absolut notwendige Mittel für dieses ewige Leben sei, daß der Tod unter allen Voraussetzungen das einzige Tor des Lebens sei. Die christliche Tradition sagt ja, daß der Tod nicht hätte sein müssen. Daß aber die Sünde, die den Tod bewirken soll, selber unvermeidlich sei oder nicht letztlich doch eine unbeantwortete Frage an Gott selbst bedeute, das kann man auch nicht sagen.

Wenn man überdies nicht einfach billig durch das ewige Leben die grauenvolle Geschichte wegwischen lassen kann, als ob sie nie gewesen wäre, dann rechtfertigt eben ein primitiv gedachter künftiger Glückszustand nicht, was vorher an Schrecklichem geschehen ist. Und wie aber ist das ewige Leben zu denken, damit man darin selig an die Qual der Geschichte denken kann? *Diese* Frage ist doch mindestens noch offen. Wie schließt man die Versuchung aus, die Eintrittskarte für das ewige Leben zurückzugeben, wenn dieses ewige Leben ja nicht in einem Vergessen der Geschichte bestehen kann, das die Identität des Seligen mit seiner Existenz in der Geschichte aufheben würde? Kurz: Weil das ewige Leben durchaus denkbar ist ohne das Mittel des Leides, kann es zwar als Überwindung des Leides gedacht werden, legitimiert es aber nicht.

Das Leid, so unbegreiflich wie Gott selbst. – Was sollen wir also sagen? Finden wir keine Rechtfertigung des Leides in der Geschichte des Menschen? Müssen wir unsere Grundfrage einfach unbeantwortet stehen lassen? Fangen wir unsere Überlegungen nochmals aufs neue von einem ganz anderen Ausgangspunkt an.

Gott, so bekennt der christliche Glaube, ist das unbegreifliche Geheimnis. Jetzt und in alle Ewigkeit, auch dann noch, wenn wir ihn von Angesicht zu Angesicht schauen werden. Auch dann wird der schreckliche Glanz der unbegreiflichen Gottheit bleiben, unverhüllt und ewig. Er wird nur, wenn wir so sagen dürfen, erträglich sein, wenn wir Gott *lieben* und in *dieser Liebe, die Gott bejaht, so wie er ist, bedingungslos und selbst-los existieren; das nie umgreifbare und nie durchschaubare Geheimnis des unendlichen Gottes kann nur im Akt seiner selbstlosen Bejahung unsere Seligkeit sein. Außerhalb einer solchen Liebe, in der der Mensch sich selbst verläßt, um nie mehr eigentlich zu sich selbst zurückzukehren, wäre nur der Akt eines radikalen Protestes, daß wir selber nicht Gott sind und auch nicht mit ihm fertig werden, der einzig sinnvolle Grundakt unserer Existenz, der Akt, der die Hölle ausmacht. Diese den Menschen selbstlos in Gottes Geheimnis hinein enteignende Liebe ist außerhalb ihrer selbst nicht rechtfertigbar, sowenig wie das Geheimnis Gottes, dem sie den Menschen übergibt. Dieses Geheimnis der Unbegreiflichkeit Gottes ist aber nicht bloß das Geheimnis eines statisch zu denkenden Wesens, sondern ist auch das Geheimnis der Freiheit, der unableitbaren Verfügung Gottes, die sich vor keiner anderen Instanz rechtfertigen muß. Dieser* also übergibt sich der Mensch auch, wenn er Gott im ewigen

Leben von Angesicht zu Angesicht liebt und sich bedingungslos seiner Unbegreiflichkeit überläßt. Gott in seiner Freiheit wird geliebt, Gott selber und nicht nur das, was wir durch die in Ewigkeit immer nur vorläufige Einsicht uns von ihm für uns angeeignet haben. Erst die Erkenntnis, die sich selbst in Liebe aufhebt, letztlich nicht mehr aneignet, wie sonst das Erkannte angeeignet wird, sondern übereignet, liebend sich verliert in der Unbegreiflichkeit Gottes und darin und nicht anders ihre Vollendung, ihr eigentliches Wesen erkennt, ist die Erkenntnis, die selig und frei macht, eben indem sie selbstlose Liebe wird, das unbegreifliche Wunder, das zu tun dem Menschen aufgegeben ist; ihm, der das Subjekt zu sein scheint, das per definitionem egoistisch, auf sich selbst zentriert ist.

Wenn wir dies bedenken, erscheint unsere Grundfrage unter ganz anderen Aspekten. Ihre bisher festgestellte Unbeantwortbarkeit ist dann nicht mehr der möglichst rasch zu beseitigende Skandal in unserer Existenz, der aufgeklärt werden muß, sondern ist ein Moment an der Unbegreiflichkeit, die unser Dasein durchdringt, herausfordert und für sich beansprucht. Die Unbegreiflichkeit des Leides ist ein Stück der Unbegreiflichkeit Gottes. Nicht in dem Sinne, daß wir sie als notwendig und von da als dennoch aufgeklärt aus etwas anderem, was wir von Gott wissen, ableiten könnten. So wäre es ja gar nicht unbegreiflich. Aber gerade als wirklich und für ewig unbegreiflich ist das Leid eine wirkliche Erscheinung der Unbegreiflichkeit Gottes in seinem Wesen und in seiner Freiheit. In seinem Wesen, weil wir ja trotz der Fürchterlichkeit, der (so könnten wir sagen) Amoralität des Leidens (der Kinder und der Unschuldigen zumindest) die reine Güte Gottes zu bekennen haben, die aber eben nicht vor unserem Tribunal freigesprochen werden muß. In seiner Freiheit, weil auch gerade sie, wenn sie das Leid der Kreatur will, darum unbegreiflich ist, weil die heiligen Ziele dieser das Leid wollenden Freiheit diese Ziele auch ohne das Leid erreichen könnte. Das Leid ist also die in sich noch einmal unableitbare Erscheinungsform der Unbegreiflichkeit Gottes selbst.

Man könnte höchstens sagen, ohne damit noch einmal ein zwingendes System von Voraussetzungen und Folgerungen behaupten zu wollen, daß konkret für uns das Leid insofern innerhalb unserer geschichtlich erst sich vollziehen müssenden Existenz in Freiheit unvermeidlich ist, als ohne es Gott als unbegreifliches Geheimnis, mit dem wir doch jetzt schon zu tun haben müssen, nicht ernsthaft gegeben wäre, sondern ein abstraktes Theorem bliebe, das in der Konkretheit unseres Lebens uns nicht weiter behelligen würde. Es ist in der Praxis unserer Existenz eben doch so, daß die Annahme Gottes als des unverfügbaren Geheimnisses und die schweigende Annahme der Unerklärlichkeit und Unbeantwortbarkeit des Leides derselbe Vorgang sind. Theoretisch könnte man vielleicht sagen, daß die Unzurückführbarkeit einer freien Verfügung Gottes, die nur in sich selbst und in ihrer liebenden Annahme durch uns ohne Rückführung auf etwas anderes verständlich wird – verständlich in Liebe, nicht in Theorie –, auch schon eine Übung der absoluten Ergebung in das Geheimnis Gottes sei, wenngleich diese freie Verfügung Gottes nicht eigentlich mit Leid gleichbedeutend würde. Aber man könnte ebensogut sagen, daß eine solche Kapitulation vor der Freiheit Gottes ohne die Forderung, sie müsse sich durch etwas anderes als sich selbst rechtfertigen, auch schon in einem sublimen Sinne Schmerz bedeute, dem gegenüber Leid in einem mehr physisch-biologischen Sinne letztlich verblassen müsse, zumal subjektiv interpretierende Einschätzung eines Schmerzes und seine wirkliche Tiefe, Oberflächlichkeit oder Radikalität mindestens vorläufig bei uns nicht identisch sind. So könnte in einem sublimen Sinne der ekstatische Ausbruch des kreatürlichen Subjektes aus sich selbst, um sich bedingungslos der Freiheit Gottes zu übergeben, schon in Wahrheit auch Schmerz bedeuten, mit dem auf jeden Fall die Seligkeit, von sich losgekommen zu sein, bezahlt werden muß, so daß, was wir sonst als Leid einschätzen, doch nur das Analogon davon auf einer niedrigeren Seinsstufe wäre.

Wie dem auch sein mag, in unserer konkreten Verfassung ist die Annahme des Leides ohne eine Antwort, die von der Unbegreiflichkeit Gottes und seiner Freiheit verschieden wäre, die konkrete Weise, in der wir Gott selbst annehmen und Gott sein lassen. Wo unmittelbar oder mittelbar diese unbedingte Annahme der Unbegreiflichkeit des Leides nicht gegeben ist, kann im Grunde nur die Bejahung unserer eigenen Gottesidee, nicht aber die Bejahung Gottes selber geschehen.

Walter Dirks erzählt von seinem Besuch bei Romano Guardini, der schon von seiner Todeskrankheit gezeichnet war: Der es erlebt, wird es nicht vergessen, was ihm der alte Mann auf dem Krankenlager anvertraute. Er werde sich im letzten Gericht nicht nur fragen lassen, sondern auch selber fragen; er hoffe in Zuversicht, daß ihm dann der Engel die wahre Antwort nicht versagen werde auf die Frage, die ihm kein Buch, auch die Schrift selber nicht, die ihm kein Dogma und kein Lehramt, die ihm keine Theodizee und Theologie, auch die eigene nicht, habe beantworten können: Warum, Gott, zum Heil die fürchterlichen Umwege, das Leid der Unschuldigen, die Schuld?

Was wir hier und heute sagen wollten, war nur die Einsicht, daß Guardini mit Recht keine Antwort auf diese Frage entdecken konnte, war die Überzeugung, daß diese Frage erst durch den Engel beim Gericht werde beantwortet werden können, aber darüber hinaus, daß diese wahre Antwort dann noch einmal der unbegreifliche Gott in seiner Freiheit allein sein müsse und sonst gar nichts, daß also diese Antwort nur vernommen werden könne, wenn wir in bedingungslos anbetender Liebe uns selber an Gott als Antwort weggeben. Wo wir diese Liebe, die sich selber über Gott vergißt, nicht vollbringen, besser: Wo wir diese uns nicht schenken lassen, bleibt nur die nackte Verzweiflung über die Absurdität unseres Leidens, die eigentlich die einzige Form des Atheismus ist, die man ernst nehmen muß.

Es gibt kein seliges Licht, das die finstere Abgründigkeit des Leides erhellt, als Gott selbst. Und ihn findet man nur, wenn man liebend ja sagt zur Unbegreiflichkeit Gottes selbst, ohne die er nicht Gott wäre.

So kann die letzte Antwort, die ein Mensch auf das Problem des Leidens und des Todes geben kann, nur darin bestehen, daß er sich in liebendem Schweigen der Unbegreiflichkeit Gottes übergibt, in der sich die Frage des Leides verliert. Aber abgesehen davon, daß die früher als nicht genügend erkannten Antworten vorläufiger Art auf das Problem des Leides doch auch ihre Berechtigung behalten, so bleibt auch jetzt noch eine weitere Frage übrig.

Woher nehmen wir die Kraft, in der Dunkelheit des Leides und bei der Ohnmacht, die es in uns wirkt, wirklich die Antwort zu geben, die uns abverlangt wird, eine Antwort, die unsagbar schwer zu sein scheint, obwohl sie nur die schweigend willige Annahme des Leides und seiner Unbegreiflichkeit zu sein scheint? Und woher nehmen wir die letzte Zuversicht, daß unser Ja zur Unbegreiflichkeit Gottes nochmals von Gott angenommen wird als die von Gott mit Gott selbst beantwortete Antwort Gottes auf das letzte Wort des Menschen?

Der Christ ist in seinem Glauben überzeugt, daß die Antwort, die er auf sein Leidproblem geben muß, nur möglich ist als durch die Gnade gegebener Mitvollzug der Antwort, die Jesus am Kreuz auf die Todesnot gegeben hat, in die er willig versank: „Vater, in deine Hände empfehle ich meinen Geist." Der Christ ist in seinem Glauben davon überzeugt, daß der Auferstandene der Gekreuzigte und Gestorbene ist und umgekehrt, daß also die Antwort voller Übergabe in das Geheimnis Gottes und des Todes wirklich von Gott als ewig gültig und ewig seligmachend angenommen, mit Gott selbst beantwortet ist.

Darum aber ist es auch sinnvoll, nach einer solchen theoretischen Überlegung sich betend an Jesus Christus selbst zu wenden. Denn alle abstrakte Theologie liefe schließlich doch ins Leere, wenn sie sich nicht selber aufheben würde aus Worten *über* die Sache in ein Gebet hinein, in dem vielleicht doch geschehen könnte, worüber vorher nur geredet wurde.

67

Erfahrung des kommenden Todes

Es gibt so etwas wie eine Erfahrung des Todes schon dort, wo es sich nicht im eigentlichen und alltäglichen Sinn um Leid und Krankheit handelt. Die transzendentale Verfassung des Menschen, der in all seinen geistigen Vollzügen der Erkenntnis der Freiheit, des Schaffens und in allen sonstigen geistig-personalen Vollzügen auf ein bestimmtes kategoriales Objekt hinzielt und es gleichzeitig, wenn auch meist nur unthematisch, übersteigt, bewirkt in immer steigenderem Maße die Erfahrung der Endlichkeit seiner Mit- und Umwelt und so auch seiner selbst, und damit jene „Enttäuschung" als Grundgestimmtheit seiner Existenz, wie sie schon der Prediger des Alten Testamentes radikal beschreibt. Schon solche Erfahrung ist eine Anwesenheit des Todes, in dem all die „enttäuschenden" Einzelwirklichkeiten des Lebens untergehen und so die Endlichkeit des Subjekts selbst zur radikalen Erfahrung kommt. Hier gibt es eine Erfahrung des inneren Sterbens, das nicht ein Einzelvorkommnis im Leben da und dort, sondern eine alles durchherrschende Grundgestimmtheit ist, mag diese in Freiheit und Entschlossenheit vorgelassen werden oder nicht.

Diese Grundgestimmtheit drängt immer dann vor als Mahnung und Vorbote des Todes, wo Leid, Mißerfolg und ähnliches erfahren werden, was auch von einem durchschnittlichen Alltagsbewußtsein als nichtseinsollend erlebt wird. All das, was in seinen tausend Gestalten hier nicht im einzelnen vorgestellt zu werden braucht, ist jedesmal ein partielles Sterben, wie immer auch der Mensch sich zu ihm verhalten mag. Es geht etwas unter, was der Mensch als möglich, realisierbar und wünschenswert beurteilt und was ihm doch entzogen wird. Von daher ist die nur in der Hoffnung des Glaubens mögliche Theodizee bezüglich des Leides in der Welt ein Moment an der Theodizee des Todes und umgekehrt. Dabei darf nicht die Illusion gehegt werden, alle diese enttäuschenden Erfahrungen würden sich durch Tapferkeit, Nüchternheit usw. *so* umprägen und umwandeln lassen, daß die „Reife" der Person sich so greifen und genießen ließe und dadurch der Erfolg eines „heroischen" Fertigwerdens mit dem Tod festgestellt werden könnte. Darum ist die Theodizee des Todes, die nur in einer bedingungslosen Übergabe des Menschen an die Unbegreiflichkeit des Willens Gottes in einer im Letzten nicht mehr anders als durch sich selbst ausweisbaren Hoffnung vollzogen wird, hier an dieser Stelle nicht (noch einmal) zu leisten; sie wäre ja nichts anderes als das Verstehen von Glaube, Hoffnung und Liebe gegenüber der Unbegreiflichkeit Gottes im Angesicht des Todes, vor dem allein der Sinn dieser christlichen Grundvollzüge radikal deutlich werden kann. Das gilt dann auch von derjenigen *prolixitas mortis*, die im Leid jeder Art im individuellen und gesellschaftlichen Leben besteht.

Dieses Andrängen des Todes wird am deutlichsten in der wirklichen, d. h. bedrohlichen Krankheit erfahren. Denn sie ist ja unmittelbar greifbar die Gefahr des biologischen Sterbens. Dementsprechend wurde ja auch im Alten Testament der Tod durch Krankheit im Unterschied zu einem sanften Erlöschen des Lebens in gutem Alter als besonders hart und problematisch und das Befreitwerden von Krankheit als besonderer Hulderweis Gottes empfunden. Auch abgesehen von allen Erkenntnissen einer psychosomatischen Medizin von heute, ist die Krankheit darum schon als ein gesamtmenschliches Phänomen und nicht nur als eine Störung der biologischen Dimension des Menschen allein gekennzeichnet, weil sie nach unserer sehr alltäglichen, wenn auch nicht deutlich in jedem Einzelfall verifizierbaren, Erfahrung auch die geistige und freie Subjektivität des Menschen bedroht und herabsetzt, dem Menschen die Möglichkeit, auf sie zu reagieren, vermindert oder entzieht, so daß diese Ohnmacht des Subjekts selbst ein Moment der Krankheit in einem wirklich humanen, und nicht nur biologischen Sinn ist. Dadurch aber und nicht als bloß biologische Störung deutet und tendiert die Krankheit auf jenen Endpunkt des Lebens hin, in dem der Mensch als ganzer sich und seiner Souveränität entzogen wird und den wir den Tod nennen. Die Erfahrung einer den Menschen als ganzen wenigstens ein Stück weit verohnmächtigenden Krankheit zeigt schon, daß der menschliche Tod nicht einfach mit dem naturwissenschaftlich verstandenen medizinischen Exitus und dessen unmittelbaren Ursachen identifiziert werden darf. Die Krankheit erweist sich auch durch ihre einzelnen Eigentümlichkeiten als solche *prolixitas mortis* in einem ausgezeichneten Sinn: Die Unmöglichkeit, sie völlig vorauszusehen und zu manipulieren, die Hilflosigkeit, in die sie stürzt, das besondere, distanzierte Verhältnis zur Gesellschaft, in das sie hineinzwingt, die Einsamkeit und die Minderung von Kommunikationsmöglichkeiten, die Minderung der Fähigkeit, sich selbst aktiv zu steuern, die bleibende Fragwürdigkeit ihrer Deutung hinsichtlich ihres „Sinnes" und ihrer Ursachen im Gesamtgefüge eines menschlichen Lebens, die Last, die durch sie der Umgebung des Kranken zugemutet wird, das Ausscheiden aus einer Leistungsgesellschaft, die Erfahrung der Nutzlosigkeit des Kranken für andere, die Unmöglichkeit, die Krankheit sinnvoll in einen Lebensentwurf hineinzuintegrieren, diese und viele andere Eigentümlichkeiten der Krankheit machen diese zum Vorboten des Todes.

Von dieser „axiologischen" Anwesenheit des Todes im Ganzen des Lebens her kennt die christliche Lebensweisheit immer ein „memento mori". Wenn und insofern das Sterben und der Tod nicht nur ein rein passiv erlittenes Widerfahrnis am Ende des Lebens, sondern auch eine aktive Tat des Menschen ist, wie eigentlich hier noch genauer darzulegen wäre, und wenn diese Tat, wie schon gesagt, nicht einfach im Augenblick des Eintritts des Todes im medizinischen Sinn lokalisiert werden kann, dann kann das künftige Sterben für den christlichen Menschen nicht etwas sein, das ihn „vorläufig" nichts angeht, das er jetzt noch möglichst verdrängen dürfte. Er soll im Leben mit dem Tod leben. Dies geschieht zunächst und grundlegend durch alle jene Vollzüge der Freiheit, in denen ein Mensch gelassen die Endlichkeit seiner Mit- und Umwelt und seiner selbst in Hoffnung auf das Ungreifbare annimmt und so den Versuch aufgibt, irgendein unmittelbar in sich selbst Erfahrbares absolut zu setzen; solches geschieht auch dort, wo der Mensch sich selber läßt hinsichtlich der unbeantwortbaren Frage nach seiner letzten Identität und seinem Verhältnis zu Gott als Sünder und (hoffentlich) Gerechtfertigter vor Gott. Auch dieses letzte „Lassen" ist ein Vorgriff auf jene „Nacht, in der niemand mehr wirken kann". Aber neben diesen grundlegenden, wenn auch unthematischen Vollzügen eines „Memento mori" gibt es im christlichen und kirchlichen Leben mit Recht auch ein ausdrückliches Andenken an den kommenden Tod. Solche Formen des Bedenkens des Todes, der ausdrücklichen Vorbereitung auf den Tod, des Ordnens des Lebens im Blick auf den Tod usw. brauchen hier nicht im einzelnen beschrieben zu werden. Sie haben trotz ihrer Abgeleitetheit ihre große Bedeutung, weil vom Wesen des Menschen her die reflexe Thematisierung und Einübung von Grundvollzügen, die, ob angenommen oder abgelehnt, auf jeden Fall unausweichlich im menschlichen Leben gegeben sind, gerade darum von großer Bedeutung ist, weil sie rückwirkend die wahre und radikale Annahme dieser Grundvollzüge durch die ursprüngliche Freiheit sicherer macht und der Mensch grundsätzlich zu einer solchen Sicherung, natürlich nur soweit eine solche möglich ist, verpflichtet ist.

Die Geschichte des christlichen Lebens kennt, wie auch die Geschichte des Lebens der Menschheit überhaupt, offenbar sich wandelnde Stile des Sterbens. Das Ethos und die Sitte einer bestimmten Gesellschaft geben meistens dem einzelnen Glied einer solchen Gesellschaft einen bestimmten Stil des Sterbens als bevorzugt richtigen und würdigen vor, wenigstens für den „normalen" Fall. Auch in der Christenheit gibt es solche „Sterbekomments", und sie sind nicht einfach immer die gleichen geblieben. Besonders von hochgestellten Männern in der Kirche erwartete man einen bestimmten Stil des Sterbens, in dem noch einmal ihre Stellung, ihre Verantwortung für andere, ihr christlicher Glaube exemplarisch zur Erscheinung kommen konnten. Im Unterschied zu früher, als ein Christ im Kreis seiner Familie starb, Abschied nahm, segnete, letzte Mahnungen gab, seinen orthodoxen Glauben und seine christliche Hoffnung beteuerte usw., ist heute das Sterben durch die Abdrängung der Kranken in die Personlosigkeit der öffentlichen Krankenhäuser weithin stillos geworden. Dies mag bedauerlich sein und braucht nicht einfachhin als unvermeidlich hingenommen zu werden; aber es ist auch ein Stück der „Stillosigkeit", d. h. Gestaltlosigkeit, die man dem Tod und so auch dem Sterben zukommen läßt, über das man letztlich nicht verfügen kann.

Die einzelnen christlich möglichen und sich in der Geschichte in etwa auch ablösenden Sterbestile brauchen hier nicht im einzelnen dargestellt zu werden. Ihr Wechsel und der Wandel der konkreten Sterbesituationen, die diesen Stil jeweils bestimmen, gehören auch zu jener radikalen Unverfügbarkeit, die dem Tod eigen ist. Somit ist hier theologisch im Unterschied zu einer (unter Umständen auch kirchlichen) Kulturgeschichte des Sterbens nur noch zu bemerken, daß der Christ insofern zu einem christlich-kirchlichen Sterbestil verpflichtet ist, als er im „Normalfall", d. h. wenn die Möglichkeiten dazu konkret gegeben sind und ohne außerordentliche Maßnahmen realisiert werden können, zu einem ausdrücklich christlichen Sterben „verpflichtet" ist. Das heißt konkret: er soll die „Sterbesakramente" empfangen. Ein solches „Sollen", in dem sich auch eine unabdingbare Bereitschaft zur Annahme des Todes konkret realisiert, ist nach gemeinchristlichem Empfinden (vorsichtig gesagt) auch dann gegeben, wenn sich der Sterbende als im Frieden mit Gott lebend, als gerechtfertigt beurteilen darf und so die „Sterbesakramente" nicht die ihn verpflichtende Weise sakramentaler Versöhnung mit Gott und der Kirche bedeuten. Die genauere Art dieser Verpflichtung zu einem kirchlichen „Sterbestil" mag in einer Moraltheologie untersucht werden.

68
Zweideutigkeit des Todes

Der Tod des Menschen ist in einem erschreckenden Sinn zweideutig. Zunächst ist er jedenfalls Anteil am Tod Adams und als solcher Offenbarwerden der Sünde, Leibhaftigkeit der Verzweiflung. Dann ist unser Tod aber auch Anteil am Tod Christi, also am Kommen der Erlösung von der Sünde. In diesem Sinn ist er Leibhaftigkeit des rettenden Glaubens. Von außen her, auch in der Erfahrung des sterbenden Menschen selbst, scheint beides das gleiche. Je nachdem, wie der Mensch dieses zweideutige, von ihm her nicht mehr ausdeutbare Geschick annimmt und erleidet – ob in einer radikalen, wenn auch vielleicht uneingestandenen Verzweiflung oder in der radikalen glaubenden Liebe –, stirbt er den Tod des ersten Sünders oder hat Teil am Tod unseres Herrn. Auch bei der Betrachtung der anderen Wesenszüge des Todes entdecken wir immer wieder diese beiden Möglichkeiten.

Unser Tod ist die Kulmination der unwiederbringlichen *Einmaligkeit* unseres personalen Daseins. Vom Tod Christi sagt der Hebräerbrief im 9. und 10. Kapitel dieses „hapax" aus. In seiner Einmaligkeit ist der Tod des Menschen auch das nicht Einzuübende. Den Tod kann man nicht vorher einstudieren. Der Mensch stirbt ihn unkorrigierbar richtig oder falsch, so daß sich mit unüberbietbarer Totalität daraus das ergibt, was wir Himmel oder Hölle nennen.

Unbeschadet dieser Einmaligkeit und Uneinübbarkeit gibt es eine reale Vorbereitung auf den Tod. Paulus sagt, daß wir ein Leben lang sterben (2 Kor 4, 7 f). Es ist ein wahrer Satz, daß der Tod so ist, wie das Leben war, daß man im Sterben eigentlich nur das zur letzten Verdichtung bringt, was das „Lassen" im „Fundament" der ignatianischen Exerzitien meint. In jeder sittlichen Tat, die das höhere und entferntere Gut dem niederen, näheren und reizvolleren vorzieht, wird daher in einem wahren Sinn der Tod vorweggenommen.

Durch den Einbruch des Todes von außen und den Abbruch der Existenz, der ihn wesentlich kennzeichnet, wird uns die Indifferenz gleichsam aufgezwungen. Da wird uns radikal alles genommen. Da hängen wir, auch wenn wir in einem Krankenhaus liegen und mit den nötigen Spritzen versorgt sind, im Grunde mit Christus zwischen Himmel und Erde und sind aus der menschlichen Gemeinschaft ausgeschlossen. Zumal aber ist der Tod auch Ende von innen: meine Endgültigkeit.

Auch die *Ohnmacht im Tod* kann man adamitisch oder christlich betrachten. Der Tod ist entweder jene Ohnmacht, die die letzte Austragung der Sünde besagt, die in Adam zur Macht gekommen ist, oder Teilnahme an der Selbstentäußerung Christi, die nirgends so groß und bis ins letzte gehend war wie im Tod am Kreuz.

Wir mögen die *Einsamkeit des Todes* bedenken. Der Sterbende ist unerbittlich einsam. Niemand kann mehr zu ihm. Man kann das Leben mit anderen teilen, das Sterben nie! Vor allem ist aber die Todeseinsamkeit das herausgeschält-leibhaftige Alleinsein vor dem verborgenen lebendigen Gott: gesegnete Verlassenheit Christi oder unseliges Hinausgeworfensein in die Finsternis, die ewig erfüllt ist vom Haß.

Die Einmaligkeit des Todes besagt auch *seine Endgültigkeit.* Im Tod bin ich wirklich im Ende. Es gibt kein Leben nach dem Tode in dem Sinn, daß mein Dasein dann im Grunde doch ähnlich „weitergeht". Tod bedeutet radikales und fraglos gewordenes Sein mit oder gegen Gott. Die Endgültigkeit des Todes ist darum letzte Entschiedenheit. Insofern ist der Tod des Menschen auch schon sein Gericht.

69

Jesus – Sinn des Lebens

Wenn wir von Jesus Christus als dem Sinn des Lebens sprechen, dann sind zunächst einige Klärungen notwendig. Mit „Sinn" sind natürlich nicht partikuläre, einzelne Zusammenhänge zwischen selbst partikulären Wirklichkeiten gemeint, wie zum Beispiel der erkennbar sinnvolle Zusammenhang zwischen der Fähigkeit zu fliegen und dem Bau eines Vogelflügels, oder auch die Einsicht, daß ein bestimmtes einzelnes Kunsterlebnis einen Sinn in sich habe, seine Existenz durch sich selbst legitimiere und nicht bloß durch Zweckdienlichkeit für anderes. Mit Sinn meinen wir hier den einen und ganzen, universalen und endgültigen Sinn der ganzen menschlichen Existenz. Wir setzen dabei voraus, daß es einen solchen Sinn überhaupt geben kann, daß er in seinem Wesen denkbar ist und in seiner Existenz realisiert werden kann.

Diese Voraussetzung ist nicht selbstverständlich. Agnostiker und Skeptiker werden sagen, der Mensch gehe zwar immer wieder durch partielle Zweckhaftigkeit und Sinnhaftigkeit hindurch, wenn er sich Ziele setzt und sie verwirklicht und wenn er Ergebnisse erzielt, die er als positiv, als erfreulich und genußhaft wertet. Aber einen totalen und endgültigen Sinn könne man nicht finden und erreichen. Das Leben zerrinne letztlich ins Leere, die Frage und das Verlangen nach einem endgültigen, allumfassenden Sinn sei von vornherein sinnlos. Der Christ ist vom Gegenteil überzeugt. Er glaubt an die Möglichkeit einer umfassenden Sinnverwirklichung; sie ist ihm Aufgabe seiner eigenen Freiheit durch die Vollendung dieser seiner Freiheitsgeschichte und ist zugleich Gabe dessen, den wir Gott nennen; dabei kann einem gerade erst in dieser Setzung einer allumfassenden Sinnerfüllung aufgehen, was mit dem Wort Gott eigentlich gemeint ist.

Es würde hier und jetzt viel zu weit führen, diese Grundüberzeugung des Christen zu begründen und als glaubwürdig zu erweisen. Aber zwei Feststellungen über diesen totalen Sinn sind noch zu machen.

Erstens ist unmittelbar greifbar, daß dieser totale, alles umgreifende und allen Sinnanspruch erfüllende Sinn der Existenz nicht durch partielle Sinnerfüllungen zusammengestückelt werden kann. Der Versuch *solcher* Sinnerfüllung würde nur eine unendlich weitergehende Reihe von partiellen Sinnerfüllungen bedeuten; jede von ihnen böte nur die immer unerfüllt bleibende Verheißung einer totalen Sinnerfüllung. Der Christ sucht die totale Sinnerfüllung „außerhalb" des Laufes der Geschichte als das ewige, von Gott selbst gegebene Leben, auch wenn diese Sinnerfüllung gleichzeitig die ewige Frucht dieser Geschichte ist, in der diese sich selbst aufhebt. Damit bekennt er sich zu einer Antwort auf seine totale Sinnfrage, neben der nur der bloße Verzicht auf eine Antwort denkbar wäre. Obgleich aber „transzendent", ist die Sinnantwort als einzig totale voll Bedeutung für das konkrete Leben, das wir hier und jetzt zu führen haben; wir dürfen die Hoffnung der Ewigkeit keineswegs ruhig den Spatzen und Träumern überlassen, als ob das, was wir hier zu tun haben, sich durch solche metaphysischen Träume doch nicht ändern lasse. Wo nämlich der Mensch dieser Zeit eine letzte Offenheit auf Gott und sein ewiges Leben als seine eigene Hoffnung ernsthaft glaubend verwirklicht, da ändert sich – und zwar befreiend und entlastend und nüchterne Klarheit vermittelnd – auch sein Verhältnis zu den diesseitigen Wirklichkeiten und Aufgaben. Auch das kann hier nun nicht näher dargelegt werden. Es muß aber festgehalten werden, daß unser Sinnsuchen hier und jetzt, so sehr es auf den Gott zielt, der unsere praktische Erfahrung überwältigt, keine Frage müßiger Spekulation ist, sondern durchaus real greifbare Konsequenzen hat.

Umgekehrt bleibt es wahr und ist zu betonen, daß unsere totale Sinnfrage auf Gott zielt, der in unserer alltäglichen empirischen Erfahrung, so wie sie vor allem durch die modernen, naturwissenschaftlich orientierten Wissenschaften eingegrenzt wird, nicht vorkommt; doch mit dieser Eingrenzung soll das Problem einer metaphysisch-existentiellen – und damit auch irgendwie empirischen – Erfahrung Gottes noch längst nicht negativ beantwortet sein.

Zweitens ist zu sagen, daß dieser Gott, den das Christentum als Erfüllung der totalen Sinnfrage erklärt, das unumgreifbare, nie durchschaubare, nie manipulierbare Geheimnis ist und in alle Ewigkeit bleibt. Die Begründung dieses

Satzes, der nachweist, daß die Erkenntnis des Menschen letztlich auf dieses Geheimnis schlechthin ausgerichtet ist, daran „scheitert" (wenn man so sagen will) und nur so ihre Erfüllung findet, kann hier nicht geboten werden. Wir setzen hier die christliche Überzeugung von der geheimnisvoll bleibenden Unbegreiflichkeit Gottes voraus. Ihr kann sich der Mensch im letzten nur in liebender Hingabe nahen, aber nicht mit einer Erkenntnis, die das Erkannte vor den höheren Richterstuhl des Erkennens zieht.

Ist aber Gott das unendliche, nie umgreifbare Geheimnis, dann kommt die totale Sinnfrage in eine seltsame Krise: Wir verlangen nach Sinn, mit Recht nach einem totalen Sinn. Dabei sind wir fast unwillkürlich und unreflex versucht, diesen Sinn als das „Durchschaubare und Durchschaute", als das Aufgeklärte und so die Finsternis unserer Existenz Aufklärende zu verstehen. Wir verlangen nach Licht und denken uns unwillkürlich dieses Licht, das alles erleuchten und sinnvoll machen soll, im Stil unserer eigenen Lichter, die wir beim Herumtappen in unseren Finsternissen benutzen. Wir meinen, etwas sei erkannt, wenn seine Einzelheiten in ihrem gegenseitigen Zusammenhang durchschaut sind und es eingefügt werden kann in den größeren Zusammenhang unserer Bedürfnisse und Neugierden. Aber darum *darf* es sich gerade *nicht* handeln, wenn wir Gott als das unumfaßbare Geheimnis erkennen; denn diese Erfahrung des Unbegreiflichen macht gerade nicht den bedauerlichen Restbestand einer durchschauenden Erkenntnis, sondern das letzte und ursprüngliche Wesen der Erkenntnis aus.

Wenn es sich um den totalen und endgültigen Sinn der menschlichen Existenz handelt und dieser der unbegreifliche Gott sein will, wird der Sinn zum Mysterium, dem man in schweigend anbetender Liebe sich ergeben muß, um sich ihm zu nahen. Diese ganz andere, unerwartete Bedeutung meint keinen Sinn, den wir durchschauen, ergreifen und uns untertan machen können. Dieser Sinn ist das Geheimnis, das uns uns selbst nimmt; seine Seligkeit wird uns nur geschenkt, wenn wir dieses heilige Geheimnis um seiner selbst und nicht um unseretwillen bejahen und lieben, wenn wir uns selbst weggeben und Gott nicht insgeheim zum Mittel unserer eigenen Selbstbehauptung machen.

Wir stellen nun die Frage, ob und wie *Jesus Christus* die christliche Antwort auf die menschliche Sinnfrage sei.

Die eigentliche und letzte Antwort auf die Sinnfrage ist natürlich *Gott.* Insofern wir unter Jesus Christus den ewigen Logos Gottes verstehen, der eines und desselben göttlichen Wesens mit dem Vater ist, ist der Satz, Jesus Christus sei die letzte Antwort auf die Sinnfrage des Menschen, identisch mit dem anderen, Gott sei diese Antwort, er und sonst niemand und nichts.

Aber das ist mit dem Satz, Jesus Christus sei die Antwort auf die Sinnfrage des Menschen, offenbar nicht gemeint; sie würde ja nichts Neues, Eigentümliches, spezifisch Christliches besagen. Mit Jesus Christus ist gewiß der ewige Logos Gottes gemeint, aber eben doch insofern er Fleisch geworden ist, wie Johannes sagt, insofern er eine reale, substantielle Einheit mit der ganzen menschlichen Wirklichkeit des Jesus von Nazaret eingegangen ist.

Wir fragen also, inwiefern dieser Jesus von Nazaret als Mensch mit konkreter menschlicher Geschichte, als gestorben und auferstanden, eine (so wollen wir formulieren) konstitutive Bedeutung für den Total-Sinn unseres Lebens hat. Dies soll nicht einfach mit dem Satz, der ewige Logos sei der Sinn unseres Lebens, zusammenfallen. Daher kann Jesus Christus in seiner menschlichen Wirklichkeit und Geschichte nicht ebenso Total-Sinn unseres Daseins sein, wie dies von Gott als Gott ausgesagt wird.

Dieses Fragen ist doch offenbar für den christlichen Glauben und das christliche Leben von fundamentaler Bedeutung. Einerseits ist Jesus Christus in seiner Menschheit nicht einfach mit Gott identisch, sondern ist in hypostatischer Union (wie man das zu nennen pflegt) mit Gott eins. Diese geglaubte Einheit sagt doch auch zugleich die Unterschiedenheit der menschlichen und göttlichen Wirklichkeit aus. Anderseits kann nur Gott letztes Sinnziel des Menschen sein. Es ist wirklich eine christlich bedrängende

Frage, was genauerhin diese Menschheit Jesu für das eigentliche Heil, für den totalen Sinn des Menschen bedeutet.

Natürlich wird diese Frage in der Schrift, der christlichen Überlieferung und Verkündigung immer und in vielfältigen Formulierungen, die sich teilweise ergänzen, teilweise einfach dasselbe sagen, beantwortet. So wird gesagt: Gott habe in der Menschwerdung des ewigen Logos in Jesus von Nazaret die gesamte Menschheit angenommen und sei dadurch, weil wesensgleich mit uns, solidarisch geworden mit der gesamten Menschheit. Der ewige Logos habe uns in dem Leiden und dem gehorsamen Tod seiner menschlichen Geschichte erlöst; denn dadurch habe er der ewigen Gerechtigkeit Gottes Genugtuung geleistet und sei so Grund geworden für den Heilswillen Gottes; Grund dafür, daß Gott uns trotz der Sünde der Menschheit seine vergebende Gnade, die er selber ist, zuwendet. Jesus von Nazaret sei gewissermaßen das geschichtliche Ereignis, das nicht nur wie die ganze Geschichte vom ewigen, übergeschichtlichen Gott getragen wird, sondern in dem Gott selbst auf der Bühne der Geschichte mit der Welt handelt und ihre Tragik mit ausleidet. Jesus habe uns, den Sündern, durch seinen Leidensgehorsam als der absolut schuldlose und liebend Reine den Zugang zum Vater geöffnet; denn er sei ganz und gar solidarisch mit uns gewesen.

Solche und ähnliche Ausdeutungen der Heilsbedeutung Jesu Christi – also seiner konstitutiven Bedeutung und Funktion für den totalen Sinn unserer Existenz – lassen sich noch viele andere finden.

Man kann nun die soteriologischen (die Erlösung betreffenden) Aussagen der christlichen Tradition in solche einteilen, die eher einem reinen Chalkedonismus, und andere, die eher einem Neuchalkedonismus zuzuordnen wären. Mit dieser obstrus fachtheologischen Formulierung ist folgendes gemeint. Manche Theologen verstehen die Einheit von Gottheit und Menschheit als Grund der Erlösung so sehr als Einheit, daß sie – bei Aufrechterhaltung des chalkedonensischen Dogmas von dem Unvermischtsein der Gottheit und Menschheit in Jesus – doch das Geschick

Jesu als ein Geschick von Gott an sich selbst ansehen. Sie deuten also das chalkedonensische Dogma aus der Theologie Kyrills von Alexandrien heraus: Gott habe gelitten, der ewige Logos Gottes selbst habe unser Geschick erfahren und unseren Tod, und dadurch seien dieses unser Geschick und unser Tod gerettet und erlöst; der Logos des Vaters selbst habe unser Geschick mit der Hypothek von Sünde und Tod auf sich genommen und dadurch erlöst.

Auch in unseren Tagen wird diese „neuchalkedonensische" Erlösungstheorie – meist natürlich ohne ausdrücklichen Rückbezug auf den Neuchalkedonismus – vertreten. Die Aussage in sich gehört zum Glaubensgut des katholischen Christentums; denn sie beinhaltet für sich genommen die Idiomenkommunikation, die Lehre also, daß alles, was vom Menschen Jesus gesagt ist, auch von Jesus Christus, der Gott ist (das heißt nicht: „insofern" er Gott ist!) auszusagen sei. Aber ein feiner, schwer zu bemerkender und doch tiefgreifender Unterschied zur oben beschriebenen „neuchalkedonensischen" Ausdeutung zeigt sich, sobald diese Aussage im Sinn eines reinen „Chalkedonismus" gelesen wird, der auf dem Unvermischtsein beider Naturen besteht.

Die „neuchalkedonensische" Auslegung möchte die Erlösung (bei aller Aufrechterhaltung des Mysteriums) daraus verstehen, daß Gott gelitten habe, gestorben sei und dadurch uns erlöst habe; auch wenn sie weiß, daß dies ein Mysterium bleibt, versteht sie diese Aussage des „gehorsamen Todes Jesu" auch von der Gottheit selbst. Der Vertreter des reinen Chalkedonismus aber wird darauf bestehen, daß – bei aller Aufrechterhaltung der hypostatischen Union von Gottheit und Menschheit in Jesus – in der Einheit von Gottheit und Menschheit zugleich deren Unvermischtsein bewahrt werden muß; Tod und Endlichkeit gehören nur zur kreatürlichen Wirklichkeit Jesu, stehen diesseits des unendlichen Abstandes zwischen Gott und Kreatur auf der kreatürlichen Seite des einen Gottmenschen; der ewige Logos in seiner *Gottheit* aber könne als solcher keine Geschichtlichkeit, keinen gehorsamen Tod erleiden.

Der reine Chalkedonismus hat die andere Soteriologie immer im Verdacht, insgeheim werde in ihr aus einer Idiomenkommunikation (der zwei Naturen) eben doch eine Idiomenidentität (von beiden); man lasse den ewigen, über aller Geschichte stehenden, leidlosen Gott als solchen (gnostisch oder schellingisch oder wie immer) selber in sich leiden; man meine, unser Geschick dadurch zu erlösen, daß man es in die Innerlichkeit Gottes selbst hineinverlege. Der reine Chalkedonismus wird – bei aller Anerkennung der hypostatischen Union und der damit möglichen, aber eben chalkedonensisch zu verstehenden Idiomenkommunikation – betonen, daß Endlichkeit und Tod zunächst einmal unser zu erlösendes Geschick seien. Es sei dadurch erlöst, daß es auch das Geschick Jesu war; und in ihm könne und müsse es zwar wegen der hypostatischen Union mit allem Recht auch vom Logos ausgesagt werden, aber eben doch nicht so, daß diese Aussage Subjekt und Prädikat, die Ewigkeit der Gottheit und das Leiden der Menschheit in Identität setzt. Die hypostatische Union sagt jene einmalige, sonst nicht vorkommende, uns sonst unbekannte Einheit aus, die in sich selbst die Unterschiedenheit, die Unvermischtheit einschließt, die auf Chalkedon als Dogma verkündet wurde. Darum bleibt aber für den Theologen des reinen Chalkedonismus die Frage, in welcher Weise diese Einheit von Gott und Mensch ihre Erlösungs-Funktion und -Bedeutung an sich trage.

Es bleibt zu fragen, wieso wir erlöst sind, wenn Gott der menschlichen Wirklichkeit Jesu unser von Schuld und Tod bestimmtes Dasein zumutet. Jesu Schicksal ist in einem wahren Sinne Gottes eigenes Schicksal; aber dieses Geschick läßt Gottes eigenes Leben mit seiner Übergeschichtlichkeit und Leidensfreiheit und schuldlosen Seligkeit unberührt; denn die Wirklichkeit Gottes und die Kreatürlichkeit Jesu bleiben unvermischt. Der „reine Chalkedoniker" wird sagen, Gottes leidlose, heilige *Seligkeit* habe uns „formaliter" erlöst und nicht ein in das Innere Gottes – als solchen selbst – hineinspekuliertes Irdisches und Endliches; der Tod Jesu, wie immer das weiter erklärt werden muß, könne nur die Ursache sein, warum und wie uns Gott seine leidlose Seligkeit zu eigen gibt, sei aber nicht in sich selbst schon (also „formaliter") diese Erlösung.

Wenn so hier Bedenken und eine gewisse Verlegenheit gegenüber der neuchalkedonensischen Soteriologie angemeldet werden, ist damit nicht geleugnet, daß die Lehre von der hypostatischen Union Grundlage der soteriologischen, der „Erlösungs"-Bedeutung des Geschickes Jesu ist und ein notwendiges Element der Erlösung selber darstellt.

Die Frage bleibt, ob dem Verständnis des christologischen Dogmas nicht besser gedient ist, wenn man umgekehrt vorangeht, wie es in der traditionellen Theologie üblich ist; wenn man also nicht von der Gottheit Jesu, seiner hypostatischen Union aus, nach der Erlösungswirklichkeit fragt, sondern von der soteriologischen Bedeutung Jesu und seines Geschickes für uns ein Verständnis zu erreichen versucht für das, was hypostatische Union bedeutet. Der vorgeschlagene Weg führt also „vom Christus für uns" zum „Christus an sich"; simpel gesagt: die hypostatische Union wird verstanden als die in sich vielleicht nicht ganz aufklärbare Voraussetzung für das, was wir an Jesus erfahren, daß er nämlich das letzte, unwiderrufliche Wort der Vergebung und der Selbstzusage Gottes an uns ist. Das christliche Dogma von Jesus als Gott und Mensch soll verstanden werden als Formulierung der einmaligen und unersetzlichen Heilsbedeutung Jesu für uns; die hypostatische Union ist somit die Voraussetzung, die in dieser Aussage über Jesu Heilsbedeutung immer schon steckt.

Fangen wir, um die unüberholbare und endgültige Heilsbedeutung Jesu für uns verständlich zu machen, ganz unten an. Da ist ein Mensch, der lebt in einer Haltung unüberbietbarer Gottesnähe, in reinem Gehorsam gegen Gott und gleichzeitig in einer unbedingten Solidarität mit den Menschen, wie immer diese sich auch zu ihm verhalten mögen. Diese doppelte Solidarität zu Gott und zu den Menschen wird von Jesus bedingungslos durchgehalten. Das daraus resultierende Schicksal Jesu ist der Tod, in dem er sich endgültig und total unter Aufrechterhaltung seiner bedingungslosen Liebe zu den Menschen Gott und dessen unbegreiflicher Verfügung übergibt. In diesem Sturz in die völlige Ohnmacht des Todes ist er aber der von Gott endgültig Bejahte und Angenommene *und* wird von uns als solcher erfahren, eben als der „Auferstandene“. (Das ist der christliche Glaube aus der Erfahrung der Jünger Jesu und der Kirche, was an dieser Stelle nicht eigens legitimiert werden kann.)

Schicksal und Person Jesu haben also über ihre übliche Menschlichkeit hinaus eine Eigen-Bedeutung. Dieser Jesus erklärt, daß mit ihm die endgültige, unwiderrufliche Zuwendung der vergebenden und sich selbst schenkenden Liebe Gottes da sei, daß das „Reich Gottes“ unwiderruflich gekommen sei, daß der Sieg der vergebenden Liebe Gottes in der Geschichte der Menschheit sich von Gott aus unüberwindlich durchsetze. Da dieser Jesus durch seine Auferstehung endgültig von Gott angenommen ist, ist auch der von ihm erhobene Anspruch, daß mit ihm die Selbstmitteilung Gottes an die Welt trotz ihrer Sünde und Endlichkeit und Todverfallenheit endgültig sich durchsetzt, legitimiert und besiegelt.

Dann aber ist *Jesus* in seiner Selbstinterpretation, seinem Tod und seiner Auferstehung *das unüberbietbare endgültige Wort der Selbstbezeugung Gottes an die Welt.* Wenn das radikal und ernst verstanden wird, beinhaltet es schon die traditionelle Lehre von der substantiellen, hypostatischen Einheit des Logos mit der menschlichen Wirklichkeit Jesu; wenn wir ihn als die irreversible, endgültige Selbstzusage Gottes an uns annehmen, bekennen wir ihn damit schon als den wesensgleichen Sohn Gottes.

Warum dies? Jede kreatürliche, endliche Wirklichkeit steht aus sich heraus immer in einem größeren Raum von Möglichkeiten; neben ihr ist anderes, auch Widersprüchliches möglich; in ihr allein hat sich Gott, ihr freier Schöpfer, nie endgültig festgelegt. Alles Endliche, Geschichtliche, als solches in sich betrachtet, bleibt zurücknehmbar, widerruflich, immer Objekt einer göttlichen Freiheit, die sich durch dieses Endliche als solches allein nie absolut festlegt und es auch nicht kann. Darum bleibt jede Offenbarung, in der Gott seinen Willen durch ein endliches Wort oder ein geschichtliches Vorkommnis objektiviert und manifestiert, nach vorne offen, revidierbar, vorläufig.

Ein bloß Endliches als solches für sich allein ist von seinem Wesen her unfähig, eine unüberholbare Mitteilung Gottes zu bedeuten und uns zu vermitteln; sie bleibt immer vorläufig vor der Unendlichkeit der Möglichkeiten Gottes und vor der Souveränität seiner Freiheit. Wenn aber Gott seine Selbstzusage uns als eine unwiderrufliche und endgültige mitteilt, dann kann die kreatürliche Wirklichkeit, durch die das geschieht, nicht einfach im selben Abstand zu Gott stehen wie die anderen kreatürlichen Wirklichkeiten; sie muß in einer solch einmaligen Weise die Wirklichkeit Gottes selber sein, daß er *sich* selber desavouieren würde, wenn er sie wegen ihrer kreatürlichen Endlichkeit überholen würde.

Nur eine von Gott als seine *eigene* Wirklichkeit angenommene endliche Wirklichkeit kann seine Setzung in der Welt unwiderruflich machen. Das unüberholbare Offenbarungswort Gottes für uns muß Gottes eigene Wirklichkeit sein, sonst bliebe es in der Bedingtheit und Überholbarkeit eines Endlichen verfangen. Ein bloßer Prophet kann zwar im Namen Gottes sprechen, aber die endliche Verlautbarung, die er durch Tat und Wort mitteilt, kann immer nur etwas verkünden, das nach vorne offen bleibt und überholbar ist. Nur (biblisch gesprochen) der Sohn, der das Wort Gottes ist und es nicht nur in der Endlichkeit verlautbart, kann der endgültige, letzte, nicht mehr überbietbare Prophet sein. Jesus aber erhebt den Anspruch, die endgültige Selbstzusage Gottes von unbedingter und irreversibler Art zu sein; und diese seine Selbstinterpretation und sein Anspruch sind durch die Endgültigkeit seiner Existenz in Tod und Auferstehung von Gott bestätigt; deshalb muß seine menschliche Wirklichkeit, unbeschadet ihrer Geschichtlichkeit und Endlichkeit, nicht bloß vom weltjenseitigen Gott gesetzt, sondern dessen eigene Wirklichkeit sein – so wenig wir auch durchschauen mögen, wie sich eine göttliche Wirklichkeit, die Gott in Identität ist, von einer Wirklichkeit Gottes unterscheidet, die Gott ist durch Annahme, also in Einheit ohne Selbigkeit.

Sind diese Überlegungen in ihrer Grundintention bei aller Unvollkommenheit ihrer Formulierungen richtig, dann können wir sagen: Jesus ist der wesensgleiche Sohn Gottes, seine menschliche Wirklichkeit ist, unbeschadet ihrer echten, freien, menschlichen Subjektivität, die des ewigen Logos Gottes; denn Jesus ist die unwiderrufliche, unüberbietbare und endgültige Selbstzusage Gottes an uns; und dies kann er nur als der wesensgleiche Sohn sein.

Das zeigt, daß eine Christologie durchaus möglich ist, die von der Erfahrung Jesu von unten ausgeht, ihn als *unser Heil* erfährt, d.h. als die geschichtliche Erfahrung der Selbstzusage Gottes; daß wir von dort her durchaus zu den metaphysischen Aussagen der klassischen Christologie kommen. Der Satz von Jesus als endgültige Selbstzusage Gottes an uns und der Satz, Jesus ist der fleischgewordene Logos Gottes, sind austauschbar, wenn nur der erste Satz radikal ernst genommen und der zweite Satz von der wahren *Einheit* des Logos und der menschlichen Wirklichkeit Jesu (also nicht von einer einfachen Identität) chalkedonisch und nicht monophysitisch verstanden wird.

Es gibt eine Aufstiegschristologie (vom Menschen Jesus her), die bei der klassischen Abstiegschristologie (Gott wird Mensch) ankommt. Damit wird auch verständlich, wie und warum ein scheinbar harmloses Verhältnis des unbedingten Vertrauens zu Jesus die klassische Christologie restlos implizieren kann, ein Verhältnis, das dem normalen Christen, der kein Fachtheologe ist, durchaus möglich ist und zugemutet werden kann. Für einen solchen Christen ist es zwar wünschenswert und, wenn er gebildet ist, zumutbar, daß er eine gewisse Kenntnis von den Formulierungen der klassischen Christologie hat. Aber wenn er sich dabei schwer tut und eine gewisse metaphysische Überanstrengtheit empfindet, braucht er sich nicht für einen schlechten Christen zu halten, dessen Orthodoxie bezweifelt werden müßte.

Wenn er vertraut: in Jesus von Nazaret, seinem Leben, seiner Lehre, seinem abgründigen Tod, seinem Sieg (Auferstehung genannt) hat Gott sich selbst, seine Vergebung, sein eigenes Leben über alle endliche Vollendung hinaus mir zugesagt; wenn er glaubt, diese Zusage ist von Gott her unbedingt, irreversibel, endgültig, wird von keiner anderen, neuen Zeit mehr abgelöst und überboten und kann auch als das letzte Wort Gottes nicht mehr überboten werden – wenn ein Christ sich unbefangen glaubend darauf einläßt, diese unüberbietbare Hoffnung gültiger sein läßt als alle Zweifel, Skeptizismen und Vorbehalte, dann ist er ein orthodoxer Christ; er realisiert die klassische Christologie existentiell; er findet und nimmt Jesus wirklich, richtig verstanden, als sein Heil an.

70

Ewigkeit aus Zeit

Skeptizismus gegenüber dem ewigen Leben. – Die Überzeugung vom ewigen Leben durch das Fortleben des Menschen nach dem Tode ist im Bewußtsein der heutigen Menschen schwächer geworden. Diese fundamentale Lehre des Christentums, die auch zunächst durch die Aufklärung seit dem 18. Jahrhundert kaum in Mitleidenschaft gezogen war, wird bezweifelt oder rückt wenigstens aus dem Umkreis dessen heraus, was ein zentrales Interesse beim Menschen hervorruft. Zwar hat es zu allen Zeiten Menschen gegeben, die meinten, mit dem Tod sei alles aus; aber die Überzeugung, daß der Mensch auf die Endgültigkeit seiner bleibenden Existenz hin lebe, war doch allgemein und auch im öffentlichen Bewußtsein als selbstverständlich verankert. Mindestens im Bereich der christlichen Völker. Aber auch weit darüber hinaus, wenn auch da die Vorstellungen, wie man sich dieses Leben nach dem Tod denken solle, weit auseinander gingen und gehen.

Heute ist auch unter den Christen diese Grundüberzeugung des Christentums weithin bedroht. Es gibt Christen, die – obschon von der Existenz Gottes überzeugt und ein religiöses Leben führend – doch meinen, der Frage eines ewigen Lebens, das nicht einfach mit diesem Leben hier und jetzt identisch ist, uninteressiert gegenüberstehen zu können. Natürlich ist die Tatsache eines solchen Skeptizismus gegenüber dem ewigen Leben in der heutigen Gesellschaft noch kein Argument dafür, daß ein solcher Skeptizismus berechtigt sei. In den wesentlichen und letzten Fragen der menschlichen Existenz kann man sich nicht hinter dem Ansehen und der Verführung einer durchschnittlichen Meinung von heute verstecken. Auch die hohe und sublime Überzeugung von wenigen kann die Wahrheit sein, die für alle gilt, auch wenn sich nur wenige zu ihr bekennen. Die letzten Wahrheiten stehen nicht in der Boulevard-Presse und werden nicht am Stammtisch unter unüberlegtem Geschwätz ausgemacht.

Unzulängliche Vorstellungen. – Freilich kann auch ruhig von einem Christen zugegeben werden, daß die Vorstellungen, unter denen die immer gültige Wahrheit des ewigen Lebens dargeboten werden, mehr als nötig und unvermeidlich unzureichend sind, das eigentlich Gemeinte eher verdunkeln als verdeutlichen. Zu diesen unzulänglichen Vorstellungen der Ewigkeit gehört es, wenn sie gedacht wird als eine nie aufhörende, ins Unbegrenzte weiterlaufende Zeit. Mit dieser Vorstellung haben bis in die jüngste Zeit hinein die Prediger von der ewigen Hölle nur zu oft indiskret gearbeitet. Doch weiß sogar die moderne Physik, daß, um einen bestimmten Sachverhalt und eine Wirklichkeit der physikalischen Welt aussagen zu können ohne uns dabei in eine mathematische Abstraktheit zu verlieren, die die gemeinte Sache allein auch nicht wiedergibt, wir mit sehr unzulänglichen Vorstellungen arbeiten müssen, ja vielleicht sogar mit mehreren zugleich, die sich fast zu widersprechen scheinen und uns doch nur zusammen einigermaßen die gemeinte Wirklichkeit nahebringen können. Wenn solches schon in der Physik geschieht, dürften sich eigentlich die Menschen von heute nicht daran stoßen, wie sie es nur zu gerne tun, daß auch im Bereich des

Religiösen einigermaßen zutreffende Begriffe und Vorstellungsmodelle, wie etwa über das ewige Leben, nur unvollkommen und mühsam gewonnen werden können.

In einem so kurzen Text ist es natürlich nicht möglich, Existenz und Wesen des ewigen Lebens, auf das wir hingehen, auch nur einigermaßen deutlich zu machen. Es sei nur versucht, auf einen einzelnen Punkt aus diesem unermeßlichen Thema aufmerksam zu machen, daß wir nämlich in einer seltsamen und unserer Reflexion immer wieder entgehenden Weise Ewigkeit schon in unserer Zeit erfahren und daraus lernen können, daß die Ewigkeit, die aus unserer Zeit durch den Tod entsteht und endgültig wird, nicht als ein Weitergehen der Zeit ins Unbegrenzte hinein gedacht werden darf.

Tyrannei unseres Zeitbegriffes. – Machen wir uns zur Vorbereitung unserer eigentlichen Überlegungen nochmals etwas deutlicher, welche Schwierigkeiten entstehen, wenn wir die Ewigkeit „nach" dem Tod als unbegrenztes Weitergehen der Zeit verstehen. Wenn wir die Ewigkeit, die die Endgültigkeit unseres Lebens ist, die in der Zeit entsteht, als Weiterlaufen einer Zeit mit immer neuen und neu auszufüllenden und voneinander verschiedenen Zeitabschnitten verstehen, dann entstehen natürlich all die halbgescheiten und halbdummen Fragen, von denen her der halbgescheite Mensch von heute die Glaubensüberzeugung vom ewigen Leben unglaubwürdig oder lächerlich zu machen versucht ist. Dann kann er nämlich fragen: womit werden denn die immer neuen Zeitabschnitte ausgefüllt? Wird es nicht allmählich langweilig, wenn, wie die Frommen denken, dieses nie stillstehende Fließband der Zeit in seinen einzelnen Abschnitten immer wieder mit demselben bestückt wird, mit dem ewigen Preis des unendlichen Gottes durch das Lob seiner Kreatur? Warum ist denn in dieser ewig weiterlaufenden Zeit keine Möglichkeit für den Verdammten umzukehren, seine Gesinnung zu ändern, zu bereuen und so aus seiner Hölle einen Himmel zu machen? Hindert ihn denn daran ein Gott, der in einer letzten Willkür eine Gesinnungsänderung eines solchen Verlorenen nicht mehr annimmt, obwohl sie doch in diesen ewig weitergehenden Zeiten (Äonen, wie früher die Schrift sagte) Platz hätten und sich ereignen könnten? Wenn die Ewigkeit so als ins Unbegrenzte offene Zeit gedacht wird, haben dann die Welt, der Mensch und seine Geschichte nicht immer das vor sich, was noch nicht ist, was erst in einem kommenden Zeitraum seinen Platz finden kann, ist dann der Himmel nicht gerade das, was nicht eintreten darf, damit es ewig weitergehen könne? Aber wenn es ewig weitergehen soll, wenn alles, was ist, immer nur der Ausgangspunkt für die Erreichung des Künftigen ist und so weiter und so weiter, ist dann nicht die Ewigkeit solcher Zeit die Verdammnis Ahasvers, des ewigen Juden, der immer wandern muß, ohne irgendwo endgültig anzukommen? Hebt sich nicht so der ewige Himmel unter der Tyrannei dieses Zeitbegriffes in eine ewige Hölle auf und auch umgekehrt?

Man sieht, wie gefährlich und verderblich die Vorstellung einer Ewigkeit als endloses Weitergehen der Zeit ist. Um aus dieser Schwierigkeit herauszukommen, kann man natürlich zunächst durchaus sinnvoll sagen, man könne doch einen Begriff der Ewigkeit bilden, indem man durch eine Negation aus dem Begriff des Realen, Bleibenden, Endgültigen das Moment der Abfolge, Sukzession, des Hintereinanders ausschließe. Eine solche Methode der Bildung eines neuen Begriffs durch Negation bestimmter Momente an einem bisherigen Begriff ist nicht grundsätzlich und immer illegitim. Eine solche Methode ist oft unvermeidlich. Mit ihr kann z.B. ein Blinder sich einen Begriff (wenn auch nicht eine Anschauung) von Farbe bilden, kann von daher die Überzeugung gewinnen, daß es Farben gibt, obwohl er sie noch nie gesehen hat, kann auch hoffen, daß er, der Blindgeborene, vielleicht doch einmal sehen werde. Aber eine solche Methode hat auch ihre Problematik. Wie soll man im konkreten Fall wissen, ob das begrifflich Erfaßte auch dann noch wirklich existieren könne, wenn ein bestimmtes Moment an einem Erfahrenen durch eine solche Negation ausgeschieden wird? Kann es in unserem Falle wirklich ein Bleibendes geben, wenn wir aus seinem Begriff das Hintereinander ausscheiden, das doch in all den Bleibenden gegeben ist, die wir unmittelbar erfahren?

Andeutung eines Ewigen. – Um da weiterzukommen, um Vertrauen darüber zu gewinnen, daß es auch Bleibendes, Ewiges geben könne, das nicht der Herrschaft endloser Sukzession unterworfen ist, blicken wir nun genauer auf unsere Zeiterfahrung und (so meine ich) entdecken darin etwas „Ewiges", d.h. mindestens etwas, das nicht einfach ist im Jetzt, im bloßen Augenblick der Zeit, um unterzugehen und einem anderen Platz zu machen, das vom Vorhergehenden verschieden ist, dieses ablöst, um selber wieder abgelöst und ins Nichts gestoßen zu werden. Wir bedenken die Paradoxie der Zeit selber, die im geheimen von einer Ewigkeit lebt.

Da ist (in drei Stufen) die notwendige *Bleibendheit* einer Wirklichkeit (früher sagte man Substanz), die den Wechsel der Eigenschaften, Phänomene, Vorkommnisse als das Bleibende trägt. Da ist die *geistige Erfahrung,* die Vergangenheit, Gegenwart, Zukunft zu einer Einheit zusammenschließt. Da ist die *freie personale Entscheidung,* die aus ihrem innersten Wesen heraus nicht duldet, daß das von ihr Gesetzte einfach und schlechthin wieder in die Leere des Nichts hineinverschwindet. Sehen wir diese drei Andeutungen eines Ewigen in unserer Erfahrungswelt noch ein wenig genauer an.

Das Ganze einer Geschichte. – Die Zeit kommt uns zunächst vor als eine nach vorne und nach hinten sich ins Unbegrenzte erstreckende Kette von Einzelvorkommnissen, von denen jede die vorausgehende ablöst, um sich zugunsten der nächsten wieder selber aufzulösen. Aber wir sind dabei überzeugt, (wenn auch darauf viel weniger aufmerksam), daß diese Kette von wechselnden, sich ablösenden Erscheinungen eben doch die Erscheinungen eines Bleibenden sind, das sich (mindestens für längere oder kürzere Zeit) als dasselbe durchhält, die wechselnden Erscheinungen trägt, sie zusammenhält zu einem Ganzen, zu einer Geschichte, die eben doch eine ist und nicht pulverisiert zerfällt in einen Staub von bloßen Einzelmomenten.

Man denke z.B. an die Geschichte einer Blume vom Samenkorn bis zum endgültigen Verblühen der Blume durch all die wechselnden Stadien hindurch. Oder man denke an seine eigene Lebensgeschichte vom Anfang bis zum Ende, in der jeder Augenblick anders als der vorhergehende ist und doch jeder eine Bestimmung ein und derselben Wirklichkeit, die sich in dieser wechselvollen Geschichte als dieselbe durchhält und alle diese sich ablösenden Augenblicke für sich, den einen und selben, in Anspruch nimmt. Diese Selbigkeiten, die hinter dem Wechsel der Zeitaugenblicke und deren Inhalten liegen und so die unendlich winzigen Zeitmomente zusammenhalten, aus dem Staub von Zeitmomenten größere, geformte Geschichte bilden, können an und für sich selbst nicht einfach von der Qualität der teilenden und zerrinnenden Zeit selber sein, wenn sie ihre Aufgabe des Tragens und Einens der Zeit selbst gegenüber erfüllen sollen. Damit Zeit als größere Einheit und Gestalt, als Geschichte von Sinn sein könne, muß es etwas geben, wie wir es im Alltag immer als selbstverständlich voraussetzen, was nicht einfach das Hintereinander von aufblitzenden und wieder erlöschenden Zeitmomenten ist. In Zeit selber steckt etwas, was nicht einfach mit ihr selbst identisch ist. Dieses mag seiner Ausdehnung in Zeit vielleicht bedürfen, um es selbst zu sein, ist aber mit dieser Dehnung in Zeitmomente nicht identisch. Schon in eigentlich Zeitlichem steckt mehr als Zeit, ein Bleibendes mindestens, das Zeit zu geschichtlichen Zeitgestalten eint.

Geistige Erfahrung. – Dieses Überzeitliche in Zeit wird noch deutlicher, wenn wir darauf reflektieren, wie im geistigen Vorgang der Zeiterfahrung Zeit geeint und gestaltet wird. Zeit ist nicht nur, sondern sie wird von uns so erfahren, daß wir ihrem Ablauf nicht nur schweigend untertan sind, sondern ihr gegenübertreten, Vergangenheit, Gegenwart und Zukunft zusammennehmen und geistig zu einer Einheit und Gestalt binden, die dem reinen Hintereinander der Zeit überlegen ist, in welchem immer der nächste Augenblick durch Vernichtung des vorhergehenden über ihn triumphiert. Man kann, wenn man diese geistige Einung der Zeit, dieses Anhalten des Zeitlaufes beobachtet, skeptisch erwidern, daß die so geeinte Zeit, in der das leere Hintereinander aufgehoben ist, die Zeit „steht" und nicht mehr weiterrinnt, um zu verrinnen, doch nur eine *gedachte* Zeit sei und das die Zeit so denkende Subjekt selber rettungslos in der wirklichen Zeit weiterrinne und zerrinne. Aber wie könnte einfach Zeit, die an sich selber nichts wäre als der Ablauf von Zeitatomen, von denen jedes seinen Vorgänger auslöscht, um von seinem Nachfolger ausgelöscht zu werden, sinnvoll und wahr auch nur „gedanklich" zu solchen stehenden Zeitgestalten, zu Geschichte von Sinn und Struktur geeint werden, wäre nicht in dieser Zeit selbst mehr als das bloß Zerrinnende?

Und (was noch wichtiger ist) wie muß das Denkende in der rinnenden Zeit Einheit und Gestalt stiftende Subjekt gedacht werden, damit es zu solchem fähig ist? Wie könnte ein solches denkendes Subjekt solche stehende Zeit auch nur als gedachte schaffen, wenn es völlig der rinnenden Zeit als dem in Wahrheit Wesengebenden untertan wäre, wo doch Denken auch eine Wirklichkeit ist und Denken und Gedachtes sich gegenseitig bedingen? Nein, wenn und insofern Zeit gedacht wird, ereignet sich zwar immer noch etwas, was in der laufenden Zeit geschieht, aber als ein Ereignis, das eine eigentümliche Überlegenheit über die Zeit hat, Ewigkeit ankündigt, weil solches Denken, das Zeit denkt, ihr nicht einfach untertan ist.

Freie Entscheidungen. – Am deutlichsten aber wird dort Ewigkeit in der Zeit selbst erfahren, wo das geistige Subjekt im Menschen eine freie Entscheidung trifft, die den einen und ganzen Menschen meint und einsetzt. Wir können hier solche Entscheidungen nun nicht nach all ihren Dimensionen analysieren. Das würde zu viel Zeit in Anspruch nehmen. Wir sagen hier nur: Es gibt im Menschen freie Entscheidungen, in denen ein Mensch über sich selbst als Ganzes verfügt, für die er eine letzte, unausweichliche Verantwortung trägt, die er auf niemanden und auf nichts anderes abwälzen kann, weder durch eine Psychologie, die die letzte Subjekthaftigkeit des Menschen noch einmal auflösen möchte, noch durch Sozialwissenschaften, die den Menschen in ein bloßes Resultat gesellschaftlicher Umstände zu zersetzen suchen. Wenn aber (was auf die Dauer unvermeidbar ist und an bestimmten Punkten sich unerbittlich ereignet, ob darauf sehr ausdrücklich und theoretisch reflektiert wird oder nicht) ein Mensch in seiner Tat sagt: Ich bin für diese unerbittlich und unentfliehbar verantwortlich, es gibt nichts, worauf ich im Allerletzten Berufung einlegen könnte, um mich zu entlasten, kann er dann gleichzeitig denken und sagen: oh, das ist alles nicht so gewichtig und schlimm, denn wenn es wirklich zum Letzten kommt, kann ich immer in das leere Nichts flüchten, wo mich niemand mehr erreichen kann, weder der Spruch meines Gewissens noch eine Weltgeschichte noch ein Gott. Nein, letzte personale Entscheidungen sind, mindestens wo sie das Ganze eines Lebens betreffen und durch den Tod endgültig werden, unwiderruflich, sind wahre Ewigkeit, die in der Zeit wird. Natürlich müßte man hier, wenn Zeit wäre, fragen nach der Möglichkeit der Reue und Umkehr innerhalb der noch laufenden Zeit und Geschichte des Menschen, müßte den wesenhaft dialogischen Charakter der menschlichen Freiheit mitbedenken, der Gott eine entscheidende Rolle in dieser Freiheitsgeschichte einräumt. Aber das alles würde die Grundtatsache im Wesen der Freiheit und der unabwälzbaren Verantwortlichkeit dieser Freiheit nicht aufheben, daß Freiheit letztlich (ja sie eigentlich allein) Endgültigkeit und Unrevidierbarkeit will und setzt, daß dies Endgültigkeit, Ewigkeit der Existenz dieser Freiheit einschließt und darum dieser Freiheit keine Flucht aus der Verantwortung in das Nichts hinein gestattet. Hier schafft Zeit wirklich Ewigkeit und wird in der Zeit Ewigkeit erfahren.

Die Unbegreiflichkeit annehmen. – Man kann vielleicht darüber streiten, wieweit die bisher gemachten Andeutungen für das Verständnis *der* Ewigkeit tragen, die wir als Christen im Durchgang durch den Tod als unser endgültiges Leben erhoffen. Jedenfalls aber, so meine ich, machen diese Andeutungen verständlich, daß man nicht sagen kann, daß alles und jedes im Bereich unserer Erfahrung so ausschließlich und allein zeitlich sei, daß man ein Wirkliches nur sinnvoll denken könne, wenn man es entweder als nur jetzt gerade bestehend und dann ins Nichts verschwindend oder als eine Wirklichkeit denke, die nur aus einer unbegrenzten Zahl von Zeitmomenten besteht, die immer ins Endlose weitergehen und grundsätzlich keinen Raum für eine Endgültigkeit setzende Freiheitsentscheidung bieten könnten. Diese beiden Vorstellungen (d.h. von der Zeit als im Nichts endender und von der Zeit als nie aufhörender) sind gleicherweise mit dem christlichen Glauben vom ewigen Leben unvereinbar. Aber beide Vorstellungen können sich nicht auf die Zeiterfahrung berufen, die wir tatsächlich machen, wenn wir unbefangen die *ganze* Erfahrung zu Wort kommen lassen.

Diese nur vorsichtig andeutenden Überlegungen müssen uns aber auch zu ein paar Konsequenzen für das konkrete Leben veranlassen. Zunächst einmal zeigt sich auch so, daß wir uns die Konkretheit unseres ewigen Lebens hier nicht positiv vorstellen können. Wir wissen zwar, daß es eine Existenz und ein Leben sein wird, das Gott selbst in sich als seinen Inhalt hat, das Liebe, grenzenlose Erkenntnis, Seligkeit und so fort bedeutet. Aber wie dies alles sich erfahren läßt in der Konkretheit einer Zeitenthobenheit, was verklärte Leiblichkeit, ewige Gemeinschaft mit allen Geretteten und so weiter heißt, das können wir uns hier konkret nicht vorstellen und ausmalen. Wenn wir Christen von heute zu solchen Ausmalungen, die es von der Schrift an bis zu Dante und noch weiter gibt, kaum mehr den Mut finden, braucht uns das nicht zu beunruhigen. Wir gehen ja tatsächlich in das Unbekannte, das Unvorstellbare und wissen eigentlich nur, daß es erfüllt ist von der Unbegreiflichkeit Gottes und seiner Liebe, und daß es endgültig ist. Wenn wir so die Unbegreiflichkeit unseres ewigen Lebens für uns jetzt annehmen und dennoch hoffen und vertrauen, dann haben wir genug getan. Unsere Zeiterfahrung, in der immer auch ein Mehr als Zeit geheimnisvoll erfahren wird, gibt uns zwar das Recht, unser Nein zur

Zeit im Begriff der Ewigkeit nicht als leere Spekulation verdächtigen zu lassen, erspart uns aber dieses Nein zur Zeit im Ja der Ewigkeit nicht und läßt so unser Leben ein Leben des Glaubens und der Hoffnung sein, das auf das Endgültige noch warten muß und es nicht triumphierend vorzuzeigen vermag.

Sieg der Liebe Gottes. – In dem dritten Fall von Ewigkeit in der Zeit, den wir kurz erwogen haben, wird, wenn man ihn klar genug sieht, deutlich, daß unser ewiges Leben, so sehr es dann von Gott selbst erfüllt sein wird, die Endgültigkeit unserer sittlichen und freien Lebenstat sein wird, in der wir uns als eine und ganze über alle Zerstükkeltheit der Zeit hinweg zu denjenigen machen, die wir endgültig sein wollten. Wenn aber so unsere Ewigkeit nichts anderes ist als die endgültig gewordene Geschichte, die wir in unserer Freiheit selbst getan haben, dann zeigt sich für uns erschreckend und beseligend zugleich, welche ungeheure Größe, Tiefe, Dichte unsere eigentlichen Lebenstaten haben.

Natürlich gibt es in unserem Leben sehr viel Alltäglichkeit, Oberflächlichkeit (sogar wirklich unvermeidlich), in der sich Freiheit nicht so ereignet, daß darin Endgültigkeit, Ewigkeit geschieht. Aber wenn es überhaupt ein ewiges Leben gibt, wenn dieses nicht unserem zeitlichen Leben als anderes und ebenso zeitlich sich weiter erstreckendes hinzugefügt wird, sondern die Endgültigkeit dieses Freiheitslebens hier ist, das wert ist, in Endgültigkeit hinein vollzogen zu werden, dann zeigt sich erst die unauslotbare Tiefe und Kostbarkeit unserer Existenz, die oft den Anschein macht, nur aus lauter Banalitäten zu bestehen.

Dort, wo eine letzte Verantwortung übernommen wird im Gehorsam gegen das eigene Gewissen, wo letzte selbstlose Liebe und Treue geschenkt wird, wo ein letzter selbstloser Gehorsam gegen die Wahrheit ohne Rücksicht auf sich selbst gelebt wird und so fort, da ist wirklich etwas in unserem Leben, was unendlich kostbar ist, was von sich aus Recht und Wirklichkeit hat, nicht mehr unterzugehen, was eine Ewigkeit auszufüllen mag, was wirklich verdient, mit ewiger Ewigkeit nicht bloß belohnt zu werden (ein Wort, das, weil egoistisch klingend, mißverständlich ist), sondern sie als ihr ureigenstes Recht, als ihr eigenstes Wesen in Anspruch zu nehmen.

Mit solcher Würde und Möglichkeit sind wir Menschen begabt, wir alle, nicht bloß dieses oder jenes Genie der Menschheit, nicht bloß ein Buddha oder ein Sokrates, sondern wir alle, die wir schreckliche Dutzendware zu sein scheinen, Eintagsfliegen, deren es viel zu viele gibt. Die Wahrhheit aber, die das Christentum verkündet, ist die, daß in dieser Zeit, die sich ins Endlose zu erstrecken scheint, um in ewiger Wiederkehr immer dasselbe und immer das wieder Untergehende zu reproduzieren im ewigen Kreislauf des Kommens und Gehens, in Wahrheit, wo Glaube, Hoffnung, Liebe gelebt wird, Ewigkeit sich ereignet, die nicht kommt, um zu gehen, die bleibt und (das ist entscheidend) so ist, daß ihr Bleiben Seligkeit und nicht Hölle bedeutet, weil sie, da sie Gott selbst empfangen hat, wirklich würdig ist, endgültig und immer zu sein. Natürlich ist grundsätzlich daran festzuhalten, daß die Freiheitsgeschichte des Menschen auch ein endgültiges, ebenso unzeitliches Verlorensein des Menschen bewirken kann. Aber die eigentliche Verkündigung des Christentums predigt in ihrem Kern nicht die gleichwertige Möglichkeit eines solchen *doppelten* Ausgangs der Zeit in die Ewigkeit, sondern den Sieg der Liebe Gottes, der sich selber schenkt in und durch unsere Freiheit hindurch, verweist in dieser Predigt auf das Kreuz und die Auferstehung Jesu als auf das Ereignis dieses offenbar gewordenen Sieges der Liebe Gottes. Sie ist die Ursache und der Garant dafür, daß unsere kurze Zeit, die vergeht, eine Ewigkeit zeugt, die nicht aus Zeit zusammengesetzt ist. Wenn es so scheint, daß wir im Tode untergehen, weil da, wo Zeit ist, die Toten nicht wieder sich bemerkbar machen, dann ist das nur ein Zeichen dafür, daß die Ewigkeit, die aus der Zeit geboren wurde, anders ist, als daß sie sich hier so ohne weiteres zeigen könnte.

Quellenverzeichnis

1. K. Rahner/K.-H Weger: Was sollen wir noch glauben? Freiburg 1979 (Herderbücherei 700) 188—207.
2. K. Rahner: Schriften zur Theologie. Bd. I—XIV. Einsiedeln/Zürich 1954—1980, hier XIV, 370—381.
3. K. Rahner: Strukturwandel der Kirche als Aufgabe und Chance. Freiburg 1972 (Herderbücherei 446) 23—27.
4. K. Rahner: Im Heute glauben. Einsiedeln 1965 (Theologische Meditationen 9) 15—23.
5. Im Heute glauben. 32—42.
6. Was sollen wir noch glauben? 38—41.
7. Entschluß (Wien) 37/9—10 (1982) 6—11.
8. Unveröffentlicht. 1982.
9. K. Rahner: Gnade als Freiheit. Freiburg 1968 (Herderbücherei 322) 91—96.
10. Schriften zur Theologie. XII, 590—596.
11. K. Rahner: Einübung priesterlicher Existenz. Freiburg 1970. 17—21.
12. Schriften zur Theologie. XII, 295—301.
13. Schriften zur Theologie. XIII, 208—211.
14. C. Albrecht: Das mystische Wort. Mainz 1974. VII—XIV.
15. K. Rahner: Herausforderung des Christen. Freiburg 1975 (Herderbücherei 538) 76—80.
16. K. Rahner: Erfahrung des Geistes. Freiburg 1977. 24—45.
17. K. Rahner: Wagnis des Christen. Freiburg 1974. 70—74.
18. Wagnis des Christen. 75—79.
19. Wagnis des Christen. 84—95.
20. Unveröffentlicht. 1982.
21. Unveröffentlicht. 1982.
22. F.X. Arnold u.a. (Hrsg.): Handbuch der Pastoraltheologie. 2. Aufl. Freiburg 1970ff. Hier II/2, 63.
23. Wagnis des Christen. 101—108.
24. Einübung priesterlicher Existenz. 63—74.
25. Schriften zur Theologie. VIII, 480—487.
26. Wagnis des Christen. 95—101.
27. Handbuch der Pastoraltheologie. III, 530—535.
28. Gnade als Freiheit. 43—46.
29. K. Rahner: Wer ist dein Bruder? Freiburg 1981. 14—18.
30. K. Rahner: Ich glaube an Jesus Christus. Einsiedeln 1978 (Theologische Meditationen 21) 16—23.
31. K. Rahner: Was heißt Jesus lieben? Freiburg 1982. 14—28.
32. Schriften zur Theologie. XIII, 189—203.
33. Schriften zur Theologie. III, 114—123.
34. K. Rahner: Maria, Mutter des Herrn. Freiburg 1956. 17—27.

35. Schriften zur Theologie. XIV, 149—153.
36. Herausforderung des Christen. 69—75.
37. Entschluß 36/1 (1981) 4—8.
38. Entschluß 35/1 (1980) 7—10.
39. K. Rahner: Betrachtungen zum ignatianischen Exerzitienbuch. München 1965. 211—217.
40. Entschluß 34/1 (1979) 26—32.
41. Schriften zur Theologie. XIV, 184—188.
42. Betrachtungen zum ignatianischen Exerzitienbuch. 206—210.
43. Unveröffentlicht. 1982.
44. Handbuch der Pastoraltheologie. I, 164—171.
45. Wagnis des Christen. 134—136.
46. Entschluß 35/11 (1980) 4—8.
47. Unveröffentlicht. 1982.
48. Schriften zur Theologie. VIII, 532—540.
49. Einübung priesterlicher Existenz. 41—46.
50. Handbuch der Pastoraltheologie. II/2, 36—45.
51. K. Rahner: Glaube, der die Erde liebt. Freiburg 1966 (Herderbücherei 266) 109—114.
52. Schriften zur Theologie. XII, 471—481.
53. Betrachtungen zum ignatianischen Exerzitienbuch. 71—78.
54. Schriften zur Theologie. VII, 27—29.
55. Unveröffentlicht. 1982.
56. Schriften zur Theologie. VIII, 566—570.
57. Schriften zur Theologie. VIII, 575—579.
58. Schriften zur Theologie. XIII, 256—264.
59. K. Rahner: Das freie Wort in der Kirche. Einsiedeln 1953 (Christ heute III/2) 50—54.
60. Betrachtungen zum ignatianischen Exerzitienbuch. 278—284.
61. Entschluß 36/5 (1981) 4—5.
62. Entschluß 35/6 (1980) 4—7.
63. Schriften zur Theologie. VIII, 689—695.
64. Schriften zur Theologie. VIII, 696—707.
65. K. Rahner: Das Dynamische in der Kirche. Freiburg 1958 (Quaestiones disputatae 5) 68—72.
66. K. Rahner: Worte vom Kreuz. Freiburg 1980. 17—45.
67. Schriften zur Theologie. XIII, 274—278.
68. Betrachtungen zum ignatianischen Exerzitienbuch. 91—93.
69. Was heißt Jesus lieben? 75—96.
70. Entschluß 34/4 (1979) 7—11.

Register

Das folgende Sachregister verzeichnet auswahlhaft thematisch wichtige Stellen unter Stichworten, die dem Text entnommen sind. Der Übersichtlichkeit halber wurden diese an einigen Punkten vereinheitlicht und zusammengezogen. — Das Register ist nur als Lesehilfe zu diesem Band gedacht. Für die wissenschaftliche Arbeit sei auf die Register zu K. Rahners „Schriften zur Theologie" Bd. II und Bd. XIIff., sowie auf das „Rahner-Register" (Zürich 1974) verwiesen. — Das Zeichen → bedeutet „siehe" bzw. „siehe auch".